权威·前沿·原创

皮书系列为
"十二五""十三五""十四五"时期国家重点出版物出版专项规划项目

BLUE BOOK

智库成果出版与传播平台

河北蓝皮书

BLUE BOOK OF HEBEI

河北传媒发展报告
（2024）

ANNUAL REPORT ON MEDIA DEVELOPMENT
OF HEBEI (2024)

拥抱智媒传播新时代
Embracing the New Era of Intelligent Media Communication

主　　编／吕新斌
执行主编／张　芸
副 主 编／韩春秒　张　旭

社会科学文献出版社
SOCIAL SCIENCES ACADEMIC PRESS (CHINA)

图书在版编目（CIP）数据

河北传媒发展报告.2024：拥抱智媒传播新时代／吕新斌主编.--北京：社会科学文献出版社，2024.7
（河北蓝皮书）
ISBN 978-7-5228-3421-4

Ⅰ.①河… Ⅱ.①吕… Ⅲ.①传播媒介-产业发展-研究报告-河北-2024 Ⅳ.①G219.272.2

中国国家版本馆CIP数据核字（2024）第065419号

河北蓝皮书
河北传媒发展报告（2024）
——拥抱智媒传播新时代

主　　编／吕新斌
执行主编／张　芸
副 主 编／韩春秒　张　旭

出 版 人／冀祥德
责任编辑／高振华
文稿编辑／孙玉铖
责任印制／王京美

出　　版／社会科学文献出版社·生态文明分社（010）59367143
　　　　　地址：北京市北三环中路甲29号院华龙大厦　邮编：100029
　　　　　网址：www.ssap.com.cn
发　　行／社会科学文献出版社（010）59367028
印　　装／天津千鹤文化传播有限公司

规　　格／开　本：787mm×1092mm　1/16
　　　　　印　张：27　字　数：405千字
版　　次／2024年7月第1版　2024年7月第1次印刷
书　　号／ISBN 978-7-5228-3421-4
定　　价／138.00元

读者服务电话：4008918866

▲ 版权所有 翻印必究

《河北蓝皮书（2024）》
编委会

主　任　吕新斌

副主任　彭建强　肖立峰　袁宝东　孟庆凯　吕雪松

委　员　（按姓氏笔画排序）

　　　　　　王建强　边继云　李　靖　李会霞　李鉴修
　　　　　　汪　洋　张　芸　张　波　陈　璐　樊雅丽

主编简介

吕新斌 河北省社会科学院党组书记、院长，中共河北省委讲师团主任，河北省社会科学界联合会第一副主席，中国李大钊研究会副会长。

吕新斌同志长期在宣传思想文化战线工作，曾先后在原中国吴桥国际杂技艺术节组委会办公室、原省文化厅、省委宣传部任职。在省委宣传部工作期间，先后在文艺处、城市宣传教育处、宣传处、办公室、研究室（舆情信息办）、理论处等多个处室工作，后任省委宣传部副部长、省文明办主任，长期分管全省理论武装、哲学社科、政策研究、舆情信息、精神文明建设等工作。

吕新斌同志多次参与中宣部和省委重大活动，组织多批次重要文稿起草和重要读物编写等工作。高质量参与完成《习近平新时代中国特色社会主义思想学习纲要》编写任务，得到中宣部办公厅、省委主要领导同志肯定，受到省委宣传部通报表扬；曾牵头完成中央马克思主义理论研究和建设工程重大课题，参与编写或主编完成多部著作；在《求是》《光明日报》《人民日报》等中央大报大刊组织刊发多篇成果。

摘　要

《河北传媒发展报告（2024）》是由河北省社会科学院新闻与传播学研究所组织院内专家、高校学者及省内部分主流媒体从业人员撰写的。本书以河北传媒业重大理论和现实问题为研究内容，客观、全面反映了2023年河北传媒业的发展态势，准确把握前沿动态，分析研判制约河北传媒业高质量发展的主要问题，并提出切合实际的对策建议。

2023年，我国媒体融合经过十年发展，进入了深度融合创新期。数字化、智能化传播技术改变了传统的信息交互方式，为传媒业内容生产、传播、服务等领域强势赋能，成为塑造新型传播生态、引领未来发展的重要驱动力量。河北传媒业紧跟媒体智能化发展趋势，服务国家文化数字化、乡村振兴等战略，创新发展理念，开发新产品、新业态，加快数智化转型，积极引导媒体深度融合进入"新"媒体向"智"媒体升级的数智融合新阶段。同时，河北传媒业的数智化发展面临基础较为薄弱、技术应用迭代能力相对滞后、产业发展现代化水平较低等问题。河北传媒业需要深刻把握媒体智能化发展的技术逻辑、制度逻辑和关系逻辑，加强资源融通，构建内外结合、上下联动的智媒生产、传播和服务体系，培育更具竞争优势的新质生产力。

本书分为总报告、分报告、专题篇、调研篇和案例篇五部分。总报告分析了2023年河北省传媒业总体发展成就和面临的主要问题与挑战，提出了加快数智化转型、培育新质生产力等建议。分报告分别分析了河北省报业、广播电视事业、主流新媒体、图书期刊业、影视业、广告业等的年度发展特点，并提出发挥技术引领、推动文化数字化保护传承、创新观感体验等建议。专题篇分别从专业视角分析了智能媒体的发展脉络、智能传播技术的受众吸引力和创新实践、数据新闻智能化生产，并对政务信息、文旅宣传、河北非遗纪录片创作等热点问题进行了深入研究。调研篇分别就河北省新媒体用户算法素养、河北省大学生AI工具使用行为和态度、互联网应用适老化改造等现实问题进行了实证分析。案例篇介绍了河北省级主流媒体的年度创新案例，总结了现象级内容产品的生产创作经验，解析了新闻背后的"流量"密码。

关键词： 传媒业　数字化　媒体融合　智能媒体

Abstract

Annual Report On Media Development Of HEBEI (2024) is written by the Institute of Journalism and Communication of Hebei Academy of Social Sciences, organized by experts in the hospital, university scholars and some mainstream media practitioners in Hebei Province. This book takes the major theoretical and practical issues of Hebei media industry as the research content, objectively and comprehensively reflects the development trend of Hebei media industry in 2023, accurately grasps the frontier dynamics, analyzes and evaluates the main problems restricting the high-quality development of Hebei media industry, and puts forward practical countermeasures and suggestions.

In 2023, China's media convergence has entered a period of deep integration and innovation after ten years of development. Digital and intelligent communication technology has changed the traditional way of information interaction, strongly empowered the media industry in content production, communication, service and other fields, and has become a major trend in shaping a new communication ecology and leading future development. Hebei's media industry has closely followed the development trend of media intelligence, serve national strategies such as national cultural digitalization and rural revitalization, accelerate the transformation of digital intelligence, and actively guided the upgrade of "new" media to "smart" media. At the same time, the intelligent transformation of Hebei's media industry still faces problems such as weak development foundation, lagging iteration ability of technology application, and low level of modernization of industrial development. It is necessary to deeply grasp the technical logic, institutional logic and relationship logic of the development of intelligent media, and strengthen resource integration. Build an intelligent media production, communication and service system that combines internal and external aspects and links up and down, and cultivate new quality productivity with more competitive advantages.

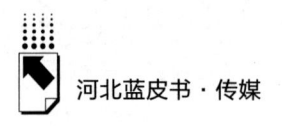

The book is divided into five parts: general report, topical reports, special reports, research reports and case reports. The general report analyzed the overall development achievements and main problems and challenges faced by the media industry in Hebei Province in 2023, and put forward countermeasures and suggestions to accelerate the transformation of digital intelligence and cultivate new quality productivity. The topical reports analyzed the annual development characteristics of Hebei newspaper industry, radio and television industry, mainstream new media, books and periodicals industry, film and television industry, advertising industry and put forward suggestions such as giving play to technology leadership, promoting cultural digital protection and inheritance, and innovating the perception and experience. The special reports analyzed the development context of intelligent media, the audience attractiveness and innovative practice, and the intelligent production of data news, and conducts in-depth research on hot issues such as government affairs information, cultural tourism publicity, and the creation of Hebei intangible cultural heritage documentary. The research reports maked an empirical analysis on such practical issues as the algorithm literacy of new media users in Hebei Province, the behavior and attitude of Hebei university students in using AI tools, and the adaptation of Internet to aging applications. The case reports introduced the annual innovation cases of Hebei provincial mainstream media, summarize the production and creation experience of phenomenal content products, and analyze the "traffic" password behind the news.

Keywords: Media Industry; Digital Media; Convergence; Intelligent Media

目 录

Ⅰ 总报告

B.1 2023年河北省传媒业发展报告 …………… 张 芸 韩春秒 / 001

Ⅱ 分报告

B.2 2023年河北省报业发展报告 …………… 商建辉 张志平 / 023

B.3 2023年河北省广播电视事业发展报告 ……… 孙荣欣 万宇扬 / 041

B.4 2023年河北省主流新媒体发展报告
………………………………… 张 旭 焦占梅 庞晓玮 / 058

B.5 2023年河北省图书期刊业发展报告
………………………… 金 强 孙 畅 马 智 雷子龙 / 074

B.6 2023年河北省影视业发展报告 …… 景义新 许竞予 孙佳雪 / 098

B.7 2023年河北省广告业发展报告
………………………… 宋维山 韩文举 刘 晨 高 京 / 119

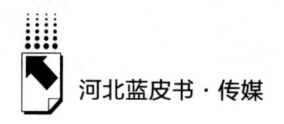

Ⅲ 专题篇

B.8 多维视角下智能媒体的研究图景与发展脉络
——基于 CiteSpace 科学知识图谱的可视化分析
.... 王秋菊　陈彦宇 / 140

B.9 人工智能在河北省主流媒体新闻报道中的应用研究
.... 高春梅　韩春秒 / 157

B.10 智能传播技术对河北省主流媒体的受众吸引力分析
与创新实践
——基于补偿性媒介视角 ……… 都海虹　王子元　郭美伶 / 174

B.11 河北省主流媒体数据新闻智能化生产与传播路径探索
.... 沈　静　李茜沂　宋蒲在 / 194

B.12 AI 支撑下的政务信息生产与传播效果提升路径研究
.... 李舒婷　段　闪　校　飞 / 207

B.13 河北省文旅宣传的媒体实践及传播模式探析
.... 郭毓娴　夏倩玉　耿子宁 / 222

B.14 数智传播背景下河北非遗纪录片生产与传播研究
.... 李骄阳　杨建民　宋立芳 / 242

B.15 网络舆情生态新特征与主流价值观引导策略
.... 窦玉英　曹瑞宁　段　闪 / 261

B.16 智媒技术赋能河北省地市级媒体深化民生服务路径研究
.... 李　丽　顾　燚　裴雪娇 / 273

B.17 县级融媒体打造智慧媒体的实践探索与发展路径
.... 王全领　杨婧柔 / 289

Ⅳ 调研篇

B.18 智能传播时代河北省新媒体用户算法素养现状调查研究
　　　………………………… 陈　默　黄晨峰　池宸锐 / 303

B.19 河北省大学生AI工具使用行为和态度调查
　　　——以河北大学为例 ………… 张雅明　付云婷　曹凯霞 / 329

B.20 智慧养老视角下互联网应用适老化改造调研
　　　………………………… 陈丽芳　周田瑞　张钰灵 / 348

Ⅴ 案例篇

B.21 突出用户思维　创新传播方式　锤炼全能记者
　　　——"百姓看日报"探索党报融合传播新范式
　　　………………… 赵丽肖　郭　伟　王戬芬　高原雪 / 377

B.22 慢赏美丽河北　看见美好生活
　　　——《美丽河北》慢直播打造主流媒体融合传播典型案例
　　　………………………… 乔晓曦　张　甜　孙荣欣 / 385

B.23 立足百姓视角　善用百姓语言　强化网感表达
　　　——"百姓看联播"打造时政新闻传播新样态
　　　………………… 赵永刚　吴玉秒　张笑宇　张　旭 / 397

CONTENTS

I General Report

B.1　2023 Media Industry Development Report of Hebei Province
Zhang Yun, Han Chunmiao / 001

II Topical Reports

B.2　Hebei Newspaper Industry Development Report in 2023
Shang Jianhui, Zhang Zhiping / 023

B.3　Hebei Radio and Television Industry Development Report in 2023
Sun Rongxin, Wan Yuyang / 041

B.4　Hebei Mainstream New Media Development Report in 2023
Zhang Xu, Jiao Zhanmei and Pang Xiaowei / 058

B.5　Hebei Book and Periodical Industry Development Report in 2023
Jin Qiang, Sun Chang, Ma Zhi and Lei Zilong / 074

B.6　Hebei Film and TV Industry Development Report in 2023
Jing Yixin, Xu Jingyu and Sun Jiaxue / 098

CONTENTS

B.7　Hebei Advertising Industry Development Report in 2023

　　　　　　　　　　Song Weishan, Han Wenju, Liu Chen and Gao Jing / 119

Ⅲ　Special Reports

B.8　Research Prospect and Development Context of Intelligent Media
　　　from Multi-dimensional Perspective
　　　—*Visualization Analysis of Scientific Knowledge Map Based on CiteSpace*

　　　　　　　　　　　　　　　　　Wang Qiuju, Chen Yanyu / 140

B.9　Research on the Application of Artificial Intelligence in Mainstream
　　　Media News Reporting in Hebei Province

　　　　　　　　　　　　　　　　Gao Chunmei, Han Chunmiao / 157

B.10　Audience Attraction Analysis and Innovative Practice of Intelligent
　　　　Communication Technology for Mainstream Media in Hebei Province
　　　　—*Based on the Remedial Medium Theory*

　　　　　　　　　　　Du Haihong, Wang Ziyuan and Guo Meiling / 174

B.11　Exploring the Path of Intelligent Production and Dissemination of
　　　　Data Journalism for Mainstream Media in Hebei Province

　　　　　　　　　　　　Shen Jing, Li Qianyi and Song Puzai / 194

B.12　Research on the Path to Improve the Production and Communication
　　　　Effectiveness of Government Information Supported by AI

　　　　　　　　　　　　　Li Shuting, Duan Shan and Xiao Fei / 207

B.13　Media Practice and Communication Model Analysis of Cultural and
　　　　Tourism Propaganda in Hebei Province

　　　　　　　　　　　Guo Yuxian, Xia Qianyu and Geng Zining / 222

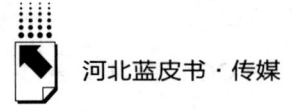

B.14 Research on the Production and Transmission of Hebei Cultural Heritage Documentary Under the Background of Digital Intelligence Communication

Li Jiaoyang, Yang Jianmin and Song Lifang / 242

B.15 New Characteristics of Online Public Opinion Ecology and Guiding Strategy of Mainstream Values

Dou Yuying, Cao Ruining and Duan Shan / 261

B.16 Research on the Empowerment of Smart Media Technology for Deepening Public Service Paths in Municipal-level Media in Hebei Province *Li Li, Gu Yi and Pei Xuejiao* / 273

B.17 Practical Exploration and Development Path of Building Smart Media Through County Level Integrated Media

Wang Quanling, Yang Jingrou / 289

Ⅳ Research Reports

B.18 Survey Research on the Current Situation of Algorithmic Literacy of New Media Users in Hebei Province in the Era of Intelligent Communication

Chen Mo, Huang Chenfeng and Chi Chenrui / 303

B.19 A Survey on the Usage Behavior and Attitudes of AI Tools Among College Students in Hebei Province

—*Take Hebei University as an example*

Zhang Yaming, Fu Yunting and Cao Kaixia / 329

B.20 Research on the Transformation of Internet Application for Aging from the Perspective of Smart Elderly Care

Chen Lifang, Zhou Tianrui and Zhang Yuling / 348

V Case Reports

B.21 Highlight the User Thinking, Innovation Communication, and Refining Versatile Journalists
— *"The People Read Daily" Explores a New Paradigm of Party Newspaper Integration and Communication*
      Zhao Lixiao, Guo Wei, Wang Jianfen and Gao Yuanxue / 377

B.22 Slowly Enjoy the Beautiful Hebei to See a Better Life
— *"Beautiful Hebei" Slow Live Broadcast to Create a Typical Case of Mainstream Media Integration and Communication*
      Qiao Xiaoxi, Zhang Tian and Sun Rongxin / 385

B.23 Based on People's Perspective, People's Language and Trengthen the Network Expression
— *"Hebei News Digest" to Create a New Mode of Political News Dissemination*
      Zhao Yonggang, Wu Yumiao, Zhang Xiaoyu and Zhang Xu / 397

总报告

B.1 2023年河北省传媒业发展报告

张芸 韩春秒[*]

摘　要： 2023年是全面贯彻落实党的二十大精神的开局之年，也是媒体融合战略实施的第十年。河北省传媒业勇立时代潮头，紧跟信息传播数智化发展趋势，守正创新开创具有引领示范性的传媒新形态，媒体深度融合迈出新步伐；不断完善传媒功能，服务乡村振兴、国家文化数字化等战略，积极塑造主流舆论新格局。面对技术革命对新闻传媒业的影响、重塑和舆论生态的深刻变革，河北省传媒业应加快数智化转型，引导"新"媒体向"智"媒体升级，培育新质生产力，建设更具创新活力的新型主流媒体。

关键词： 传媒业　媒体融合　AIGC　智能媒体

---

[*] 张芸，河北省社会科学院新闻与传播学研究所所长、副研究员，主要研究方向为新闻传播实务、媒体融合；韩春秒，河北省社会科学院新闻与传播学研究所副所长、副研究员，主要研究方向为城乡传播、自媒体。

2023年河北省传媒业顺应舆论环境和传播生态变革，革故鼎新，以思维理念、方式方法、体制机制等全方位创新助推事业高质量发展，不断提升新闻舆论传播力、引导力、影响力、公信力，巩固壮大主流思想舆论，为谱写中国式现代化河北篇章提供了坚实保障。

一 2023年河北省传媒业整体发展情况

（一）树牢以人民为中心的工作导向，巩固壮大主流思想舆论

2023年以来，河北省传媒业立足党媒职责使命，坚持党性和人民性相统一，聚焦群众需求、突出百姓视角、强化通俗表达，运用全媒体手段不断创新传播形式和话语体系，让主流舆论有力凝聚民心，推动党的创新理论传得更开、更广，更深入人心。

1. 持续深入宣传阐释习近平新时代中国特色社会主义思想

一是多向发力做好习近平总书记视察河北报道。2023年5月和11月，习近平总书记先后两次到河北考察调研，发表重要讲话，做出重要指示。主流媒体全方位追踪报道，营造学习宣传贯彻习近平总书记重要讲话和指示精神的浓厚氛围。《河北日报》推出消息、通讯、社论、"冀言"系列报道等500余篇（条），阅读量超1亿次。河北广播电视台围绕"做好盐碱地特色农业大文章"制作多档直播节目，其中全媒体直播《盐碱地里话麦香》，开创"电视+'冀时'客户端+抖音直播间"同步直播的新模式，全网浏览量达123万次。长城新媒体集团开设"我们和总书记面对面"专栏，发布《我们的日子有奔头》《总书记懂我们，心里暖暖的》等一系列短视频，还原新闻现场，用感人的故事、生动的细节展现习近平总书记亲民爱民形象。

二是全面宣传阐释习近平文化思想。2023年全国宣传思想文化工作会议正式提出习近平文化思想，河北省主流媒体迅即行动，从多重维度全面宣传报道阐释。《河北日报》推出《学习宣传贯彻习近平文化思想 推动宣传思想文化工作呈现新气象实现新作为》等一系列报道，在"知与行"理论专版推

出《在"两个结合"中谱写文化传承发展新篇章》等理论文章。河北广播电视台在《河北新闻联播》《河北新闻》《全省新闻联播》节目上同步推出《学习宣传贯彻习近平文化思想　做好新时代宣传思想文化工作》综合报道，展示全省宣传思想文化战线奋力担负新的文化使命的良好精神面貌。

三是全媒体联动助推主题教育走深走实。河北省主流媒体全媒体联动、多平台发力，推出多维度、全覆盖的主题报道，推动学习贯彻习近平新时代中国特色社会主义思想主题教育走深走实。《河北日报》开设"学思想　强党性　重实践　建新功"专栏，河北日报客户端、河北新闻网在首页首屏开设主题教育专题，形成报道合力。河北广播电视台在"冀时"客户端等新媒体平台推出《好好学习》特别节目，累计浏览量超2.2亿次。长城新媒体集团在"百姓看联播"栏目开设"主题教育学习卡""主题教育在身边"板块，采取虚拟主播口播、微动漫等形式解读主题教育知识点，报道各地党政部门惠民生、暖民心、顺民意的切实举措，让主题教育可知可感。

四是深入宣传贯彻党的二十大、全国两会等重要精神。《河北日报》"中国式现代化河北场景·一线"系列报道被"学习强国"总平台集纳推荐。河北广播电视台围绕学习宣传贯彻党的二十大精神策划"新春走基层"系列报道及"新春·坚守""我家的春节故事"等子栏目，全网浏览量超1000万次。长城新媒体集团推出"突破的力量·中国化时代化的马克思主义为什么行"思享会，生动解答时代之问。全国两会期间，河北省主流媒体统筹策划，打出形式多样、视角新颖、各具特色的报道组合拳。河北日报报业集团推出的《我们村的喜事儿传北京》《国风长卷 | 绘大美河山，看中国五年》，河北广播电视台推出的《春天的脚步——行走京津冀，开启新航程》、《两会连连看，河北这么干》、"主播说两会"等获中宣部、国家广电总局肯定。长城新媒体集团将聚合的海量优质内容分发到全省161个市县分端，实现全国两会信息"横向聚合、纵向贯通""一键发布、一次推送、多端直达"。

2. 围绕中心大局，以百姓视角讲好奋进新时代的河北故事

一是全力服务京津冀协同发展、雄安新区建设等重大战略。河北新闻宣传战线抓住重要节点，在京津冀协同发展9周年和雄安新区设立6周年之际，用优秀作品展示发展成就。河北日报报业集团"雄安奇遇记"系列短视频，邀请外国留学生作为特别体验官，生动呈现雄安新区"妙不可言　心向往之"的城市形象。河北教育出版社展示雄安新区建设成就的新书《走进未来之城》，收录了16位全国知名作家深入雄安新区采风创作的作品，为雄安新区的建设历程留下了宝贵的回忆。

京津冀三地传媒机构通过全领域合作推进京津冀协同发展。长城新媒体集团承办"走进区域看发展·中国式现代化的京津冀实践"网络主题调研采访活动，《中国式现代化的京津冀实践 | 小面花　大梦想》等8篇作品被中央网信办全网推送。河北广播电视台与北京广播电视台、天津海河传媒中心共同打造"京津冀之声"，并在2023年3月开设"这么近，那么美，周末到河北"专栏，联动推介河北文旅资源。廊坊广播电视台携手香河、大厂、三河融媒体中心与北京通州区和天津武清区融媒体中心签订"通武廊"媒体宣传协作协议，并在2023年9月共同开展"'畅说'家乡事　'玩转'通武廊"集中采访，推介京津冀农商文旅优质资源和品牌产品。

二是聚焦省委、省政府重点工作，展现河北高质量发展新气象。主流媒体找准中心工作与百姓生活、社会关切的结合点，以小切口呈现大主题，让主题报道有温度、有态度、有热度。《河北日报》推出的系列数据新闻"一季度河北经济数据亮点解析"，全媒体系列报道"河北高质量发展新脉动""地名里的河北"，以及《实干兴冀》等"冀言"评论文章发出强大舆论声量。河北广播电视台和长城新媒体集团合作推出新媒体短视频专题"我的天呐"，由知名主持人方琼沉浸式探访独具特色的河北优势产业，介绍河北好物，成为新媒体平台的"吸睛"爆款。

三是针对重大活动和热点事件，全面做好舆论引导。《河北日报》对河北省第四届冰雪运动会、第七届旅发大会、全国戏曲（北方片）会演暨梆子声腔优秀剧目展演等重大活动进行大体量专题报道，营造良好舆论氛围。长城新媒体集团采用沉浸式探展、大咖访谈等形式报道2023中国国际数字经济博览会，30条视频登上抖音、快手、微博等平台热搜榜。

2023年7月底，河北多地遭遇百年一遇的暴雨洪涝灾害，主流媒体深入一线抢抓新闻点，用大量鲜活生动的报道回应社会关切。河北日报社派出70余人次分赴灾区，采写《"让每一个群众都安全转移"——涿州抗洪一线见闻》等现场报道。长城新媒体集团开发的"冀云"客户端推出《"鸡毛信"背后的生死12小时》《微视频丨5359井陉安全密码》等典型报道。长城新媒体集团依托"问政河北"平台，联合快手开通"京津冀暴雨求助通道"，为灾区群众提供绿色留言服务，上线即成为快手本地热搜榜第一名。

四是积极构建海外传播矩阵，加强国际传播能力建设。河北日报社继开通Facebook、Twitter海外账号之后，于2023年1月在YouTube、Instagram等平台开通官方账号Hebeimoment，联动多家省级党报海外平台，开展"美丽中国我的家""当河北国宝遇到十二生肖"等活动，受到海外用户关注。2023年12月20日，河北广电国际传播中心隆重上线。长城新媒体集团iHebei国际传播频道推出"八分钟教你学非遗"系列视频，向外国受众介绍蔚县剪纸、八极拳、乐亭皮影、衡水内画等特色非遗项目，被多家央媒外宣账号同步转发。

（二）坚持以内容建设为根本，精品内容生产创历史佳绩

河北省传媒业深挖特色资源，加强选题策划、创意制作，不断打造具有鲜明特色和原创示范价值的精品力作，以精品内容生产推动事业高质量发展。

《河北日报》刊发长篇通讯《"不拘一格地选拔人才"——习近平同志在河北正定工作期间推出"人才九条"的实践与启示》，讲述习近平总书记在正定工作期间广招贤才、为当地发展破局开路的故事，被全国各级媒体广泛转载，成为现象级作品。河北广播电视台改版升级《美丽河北》慢直播节目，全网浏览量突破10亿次；匠心创作《大河之北》（第三季）等精品纪录片，持续推动优质节目内容向移动端转移。长城新媒体集团推出短视频日播新闻栏目"百姓看联播"，从百姓视角对河北卫视每天播出的《河北新闻联播》进行通俗化解读、延伸性报道，开创时政新闻新样态，在全国产生示范带动效应，受到中宣部肯定。

在第三十三届中国新闻奖评选中，河北省共有 12 件作品获奖（见表 1），一等奖和获奖总数均居全国各省（自治区、直辖市）前五名。① 在全国第十届"好记者讲好故事"演讲比赛中，河北广播电视台记者江彤晋级全国十强，获得"最佳选手"称号。河北广播电视台的优秀影视作品创作星光熠熠。《塞罕坝的树》荣获"第十届亚洲微电影艺术节"公益广告（宣传片）、音乐电视单元"最佳作品"奖；纪录片《让群众过上好日子》《塞罕坝上父子兵》荣获"第十届亚洲微电影艺术节"纪实影像（纪录片）单元"好作品"奖。青年导演刘江江凭借执导电影《人生大事》荣获首届"金熊猫奖"最佳导演奖。

表 1　第三十三届中国新闻奖河北省获奖作品

作品名称	获奖项目及等级	刊播单位/发布平台	作者（主创人员）	编辑
手绘长卷|长城群英绘·北京2022年冬奥会冠军"全家福"	新闻漫画一等奖	长城新媒体集团冀云客户端	集体	集体
相约冬奥	新闻专栏一等奖	河北广播电视台	集体	集体
不说大话空话,说实话管用的话	评论二等奖	河北日报	冀言（董福印、周丹平）	吴宏爱
种子诞生记	系列报道二等奖	河北日报	郝东伟、贾楠、宋平、马朝丽、方素菊、贡宪云	吴艳荣、李巍
2022年12月31日《全省新闻联播》	新闻编排二等奖	河北广播电视台	集体	牛作交、谷林曼
《创新之路》第四期《特色集群》	新闻专题三等奖	河北广播电视台	集体	集体
归来·久别重逢的生态之美	系列报道三等奖	长城新媒体集团冀云客户端	集体	邓光韬、贺宏伟、郑佳洵

---

① 《河北12件作品获第33届中国新闻奖！一等奖和获奖总数均居全国各省（区、市）前五名》，河北政工网，2023年11月7日，https://hbzgw.hebnews.cn/2023-11/07/content_9094026.htm。

续表

作品名称	获奖项目及等级	刊播单位/发布平台	作者（主创人员）	编辑
我们的现代化	新闻访谈三等奖	河北广播电视台	戈希庭、孙青欣、曹力、王欢、孙伟、刘欣、刘仲雄	孙伟、戈希庭
以可视化为重点推动媒体融合发展	新闻业务研究三等奖	中国报业	丁伟（长城新媒体集团）	张晓燕、曹巍
《答卷:阜平这十年》第四集《乡村振兴》	重大主题报道三等奖	河北广播电视台	集体	杨之行、张晓雯、刘亚楠
微视频丨月亮舞台	典型报道三等奖	长城新媒体集团冀云客户端、长城网	张梦琳、刘志成、李全、筵怡	曹朝阳
河北1+20惠企政策"一点通"	应用创新三等奖	长城新媒体集团冀云客户端	集体	曹朝阳、周杨、冯少玲

资料来源：《第三十三届中国新闻奖获奖作品目录》，《人民日报》2023年11月7日，第13版。

同时，优秀作品在国际传播领域屡获殊荣。河北日报报业集团"雄安奇遇记"系列短视频获第五届"第三只眼看中国"国际短视频大赛优秀作品奖，《条漫丨青头潜鸭安家记》入选"中国好故事"地方网络国际传播精品案例。河北广播电视台的《杂技一脉连四海》荣获"第十届亚洲微电影艺术节"国际传播单元"好作品"奖。

市县级媒体推出的一批优秀的新闻作品（栏目）产生良好社会反响。石家庄广播电视台创新创优《市长面对面》《电视问政》《县区进行时》等问政节目形态，开设"问政·12345马上办"栏目，跟踪记录市民反映问题的解决过程，有效融入社会治理。廊坊广播电视台倾力打造特色品牌，"2023年廊坊广播电视台直播带岗招聘系列活动——退役军人专场"项目荣获中国广播"创新金伙伴"奖，《了不起的晚高峰》获"传媒中国年度盛典"全国城市媒体优秀融媒产品（栏目）十佳。

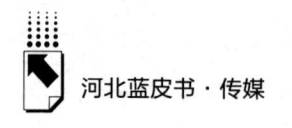

（三）加快推进媒体深度融合发展，积极构建全媒体传播体系

2023年是媒体融合战略实施的第十年，河北省传媒业以深融突破为导向，媒体融合由散点式的内部整合转向立体融通的全媒体生态，媒体融合取得突破性进展。

1. 壮大新媒体矩阵，打造群众离不开的传播渠道

坚持移动优先，建强新媒体矩阵，实现传统平台与新媒体平台互联互通。截至2023年11月，河北日报客户端累计下载量超1700万次，官方微信公众号订阅用户量超320万人，官方微博粉丝量超380万人。河北广播电视台推进"冀时"客户端自营频道建设，上线"知河北"等12个垂类频道，客户端下载量突破6200万次，在微博、微信、抖音、快手等平台开设账号183个，粉丝量突破1.2亿人。长城新媒体集团全媒体传播矩阵用户量突破1.3亿人，其中"学习强国"河北学习平台用户量为1900万人，全国排名第二。

市县级媒体的新媒体传播矩阵也快速发展壮大，向基层下沉。石家庄广播电视台运营新媒体账号129个，截至2023年11月新媒体传播矩阵累计用户量超过2023万人。石家庄交通广播、石家庄新闻广播、民生关注等微信公众号已成为传播力强、影响力大的省会新媒体品牌。

2. 持续优化深融机制，释放一体化传播效能

媒体融合步入深水区，创新体制机制是关键。河北省各级媒体围绕内容生产、平台建设、人才培养等优化机制。河北日报社通过岗位培训、业务交流、操作演练等形式，推动采编队伍能力、素质全面提升。河北广播电视台强化融合平台建设，推进媒资系统、IPTV集成播控平台升级改造，优化升级融媒调度机制，形成互联互通、优势互补的融合生产体系。长城新媒体集团完善扁平化运行机制，在11个工作室的基础上新增3个，并探索与优质自媒体共创内容。河北出版传媒集团实施创新工作室制度，通过优化资金扶持、考核奖励等措施，鼓励员工创新经营项目。

地市级媒体不断突破融合发展瓶颈。2023年，承德广播电视台将原广播新闻中心和电视新闻中心整合，实现资源共享、人员相融。石家庄日报社以大数据、5G、人工智能（AI）等新技术为引擎，打造集报、网、端、微、号于一体的融媒体平台，推动媒体融合向纵深发展。张家口日报社研发上线"河山"新闻客户端，构建"自主新闻客户端+传统报纸优势媒体+社交媒体平台"全媒体网络矩阵，覆盖受众超400万人。①

长城新媒体集团深度参与县级融媒体中心建设，发挥冀云·融媒体平台联动市县级媒体的指挥调度作用，合力提升报道质量。在2023中国国际数字经济博览会上，长城新媒体集团签约60余家冀云数智县融计划合作伙伴，着力构建"新闻+政务服务商务"的运营模式。其技术团队为县级融媒体建设持续提供技术支持，参与的邢台新闻传媒中心技术平台建设项目获2023年"王选新闻科学技术奖"二等奖。②

3. 完善综合服务功能，集聚融合发展新动能

河北省传媒业坚持贴近群众、服务群众，积极融入经济社会发展大局，为深度融合发展强力赋能。

长城新媒体集团研发"长城舆情"大数据监测平台，为40余个党政机关、企事业单位提供舆情服务，上线新时代文明实践中心线上平台、省直机关党建平台、城市服务超级入口、掌上办事大厅等，与河北省政务服务管理办公室联合打造河北省政务服务智能终端，不断丰富、优化政务服务功能。③河北出版传媒集团以建设"群众家门口的公共文化空间"为抓手，搭建以图书为核心，融合其他文化业态和服务的"综合性文化服务平台"。秦皇岛日报社的"秦皇岛Plus"新闻客户端开通网上政务信息平台，利用"随手拍""政企直通车""权威资讯中心"等功能，接入多项便民利企服务；利用自身资源优势，积极参与电子政务、智慧城市等信息化项目。④

---

① 刘永刚、张泽民、刘涛：《把握规律，打造区域性传播平台——以张家口日报社融合创新探索为例》，《新闻战线》2023年第11期。
② 《邢台新闻传媒中心技术平台建设项目获全国"王选新闻科学技术奖"二等奖》，搜狐网，2023年11月15日，https://www.sohu.com/a/736430127_120333600。
③ 《深融突破 数赢未来》，《河北经济日报》2023年9月6日，第74版。
④ 何义安：《地市级党报融合发展路径探析——以秦皇岛日报社为例》，《新闻战线》2022年第20期。

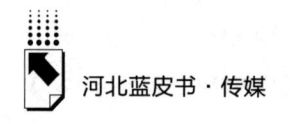

（四）全面加强数字化赋能，努力构建数智传播新场景

随着AGC、MGC、生成式人工智能（AIGC）的广泛应用，技术从辅助工具成为传播主体，越来越多的虚拟主播、网络机器人、人机混合团队以及算法新闻、机器新闻、自动生成新闻等形态进入传媒领域。2023年1月，全国宣传部长会议指出，要"以数字化为宣传思想工作赋能"[1]。河北省传媒业深入推进数字信息技术开发应用，以促进媒体传播效能的综合提升。

1. 强化技术支撑，开发数字智能新应用

河北日报报业集团开发的河北日报智慧媒体云平台，采用机器学习、数据挖掘等技术辅助编写和错误检校；河北省数字版权区块链平台，提供数字版权登记、侵权监测、电子存证、智能管理等综合版权服务。这两个平台分别获得2023年"王选新闻科学技术奖"一等奖和三等奖。[2]

河北广播电视台推动AI语音、AR/VR、虚拟主播、元宇宙等新技术的运用，完成虚拟主播、裸眼3D视频制作，数智人的形象设计及应用开发，生成3D数智人"冀小佳"，开发交互问答、视频播报等应用场景，并应用于新闻报道。河北卫视《大汉中山》文博纪录片、河北广播电视台新闻频率"你早，河北"等栏目已完成数字人播报样片制作。

长城新媒体集团开发冀云数字人平台，集合数字人视频制作和直播，提供输出图片、视频、直播内容等一站式服务。高清虚拟主播"冀小青"能够在多种应用场景中完成互动播报和实时讲解任务。大模型虚拟数字人"小云"可以在讲解、客服、接待、陪伴等场景应用。长城新媒体集团依托技术优势服务数字经济建设，承接2023中国国际数字经济博览会展会服务，为企业数字化转型和数字产业高质量发展提供技术、项目和成果保障，构建媒体数智服务新生态。

---

[1] 《全国宣传部长会议在京召开》，《人民日报》2023年1月5日，第1版。
[2] 《河北日报智慧媒体云获"王选新闻科学技术奖"一等奖》，河北新闻网，2023年10月10日，https://hebei.hebnews.cn/2023-10/10/content_9080520.htm。

2. 服务国家文化数字化战略，加强河北文化全媒体传播

河北历史悠久，文化底蕴深厚，拥有丰富的优秀传统文化资源。河北省传媒业深挖各地文化"富矿"，助力优秀传统文化传承发展。河北日报社累计推出近百期短视频栏目"非遗'冀'忆"，展现非遗的独特魅力、非遗传承人的精工巧技，全网累计浏览量超800万次。河北广播电视台以优秀视听产品擦亮文化品牌，纪录片《中国杂技·吴桥》荣获第十一届优秀国产纪录片及创作人才推优活动"优秀系列短片类"奖。

地市级媒体着力讲好地方特色文化故事。石家庄日报社打造西柏坡、正定两张红色文化名片，《正定古城：一步一景一故事》《西柏坡精神背后的故事》等重点报道产生广泛影响。邢台日报社推出"解读大运河密码"系列报道，探访大运河邢台段文化遗址、风土人情，梳理运河文化脉络，展现大运河历史悠久的文化内涵。① 2023年五一假期，承德广播电视台邀请承德籍著名文化学者蒙曼、赵玉平等制作"心向往之，一见倾承"系列短视频，推介承德文旅资源。

为加强文化数字化建设，河北出版传媒集团探索数字出版新形态，实施"冀版数藏"项目，将实体的"冀版文物"打造成为年轻的数字藏品。② 集团还开发建成河北省文化数字化保护应用中心，聚焦出版资源数字化、非遗传承数字化、文化资源数字化，打造河北省文化数字化保护新引擎。③

（五）产业布局稳步向好，传媒经营迸发活力

《中国未来媒体研究报告（2022）》指出，未来媒体呈现六大发展趋势，其中之一就是"未来媒体泛化，新闻业转向全链条内容生态"④。2023

---

① 王艺：《深挖地方富矿 传承优秀文化——邢台日报历史题材新闻的思考与实践》，《采写编》2023年第8期。
② 《探索数字出版新形态 纪元光电所属银盘公司推出"太行山IP"数字藏品》，"河北出版传媒"微信公众号，2023年5月16日，https://mp.weixin.qq.com/s/lowrJfSYzS9_7XUu5F0gPw。
③ 《"数智媒体赋能产业升级"论坛成果丰硕》，河北省人民政府网，2023年9月8日，http://www.hebei.gov.cn/hebei/14462058/14471802/14471750/15472381/index.html。
④ 《〈未来媒体蓝皮书：中国未来媒体研究报告（2022）〉发布——未来媒体迎来数智化"黄金时代"》，人民政协网，2023年2月13日，https://www.rmzxb.com.cn/c/2023-02-13/3291123.shtml。

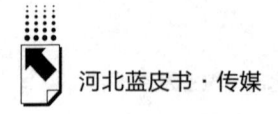

年，河北省主流媒体不断突破新闻生产这一"主业"领域，产业布局不断优化，传媒经营迸发活力。

1. 依托重点项目带动产业升级

河北日报报业集团以大活动、大项目带动产业培育和升级。全国戏曲（北方片）会演暨梆子声腔优秀剧目展演、河北省冶金行业工伤预防宣传等项目，实现营收近300万元。河北广播电视台把品牌广告和政务资源全媒体运营作为产业转型升级的重要抓手，开展2023年"燕赵品牌工程"等一系列融媒产业活动，与河北省退役军人事务厅、中国人民财产保险等10余家单位建立深度合作关系，稳定创收。河北出版传媒集团打造名人名家文化IP，全链条开发名人名家版权资源，构建"文化创作+文化空间运营+文化产品生产+新媒体宣推营销"的全链条生产营销模式。

2. 推进龙头传媒企业上市准备工作

河北广播电视台稳妥推进无线传媒股份有限公司上市准备工作，先后与华为、亚信科技、百度等行业巨头达成战略合作，布局"智慧康养""智慧教育""智慧社区"等创新业务，构建全产业链生态圈。长城新媒体集团冀云·融媒体平台上线102类316项便民服务功能，打造与全省153个市县级融媒体中心的有效对接渠道，可及时进行相关数据和用户、信息、商业资源的共享与交流。

3. 新媒体营销助力乡村振兴

河北日报报业集团推出"纵览有品"电商平台，进行"短视频+直播"带货，建立"电商+"矩阵，推荐河北特色好物，搭建政企对接桥梁，打造"纵览有品　河北好物"品牌IP，为县域经济发展和乡村振兴提供新媒体营销平台。① 河北广播电视台《冀有好物》节目走出了一条"立足县域资源、电商赋能、产业项目加持、提高自身附加值"的发展路径，在助力县域发展与乡村振兴中加快经营转型。长城新媒体集团联动县域媒体资源，建设

---

① 王亚楠、吕海波：《媒体融合的创新发展与路径——以河北新闻网与燕赵都市报"合二为一"为例》，《媒体融合新观察》2023年第5期。

"县域特色产业数字化平台""县级融媒体中心产业发展赋能平台"等数字经济智慧平台，形成县域综合数字化服务体系。

二 河北省传媒业进阶发展面临的主要问题

面对社会舆论生态的深刻变革、新兴技术对新闻传媒业的影响与重塑，河北省传媒业增强竞争实力，实现进阶发展仍面临诸多现实问题。

（一）深度融合发展仍存在思想樊篱和机制壁垒

随着媒体融合进入深水区，制约省市县三级媒体深度融合发展的结构性、深层次矛盾愈加显现，需要进一步解放思想，着力打破体制机制障碍。对于河北省传媒业而言，虽然在全媒体传播体系建设中取得突破性进展，但同先进省份的差距还很明显，仍然存在思维理念的固化束缚、体制机制的壁垒。比如，省级媒体融合发展的叠加优势还不显著，尚未形成各美其美的差异化竞争格局；地市级媒体的集团化建设机制还不完善，存在制度固化、僵化的樊篱，如衡水广播电视台早在2019年1月5日就挂牌成立了衡水广电传媒集团，但截至2023年底，仍未形成完善的广电传媒集团架构，严重制约了集团发展；县级融媒体创新能力不足，还有不同程度的安于现状、"等、靠、要"思想。

（二）主流舆论的新媒体传播版图还需强基拓展

数字信息技术的广泛应用不断催生新媒体业态，主流媒体挺进主战场，塑造主流舆论新格局的战略任务更加艰巨。河北省传媒业坚守专业立场、权威声音，持续做强内容生产，但主流媒体挺进主战场的闯劲、韧劲不足，尚未充分把握新媒体用户需求、传播特征和舆情传播规律。主流媒体的传统优势没有充分转化为新质生产力，优质内容在新媒体平台的传播力、影响力还不强，缺少具有全网影响力、能够强力引流的出圈爆款，尤其是在重大突发事件中，主流媒体的话题生成能力、舆论引导能力和组织动员能力都亟待提升。

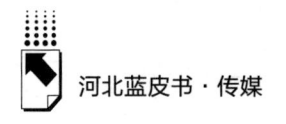

（三）数智技术、信息技术的开发应用相对滞后

大数据、AI等信息技术在传媒领域的应用愈加广泛，数智技术赋能内容生产、提升服务能力，成为培育传媒业核心竞争优势的关键。目前，河北省传媒业已经普遍实现AI技术在内容生产中的基础应用，但大多是AI主播智能播报、虚拟演播室、数字新闻等低层级产品，技术迭代相对落后。有的市级广播电视台甚至没有一台数字转播车，节目制作还未完全实现数字化，数智技术的赋能和支撑作用亟待加强。由于技术人员储备不足，技术自主研发和创新能力较弱，支撑融媒发展的关键技术主要依靠"服务外包"，缺乏具有市场竞争力、可实现成果转化的核心技术，传媒产品的更新迭代受到严重影响。

（四）人才队伍的结构性矛盾愈加突出

2023年，河北省传媒业采取多种措施加大全媒体人才引进与培养力度，但人才结构失衡、用人机制僵化、高层次人才短缺等问题仍是制约事业发展的瓶颈。一方面，受"双轨制管理"影响，河北省传媒业从业人员流失严重，如河北日报报业集团事业编制核定1011名，截至2023年10月，实有事业编人员仅421名，平均年龄近52岁，年龄结构老化问题愈加凸显，且随着事业编到龄人员退休，空编数量逐年增多，矛盾突出。受编外身份限制、职业发展受阻等因素影响，河北日报报业集团优秀编外人才流失问题较为严重，干部培养选拔工作面临无人可选、无人可用的困境。另一方面，河北省传媒业从事发展战略制定、经营管理、新闻产品生产等的高层次人才还不足，尤其是科技创新型、全媒业务型、复合管理型等人才短缺。地市级媒体面临人才匮乏的难题更甚，人才培养、引进、考核激励等机制不灵活，优秀人才引进难、留住难等问题严重影响新型主流媒体建设。

（五）传媒产业的现代化、市场化水平较低

2023年，受外部整体经济环境影响，河北省传媒业的产业经营态势不

容乐观。一是产业经营模式相对落后，多数传媒机构仍以传统广告经营为主，投入产出比较低，缺乏市场竞争活力。二是缺少具有成长力的新兴业态，尤其是新媒体领域尚未形成成熟的产业形态，营收能力不强。省级主流媒体的新媒体收入主要集中在客户端、微信、频道和舆情方面，以提供宣传服务为主。而技术集成和运维服务、政务服务、电商销售以及大型活动服务等新型业务没有形成规模，对经营效益的贡献率不高。三是地市级媒体广告客户逐年减少，产业经营压力大，普遍面临较为严重的生存危机。调研发现，由于房产业和汽车业广告投入锐减，市级广播电视台2023年广告营收大多不足1000万元，进一步加剧了产业转型压力。总体而言，河北省传媒业还处于低端发展水平，建设现代传媒产业体系任重道远。

三 2023年我国传媒业发展动态与趋势分析

（一）数智化转型：主流媒体开启人机和谐共融新时代

以ChatGPT、文言一心为代表的大语言模型改变了人机交互方式，正在掀起新一轮产业革命。AIGC强大的数据处理和内容生成能力可以运用到传媒内容生产与传播、品牌塑造、服务增值等各个环节，数智化成为传媒业发展的主要趋势。

人民日报社传播内容认知全国重点实验室开发基于AI技术的"智晓助"系统、百度联合人民网发布媒体行业大模型"人民网—百度·文心"，大幅度提升了传媒业自然语言处理任务的效果。央视网AIGC平台着力构建"云、数、智"矩阵，充分发挥"内容为王+平台制胜+技术引领"的全媒体综合服务核心竞争力，开辟"新闻+政务服务商务"的运营模式，打造贯穿"策、采、编、审、发、评"的智慧全媒体融合传播和服务链条。上海人工智能实验室、中央广播电视总台联合发布"央视听媒体大模型"（CMG Media GPT），提供高效的音视频交互、剪辑与生成服务，拓展创意空间，推动视听媒体内容生产大变革。新华智云推出全国首个AIGC驱动的元宇宙系统"元卯",助力元宇宙数字人、数字内容、数字场景的智能化生产。上海报业集团将推进视频化、数智化发展作为2023年度重点工作。澎湃智媒开放平台开始探索AIGC前沿技术,推动AI写作、AI财报、AI海报、AI视频等的应用,为媒体和内容行业提供包含内容生产、审核、分发的一站式解决方案。大众报业集团确立了全媒体主业转型和数字化产业转型的战略方向。不难看出,以三大央媒、重点省级媒体等为代表的主流媒体,在数智化转型升级中积极拥抱AIGC,已经开启人机和谐共融新时代。

（二）构建新流程:数智技术深度嵌入传媒内容生产

AIGC技术可以深度参与媒体内容生产,充分激发AI类人化辅助工具的潜力,通过在某个或某些特定内容生产环节（如数据抓取、信息分类及定时资讯发送等）辅助媒体人进行操作,推动内容的组织、编辑、匹配、审核等环节向智能化、自动化方向发展。伴随生成式对话产品不断接入各大主流媒体,基于海量大数据的AIGC的应用将全面嵌入媒体内容生产环节,并实现流程再造。

2023年全国两会前夕,人民日报社联合阿里云推出人民日报AI编辑部4.0版,为编辑、记者提供智能权威知识库及报纸版面随时查询服务,具有AIGC文字生成图片能力、两会视频模板化制作工具,以及智能实时语音撰写功能,充分借助AI技术深度赋能新闻生产。同时,人民日报社推出的AI数字主播"任小融"正式"上岗",这位AI数字主播不需要熟悉稿件,只需要一份文本,即可无延迟输出视频流。杭州亚运会期间,由浙江广电集团出品的创意短视频《丹青游》火爆出圈,该短视频的内容策划、名画选取、博主演绎、网络推送等,都尽显智能化魅力。《丹青游》运用中国丹青这一标志性传统文化符号,通过二维渲染、三维绑定、微缩、抠像等技术,将古典韵味与科技感相融合,实现了创意与AI技术的完美结合。大众日报客户端将推出的图文、音乐、诗句等AI创作大脑系列作品有机融入新闻报道。湖南广电集团自主研发的AIGC视频自动拆条技术,大大降低了人工运营成本,其所属5G智慧电台运用AIGC技术与国内近千家电台签约。

（三）激活新产能：数智技术成为融合创新加速器

当前，数智技术推动传媒业从内容生产到传播方式全面创新。各大主流媒体积极探索各种先进数智技术的开发和应用，开拓出一条"媒体+技术+互联网+文化+共创"的创新融合之路，媒体内容生产模式和用户体验等将迎来新一轮革新。

2023年中央广播电视总台春晚创意节目《当"神兽"遇见神兽》，利用VR三维影像绘制技术让上古神兽麒麟、凤凰、白泽等"走出"文献古籍，并利用XR智能动捕技术赋予它们传神的姿态，与小朋友们互动、表演，让观众形象地感知中华传统文化的博大精深。陕西广播电视台历时三年制作的大型融媒文博节目《中国·考古》第一季（陕西篇），充分运用AI、VR、AR等新技术、新场景、新应用，结合动漫、RAP等"年轻态"表达形式，通过多元视角与形态解锁考古新发现，使考古与科技碰撞出光彩夺目的火花。河南广播电视台推出的"2023端午奇妙游"、"中国节日"系列节目，利用手机游戏、剧透图、端午民俗物品等，在数据分析基础上，有针对性地造玩法、造热度、进行分众传播，充分彰显了中华传统文化的底蕴。第31届世界大学生夏季运动会前夕，四川在线推出AI创意海报"See you in Chengdu"，用AI绘制的四川在线记者"小观"与2000万名市民一起迎接运动会。国内各大媒体利用AIGC积极地探索新闻内容生产的创新应用场景，收获了不俗的流量资源与注意力资源，也加速了传媒业人机和谐共融新时代的到来。

（四）打造新生态：数智应用加速传媒业态创新

当前，我国新型主流媒体全面革新传统运作逻辑，打造以数智化为底层支撑的媒体融合生态体系，完成从内容型平台向生态级平台的跨越。[①]

一是传媒产业链、供应链在数智技术赋能下提速升级。浙江日报报业集团与阿里云、阿里达摩院、钉钉等公司跨界合作，推出"传播大脑"公司，

---

① 田园：《数智时代新型主流媒体的内容传播生态省思》，《青年记者》2023年第19期。

在浙江日报报业集团内部打通数据、平台和内容，推动战略资源重组和媒体转型良性运转。二是在传媒内容生产与分发、营销及管理中，数智技术与虚拟产品纷纷涌现，传媒价值链、创新链生态得到优化。多家主流媒体将数字人、虚拟主播应用于新闻报道与重大主题宣传中，如北京广播电视台的广播级智能交互真人数字人"时间小妮"，山东广播电视台虚拟主播"岱青""海蓝"，闪电新闻虚拟主播"小妮"，由腾讯游戏知几团队与浙江卫视共同打造的宋韵文化推广人"谷小雨"，等等。2023年杭州亚运会期间，"谷小雨"出现在亚运会宣传的各个环节，以新闻播报、点评、访谈等方式频频登场，引发网络围观，并被杭州亚组委官方点赞转发，探索出了数字人参与新闻报道的更多可能性。2023年，新华智云将AIGC与数字人（AI网格员）相结合，实现信息传播的实时个性化定制分发，并将其应用于基层治理场景的政策信息传播过程。

（五）拓展新空间：数智化助力媒体融入社会治理现代化进程

生态级媒体融合平台包括嵌入智慧城市建设、数字乡村建设、政务、教育、医疗、文旅、康养、文化消费、购物等各个场景。当前，数智化转型为媒体拓展新空间、融入社会治理现代化进程提供了可能。

河南"大象帮"平台作为"我为群众办实事"新型移动互助平台，上线两年多累计收到线索近10万条，70%以上的线索得以办结或回复。[①] 目前，"大象帮"平台已初步搭建了贯穿省市县三级媒体的服务生态系统，形成了"媒体帮扶+党委政府帮办"的双闭环工作机制，探索了一条主流媒体参与社会治理的建设路径。北京广播电视台融媒体中心携手天津"津云"和河北"冀云"，联合多家知名企业共同发起"暖城记"大型融媒活动，同步上线为外卖骑手、网约车司机、快递小哥等新业态工作人员提供服务的"暖心驿站"融媒服务产品。福建尤溪县融媒体中心依靠数字技术赋能，创

---

① 《【融合先导】河南台大象新闻中心：新媒体"融合旗舰""融"出新活力》，"国家广电智库"微信公众号，2023年9月7日，https://mp.weixin.qq.com/s/dNbgPs_y-B-7pTINXa6-Sw。

新推出了"尤溪县数字乡村公共服务平台",该平台集民生诉求、农事咨询、便民服务、新闻资讯等功能于一体,已覆盖全县15个乡镇250个行政村30万名农村居民,成为福建省乃至全国县级媒体融合改革的一面旗帜。

四 河北省传媒业加快数智化转型发展的建议

(一)创新思维:为媒体数智化融合提供理念支撑

在数智技术赋能下,媒体融合进入了数智化深度融合阶段。[①] 数智化是数字化和智能化的融合,即在数字化基础上,结合云计算、大数据、AI等技术,在数智融合方向形成更高的转型发展诉求。推动媒体数智化融合需要创新思维、刷新认知,深入把握媒体数智化融合的三重逻辑。

一是技术逻辑,这是媒体数智化融合的底层逻辑。数智化融合是媒体顺应技术潮流、应对技术冲击的不二选择。一方面,媒体进行数智化融合的通信、数据传输等底层技术前提条件已经具备;另一方面,日益更新的技术不断满足和培养用户的信息需求与阅听习惯,媒体只有适应、运用数智技术才能跟上时代的节奏。二是制度逻辑,这是媒体数智化融合的上层逻辑。媒体融合作为国家战略已经走过十年历程,政治逻辑是一以贯之的。媒体融合是数字中国建设的重要组成部分,媒体数智化融合是中国式现代化传播体系建设的应有之义。三是关系逻辑,这是媒体数智化融合的中层逻辑。媒体数智化融合是多主体组成的行动者网络,包括媒体、政府、社会、公民、平台、技术等。协调好多主体之间的关系,是提高媒体数智化融合推进程度的关键力量。数智技术有利于资源共享从而节约成本,有利于互联互通从而拓展传播边界,有利于智能协调从而提高效率、优化效果。

(二)数智驱动:增强媒体优质内容供应力

扩大优质内容供给是传媒业的职责所在与立身之本,主流媒体要集中优

[①] 闫桥、陈昌凤:《数智化融合:逻辑、特征与未来战略》,《青年记者》2023年第19期。

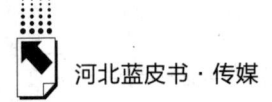

势力量，用会用好用活智媒资源，打造更多叫好又叫座、线上线下齐称赞、省内外都追捧的好作品、好节目，切实增强优质内容的供应力。

一是增强原创力。在传播主体日益开放多元、传播内容纷繁复杂的互联网空间，主流媒体唯有不断提升专业素养与创新能力、推动原创内容生产，方能在传播空间占有一席之地。主流媒体的优质原创内容来源于对省域独有资源的敏锐判断、系统评估与深入把握，来源于对独家视角的科学选取、巧妙设计和创新表达，来源于在知识库与大数据基础上对用户诉求与审美的判断，更来源于扎根生活、贴近实际的采访调研。主流媒体应做好人智与数智的有机融合，从内容策划、生产、传播、营销等方面驱动优质原创内容生产。

二是增强传播力。利用先进技术创新内容形态是主流媒体增强网络传播力的有效途径。近年来，慢直播、VR、AR、智能交互等网络技术不断刷新用户的阅听体验，塑造新颖多样的媒介景观。网络技术的迭代发展不会止步，为媒介内容的呈现形式提供了多样化选择。主流媒体应积极大胆地引入先进技术，为用户提供全息影像、虚实结合、交互便捷、沉浸式等更加丰富的产品体验，以增强内容的传播力。

三是增强卷入力。卷入力是媒介产品与活动吸引用户参与或互动的能力。在数智化媒体时代，移动互联网是舆论主阵地，当前主流媒体最迫切的任务是占据这一主阵地，不断增强卷入力是完成该任务的重要路径。传统媒体话语体系有着严肃庄重、程式化突出、说教气息重等特征，已经无法满足数智化媒体时代个性化、互动化、生动化、开放化的用户需求。主流媒体内容生产要多一些网民视角、故事化叙事和趣味化呈现，如通过5G、AI技术等构建虚拟场景，用"Z世代"熟悉的话语、形式与方式提高内容参与度，强化沟通交流，切实增强主流媒体内容在移动互联网的卷入力。

（三）系统构建：推动新闻生产数智化升级

构建智能化媒体系统是一个复杂的系统性工程。新闻生产全链条自动化升级，可以有效提高新闻生产效率和质量，推动河北省传媒业的创新升级和稳步发展。

一是技术与软硬件投资。首先，采购或自主设计适应性强、稳定性强的云服务、AI算法等软件模块，为AIGC新闻生产提供技术支持。其次，建立集素材存储、编辑处理、审核发布等功能于一体的智能化平台。以云计算为基础，利用AI技术实现新闻采访、稿件撰写、编辑审核等环节的自动化。利用自然语言处理技术自动解析和整理各种新闻素材与背景信息，构建新闻生产数据仓库，为AIGC新闻生产提供更加全面、准确的数据支持。最后，创新开发AI新闻产品和服务。例如，开发智能新闻主播、AI新闻写作工具、基于AI的新闻交互游戏等，为用户提供多样化的新闻体验。

二是建设智能化媒体系统测试、调整机制并保障运维。在实现新闻生产全链条自动化升级的过程中，需要定期对智能化媒体系统进行测试，发现并修复可能存在的漏洞，再根据实际需要对系统进行调整，使其更好地适应新闻生产的实际需求。同时，要组建专业技术团队，对智能化媒体系统进行维护、更新和优化升级。

三是增强智能化媒体系统的风险防范能力与持续优化升级的动力。为避免技术风险，需要从技术可行性、系统稳定性、使用效果等方面选择硬件和软件模块。此外，还应建立完善的安全管理制度和技术保障体系，保证智能化媒体系统的安全稳定运行。在实际应用中，智能化媒体系统应不断根据用户的实际需求进行优化和改进。

（四）数据联通：构建省域传媒业一体化联动体系

数据是媒体数智化融合的重要生产要素，也是省域传媒业整体运作的基础支撑。当前，河北省虽然在媒体融合平台建设方面成效显著，较好实现了省市县三级媒体融合与资源共享，但还需要进一步推动数据联通。

一是媒体内部应搭建统一的数据共享体系，打破媒体旗下各附属媒体、分支机构、业务部门、附属产业资源等的数据资源壁垒，在云端存储、公共服务、素材资源等方面实现共用共享。二是应积极探索建设省域主流媒体共享媒资库，包括共享内容、共用技术与数据等，打破同级媒体及省市县各级媒体之间单打独斗、各自为战、同质化竞争、用户分散及影响力偏弱等的不利局面，构建以省级强势主流媒体为龙头，省市县各级媒体互动互补、抱团结网的一体化传播格局。三是省域主流媒体应加强与外部机构的数据联通，包括政府民生服务数据平台、其他企业、咨询公司等，通过横向联通建设功能强大的"数据中台"，为深度参与数字化建设和社会治理夯实基础。

（五）功能拓展：以资源链接实现服务升级

构建智媒传播体系是一个系统性工程，河北省传媒业要跳出原有的媒介思维框架和功能局限，发挥好资源链接、观点沟通、民意汇聚的中介作用，链接信息、服务、文化、产业等资源，建设区域平台型媒介，探索更为广阔的发展空间。

一是市县级融媒体平台可尝试将媒体与社区深度融合，打造新型的"媒体+社区"模式。通过与社区居民的深入交流和互动，了解他们的需求和期望，以此为基础提供更加贴心和个性化的服务。二是引入 AI 等先进技术，打造"智慧媒体+基层治理"模式。利用大数据技术对基层治理的数据进行深入挖掘、整理和分析，为政府部门提供更加科学和高效的决策依据。三是创建"媒体服务+创新创业"模式，为基层群众提供更多的创新创业机会和资源。在媒体服务平台上开设创新创业板块，介绍当地的创业项目和创业政策，为有创业意愿的群众提供更多的信息和支持。四是通过与基层文化的多层融合，打造具有地方特色的"媒体平台+基层文化品牌"模式。开设文化活动板块，推广河北的文化遗产、民间艺术等，举办基层文化活动和比赛，提升基层群众的文化素养和生活品质。五是通过与公共服务部门深度合作，探索"媒体平台+公共服务"模式，提供多样化、便捷化的公共服务，提升社会服务效能。

参考文献

闫桥、陈昌凤：《数智化融合：逻辑、特征与未来战略》，《青年记者》2023 年第 19 期。
田园：《数智时代新型主流媒体的内容传播生态省思》，《青年记者》2023 年第 19 期。

分报告

B.2 2023年河北省报业发展报告

商建辉 张志平*

摘　要： 2023年河北报业整体发展态势良好，坚持守正创新，重大主题报道出彩出新，积极打造融媒体新闻精品，不断提升新闻评论质量，持续发力自建客户端，努力打造智库型媒体平台，深挖本地文化"富矿"，初步形成国际传播矩阵，并以机制创新培育融媒人才，取得了不俗的成绩。但是，与打造具有强大影响力、竞争力的新型主流媒体的目标仍有一定距离。本报告从打造自主可控的新一代客户端、以AIGC技术赋能报业发展、创新"To G+To B+To C"商业模式、推进"新闻+数字文创"深度融合等方面提出建议，试图为河北报业高质量发展提供一定参考。

关键词： 党报　主流媒体　人工智能

---

* 商建辉，河北大学新闻传播学院教授，博士研究生导师，河北省文化产业发展研究中心主任、河北省传媒与社会发展研究基地副主任、保定市社会发展研究院文化产业发展研究中心主任，主要研究方向为媒介经营管理、文化产业管理；张志平，石家庄学院新闻与传媒学院讲师，博士，河北省文化产业发展研究中心研究员，主要研究方向为媒介经营管理、广告学。

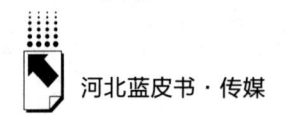

一 河北报业发展概况

河北省面向公众出版报纸共计62种,其中省级报纸25种、市级报纸36种、县级报纸1种,具体指标分析如下。

(一)报纸基本经营情况

从图1可见,2017~2021年河北省报纸总印数呈现先降后升的趋势,2018年以前呈现较大幅度下降,2018年以后下降幅度收窄,至2021年在连续多年下降后首次出现回升,河北省报纸总印数达10.27亿册,较上年增加0.03亿册。

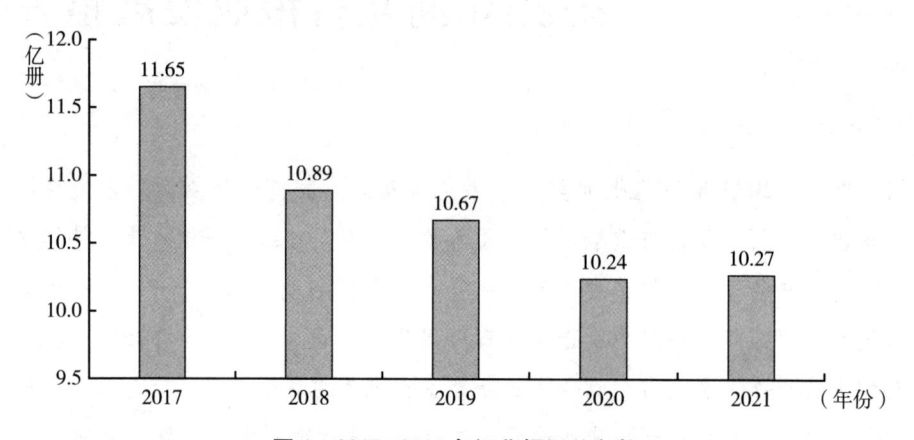

图1 2017~2021年河北报纸总印数

资料来源:《河北经济年鉴2018》,中国统计出版社,2018;《河北经济年鉴2019》,中国统计出版社,2020;《河北统计年鉴2020》,中国统计出版社,2020;《河北统计年鉴2021》,中国统计出版社,2021;《河北统计年鉴2022》,中国统计出版社,2022。

从图2可见,2021年河北省报纸总印数同比增长0.30%,多年来首次出现正增长。从2019年开始河北省报纸总印数下降幅度收窄、趋势放缓,下降幅度基本控制在5%以内,说明河北报业整体环境有所改善,这为2021年报纸总印数"回暖"奠定了基础。

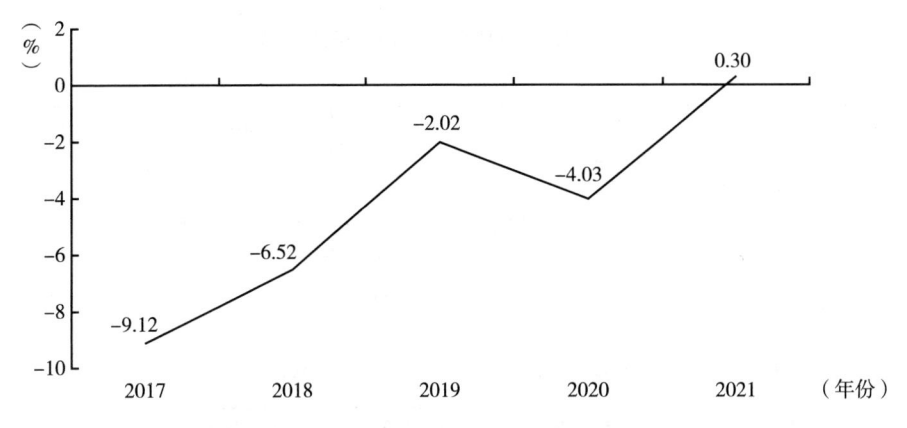

图 2　2017~2021 年河北报纸总印数变化趋势

资料来源：《河北经济年鉴 2018》，中国统计出版社，2018；《河北经济年鉴 2019》，中国统计出版社，2020；《河北统计年鉴 2020》，中国统计出版社，2020；《河北统计年鉴 2021》，中国统计出版社，2021；《河北统计年鉴 2022》，中国统计出版社，2022。

根据表 1 可见，2017~2021 年，河北省各层级报纸发展不平衡，省级报纸总印数呈先下降后小幅上升趋势，地市级报纸总印数持续下滑，县级报纸总印数基本不变。2021 年省级报纸总印数 6.82 亿册，较上一年增加 0.16 亿册，同比上升 2.4%；地市级报纸总印数 3.42 亿册，同比下滑 3.7%，与 2017 年相比下降 19.9%；县级报纸总印数 0.03 亿册，近五年总印数基本保持稳定。综上，2021 年省级报纸总印数表现良好，成为各层级报纸中唯一正增长的类别，带动河北报业整体总印数实现正增长；地市级报纸总印数持续下滑，与 2017 年相比，地市级报纸总印数累计下降幅度最大，缩水近两成；县级报纸总印数则相对稳定，始终保持在 300 万册左右。

河北省各层级报纸总印数变化的不均衡，造成各层级报纸总印数所占比重有所变化。省级报纸仍占据主导地位，总印数占比一直保持在全省六成以上，2021 年的占比更是达到 66.41%，为近五年最高水平；地市级报纸总印数所占比重持续下降，虽然 2019 年、2020 年地市级报纸总印数所占比重有所回升，但 2021 年所占比重同比下降超 1 个百分点；县级报纸总印数所占比重稳中有升，基于县级报纸总印数相对稳定的优势，县级报纸总印数所占比重由 2017 年的 0.26% 逐步扩大为 2021 年的 0.29%。

表1　2017~2021年河北报纸层级结构

单位：亿册，%

地域层级	2017年		2018年		2019年		2020年		2021年	
	总印数	比重	总印数	比重	总印数	比重	总印数	比重	总印数	比重
省级报纸	7.35	63.09	7.17	65.84	6.99	65.51	6.66	65.04	6.82	66.41
地市级报纸	4.27	36.65	3.69	33.88	3.65	34.21	3.55	34.67	3.42	33.30
县级报纸	0.03	0.26	0.03	0.28	0.03	0.28	0.03	0.29	0.03	0.29
合计	11.65	100	10.89	100	10.67	100	10.24	100	10.27	100

资料来源：《河北经济年鉴2018》，中国统计出版社，2018；《河北经济年鉴2019》，中国统计出版社，2020；《河北统计年鉴2020》，中国统计出版社，2020；《河北统计年鉴2021》，中国统计出版社，2021；《河北统计年鉴2022》，中国统计出版社，2022。

（二）广告收入情况

从图3可见，在2022年1~9月我国广告刊例花费同比下降10.7%之后，2023年1~9月我国广告刊例花费实现同比上升5.5%，整体广告市场呈现复苏的态势。

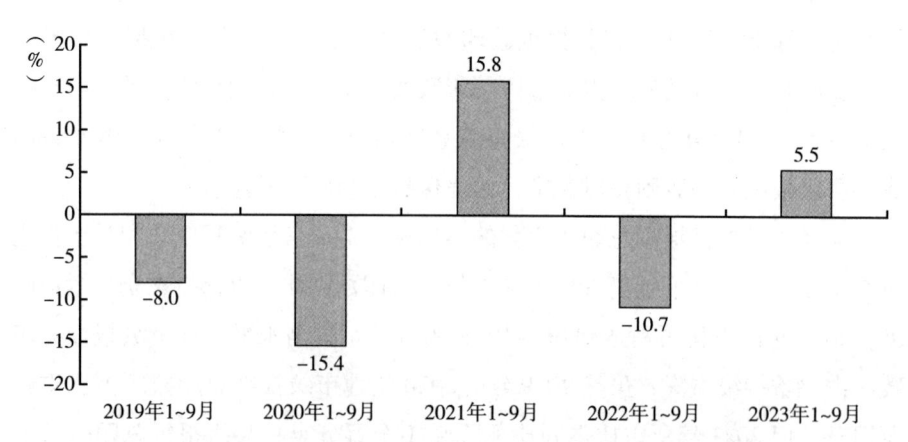

图3　2019年1~9月至2023年1~9月我国广告刊例花费整体变化

资料来源：根据CTR媒介智讯相关数据整理，https://www.ctrchina.cn/report。

从图 4 可见，与 2022 年相比，2023 年我国广告刊例花费自 3 月以来连续 5 个月同比正增长，其中两个月同比正增长超过 10%，5 月更是达到了 21.4%，广告市场复苏趋势明显。而从环比数据来看，2023 年 1~7 月环比数据呈现波浪状态势，2 月环比下降 23.3%，而 5 月环比上涨 15.6%，说明广告市场在不同月份之间的表现差异明显。

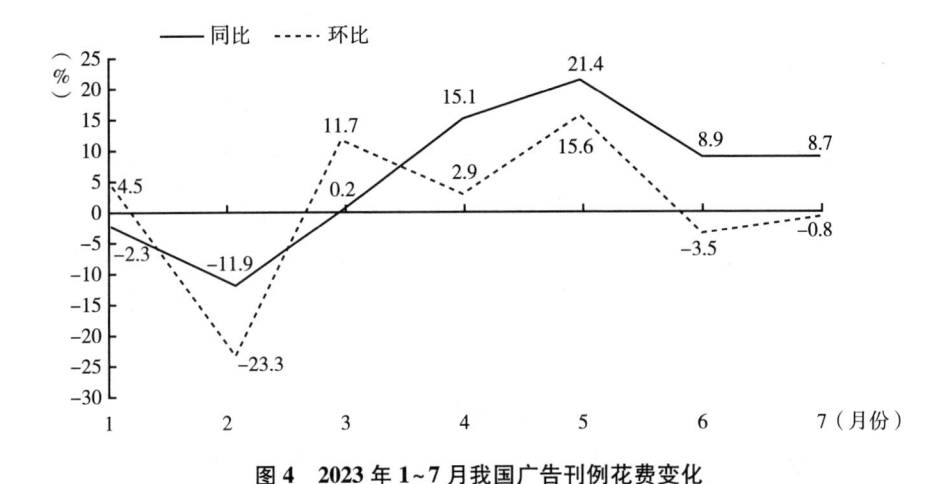

图 4　2023 年 1~7 月我国广告刊例花费变化

注：广告渠道范围包括电视、广播、报纸、杂志、传统户外、电梯 LCD、电梯海报、影院视频、互联网站。

资料来源：根据 CTR 媒介智讯相关数据整理，https://www.ctrchina.cn/report。

综上，在整体广告市场持续回暖的大背景下，报纸媒体广告收入下行压力也将有所缓解。同时，报纸媒体在不断探索媒体深度融合发展实践中，创新新闻产品形式，拓展新兴业务，努力实现业务收入的多元化增长。

二　河北报业发展现状分析

2023 年，河北省、市、县各级报纸媒体始终坚持主责主业，在做好重大主题报道、打造融媒体新闻精品、提升新闻评论质量上亮点突出。与此同时，河北报纸媒体积极求新求变，在自建客户端、打造智库型媒体平台、深挖本地文化资源、形成国际传播矩阵、机制创新等方面取得了不俗的成绩。

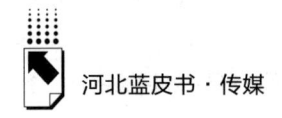

（一）扎实做好新闻宣传，重大主题报道出彩出新

一是全力做好习近平总书记视察河北报道。5月11~24日，河北日报推出41个专版，报网端微各平台共推出消息、通讯、社论、"言"文章、系列反响报道、系列回访报道、系列评论员文章、系列长图等全媒体报道500余篇（条），阅读量超1亿次，为全省迅速掀起学习宣传贯彻习近平总书记重要讲话和重要指示精神热潮提供了有力舆论支撑。

二是全面做好全国两会、省两会、省委十届四次全会报道。为全面展现全国两会盛况，河北日报共采访代表委员500余人次，推出全国两会报道专版59个，特刊9期，报纸刊发稿件302篇，新媒体平台发布全国两会报道3200余篇（条），全网阅读量超10亿次。为做好省两会、省委十届四次全会报道，河北日报共发布稿件1100余篇，阅读量2.89亿次。河北日报全面、准确做好省委十届四次全会报道，及时刊发大会消息、《中国共产党河北省第十届委员会第四次全体会议决议》、社论、系列评论员文章和系列反响报道，同时推出融媒体专题和产品，共发布相关稿件49篇，阅读量超850万次。

三是做好防汛救灾和灾后重建报道。聚焦应对强降雨防汛救灾抢险工作，河北日报报业集团第一时间成立报道专班，组织精干力量70余人深入防汛救灾抢险一线采访报道，以图文、视频等多种形式，充分报道各地各部门积极开展防汛救灾、全力做好灾后重建工作的举措成效。派出5支报道小分队分赴保定、涿州、石家庄、邢台、廊坊和张家口等防汛抢险救灾一线采访，采写了《"让每一个群众都安全转移"——涿州抗洪一线见闻》等大量现场报道，展现基层党员干部冲锋在前、奋不顾身、全力搜救被困群众的责任与担当。挖掘感人事迹，推出典型报道，开设"党旗在基层一线高高飘扬"专栏专题，推出《时时刻刻将群众装在心里》等一批报道。

（二）聚焦内容品质提升，努力打造融媒体新闻精品

河北日报报业集团推出的《创意微视频丨春天的旋律》被中央网信办全网推送，播放量1.5亿次；《国风长卷丨绘大美河山，看中国五年》被中国记协选送；《微视频｜骆驼湾的新山歌》被中央网信办全网推送，播放量超 2.2 亿次；《微视频｜牢记殷殷嘱托　雄安画卷徐徐铺展》《微视频｜AI 描绘的燕赵大地》被中央网信办全网推送。《条漫｜青头潜鸭安家记》入选"中国好故事"地方网络国际传播精品案例。图文报道《英雄之光｜只要我们记得，他们就还活着！》被中央网信办全网推送，阅读量突破 1 亿次。《值班老总读报》自 2023 年 1 月改版后，截至 10 月共推出 430 余期，平均每期全网播放量超过 500 万次。

石家庄日报社融媒体中心努力打造原创融媒体栏目，推出融媒体新闻精品。目前，共有两个原创栏目，即"石'事'观察"和"问政石家庄"。"石'事'观察"栏目于 2023 年 3 月推出，截至 2023 年 10 月中旬，共做了 20 期。该栏目全部围绕本地中心工作进行选题、策划，创作了一批聚焦当前热点的爆款作品，比如《石家庄市上榜"2022 城市营商环境创新城市"》《他火出圈，除了勇于攀登，还说出了石家庄人共同的心声！》《这个国际传播优秀案例，是对石家庄实干的认可》等。"问政石家庄"栏目作为全省首个市级报社承办的执行问政工作的网络平台，聚焦群众反映强烈的现实问题、民生问题，力求成为市委、市政府密切联系群众，畅通社情民意的"直通车""连心桥"。该栏目以每月一篇石家庄日历，全面聚焦每月石家庄发生的民生大事，以提纲挈领的风格宣传展示石家庄在城市建设、民生服务、优化营商环境等方面的亮点工作。

（三）提升新闻评论质量，牢牢占据舆论引导制高点

作为主流媒体，党报要坚持以专业权威增强对新闻议题的解释力。面向新媒体时代舆论场，既要掌握信息的第一发布权，也要掌握信息的第一解释权，更好地引导社会预期。

《河北日报》开设"学思想　强党性　重实践　建新功"专栏以及"学思用贯通　知信行统一"子栏目，连续推出"深入开展学习贯彻习近平新时代中国特色社会主义思想主题教育"5 篇系列评论和相关"冀言"文章，"河北日报"客户端、河北新闻网在首页首屏开设"学习贯彻习近平新时代中国特色社会主义思想主题教育"专题，有效形成报道合力。

《邢台日报》以系列评论的方式，对新的思路、理念、目标进行系统梳理，选取了其中十个方面的重点要求和新颖提法，比如"双进双产""拼命三郎""亩均论英雄"等，策划了"推进邢台高质量赶超发展"系列评论。系列评论有《要用更大力气抓风气观念作风责任规矩》《雷霆手段 菩萨心肠》《全力建设宜居宜业宜游的现代化中心城市》等10篇，论点旗帜鲜明、论据充分扎实，其中《做"拼命三郎" 啃"最硬骨头"》获得了河北新闻奖一等奖。① 这些文章在《邢台日报》刊发后，通过邢台日报社旗下包括"掌上邢台"客户端、各官方微信公众号、邢台网在内的融媒体平台进行转发，阅读量超过3000万次。与此同时，《邢台日报》开设了短评栏目"邢襄快评""清风微评"，栏目文章短小精悍，文风犀利明快，语言贴近群众，在全市的重点工作和突发事件中及时发声，有力发挥了答疑解惑、针砭时弊、鼓舞士气的作用。

（四）持续发力自建客户端，构建报纸移动平台优势

近些年，河北省各层级报纸始终将自建客户端作为融媒体建设的重要抓手，在资金、技术、人员等方面持续投入，取得了不俗的成绩。例如，2023年，"河北日报"客户端累计下载量1700多万次，较2022年增加200万次；"石家庄日报"客户端装机下载量突破200万次，发布信息12.5万条，新产品浏览量数亿次。

"石家庄日报"客户端正以智能全媒体平台建设为抓手，全力推动二期改版。改版后，将推动石家庄日报社90%的优质资源向新型主流阵地转移，实现全媒体业务流程一体化、策采编审发智能化、传播服务互动化、考核管理精细化、运营推送智能化，尽早实现成为全省，乃至全国领先的新型主流党媒的发展目标。②

---

① 王艺：《地方党报评论引导舆论策略分析——以邢台日报评论建设为例》，《中国报业》2023年第8期，第220~221页。
② 范文龙、姚文靖、曹志超：《擎党建之旗 聚融合之力——石家庄日报社以党建"1+N"融合工程推进新闻舆论工作》，《传媒》2022年第13期，第28~30页。

张家口日报社对标国内主流新闻客户端，研发上线"河山"新闻客户端，截至2023年6月，客户端下载量达110万次，覆盖全市1/4以上人口，构建起"自主新闻客户端+传统报纸优势媒体+社交媒体平台"全媒体网络矩阵，覆盖受众超400万人。"河山"新闻客户端围绕群众关心的话题定期组织全民意见建议征集、投票等互动活动，参与群众达400多万人。[①]

"秦皇岛Plus"新闻客户端积极探索"新闻+政务服务商务"的运营模式，紧盯用户"痛点"，为客户端做"加法"，先后设置网上政务信息平台，利用"随手拍""政企直通车""权威资讯中心"等功能，接入多项便民利企服务；积极发展"To G"业务，利用自身资源优势积极参与电子政务、智慧城市等信息化项目，并邀请政府部门通过入驻的方式加入客户端，整合党政媒体资源，各区县及政务机关通过入驻的方式加入政务新媒体平台，实现各部门各单位信息源互通共享。[②]

（五）整合数字媒体资源，努力打造智库型媒体平台

河北日报报业集团媒体智库建设的主要内容是盘活集团信息资源，优化升级河新智库，推进采写编智库建设，最终建成以河新智库为龙头、各媒体智库相辅相成的"1+N"智库体系。智库体系中的"1"为河新智库，以其引领集团智库建设，采写编智库是"N"中的一个，它的组建思路已经形成。集团所属媒体掌握丰富的信息资源、专家资源，具备建设各类智库的基础条件，可将传统媒体新闻生产优势导入智库建设。

河新智库侧重的服务对象为政府部门及企事业单位，采写编智库侧重的服务对象是全省各级媒体；河新智库主要的服务形式为提供大数据研究、深度调研报告、第三方评估、高端访谈、指数榜单、测评鉴定、媒介素养培训、高峰论坛等，采写编智库主要的服务形式为培训、实训。河新智库为河

---

① 刘永刚、张泽民、刘涛：《把握规律，打造区域性传播平台——以张家口日报社融合创新探索为例》，《新闻战线》2023年第11期，第63~65页。
② 何义安：《地市级党报融合发展路径探析——以秦皇岛日报社为例》，《新闻战线》2023年第20期，第101~103页。

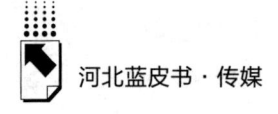

北首家媒体智库，自2006年开始探索智能搜索引擎和进行网络舆情研究，2014年正式开展网络舆情监测服务。河新智库具有丰富的产品结构，目前服务客户百余家，能够满足不同层次的需求，提高党政机关和企事业单位决策的科学性与有效性。

（六）深挖本地文化"富矿"，助力优秀传统文化传承发展

河北历史悠久，文化底蕴深厚，拥有众多珍贵的非遗。为讲好河北非遗故事，传承工匠精神，2022年10月，河北日报深挖各地文化"富矿"，推出短视频栏目"非遗'冀'忆"，每期精选一项非遗项目，通过意趣盎然的情节铺展、活泼亲和的表达方式、原汁原味的细节呈现，展现非遗的精巧绝妙、非遗匠人令人赞叹不已的传统智慧，引领更多人了解非遗、走近非遗、爱上非遗。截至2023年7月，该栏目已推出近百期，全网累计播放量超800万次，并在河北日报海外账号推送。同时，微视频《跃然纸上！换种方式读报告》在"河北日报"客户端发布后，"学习强国"总平台等几十家互联网和新媒体平台第一时间转发，全网播放量突破1500万次。该微视频发布后，相关话题登上微博、抖音等平台的热搜榜、热点榜。

石家庄日报围绕城市文化生活、传承优秀传统文化、弘扬红色文化全面开展宣传报道工作，打好西柏坡、正定两张红色品牌，让更多人了解红色历史。自2023年1月开始，石家庄日报累计刊发相关报道58篇，重点稿件有《千里桑麻绿荫城　绫罗轻拂文明风——探访省文保单位正定西洋村遗址》《宫灯闪耀世界舞台》《"红绿古新"展魅力　多彩之城等君来——我市暑期文旅推介会纪实》《正定古城：一步一景一故事》《西柏坡精神背后的故事》《致敬西柏坡》《文旅氛围浓　游客欢乐多——文旅市场精彩纷呈品位高雅》《观杂技盛会　赏山水秋韵　吴桥国际杂技艺术节秋游石家庄旅游推介活动举办》等。

为更好地挖掘邢台市与大运河相关的历史文化资源，《邢台日报》推出的"解读大运河密码"系列分为4篇，近2万字的篇幅，连续在《邢台日

报》周末头版刊发，探访大运河邢台段文化遗址、风土人情，梳理运河文化脉络，展现大运河沿岸的自然风光、历史悠久的文化内涵。①

（七）外宣产品生产能力持续增强，初步形成国际传播矩阵

2022年3月，河北日报在Facebook、Twitter两个平台开通账号；2023年1月，河北日报先后在YouTube、Instagram等平台开通账号。目前，河北日报在YouTube平台开通的Hebeimoment账号，粉丝量突破5万人，居全国省级党报前列，大幅领先于河北其他省级媒体。

河北日报海外账号传播矩阵初步形成，外宣产品生产能力持续增强，策划推出系列微视频"雄安奇遇记"、原创英文视频《美丽鸟儿在河北》等，在海外平台引发广泛关注。同时联动多家省级党报海外平台，开展"美丽中国我的家""当河北国宝遇到十二生肖""国宝在家乡"等活动，海外平台同频共振，拓展平台传播力和影响力。

（八）重视人才队伍建设，以机制创新培育融媒人才

人才结构不够合理是传统媒体日积月累形成的一个共性问题，当前无论是各级党报还是都市报、行业报，都存在人才年龄结构老化问题，亟待培育和引进一批"觉悟高、思路新、懂技术"的融媒人才。例如，河北日报报业集团编内人员平均年龄近52岁，年龄结构老化问题愈加凸显，且近几年事业编到龄退休人员每年约30名，空编数量逐年增多；燕赵晚报人员平均年龄为47岁左右，且发行、广告业务岗位人员占比相对偏大，缺乏熟练掌握新技术、新传播方式的人才。

河北日报报业集团围绕选拔培养、考核评价，全方位完善人才工作制度，2023年先后出台了《公共管理部门综合量化考核办法（修订）》《公开招聘工作实施办法》《年度综合考核办法（试行）》《员工教育培

---

① 王艺：《深挖地方富矿 传承优秀文化——邢台日报历史题材新闻的思考与实践》，《采写编》2023年第8期，第21~23页。

训管理办法》等文件，尤其是在《年度综合考核办法（试行）》中，将"媒体融合发展"作为重要考核指标，其在河北日报采编部门中占考核综合得分的25%。同时，采取推荐国家级、省级人才和面向社会选聘的方式培养行业储备人才，人才梯队结构更加优化。近5年，80余人获得国家级、省级专家人才称号，58人取得高级专业技术职务，人才数量和质量逐年稳中有升。

秦皇岛日报社出台了新的考核办法《全媒体新闻采访中心记者融媒供稿考核管理规定》，有效改变了传统新闻生产模式，将新媒体账号粉丝量和客户端下载量纳入考核范围。

三 河北报业发展建议

2023年，河北报业虽然取得了不俗的成绩，但与打造具有强大影响力、竞争力的新型主流媒体的目标仍存在一定的差距。

（一）深化全面融合思维，打造自主可控的新一代客户端

现阶段，河北省内报纸媒体已经充分认识到融媒体业务的重要性，从战略上、思维上将融媒体业务作为未来核心业务，将发展融媒体业务作为媒体转型目标。在具体实践中，积极运用统一的底层技术平台，将报业集团内部的内容资源、数据资源、用户资源进行整合，实现报业集团内部的互联互通，基本完成了报纸媒体与新媒体的融合发展，创造了众多爆款融媒体新闻产品，提升了报业集团的传播力、影响力。虽然河北省内报业集团在融媒体实践中取得了较好实效，但是用户连接失效，使传统报纸媒体的"二次销售"商业模式效果削弱，广告收入持续低迷，错过了互联网发展转型的黄金期，亟须采取"全面融合"思维来重建用户连接。①

---

① 郭全中：《我国媒体融合思路演进与思考》，《城市党报研究》2023年第11期，第24~30页。

所谓"全面融合"思维，就是报纸媒体不再局限于对媒体内部资源的相融相通，而是要不断做"加法"，利用自身优势或垄断资源解决用户"痛点"问题，重新与用户建立连接。其本质与国家对主流媒体的新要求是相同的。传统媒体的"全面融合"思维，就是要践行"新闻+政务服务商务"的运营模式，以新闻业务为主体，将政务、服务、商务作为媒体业务的拓展、延伸。但是，要想践行"全面融合"思维，重新建立与用户的连接，关键在于打造自主可控的新一代客户端，寻回流失用户群体、打造私域流量池。

报纸媒体新一代客户端的建设具有以下特征。一是基于新一代数智技术的客户端。新一代客户端应当是借助新一代全真互联网，在大数据、5G、人工智能等技术的赋能下，能够在智能穿戴、智能手机、智能汽车等不同智能终端之间进行自如切换，并实现数据共享。例如，深圳报业集团与华为合作，在鸿蒙生态、全场景应用基础上推出了全新一代客户端，涵盖手机、手表、移动穿戴、智能座舱等场景。① 二是建立线上线下多方主体的强连接。新一代客户端最重要的任务就是帮助报纸媒体重新与用户建立连接。而连接分为强连接与弱连接，"强连接引发行为，弱连接传递信息"②。强连接能在群体内部拥有更牢固的信任关系，更有利于消费的实现。因此，新一代客户端只有建立"App+社群+朋友圈"的运营模式，才能在线上线下互动间增强媒体与用户的信任感，同时借助朋友圈实现社交裂变，不断增强私域用户黏性。例如，"齐鲁壹点"客户端创建社群服务中心，在山东省运营"高考市民记者团""书画鉴赏群""红木鉴宝群""宝贝俱乐部"等上千个垂直领域的官方社群，覆盖20余万名用户，密切了与核心读者群的联系。线下，当得知山东潍坊800多名农户的数千万斤圆葱滞销后，"齐鲁壹点"客户端第一时间建立官方爱心助农社群，成功为滞销产品寻到销路。③

---

① 叶晓滨：《数字化转型：报业创新发展的下半程》，《传媒》2023年第19期，第24~26页。
② 〔美〕尼古拉斯·克里斯塔基斯、詹姆斯·富勒：《大连接：社会网络是如何形成的以及对人类现实行为的影响》，简学译，中国人民大学出版社，2013，第153页。
③ 郭全中、朱燕：《推进我国媒体客户端高质量发展的对策研究》，《南方传媒研究》2023年第3期，第29~35页。

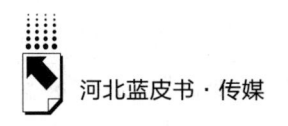

（二）拥抱数智时代科技，以 AIGC 技术赋能报业发展

人工智能作为新一轮产业变革的核心驱动力和引领未来的战略性技术，已经成为经济发展的新引擎和国际竞争的新焦点。① 2022 年以来，以 ChatGPT 为代表的生成式人工智能（AIGC），基于卓越的大型语言模型（LLM）和基于人类反馈的强化学习（RLHF）训练模型，凭借惊人的交互效率与人性化诉求相契合，迅速成为当下最佳的内容生成式复合功能的人工智能产品。② AIGC 的强大能力逐渐影响到传媒业，使其新闻内容生成逐渐由专业生成内容（PGC）、用户生成内容（UGC）向 AIGC 内容迭代，实现数据采集、内容生成、分发推送、交互体验等各环节一站式自动生成，以较低成本实现高效率生产，充分释放新闻内容生产力。

未来，河北省内报业集团要深化数智化理念，大胆借助数字化、智能化技术应用，以"AI+传媒"的战略理念打造数智报业集团，实现数智时代报纸媒体的"弯道超车"。具体可以从以下方面入手。

一是信息收集精准化。AIGC 本质上是在拥有足量数据和足够算力的基础上，通过模仿人类学习过程实现深度学习和内容生产。因此，AIGC 智能化生成的关键就在于强大的数据处理能力，这种能力能够帮助新闻从业人员收集信息、挖掘新闻线索。例如，贵州广播电视台、河南广播电视台民生频道、湖北经视等广电媒体均已与百度"文心一言"开展合作，通过抓取、分析网络热点及时发掘新闻线索，并对以往数据进行整理归档，为新闻采编人员提供更好的数据和资讯服务。③

二是内容生成高效化。AIGC 凭借强大的运算能力和算法技术，对采集的各类新闻信息进行深度学习后，能够在极短的时间内生成文字、图

---

① 《国务院关于印发新一代人工智能发展规划的通知》，中国政府网，2017 年 7 月 20 日，https：//www.gov.cn/zhengce/content/2017-07/20/content_5211996.htm。
② 滕姗姗、胡奇：《人工智能技术背景下体育传媒产业的数智化变革与挑战》，《宁夏社会科学》2023 年第 3 期，第 190~199 页。
③ 曾晓：《ChatGPT 新思考：AIGC 模式下新闻内容生产的机遇、挑战及规制策略》，《出版广角》2023 年第 7 期，第 57~61 页。

片、音频以及视频等众多形式的新闻信息，大大提升了新闻生产效率。例如，第一财经和阿里巴巴于2016年合作开发的"DT稿王"，能对上市公司公告、财务报表、官方发布、社交平台、证券行情等信息源进行自动阅读，并迅速提炼核心信息和关键标题。该机器人每天可阅读3000万字，每分钟能写出1680字，学习和写作效率远高于人类；[1] 张家口日报社实施了全媒体内容生产中心、智媒体视频梦工厂两个改造项目，与国内知名供应商合作，研发推进"河山云"智能采编中台，引入人工智能机器人写稿、虚拟主播、智能审校、智能视频生产、智能考核等，提升优质产能的比重。

三是审校监测自动化。严谨准确的内容是提高媒体公信力的关键。AIGC在自动化监听监看、审校把关等方面有值得深入挖掘的空间。例如，为解决UGC可能存在的导向、涉黄涉暴等问题，百度于2017年上线人工智能内容审核产品，支持图像、文本、音频、视频等多形式的审核；新华社自主研发的智能检校机器人"较真"，不仅能够借助智能校验系统辨别易混淆字、找出内容不规范等问题，也增加了人名自动识别、知识辨别、逻辑搭配及稿件电头格式等方面的校验功能。AIGC对新闻内容的全面把控，不仅大幅度降低了校验成本，也提高了校验质量和效率，有效防范化解各类内容风险。

四是分发推送个性化。依托大数据和人工智能等技术，平台能够精准感知用户的数字化生存习性，把握用户的兴趣喜好，从而增强用户黏性。[2] 现阶段，报纸媒体已经开始引入人工智能，不断提升自身的用户信息采集能力，纷纷建立了大数据智能预测平台，利用人工智能洞察用户的习惯和需求，实现媒体内容的对象化定制、个性化分发。例如，石家庄日报社融媒体中心推动媒体融合向纵深发展，先后引入一个系统、一项技术：一是黑马智

---

[1] 全会：《冲击·融合·协同：ChatGPT对传媒业的影响刍议》，《中国广播电视学刊》2023年第9期，第17~21页。

[2] 全会：《媒体融合·资源聚合·技术驱合——中央广播电视总台央视视频垂类频道打造内容新生态》，《视听界》2022年第6期，第9~12页。

能校对系统,该系统的使用解决了目前稿件数量多、出刊任务重的难题,大大提高了审稿效率;二是智能推送技术,该技术的使用实现了智能化精准推送,有效提升了用户活跃度和留存率,能够根据用户喜好进行个性化创作,实现了"源新闻"的"千人千面"。

(三)发挥党报制度优势,创新"To G+To B+To C"商业模式

以党报为代表的主流媒体具备国有性质,与政府部门具有天然的联系,这给报纸媒体的发展带来了独特的制度优势。长期以来,这种制度优势为报纸媒体提供了行政许可、整体市场垄断等发展红利。受新媒体时代的冲击,虽然以行政许可、整体市场垄断为代表的发展红利已经不复存在,但主流媒体与政府部门的天然联系,仍然在党建、新媒体运营、舆情智库等方面具有独特优势。主流媒体可以通过提高市场化能力、创新商业模式,实现制度优势在融媒体时代的延续。新型商业模式具体体现为"To G+To B+To C",即依靠自身的制度优势先做好 To G 业务,并继续巩固既有的 To B 业务,最后在重建用户连接的基础上大力拓展 To C 业务。这一模式的创新关键在于挖掘 To G 的增量,重建主流媒体的品牌优势,进而拓展至 To B 和 To C 业务。

一是发挥党报红色资源优势。党报的创办、发展真实记录和见证了中国共产党走过的光辉历程。党报自身积累了丰富的红色资源,以《河北日报》为例,其前身是抗日战争时期和解放战争时期中共冀中区委机关报《冀中导报》。党报应当盘活"红色家底",探索开发自身的红色资源,通过建立党报红色资源数据库、设立数字报史馆等方式,打造具有党报特色的红色文化品牌,并与当地政府、学校、企业等建立党建联盟;探索"红色资源+融媒体"传播模式,运用短视频、VR/AR/MR、元宇宙等融媒体技术,创制全新的媒介形态新闻作品,创新与拓宽传播方式和渠道。

二是发挥新媒体运营优势。经过多年的建设发展,主流媒体无论是在硬件上还是在软件上都已较为成熟,且积累了丰富的新媒体运营经验。主流媒体可以继续推动与政府部门的深度合作,为政府提供"一揽子"全媒体解决方案。例如,石家庄日报为党政机关及相关政府部门提供宣传推广等全媒

体解决方案，业务类型涉及形象宣传，政务商务活动策划执行，微信、抖音等新媒体代运维，视频直播，短视频、宣传片拍摄制作等，取得了较好的社会效益和经济效益。

三是发挥舆情智库优势。面对复杂严峻的网络舆情态势，主流媒体可以发挥舆论引导优势，助力地方政府做好网络舆情的应对处置，积极参与社会治理创新，提高社会治理体系和治理能力现代化水平。以东江舆情研究院为例，该院依托惠州报业传媒集团强大的媒体资源和优秀的采编播队伍，以及丰富的实战经验、有效资源整合能力等优势，凝聚推动改革发展、维护社会和谐稳定的正能量，助力党委和政府提升社会治理能力，为党委和政府提供高质量智力支持。①

（四）深耕本地文化资源，推进"新闻+数字文创"深度融合

2023年6月2日，习近平总书记在文化传承发展座谈会上明确提出，在新的起点上继续推动文化繁荣、建设文化强国、建设中华民族现代文明，是我们在新时代新的文化使命。②传媒产业作为文化的重要组成部分，应当自觉担当新时代文化传承使命，主动挖掘中华优秀传统文化，借助新一代数字技术向数字文创新产业、新业态和新模式转型，形成"文化+科技"深度融合的驱动力。

一是以"新闻+数字藏品"切入数字文创运营。数字藏品是由区块链技术发展而来的数字文创主要产业之一，主流媒体可以依托自身在内容资源、融媒体技术等方面的优势，以自建平台或入驻头部平台的方式，进行数字藏品的创制和运营，实现非报收入的多元化增长。例如，大众报业集团专门成立了"海豹数藏"数字藏品交易服务平台，并发布了《大众日报》创刊号

---

① 蒋勤国等：《媒体+智库：构建专业舆情服务全链条生态体系——惠州报业传媒集团东江舆情研究院之探索实践》，《中国地市报人》2021年第9期，第20~24页。
② 《习近平在文化传承发展座谈会上强调 担负起新的文化使命努力建设中华民族现代文明》，中共中央党校网站，2023年6月2日，https://www.ccps.gov.cn/xtt/202306/t20230602_158178.shtml?eqid=fcc89f0200021e7600000006648ad2b4。

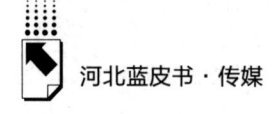

数字藏品；人民网打造了"灵境·人民艺术馆"数字藏品平台，已涉及艺术、文旅、影视、游戏等多个领域，以新颖的形式吸引了以年轻人为主的消费群体，实现了传统文化的成功跨界和破圈。

二是以"新闻+数字主播"助力数字文创传播。数字文创作为数字技术支撑下的文创产业新形态，具有虚拟性、共享性、交互性等特征，且以互联网为主要传播媒介，这就决定了数字文创产品的成功关键在于实现有效传播。现阶段，部分主流媒体纷纷试水虚拟数字人，以人工智能为依托，以鲜活、智能的数字人形象宣传数字文创产品，进一步增强了传播效果。例如，无锡广播电视集团推出了3D超写实虚拟主播IP"甜熙"，用于文化传承、文化交流等领域，让虚拟主播参与游戏直播、音乐演唱、脱口秀等多种数字文创产品的开发宣传，并参与品牌推广、产品宣传等各种营销活动，打造独特的营销场景。

参考文献

郭晓滨：《数字化转型：报业创新发展的下半程》，《传媒》2023年第19期。

尼古拉斯·克里斯塔基斯、詹姆斯·富勒：《大连接：社会网络是如何形成的以及对人类现实行为的影响》，简学译，中国人民大学出版社，2013。

曾晓：《ChatGPT新思考：AIGC模式下新闻内容生产的机遇、挑战及规制策略》，《出版广角》2023年第7期。

全会：《冲击·融合·协同：ChatGPT对传媒业的影响刍议》，《中国广播电视学刊》2023年第9期。

B.3
2023年河北省广播电视事业发展报告

孙荣欣 万宇扬*

摘 要： 2023年，河北省广电系统以习近平新时代中国特色社会主义思想为引领，突出学习宣传贯彻党的二十大精神的工作主线，认真学习贯彻习近平总书记重要讲话精神特别是视察河北重要讲话精神，深入推进广播电视媒体融合高质量发展，充分发挥新闻主阵地优势，认真谋划、深度策划，以全媒体平台继续扎实做好主题宣传报道、两会报道、防汛抢险救灾等重大宣传报道，在打造融媒精品、提升舆论引导能力和沟通服务能力等方面取得可喜成果，为奋力谱写中国式现代化建设河北篇章凝心聚力、营造良好的舆论氛围。在新的传播环境下，河北广电媒体要在优质内容生产、发掘新业态提升媒体运营能力、媒体新技术应用等方面进一步发力，将媒体融合改革推向"深水区"。

关键词： 广电业 全媒体 媒体融合

一 2023年河北省广播电视事业整体发展情况

（一）扎实做好主题宣传报道

2023年，全省广电系统以习近平新时代中国特色社会主义思想为指引，

---

* 孙荣欣，河北省社会科学院新闻与传播学研究所副研究员，广播电视与网络传播研究室主任，主要研究方向为广播电视、新媒体传播；万宇扬，浙江传媒学院电视艺术学院2021级本科生。

以全面深入学习宣传贯彻党的二十大精神为工作主线，认真学习贯彻习近平总书记重要讲话精神特别是视察河北重要讲话精神，充分发挥新闻主阵地优势，认真谋划、深度策划，以全媒体平台继续扎实做好主题宣传报道。省、市广播电视台重点新闻节目以及客户端、微信公众号围绕宣传热点和省委、省政府及各市委、市政府中心工作，聚焦发展主题，先后推出"全面深入学习宣传贯彻党的二十大精神""新时代 新征程 新伟业""学思想 强党性 重实践 建新功·学思用贯通 知信行统一"等专栏专题；围绕总书记在河北考察，及时推出"习近平河北行"专题，通过采访亲历者、相关专家学者、相关部门干部群众等，报道习近平总书记在河北考察并发表重要讲话在广大干部群众中持续引发的热烈反响。河北卫视推出学习贯彻习近平新时代中国特色社会主义思想主题教育特别节目《好好学习》，让党的创新理论"飞入寻常百姓家"。河北广播电视台"冀时"客户端等新媒体平台持续更新"学习贯彻习近平新时代中国特色社会主义思想主题教育""加快建设经济强省美丽河北 奋力谱写中国式现代化建设河北篇章""'双争'光荣榜"等网络专栏专题；推出大型全媒体新闻航拍报道《飞阅河北·第三季》和大型融媒体报道《中国式现代化的先行实践》，联合北京广播电视台、天津海河传媒中心推出系列报道"行走京津冀 聚力开新局"，推出《美丽河北》慢直播、《全国十省市区融媒联动大直播——我的祖国我的家》等各类直播，生动展现河北省各地推进高质量发展的举措成效，为推进全省经济社会发展营造了良好的舆论氛围。石家庄广播电视台推出"石家庄在行动""经济总量过万亿"等全媒体专栏专题，廊坊广播电视台策划推出大型融媒采访行活动"春涌廊坊——二十大精神在基层"，采取人民群众喜闻乐见的形式，生动呈现全市广大干部群众在党的二十大精神指引下，奋力谱写中国式现代化建设河北篇章的务实举措和火热实践。

（二）圆满完成全国、全省两会报道任务

按照河北省委宣传部的统一安排部署，河北广播电视台精细统筹谋划、精准聚焦发力，以"云"为手段，以"融"为目标，开设专栏板块、主动

设置议题、统筹会内会外、打通大屏小屏、联动京津两地，跨媒体、跨平台、跨地域融合聚力，创新表达，使全国两会宣传形成多点发力、全面开花的良好局面。宣传报道紧扣全国两会精神，实现了程序报道在"准"字上下功夫、自选动作在"新"字上做文章、特别节目在"深"字上见实效、新媒体产品在"融"字上求突破。据统计，全台发布全国两会相关稿件1200余篇，全网累计浏览量超1亿次，精心打造《全国两会特别节目》以及"两会'冀有声'""主播说两会""两会留声卡"等栏目，全面、深入传递好全国两会河北好声音。融媒产品亮点纷呈，其中《【冀时海报】河北代表团新闻发布会丨一起来看！8个中国式现代化河北场景》《【H5】两会冀语丨带着民声上两会》等新媒体产品累计浏览量均超百万次；《春天的脚步——行走京津冀，开启新航程》、《对话京津冀》、《两会连连看，河北这么干》、"主播说两会"等融媒体报道，相关节目、栏目获得广泛好评。2023全国两会融合传播泽传媒指数中，《河北新闻联播》和河北广播单日最高位居第一，冀时App单日最高位居第七。

河北省政协十三届一次会议、河北省第十四届人大一次会议分别于2023年1月10日和11日在省会石家庄开幕。截至1月14日，《河北新闻联播》《河北新闻》《全省新闻联播》等重点新闻节目播发相关报道150余条，圆满完成两场直播任务，新媒体各平台发布相关报道823条，累计浏览量超5400万次，为加快建设经济强省、美丽河北营造了浓厚的舆论氛围。

（三）防汛抢险救灾宣传报道有速度、有温度

2023年7月27日至8月2日，受台风"杜苏芮"影响，河北省发生了有水文记录以来第四大的降雨过程。此次特大暴雨波及110个县（市、区），过程持续时间长、强度大，流域性洪水多，致灾情况重。[①] 河北广播

[①] 《河北省政府新闻办"河北省防汛救灾暨灾后重建"新闻发布会文字实录》，河北省人民政府网站，2023年8月11日，http://www.hebei.gov.cn/columns/6b529089-3c22-40ef-8d24-fda72cb33bf5/202308/18/6d27f7a6-3ad5-4711-b9e1-f124bfbb9078.html。

电视台第一时间启动重大突发事件新闻宣传报道应急预案，聚合全媒体平台资源、集结一线骨干力量，派出30多路记者1470人次深入一线采访报道，发稿8400余篇，对上报道887篇，累计浏览量超2.1亿次，勇担主流媒体责任，出色完成了宣传任务。自7月30日以来，全媒体平台贯通时段、融合聚力，各栏目化散为聚，先后开设8个专栏专题、策划制作20期特别节目、滚动发布万余次预警预报信息，形成强大宣传声势，尤其是广播、电视、新媒体平台同步推出《应对强降雨 河北在行动》《"汛"速行动》等直播，连续15天推出特别节目《坚决打赢防汛抢险救灾硬仗》和《冀时全播报》特别报道，在重大突发事件的第一落点实时呈现省委、省政府防汛抢险救灾工作部署，集中呈现各地各部门应对强降雨的实际举措和干部群众坚守一线的典型事迹，有效引导了热点话题，在舆论主战场发出主流媒体的大声量。在灾后重建阶段，河北广播电视台及时跟踪热点话题、了解百姓需求、做好沟通服务，始终以正能量引导舆情，确保了舆论导向正确。市级广电媒体也及时报道本地灾情预警以及防洪抗灾、灾后重建相关消息。廊坊广播电视台在《廊坊新闻》《廊坊零距离》等中，以新闻特写、资讯等形式，报道市内各界党员群众在汛情面前挺身而出、多措并举，全力保障人民群众生命财产安全和正常生活生产秩序的事迹。8月3日和5日，保定新闻传媒中心（集团）交通广播、新闻频道、公共频道携手保定市爱心企业、爱心团队和个人，通过广播、视频号、抖音、微信等渠道，开展了抗洪救灾物资公益捐赠活动。

（四）精品创作取得可喜成果

在2023年11月揭晓的第三十三届中国新闻奖评选中，河北省共有12件作品获奖，其中广电类5件，即新闻专栏《相约冬奥》获一等奖，新闻编排2022年12月31日《全省新闻联播》获二等奖，新闻专题《创新之路》第四期《特色集群》、新闻访谈《我们的现代化》、重大主题报道《答卷：阜平这十年》第四集《乡村振兴》获三等奖，获奖作品数量和质量居全国省级广电媒体前列。2023年11月，国家广电总局主办的中国广播电视大奖2021—2022年度广播电视节目奖评选揭晓，河北广播电视台创作的《全球首例！河北钢铁集团开始用氢燃料炼钢》（广播消息）、《我们的现代化》（广播专题）、《你们，从燕赵出发》（广播文艺）三件作品及联合创作的《加油！新时代》（电视纪录片）榜上有名；邯郸新闻传媒中心的"清晨热线"获广播栏目奖。12月16日，承德广播电视台"人文承德"栏目荣获中国电视艺术家协会主办的第29届中国纪录片学术盛典"十佳栏目"。

除了获奖节目外，河北广播电视台还有一批优秀节目在受众中产生良好反响，获得业界好评。河北广播电视台出品的六集大型纪录片《大河之北·生生不息》，延续了前两季《大河之北》高站位、大视野、全景化的风格，从农业文明、工业进程、科技进步、交通商贸、城市更新等社会经济的维度，梳理了河北在中华文明中的发展脉络及贡献，用更宏观的视角解读了河北在中华文明版图中的地位，呈现了一个立体、真实、现代的河北。河北广播电视台出品的《美丽的高岭塞罕坝》《运河风味》和中共石家庄市委宣传部出品的《滹沱文韵》入选国家广电总局2023年第一季度优秀国产纪录片推荐目录，河北广播电视台出品的《妙不可言》《我中国少年（第五季）》分别入选国家广电总局2023年第二季度、第三季度广播电视创新创优节目名单。石家庄台新闻综合频道的电视评论《"三无"背后的"三思"——记者述评：石家庄山区县应对台风"杜苏芮"暴雨洪灾探析》入选国家广电总局2023年第三季度优秀广播电视新闻作品。河北卫视主题教育特别节目《好好学习》，用科学的方法讲透科学的理论，充分展示河北深入开展主题教育的做法和实践，多维展现中国式现代化建设河北篇章，进而落实好主题教育"学思想、强党性、重实践、建新功"的总要求。该节目播出后获得《光明日报》、国家广电总局《广电视听阅评》等多家权威官媒刊文点赞。石家庄广播电视台创新创优《市长面对面》《电视问政》《县区进行时》节目，发挥好桥梁和纽带作用，积极推进城市治理。衡水广播电视台百集非遗文化微纪录片《衡水行》，通过电视艺术的形式生动展现衡水非遗的独特魅力，展现衡水的风土人情。

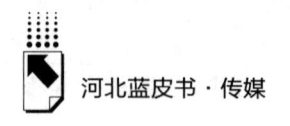

（五）媒体融合再上新台阶

2023年，河北广电媒体融合工作不断推进，并得到国家广电总局的高度认可。在国家广电总局2023年广播电视媒体融合发展评审中，共评选出10家先导单位、15个典型案例、15个成长项目，《河北广播电视台〈冀有好物〉：成功打造引擎型广电节目新模式》入选典型案例名单，"冀时"客户端入选成长项目名单。2023年6月以来，国家广电总局重点推进全国广电新媒体联盟建设工作，河北广播电视台入选全国首批15家牵头单位，"冀时"客户端、"河北广播电视台"账号矩阵和石家庄广播电视台"无线石家庄"客户端入选全国首批100家联盟成员单位。

2023年，河北广电媒体在打造融媒精品上取得亮眼成绩。"冀时"客户端重点打造《美丽河北》慢直播节目及"你早，河北""晚安·河北""冀时评论""万万没想到"等系列融媒品牌，尤其是《美丽河北》慢直播节目，除每天早、午、晚时段在河北公共频道、河北卫视直播，还在"冀时"客户端开通覆盖河北全省281个景区景点、城镇、乡村的近400路慢直播信号，全天24小时不间断直播，带领观众"云游"河北，感受人文胜景，见证城乡变迁，成为传播地域之美、展示河北形象、助力文旅产业发展的媒体新品牌。石家庄台策划采制的《见证城长》《十二石辰》《滹沱初夏》《好戏连台》等短视频，以及图解、H5等优秀作品，在新媒体矩阵刷屏热传，尤其是加大了《石家庄新闻》今日头条号、抖音号和快手号的推送力度，让石家庄故事和声音传得更远、影响更广泛。廊坊台打造的融媒体新闻产品《主播说新闻》，精选新闻频道三档重点栏目的新闻资讯，用平实的语言全方位、多角度报道廊坊的重大事件和热点新闻，把相对枯燥的时政新闻用更加平和、接地气的方式展现，拉近了与受众的距离，尤其值得一提的是，全省广电媒体在融媒直播上持续发力。其中，"冀时"客户端着力打造"冀时大直播"品牌，2023年以来陆续推出《火树银花不夜天——2023河北广播电视台元宵诗会》《多彩湿地·润泽美丽河北》《千鸟竞飞淀上美》《"十一"去哪儿》等大型直播活动数百场，"冀时"客户端点击量超7亿次，有效提升了优质作品传播力和"冀时"客户端影响力。2023年9月22日，河北广播电视台牵头邀约长城沿线15省（区、市）共同策划推出"长城之约"广电新媒体联动大直播，该直播在全国广电新媒体联盟成员新媒体平台以及新华社、人民日报、央视网、抖音、快手、B站等多家中央、地方及商业平台同步直播，全网浏览量超2000万次，微博话题阅读量超1亿次。2023年5月25日是著名战斗英雄董存瑞牺牲75周年纪念日，承德台抽调骨干人员组成报道团队，分别赶赴董存瑞的牺牲地承德市隆化县、出生地张家口市怀来县，以及驻扎于吉林四平市的董存瑞生前所在部队进行采访，并邀请专家做客直播间，于当日由中央广播电视总台中国交通广播和承德广播电视台综合广播并机直播了《喜看人间多康健 英魂今可笑九泉》大型全媒体直播节目，并在蜻蜓FM、云听App、冀云知承德云端广播同步直播，带领受众重温董存瑞英雄事迹，共话今天的幸福生活。

（六）京津冀三地广播电视媒体协同合作进一步推进

京津冀三地广电媒体协同合作，既是京津冀协同发展的要求，也是融媒时代下传统媒体挺进主战场、占领新阵地的大势所趋。近两年，河北广播电视台与北京广播电视台、天津海河传媒中心在采制主题报道、举办大型活动、搭建合作平台、建立合作机制等多个方面，积极进行全面、深入的协同合作。

京津冀三地广播电视台连续9年推出全国两会特别节目《对话京津冀》，累计采访代表委员200余位，共同见证三地协同发展的不断深化，深度报道京津冀协同发展取得的新突破、新进展；连续7年推出特别报道《春天的脚步》，充分反映京津冀协同发展战略的实施成果。2023年5月，习近平总书记在河北考察并主持召开深入推进京津冀协同发展座谈会。为深入学习贯彻落实习近平总书记重要讲话精神，京津冀三地广电媒体联合推出大型系列融媒体报道《行走京津冀 聚力开新局》《中国式现代化的先行实践》，以及"潮涌京津冀 续写新篇章""壮阔东方潮 筑梦京津冀"等众多精品主题报道佳作，取得良好传播效果。

2023年3月，三地共同打造的广播"京津冀之声"开设"这么近，那

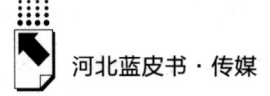

么美,周末到河北"专栏,推介河北文旅资源。6月,在第三届中国广电媒体融合发展大会期间,三地签署了共同推介"美丽京津冀"的合作协议,"北京时间"、"津云"和"冀时"客户端同步开设"美丽京津冀"专题,共同推介《美丽河北》慢直播节目,以及《文旅北京》《你好,天津》等文旅节目。7月15日,京津冀三地广电媒体融媒宣传合作座谈会在雄安新区举行。座谈会上,三地共同发出京津冀融媒宣传合作倡议,将围绕京津冀协同发展和高标准、高质量建设雄安新区深入开展融合宣传工作,三地广电媒体合作迈进新阶段。

二 河北省广播电视媒体融合发展亟待解决的主要问题

(一)优质内容生产需要再上新台阶

在新的传播环境下,流量是一种稀缺资源,而优质视听内容是能够吸引用户、服务用户、引导用户的"流量密码"。对于广电媒体来说,要实现创新发展,内容建设永远是根本。继续强化"内容为王"理念,不断深化内容生产供给侧结构性改革,以优质内容构筑流量高地,从而实现社会效益与经济效益双丰收,是主流媒体的使命所在、职责所在。目前,河北广电媒体在主题宣传和文化传播等方面存在不同程度的形式单调问题,在贴近群众方面发力不够,难以与广大人民群众的视听需求同频共振,直接影响引导服务能力的有效提升。

(二)新媒体优势尚未充分发挥

调查发现,全省各级广播电视播出机构均高度重视在互联网开辟新媒体阵地,但是,媒体融合在制度建设、架构搭建、管理体制、硬件设施、流程再造、业务运营、人员配备等方面与建设"四全媒体"的要求还有较大差距,传统广播电视音视频与互联网的内容在传播上还存在简单叠加现象。目前,虽然各级广播电视播出机构均在微信、微博、抖音、快手、今日头条等平台设有官方账号，但是有些账号的运营只是简单地将传统广播电视的内容搬到新媒体平台，在运用互联网传播规律方面不够深入，跨媒体融合尚未完全实现从物理融合到化学融合的质变。比如，播发渠道的多样化并未有效增强与群众的互动交流，多数内容与用户的互动数很少，部分内容处于零评论、零点赞和零转发状态，大部分互动区内用户的留言得不到及时回复，有回复也大多流于公式化、套路化。

（三）媒体运营能力尚待进一步增强

调研发现，河北广播电视播出机构的运营能力还需进一步增强。数据显示，近年来传统广播电视的广告收入和广播电视节目销售收入普遍下降，全省各级广播电视播出机构的广告收入同样下滑明显，新业态的开发较为缓慢，应对市场竞争的能力不足，特别是市、县级广播电视播出机构，其营收来源主要是针对当地机关事业单位的音视频服务和活动组织。部分广播电视播出机构虽然成立了企业性质的公司，但缺乏市场化的经营理念与实践探索，有的甚至完全依赖财政供养维持自身运转，自我造血能力严重不足。当前，部分广播电视播出机构已开始尝试与互联网、新媒体融合，向电商带货、个性化视频服务等新业态转型，但市场接受度、用户参与度还不够高。

三　全国广播电视行业发展形势分析

（一）全国广播电视行业总体发展稳中向好

国家广电总局2023年4月27日发布的《2022年全国广播电视行业统计公报》显示，2022年全国广播电视行业总收入12419.34亿元，同比增长8.10%。其中，广播电视和网络视听业务实际创收收入10668.52亿元，同比增长10.29%；财政补助收入1037.29亿元，同比增长7.07%；其他收入713.53亿元，同比下降15.75%。2022年全国广播节目制作时间787.65万小时，同比下降3.08%，播出时间1602.15万小时，同比增长0.80%；全国电视节目制作时间285.21万小时，同比下降6.78%，播出时间2003.64万小时，同比下降0.51%。

综观2020~2022年全国广播电视行业统计数据可以发现，近年来，全国广播电视行业摆脱多种不利因素影响，总体收入保持稳步增长，持续助力经济社会高质量发展。2020~2022年，全国广播电视行业总收入增长率分别为13.66%、24.68%、8.10%，总收入保持平稳上升态势。

从收入结构来看，全国广播电视行业内部正在进行深刻变化调整。2022年，传统广播电视广告收入下降（广播广告收入73.72亿元，同比下降28.09%；电视广告收入553.23亿元，同比下降19.11%），有线电视网络收入、广播电视节目销售收入、电视购物频道收入整体呈现下滑趋势；新媒体广告收入（指广播电视和网络视听机构通过互联网网站、计算机客户端、移动客户端等取得的广告收入）2407.39亿元，同比增长20.28%，网络视听收入4419.80亿元，同比增长22.95%（见表1）。

表1 2020~2022年全国广播电视行业收入

单位：亿元

	2020年	2021年	2022年
全国总收入	9214.6	11488.81	12419.34
实际创收收入	7711.76	9673.11	10668.52
广告收入	1940.06	3079.42	3342.32
有线电视网络收入	756.98	734.56	719.55
网络视听收入	2943.93	3594.65	4419.80
IPTV平台分成收入	135.82	161.76	169.79
广播电视节目销售收入	411.82	438.24	330.68
电视购物频道收入	135.47	115.61	81.59

资料来源：《2020年全国广播电视行业统计公报》《2021年全国广播电视行业统计公报》《2022年全国广播电视行业统计公报》。

2023年，全国广播电视行业继续保持良好发展态势。国家广电总局公布的数据显示，2023年上半年，全国广播电视行业总收入6246.52亿元，同比增长10.89%；广播电视实际创收收入5525.32亿元，同比增长

11.66%。其中，广告收入1622.80亿元，与上年同期基本持平；网络视听收入2570.77亿元，同比增长17.33%；有线电视网络收入318.81亿元，同比增长2.41%；广播电视节目销售收入133.43亿元，同比增长30.99%；节目制作相关服务收入85.95亿元，同比增长25.00%。①

（二）传统广播电视受众持续向互联网端转移

随着各类互联网音视频平台的崛起，传统广播电视受众持续向互联网端转移。网络音频方面，随着智能终端的广泛应用，线上广播音频用户规模逐步增长，2022年线上云端广播音频累计点击量达127.14亿次，比2021年增长16.8%。② 网络视频方面，中国互联网络信息中心发布的第52次《中国互联网络发展状况统计报告》显示，截至2023年6月，我国网络视频（含短视频）用户规模为10.44亿人，较2022年12月增加1380万人，网民使用率达到96.8%，③ 继续保持在高位的增长态势，几近成为全民化应用。网民人均每天观看网络视频（含短视频）超过2小时，收听网络音频约20分钟。④

与网络视听用户规模持续增长相对应的是，传统媒体的用户和客户被分流，大量用户迁移到新媒体平台。索福瑞数据显示，全国电视观众日均用户规模在大幅度萎缩，由2013年的8.43亿人缩减到2022年的5.17亿人，不及网络视听用户规模10.4亿人的一半；人均每日收视时长从2013年的157分钟下降到2022年的98分钟，跌幅38%。主流媒体虽然在重要资讯、主题宣传、舆论引导等方面仍然具有权威性，但在日常生活中的影

---

① 《2023年上半年全国广播电视服务业收入持续增长》，国家广播电视总局网站，2023年8月9日，https://www.nrta.gov.cn/art/2023/8/9/art_114_65133.html。
② 梁毓琳、刘婉婷：《深耕存量市场 深挖智能转型——2022年中国广播市场分析》，《现代视听》2023年第1期。
③ 《第52次〈中国互联网络发展状况统计报告〉》，中国互联网络信息中心网站，2023年8月28日，https://www.cnnic.cn/n4/2023/0828/c88-10829.html。
④ 《2022年全国广播电视行业统计公报》，国家广播电视总局网站，2023年4月27日，https://www.nrta.gov.cn/art/2023/4/27/art_113_64140.html。

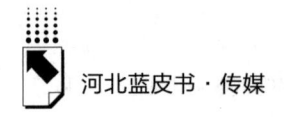

响力呈减弱趋势。① 这也直接导致了全国传统广播电视经营收入大幅收缩、广告收入逐年下降的趋势难以逆转。

四 河北省广播电视事业未来发展的关键着力点

（一）媒体融合持续深入推进

2023年是媒体融合发展作为国家战略整体推进的第十年，全媒体传播体系渐具雏形，媒体融合已步入攻坚克难的"深水区"。在年初召开的全国两会上，"扎实推进媒体深度融合"被首次写入《政府工作报告》，足见这项工作在国家战略布局中的紧迫性和重要性。全国各级各类媒体积极探索构建新型主流媒体长效发展机制，整合资源向主战场进发，影响力版图不断扩大。主流媒体的探索主要集中在以下几个方面。

一是建强自有新媒体平台，使全媒体矩阵更加完善。例如，湖南广播电视台以做强自有App形成突出优势，位居"长视频"第一梯队的芒果TV、专注内容电商赛道的小芒App、以短视频为切入口的新闻资讯平台风芒App构成"三驾马车"，共同打造湖南广播电视台的传播新格局。截至2023年上半年，湖南广播电视台新媒体收入占整体收入的70%，利润占比超过100%。② 河南广播电视台媒体融合坚持"移动优先"，以"融合传播、转型发展、有用有效"为原则，以"大象新闻"客户端为龙头，首发和汇聚全台所有视听节目，打通直播频道、IPTV、有线电视和县级融媒体中心四大平台，构建了省、市、县一体化传播格局，全力打造以海量视频、移动直播、智能推送、多屏呈现、用户生产内容为主要特色的跨媒体、跨屏幕移动传播平台；四川台"四川观察"、上海台"看看新闻Knews"、山东台"闪

---

① 《【攻坚克难看创新】河南台以深化改革推动发展突破》，"国家广电智库"微信公众号，2023年7月31日，https://mp.weixin.qq.com/s/_0KtShXUp9kxA7uR6QXOxg。

② 《回眸2023：勇担当 有作为 提效能》，《中国新闻出版广电报》2023年12月27日，第5版。

电新闻"、浙江广播电视台"中国蓝TV"、广东台"触电新闻"等头部平台以客户端为龙头构建矩阵,传播实效得到明显提升。

二是加强顶层设计,探索通过优化资源配置提升媒体效能。一方面,打通台内新媒体与传统媒体、频道(频率)与客户端和新媒体矩阵融合运营。根据2023年12月初全国广播电视播出机构问卷调研,有90%的播出机构实行了中心制(事业部)或中心制(事业部)+频道(频率)制,开展全媒体业务运营,还保留频道(频率)制的仅占10%。[1] 另一方面,继续探索通过机构整合促进媒体融合。2023年3月,黑龙江省依托黑龙江广播电视台,整合东北网和县级融媒体中心省级技术平台,打通省、市、县三级融媒体平台,通过流程优化、平台再造有效整合各种媒介资源、生产要素,在全国率先组建省级全媒体中心。2023年7月,在四川省委宣传部牵头领导下,由四川广播电视台、四川日报报业集团、四川新传媒集团、中国广电四川公司4家单位发起,联合省内21个市(州)级媒体、185家县级融媒体中心集结成立了天府融媒联合体,"抱团"向移动互联网主战场纵深挺进。截至2023年底,天府融媒联合体初步实现全省一盘棋、融媒一张网,并且在成都大运会、2023天府书展等重大活动中表现不俗。

三是创新合作模式,打造"广电联合舰队"。2023年6月28日,全国广播电视新媒体联盟正式成立,这是国家广电总局推动广播电视主力军挺进互联网主战场的一项战略举措,是推进媒体深度融合发展、建设全媒体传播体系的一次创新探索;旨在推动广播电视媒体融合和新媒体聚合联合,化"散"为"聚"、攥指为拳,打造网上宣传的"广电联合舰队"。截至11月底,该联盟100家成员总粉丝量达18.8亿人,累计发稿600多篇,浏览量近40亿次。[2]

---

[1] 《回眸2023:勇担当 有作为 提效能》,《中国新闻出版广电报》2023年12月27日,第5版。
[2] 曹淑敏:《为建设社会主义文化强国、建设中华民族现代文明贡献广电力量》,《求是》2023年第23期。

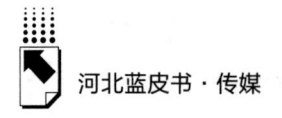

（二）新技术应用为广播电视媒体生产传播各环节赋能

大数据、人工智能（AI）、拓展现实（XR）等多个引领未来的前瞻性、战略性技术的发展，为媒体的内容生产更加"智能"提供了支撑。广播电视行业面临传播格局的变革和产业周期的迭代，各大广播电视播出机构积极探索文化与科技的结合，利用技术推动媒体融合，降低内容生产成本、提升创作效率，尤其是生成式人工智能（AIGC）的浪潮正席卷与内容生产有关的各行各业，在广播电视行业同样掀起了一场巨大变革。AIGC为广播电视媒体的创意策划、信息获取、内容生产、渠道分发、运营推广、效果评估、内容治理等各环节均提供了数智化的解决方案，它的应用全面提升了音视频产业链的效率，同时可以有效提升影视作品的品质，实现更完美的视听效果。比如，它可以实现AI换脸及换声，重构角色塑造的方式，从而规避风险、降本增效；在虚拟制片方面，AI合成的虚拟物理场景不仅极大增强影视作品的创造力和想象力，给观众带来更高沉浸度、更优质的视听效果，而且可以节省成本、缩短制作周期；在剪辑方面，AIGC可以提高视频剪辑、修改、重制的效率。

特别值得注意的是，近年来，计算机图形（Computer Graphics，CG）、动作捕捉、图形渲染、全息投影以及AI等技术融合形成的各类虚拟数字人在广播电视媒体中的应用越来越广泛。虚拟数字人可以在电视节目中扮演任何角色，也可以被随时修改和更新，在一定程度上降低了成本与风险。例如，湖南广播电视台《你好星期六》节目中虚拟主持人"小漾"和嘉宾实时互动，以及北京广播电视台2023年春晚中虚拟邓丽君与其他歌手同台合唱，都是虚拟数字人为观众带来的全新视听体验。应用最多的当属虚拟主持人，目前大多数省级广播电视台都开发了自己的虚拟主持人，如上海广播电视台的"东方嫒""申㠪雅"、北京广播电视台的"时间小妮"、山东广播电视台的"海蓝""岱青"、安徽广播电视台的"小安"等。河北广播电视台于2022年4月开始启动数字虚拟主播的研发，设计推出的"冀小佳"拥有干练的短发和职业主播的形象气质，亮相《跟着鸟儿游河北》等节目；石家庄广播电视台交通频率实现了部分路况内容由虚拟主持人"小石榴"

进行播报，取得了良好的效果。可以预计，这些不受工作时长、工作地点等条件限制的虚拟主持人，将越来越多地出现在各类音视频节目中。

（三）高质量文化类节目持续助力中国传统文化传播

2023年10月召开的全国宣传思想文化工作会议在继续强调意识形态工作极端重要性的同时，进一步强调了文化工作的重要性，强调要坚定文化自信，秉持开放包容，坚持守正创新，为全面建设社会主义现代化国家、全面推进中华民族伟大复兴提供坚强思想保证、强大精神力量、有利文化条件。继续推动文化繁荣、建设文化强国、建设中华民族现代文明，是媒体在新时代新的文化使命。电视媒体作为文化传播的重要媒介之一，近年来推出了一大批优秀文化类节目，这些节目的破圈传播成为荧屏的一大亮点。

文化类节目的繁荣体现在内容的拓展和手段的创新上。从汉字、成语到诗词、戏曲，从文物、典籍到节气、节日……源远流长的传统文化成为取之不尽的精神富矿。在表达方式上的不断创新，是文化类节目保持新鲜活力的重要法宝。情景演绎、歌舞、器乐演奏、跨界戏曲、服装秀等表演形式，不仅让传统文化"活"起来、"美"起来，也赋予文化内容更多元的呈现形式，尤其是新技术手法的应用，让视听表达变得妙趣横生。如中央广播电视总台推出的考古文化节目《中国考古大会》，以中国十二大考古遗址为主线，依托VR+全息投影技术，使虚拟空间与现实世界浑然一体，为观众呈现"亦真亦假"的考古现场；浙江卫视的《中国好时节·春分篇》用动画形式还原了名画《清明上河图》中古代都城热闹繁华的景象。未来，文化类节目如何不断拓展内容边界、创新技术手段，还需要更多创作者的深入探索。

（四）供给侧改革仍需持续深化

面对当前的生存发展挑战，广播电视媒体转型改革迫在眉睫。其中一个重要举措就是持续深化供给侧改革，更好满足受众需求。频道（频率）关停是广播电视供给侧改革的措施之一，一些传统频道（频率）不再产生效益，关停并转则是最佳选择。截至2023年12月20日，经国家广电总局批准已先后撤销频道（频率）188个，其中137个频道、51个频率，[①] 同时调整优化了一大批频道（频率）。然而频道（频率）关停之后，要想寻找新的定位和方向，着力做优做强专业内容和服务才是关键。例如，湖南广播电视台爱晚频道由湖南台公共频道转型升级而来，于2022年10月4日（农历九月初九重阳节）正式开播。一年多来，该频道积极回应深度老龄化社会的硬需求，整合原有资源，升级内容与服务，垂直开发银发赛道，内容创制、传播方式、社区服务、产业运营全面焕新，初步搭建起"广电+社区融媒+老年文旅"频道运营新模式，为深度开发专业频道服务社会开辟新路径。同时，精简频道（频率）是广播电视结构调整和深化改革的重要契机，要适配新的体制机制，在组织架构、资源优化、人才调整安置等方面全面推进，将改革推向"深水区"。例如，内蒙古台在推进精简精办改革中，把电视新闻中心、广播新闻中心、新闻广播、新闻综合频道的资源整合到一起，实施全方位指挥调度；山东台把原电视新闻中心、公共频道、体育频道、国际频道和齐鲁网合并，组建融媒体资讯中心，打破条框分割和频道界限，统一管理、统一运行，将传统频道（频率）建设深度融入融媒体体系。[②]

事实上，随着媒体融合向纵深推进，在频道（频率）精简精办的同时，那些成效低、效果差、同质化的新闻客户端迎来"关停合并潮"。作为主流媒体融合转型、打造自主可控平台的标配，媒体客户端已基本实现全行业覆盖。但是，新闻客户端建设同样存在同质化严重的现象。盲目增加客户端数量，往往会造成"没有客户只有端"的尴尬局面，急需数量"做减法"、影响力"做加法"的改革。中共中央办公厅、国务院办公厅于2020年9月印发的《关于加快推进媒体深度融合发展的意见》也指出，要按照资源集约、

---

① 《回眸2023：勇担当 有作为 提效能》，《中国新闻出版广电报》2023年12月27日，第5版。

② 《【年度观察】广播电视频率频道精简精办的创新经验与改革思考》，"国家广电智库"微信公众号，2023年2月28日，https://mp.weixin.qq.com/s/feDUxT7eaEE03pqxADibXw。

结构合理、差异发展、协同高效的原则，完善中央媒体、省级媒体、市级媒体和县级融媒体中心四级融合发展布局。从媒体发展来看，关停一批低水准、低流量、低口碑频道（频率）和客户端既是广播电视改革发展的需要，也是市场的必然选择，① 同时给整个行业特别是地方广播电视媒体发展带来新机遇，有利于广电系统最大限度提高人力、物力利用率，实现聚合效益。

参考文献

梁毓琳、刘婉婷：《深耕存量市场 深挖智能转型——2022 年中国广播市场分析》，《现代视听》2023 年第 1 期。

曹淑敏：《为建设社会主义文化强国、建设中华民族现代文明贡献广电力量》，《求是》2023 年第 23 期。

---

① 《新闻客户端"关停合并潮"或将至!》，"CMNC"微信公众号，2023 年 9 月 22 日，https://mp.weixin.qq.com/s/RuGqqZqRAlZgZQzzlQ5UYA。

B.4
2023年河北省主流新媒体发展报告*

张 旭 焦占梅 庞晓玮**

摘 要： 2023年，河北省主流新媒体壮大网上主流舆论，推进媒体深度融合发展，坚持以人民为中心的工作导向，强化百姓视角、群众语言、网感表达，总体网络传播力和影响力明显提升。同时，河北省主流新媒体在健全包括省级和地市级媒体深度融合发展体制机制、提高营收能力、优化多产业格局、提升技术应用、完善人才机制等方面存在一定制约因素。技术赋能下，媒体融合进入了数智化深度融合阶段，加快数智化转型、布局业态创新、引领内容共创共享，仍是河北省主流新媒体的努力方向。

关键词： 媒体融合 地方媒体 新媒体 AIGC

一 河北省主流新媒体发展现状

2023年以来，河北省主流新媒体自觉承担举旗帜、聚民心、育新人、兴文化、展形象的使命任务，在壮大网上主流舆论，推动宣传思想文化工作方面呈现新气象、实现新作为。

（一）内容产品融合创新，赢得发展优势

2023年以来，河北省主流新媒体坚持内容为王，围绕深入宣传贯彻党

---

* 本报告为河北省社会科学院2024年度智库项目"移动传播视域下河北时政新闻短视频创新进路"（编号QN2024032）阶段性成果。

** 张旭，河北省社会科学院新闻与传播学研究所助理研究员，主要研究方向为新媒体、网络舆情；焦占梅，长城新媒体集团办公室副科，主要研究方向为新媒体传播；庞晓玮，长城新媒体集团视听新媒体编辑，主要研究方向为视听传播。

的二十大精神这条主线，通过谋划重大主题报道、强化百姓视角、深入防汛抢险救灾和灾后重建一线、主动设置正能量议题等方式，打造高品质新媒体内容策源地，巩固壮大奋进新时代的主流思想舆论。

1. 坚守主责主业，推动习近平新时代中国特色社会主义思想宣传入脑入心

2023年以来，河北省主流新媒体围绕深入宣传贯彻党的二十大精神这条主线，巩固壮大奋进新时代的主流思想舆论。

一是助推主题教育报道走深走实。学习贯彻习近平新时代中国特色社会主义思想主题教育是贯穿2023年全年的重点工作，长城新媒体集团创新理论宣讲，推出"突破的力量·中国化时代化的马克思主义为什么行"思享会，以微纪录片的形式讲述新时代新征程的发展故事；"百姓看联播"开设"主题教育学习卡"板块，解读主题教育知识点，开设"主题教育在身边"板块，报道各地惠民生、暖民心、顺民意的切实举措；推出"新思想引领新征程·申论中国"，聚焦申论是侧重时政热点、理论内容的体现，以互动短视频的方式创新思政公开课，推动广大青年与党的理论创新共情。河北新闻网与河北省委党校共同录制"理论微课堂"《学习贯彻习近平新时代中国特色社会主义思想》系列视频，深入阐释开展主题教育的重大意义、目标要求和重点举措。

二是做好习近平总书记视察河北报道。5月11~12日，习近平总书记视察河北，并主持召开深入推进京津冀协同发展座谈会。河北省主流新媒体持续推出反响报道、回访报道、现场报道，形成大规模、连续性、多形式的报道声势。长城新媒体集团开设"我们和总书记面对面"专栏，首次开展竖屏直播《长城直播丨黄骅旱碱麦，开镰啦！》。河北日报各平台共推出全媒体报道500余篇（条），阅读量超1亿次。"冀时"客户端等新媒体平台创建网络合集和网络专题"习近平河北行"，集纳相关报道。

三是把握重大会议、重要节点，实现云端出彩。河北省主流新媒体发挥融媒优势，高质量完成2023年全国和河北省两会、2023中国国际数字经济博览会、雄安新区建设发展等重大主题报道。河北广播电视台新闻频率群推出"两会小剧场"《我家的"两会"时间》，被省委网信办全网推送，阅读

量超百万次。"石家庄日报"客户端创作长图、海报、MG动画、H5等作品，刊发两会稿件141篇，形成强大传播声势。全国两会期间，河北日报报业集团新媒体平台发布两会报道3200余篇（条），全网阅读量超10亿次；《国风长卷丨绘大美河山，看中国五年》等两件作品受到中宣部表扬。国庆节、中秋节期间，长城新媒体集团以短视频为突破口突出家国情怀，打造"长城直播""手绘长卷""创意视频"等"长城IP"，涵盖融媒精品报道、基层调研报道、特色策划报道、前沿技术产品等，用小视角讲述河北奋斗故事，营造良好的舆论环境。

2. 深入防汛抢险救灾和灾后重建一线，打造精品力作

2023年7月底至8月初，河北遭受历史罕见的重大洪涝灾害，先后启用7处蓄滞洪区。面对特大暴雨灾害，河北省主流新媒体用大量防汛抢险救灾一线的报道强信心、筑同心、暖民心，坚决打赢抗洪抢险和灾后恢复重建攻坚战，彰显责任和担当。截至2023年10月底，长城新媒体集团发布相关稿件6000余篇，阅读量超6亿次；"问政河北"平台推出汛期求助绿色留言通道，联合快手平台开通"京津冀暴雨求助通道"；30余名记者赴涿州、高碑店等地开展暗访工作，为省委、省政府科学决策提供参考依据。河北日报采写大量抗洪抢险救灾现场报道，展现基层党员干部的责任与担当；推出多篇经验报道，为强化防范意识、提升防灾减灾救灾实效提供有力借鉴。河北广播电视台"冀时"客户端开通"冀时帮汛期求助平台"，为广大网友解决遇到的难题。

3. 运用新媒体主动设置议题，正面引导网上舆论

2023年6月，长城新媒体集团在全网平台播发的"定州母子考场外相拥落泪感动全网"新闻及后续竖屏新闻MV《那一抹红》持续引发全网关注，截至6月底，全网信息累计影响受众超90亿人，成为高考新闻宣传"顶流"，用"小切口讲小故事"展现"双争"主题。"河北省文旅厅"微信视频号发布短视频《杀不死的石家庄》，互动量超658万次，为爆款原创短视频创作和运营开拓了思路。河北省第十六届运动会期间，长城新媒体集团与B站up主"海棠家的大肥鱼"共同推出短视频《你好 这里是中国唯一一座三千年从未改名的城市》，发布 10 小时后很快升至 B 站热搜榜第一名，截至 2023 年 11 月底，播放量超 181 万次。

（二）强化百姓视角，打造百姓品牌

2023 年，长城新媒体集团以交互式竖屏短视频日播新闻栏目"百姓看联播"为抓手，聚焦百姓愿望、找准百姓视角、树牢百姓态度，对每天的《河北新闻联播》进行通俗化解读、延伸性报道，探索时政新闻守正创新、融合传播新样态，赢得受众喜欢，将时政新闻的固有优势转化为舆论强势①，受到中宣部肯定。截至 2023 年 11 月 22 日，"百姓看联播"共推出节目 403 期，播发短视频 1913 条，全网累计浏览量超过 10.5 亿次，收获转发、评论、点赞超 485 万条。

1. 选题坚持民心导向，树立网络舆论生态下的百姓品牌

"百姓看联播"将视角下移，在报道中变俯视为平视，做百姓生活服务的好帮手。在选题策划方面，始终把相关性、服务性、实用性放在优先落点，成立"千人点题点评团"，为提升节目质量提供重要参考。坚持民心导向，遵循互联网及新媒体传播规律，把百姓想看、爱看、看得懂作为重要标准，把"媒体想说的"和"百姓想听的"有效结合，真正把工作做到百姓身边，走进百姓心里，得到百姓认可。

2. 转变话语体系，以"短、时、新"讲好河北故事

"百姓看联播"用平实、朴实、切实的标准改文风，坚持"简短快捷"特色，节奏明快、紧凑，多用短句、短段，"短"得有力；坚持"实际内容"标准，不说硬话、空话，用群众语言深入浅出、解惑释疑、触及心灵；坚持"创新表达"方向，紧跟新闻传播发展方向，把宏大叙事落细落精，做好轻量化、快速化、可视化、故事化、互动式传播。

3. 以民为本，贴近群众，打通服务群众的"最后一公里"

"百姓看联播"以百姓需求为导向，调动一切资源，打造多样化平台，

---

① 祝燕南：《乐见时政新闻传播蹚新路》，《传媒》2023 年第 24 期，第 1 页。

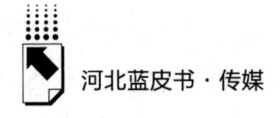

构建群众更喜爱的话语体系，离不开的传播渠道，提升媒体服务能力和传播效果。以百姓视角为切入点，设置多板块、多领域，满足不同人群对信息的需求，突出实用价值，充分服务群众生产生活。

4. 瞄准精品、放眼全国，持续推进品牌提升工程

长城新媒体集团在抖音、今日头条等第三方平台开设"百姓看联播"栏目官方认证账号推广作品，拓展新媒体运营渠道。省内11个设区市、30多家县级融媒体中心推出了地方版，拓展基层用户群体，充分发挥新闻媒体深度融合、聚合共振效应。四川、江苏、甘肃、河南等省份借鉴推出本地"看联播"类栏目，如四川观察推出竖屏短视频"联播观察"专区，"从新闻里找新闻"，带动了新闻战线转作风、改文风。

（三）发挥媒体平台优势，拓展传媒产业版图

1. 推进上市准备工作，促进媒体转型升级

主流新媒体集团上市一直备受行业关注，行业突破性进展不断。河北省主流新媒体推进上市股改相关工作，推进媒体融合发展，促进媒体转型升级，适应市场化改革的潮流。2023年9月27日，河北省人民政府审议通过长城新媒体集团上市股改工作方案，相关工作正在加紧推进；河北广播电视台推进无线传媒股份有限公司上市准备工作，以上市促进自身新媒体平台整合社会资源，依托无线传媒技术研发、产品创新能力，探索政企行业用户发展模式，布局"智慧康养""智慧教育""智慧社区"等创新业务。

2. 发挥媒体优势，依托多渠道资源创新内容商业化模式

在经营模式层面，河北省主流新媒体强化互联网思维，融合平台营销特点，创新经营模式，强化"自我造血"能力。长城新媒体集团依托"学习强国"河北学习平台和冀云·融媒体平台，持续优化产业布局，拓展产业版图，构建"新闻+政务服务商务"运营模式，以"网络科技服务、电子政务服务、特色电商服务、大数据舆情服务、全媒体品牌活动"为主导，以"文体宣传服务、全媒体广告服务、融媒产品服务、直播录制服务"等为特色，承接2023中国国际数字经济博览会开幕式、"深融突破　数赢未来——

数智媒体赋能产业升级"论坛、"冀云联动县级融媒工作推进会"等全国性和全省性重大活动与省运会、河北省首届"村BA"篮球赛等文体活动锻造品牌，形成具有鲜明"冀云"生态特色的多元化产业布局，实现社会效益、经济效益双丰收。2023年，长城新媒体集团总资产和净资产分别是成立之初的5倍和14倍，长城新媒体集团成立6年来，营业收入年增长率达25%以上。河北日报报业集团推出"纵览有品"电商平台，开展"短视频+直播"带货、建立"电商+"矩阵，推荐河北特色好物，搭建政企对接桥梁，打造"纵览有品 河北好物"品牌IP。[1]

（四）体制机制创新加速，推动媒体深度融合

党的二十大报告中明确指出："加强全媒体传播体系建设，塑造主流舆论新格局。"2023年是媒体融合发展作为国家战略整体推进的第十年，河北省主流新媒体的融合发展在不断优化中调试、实践，构建全媒体传播体系，推动主力军挺进主阵地。

1. 加快平台建设，以全媒体传播体系建设扩大影响力

截至2023年11月，长城新媒体集团建设运营"学习强国"河北学习平台、冀云·融媒体平台，布局包括长城网、河北经济日报、"冀云"客户端、"长城24小时"客户端及微博、微信、快手等平台官方账号在内的全媒体传播矩阵，总用户数突破1.3亿人；在长城网、"冀云"客户端上线iHebei国际频道，同步开通Twitter、YouTube等海外社交媒体账号，形成"2+4"国际传播矩阵，国际传播力逐步增强。在第三十三届中国新闻奖评选中，长城新媒体集团共有5件作品获奖[2]，其中《手绘长卷丨长城群英绘·北京2022年冬奥会冠军"全家福"》获得新闻漫画一等奖。

"河北日报"客户端累计下载量超1700万次，官方微信公众号订阅用户

---

[1] 王亚楠、吕海波：《媒体融合的创新发展与路径——以河北新闻网与燕赵都市报"合二为一"为例》，《媒体融合新观察》2023年第5期，第70~73页。
[2] 新闻业务研究三等奖《以可视化为重点推动媒体融合发展》，虽然发表在《中国报业》，但是作者当时的工作单位为长城新媒体集团，因此算第5件。

数超320万人,官方微博粉丝数超380万人,抖音粉丝数510万人,微信公众号阅读量10万+稿件300余篇。河北广播电视台推进冀时自营频道建设,上线"知河北"等12个垂类内容,截至2023年11月,"冀时"客户端下载量突破6200万次,在微博、微信、抖音、快手等平台的粉丝数突破1.2亿人。

河北省地市级媒体深度融合、稳步推进。2023年,承德广播电视台整合资源,成立承德融媒体中心,实现资源共享、人员相融,逐步形成从单一媒体形态向多媒体形态拓展的良好态势。石家庄日报社不断推进数字化建设,打造融媒平台,运营"学习强国"石家庄学习平台,推动媒体融合向纵深发展。张家口日报社研发上线"河山"新闻客户端,构建全媒体网络矩阵,覆盖受众超400万人。①

2. 加快数智技术开发,推动融媒技术项目落地

一是开发智能化应用。长城新媒体集团基于多模态图像生成大模型技术打造的互动产品"神笔马良AI绘画系统",可基于用户手绘轮廓智能生成专属画作。推出大模型虚拟数字人"小云",既比传统数字人具备更丰富的面部表情和动作细节,还能够更好地理解人类语言,与用户进行自然流畅的语言交流和互动,可以应用于讲解、客服、接待、陪伴等场景。推出《智能聊吧丨两会学习一点通》交互式产品,应用智能聊天技术,利用大数据汇集历届两会热词金句,并根据网友点击、提问做出即时反馈和精准解答。研发"长城地图"大数据系列,汇集京津冀1000多个有效场所进行精准推荐,点击量为1200万次;研发"十一"出行掌中宝交通大数据平台,实现"数据+直播+互动"一站式服务,近1400万名网友在平台上查阅路况信息。

二是丰富研发技术品牌内涵,助力采编流程全效化提升。长城新媒体集团为河北省参与全国两会报道的采编人员提供基于ChatGPT的智能辅助写作、智能剪辑、智能字幕、智能配音、一键包装等智能化服务,搭建"2023年全国两会中央厨房"省级云稿库,受到中宣部《阅评快报》肯定。

---

① 刘永刚、张泽民、刘涛:《把握规律,打造区域性传播平台——以张家口日报社融合创新探索为例》,《新闻战线》2023年第11期,第63~65页。

开发冀云数字人平台，集合数字人视频制作和直播，赋能内容创作全流程，可快速生成文案、配音、2D/3D 数字人，提供输出图片、视频、直播内容等一站式服务。基于人工智能（AI）和高精度影像训练、声纹建模技术打造了高清虚拟主播"冀小青"，输入文字就可以快速生成形象逼真、语音流畅的视频内容，通过 AI 技术为她打造了独立知识库，使她能够在多种应用场景中完成互动播报和实时讲解任务。研发"长城智能审核云平台"，通过创建"AI+人工"智能审核体系，打造网上"总编室"，提升海量内容审核效率，规避各类内容信息风险，确保内容安全和网络意识形态安全。

承德广播电视台将 AIGC 运用到新闻创作中，在选题策划、新闻采访、内容生成上，采用了线上申报、线上审阅、线上批复的无纸化网络流程，形成了采编播一体化程序。廊坊广播电视台利用新华智云 AI 系统，创作了虚拟主持人访谈系列短视频。

三是以冀云·融媒体平台重构融媒体生态系统。长城新媒体集团依托冀云·融媒体平台构建"新闻+政务服务商务"的运营模式，以数字化转型实现媒体深度融合与自身转型发展，积极参与社会治理，赋能经济社会高质量发展。打造智慧城市超级 App，将大数据中心、政务服务中心、融媒体中心、新时代文明实践中心、网上信访中心、电子商城等为民服务的窗口聚集在老百姓"手掌心"，多中心服务合一，形成服务有效集纳、数据集中管理、多中心协同联动的为民服务新形态，打通引导群众、服务群众的"最后一公里"。

3. 增强创新驱动力，以改革机制创新激发干事创业活力

长城新媒体集团强化顶层设计、加强管理统筹、提升采编综合效能，以深化改革推动媒体深度融合，为人才提供展示自我、创造价值的新平台。打造适应新媒体发展的扁平化运行体系和机制，围绕出精品、出人才、出效益，在 11 个工作室的基础上，新增 3 个行业细分类工作室，加大扶持力度，发挥引领作用；对发展成熟的工作室实行公司化管理，给予其自主运营、资金分配和资源使用等权限，有效释放和调动人才队伍活力与积极性。

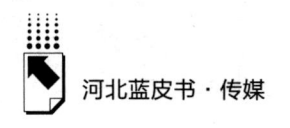

二 河北省主流新媒体发展环境分析

（一）政策环境：政策、法规和专项行动并行，巩固壮大奋进新时代的主流思想舆论

当前，互联网行业发展起伏加剧，主流媒体持续加强资源整合，央媒、省级媒体、地市级媒体与县级媒体在媒介技术、媒体组织机构等层面加快融合步伐。2023年以来，国家有关新媒体发展的政策相继出台，一是对网络安全和信息化工作、宣传思想文化工作提出更高要求。巩固壮大网络空间主流思想舆论，主流新媒体要以强信心为重点加强正面宣传，着力提升新闻舆论传播力、引导力、影响力、公信力。二是网络空间政策法规不断完善，细化管理举措。2023年，国务院、国家互联网信息办公室、工业和信息化部等部门密集发布《未成年人网络保护条例》《网络暴力信息治理规定（征求意见稿）》《关于进一步加强网络侵权信息举报工作的指导意见》《广播电视和网络视听标准化管理办法》《生成式人工智能服务安全基本要求（征求意见稿）》等政策法规和通知办法，标志着未来网络安全审查制度、未成年人网络保护、网络视听规范管理、公民个人和企业网络合法权益保护等将进一步法制化、规范化。三是压实传媒生态治理，打造风清气正的网络生态。2023年，"自媒体"乱象、网络水军、网络戾气、网络谣言、未成年人网络环境风险、直播和短视频乱象等网络生态突出问题得到精准整治，国家网信办"清朗"系列专项行动重拳整治、从严处置违规平台和账号，网信部门依法查处"夸克""网易CC"破坏网络生态违法案件[1]，微信、抖音等多家互联网平台下架违规"微短剧"、小程序等形成有力震慑，有助于营造风清气正的网络环境，推动网络生态持续向好。

---

[1] 《网信部门依法查处"夸克"、"网易CC"破坏网络生态违法案件》，国家互联网信息办公室网站，2023年10月30日，http://www.cac.gov.cn/2023-10/30/c_1700323940777319.htm。

（二）技术环境：政策引领和数字技术推动传媒创新发展

2023 年，我国以"东数西算"工程为牵引，加快推进信息基础设施建设，提高算力对人工智能、数字经济等的支撑能力，助力经济高质量发展。在政策引领和数字经济的推动下，2023 年新基建蓬勃发展，5G 与 6G、IPv6、人工智能、大数据、网络安全、超级计算、高性能芯片、数字孪生技术等领域为互联网创新传播智慧、传承力量。由元宇宙数字孪生技术打造的虚拟数字人已被广泛应用于广播电视等多个领域。2023 年，以 ChatGPT 为代表的 AIGC 的应用，掀起了新一轮产业革命。AIGC 以其强大的数据处理和内容生成能力参与媒体内容生产与传播的各个环节。[1] AIGC"爆红"革新了传媒生态，产生了从"效率工具"到"生产工具"的颠覆性变革。一是人工智能可以帮助新闻机构以前所未有的速度收集、制作和发布新闻；二是人工智能可以为用户量身定制和推荐内容，催生数字虚拟人、元宇宙文旅等更多的新业态、新模式；三是 AIGC 革新内容生产的工作流程，给动画生成、3D 内容生成等个性化创作带来了前所未有的便捷和无限可能，传媒产业数字化、智能化、虚拟化程度进一步提升。

（三）受众环境：短视频化、"用户圈层"精细化趋势显著

中国互联网络信息中心（CNNIC）发布的第 52 次《中国互联网络发展状况统计报告》显示，截至 2023 年 6 月，我国网民规模达 10.79 亿人，我国网络视频（含短视频）用户规模为 10.44 亿人，较 2022 年 12 月增长 1380 万人，网民使用率达到 96.8%，继续保持在高位的增长态势，几近成为全民化应用。[2] 2023 年，受众触媒习惯向短视频转变，微信等工具性媒体以及抖音等集内容、电商、社交于一体的融合型短视频平台具有较强

---

[1] 周劼人、周明明：《千人千面：AIGC 时代媒体变革的本质》，《青年记者》2023 年第 19 期，第 27~28 页。

[2] 《我国网络视频用户规模达 10.44 亿人，几近成全民化应用》，中国记协网，2023 年 8 月 29 日，http://www.zgjx.cn/2023-08/29/c_1310738823.htm。

的用户黏性。① 基于使用习惯、内容偏好、消费关注等的兴趣圈层划分成为平台、品牌精细化运营的关键点，不同标签用户差异较大，音乐、游戏、科技、旅游等兴趣圈层已具有庞大的用户规模。② 如何发掘受众媒体选择的一般性规律，在满足受众个性化、情感化、功能化、数字化需求的同时培养受众习惯，是主流新媒体需要面对的重要问题。

三 河北省主流新媒体建设中面临的困境

（一）市级媒体深度融合体制机制尚需优化

河北省市级媒体积极探索媒体深度融合发展，但受体制机制及发展空间等的限制，推进媒体融合转型升级的任务十分艰巨。如衡水广播电视台2019年就已挂牌成立衡水广电传媒集团，但调研发现，至2023年底仍未形成完善的广电传媒集团架构，没有集团的管理层领导人员任命，工作推进受限，融合"放管服"改革还不到位；廊坊广播电视台在2017年向市委提交《环京津传媒集团组建方案》后，一直未得到上级部门正式批准，组织架构不完善，相关的前置审批未完成，制约了下一步集团化发展。

（二）创新驱动内容生产能力不足

传统媒体在过去依靠渠道垄断掌握内容生产和分发权力，形成的一套固定的包括策划、采访、生产、营销等环节的封闭生产流程，在现在已经无法满足用户个性化、价值多元化的需求。随着传播的分众化趋势和头部媒体的大幅度扩张，地市级新媒体的发展空间被严重压缩，地市级新媒体

---

① 崔保国、赵梅、丁迈主编《中国传媒产业发展报告（2023）》，社会科学文献出版社，2023，第16页。
② 《QuestMobile2023兴趣圈层洞察报告：" 用户圈层"精细化，不同标签用户差异巨大，带来平台和品牌运营思路巨变》，QuestMobile，2023年11月28日，https://www.questmobile.com.cn/research/report/1729406519202648065。

内容生产手段单一，表现形式依然停留在粗浅的层次，以大众化内容传播为主，不能做到分众化、精准化传播。新媒体之间、新媒体与传统媒体之间融合度不够，壁垒并没有完全打通，各自为战的现象依然存在。地市级媒体在技术应用方面差距较大，承德广播电视台已将AIGC运用到新闻创作中，但在运用人工智能开展新闻报道方面，产品制式化、格式化，缺乏感染力和共情力。

（三）短视频化转型面临挑战

2023年是媒体融合发展十周年，短视频凭借特有的媒介技术，在承载信息传播与服务、文化传播与娱乐等方面的功能逐渐显现，成为用户获取新闻资讯的重要渠道。CSM调查显示，2022年上半年，在抖音、快手、微信视频号、央视频上"看过短视频"的用户合计占比达74.9%。抖音、快手占据用户使用率前两位，央视频以冬奥赛事等热点传播为契机，依托多元内容创新及其社交板块"央友圈"的强互动传播，用户使用率快速提升。[①] 随着传播格局的变化与发展，主流新媒体如何开展短视频化转型、主流新媒体的短视频如何持续获得用户青睐，已成为各大媒体和融媒体中心急需面对和积极应对的关键问题。河北省主流新媒体在短视频化转型过程中始终面临巨大挑战，人员岗位不匹配、转型门槛高、生产效率低、优质视频"难产"等问题凸显。

（四）人才队伍建设需进一步加强

除了省级新媒体，河北省地市级新媒体人员素质和所掌握的技能有限，不能适应媒体融合发展速度，新理念、新方法、新技术的学习仍有较大的进步空间。其普遍面临人才匮乏问题，全媒体记者培养力度不够，与"全程媒体"要求还有一定差距；中层干部后备力量不足，技术领域人员、新型

---

① 张天莉、王蕾：《2022年中国短视频用户价值研究报告》，载崔保国、赵梅、丁迈主编《中国传媒产业发展报告（2023）》，社会科学文献出版社，2023，第304页。

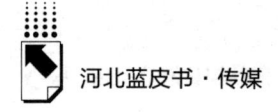

数字人才及项目经营管理人才储备不足。此外，新兴融媒人才的引进还未形成完善的机制，引进政策、待遇等都存在较明显的缺口，考核激励机制的"指挥棒"作用发挥不明显，年轻有为的人才工作三五年就跳槽的现象较为普遍，市级媒体沦为人才培训的阶梯。

（五）经营转型推动乏力

对河北省主流新媒体来说，推动媒体融合发展迫在眉睫，但受媒体格局变革影响，其传统广告收入继续呈下滑趋势，生存与发展存在矛盾，经营上存在一定困难，经营创收能力仍需加强，仅靠现有的创收渠道很难完全满足平台建设运营、人才吸引、技术研发、产业布局等方面的需要；运用新媒体经营的表现手法和形式较为单一，拓展新业务的能力仍需加强；产业格局仍需进一步优化，先进技术的产品仍不够丰富，产业发展的转型力度仍需加大。全媒体经营管理、技术研发和市场营销等方面比较薄弱，全媒体发展战略制定、经营管理等支撑集团高质量发展的关键要素亟须完善。

四 数智时代河北省主流新媒体发展趋势预测

当前，媒体融合已驶入"深水区"，数字化、智能化浪潮正盛，并开始向数智化迈进，5G、大数据、云计算、区块链、AIGC……媒介形态、媒体业态乃至传媒生态的变革性力量不断增强。面对数智时代这一崭新语境，以内容创作为核心的新型主流媒体，需要更为积极的回应。

（一）AIGC嵌入内容生产全流程，人机深度融合加速

智能媒介的不断发展使人类工作效率不断提升、信息量边界不断扩展，势必会使人们的生活与传播在方式、习惯以及理念上产生变革。[1] 随着

---

[1] 郭婧一、喻国明：《元宇宙新"入口"：智能网联汽车作为未来媒体的新样态》，《传媒观察》2022年第6期，第17~21页。

AIGC 的应用，内容生产中重复性的劳动将被取代，内容生产力将得到较大释放。同时，AIGC 技术对数据和"提示工程师"等相关媒体人员提出了更高的要求——对大模型技术的了解使用程度和对稿件、视频的编辑能力。未来，无论 AIGC 技术如何发展、AI 如何渗透，内容的准确性依旧依赖人来判断，即内容审核的最终把关人还是人。AI 在审核过程中的辅助性角色并未改变，只是审核的速度更快、范围更广、精确程度更高。

（二）数智技术创新，推动媒体深度融合

2023 年，"扎实推进媒体深度融合"首次被写入《政府工作报告》，数智技术正推动新型主流媒体从内容生产到传播方式全面创新，各大新型主流媒体积极探索各种先进数智技术的媒体应用和开发，媒体内容生产模式和用户体验等将迎来新一轮革新。媒体深度融合将在数智技术的加持下，进行更多尝试。当前，我国新型主流媒体正在打造以数智化为底层支撑的媒体融合生态体系，完成从内容型平台向生态级平台的跨越。① 各新型主流媒体高度重视 AIGC 等新兴技术带来的发展机遇，发挥应用场景优势，从赋能内容生产、助力降本增效、创新用户交互等方面，积极探索 AIGC 落地应用与业态创新，"精读"用户需求，提升用户体验，与用户形成深度连接，增强用户黏性，以群众关切的优质内容打通"最后一公里"，收获不俗的流量资源与注意力资源，提升新闻舆论传播力、引导力、影响力、公信力。

（三）数智应用下场实践，加速业态创新

随着新技术成熟以及市场接受度的提高，传媒业在内容生产与分发、营销及管理中，陆续布局数智应用和服务，传媒价值链、创新链生态得到优化。多家主流媒体将数字人、虚拟主播应用于新闻报道与重大主题宣传，如

---

① 田园：《数智时代新型主流媒体的内容传播生态省思》，《青年记者》2023 年第 19 期，第 13~17 页。

浙江卫视与腾讯游戏知几团队联合打造的宋韵文化数字推广人"谷小雨",开拓多元场景应用,传播新闻、弘扬文化,推进线上线下、大小屏端的深度融合,探索数字人参与新闻报道的更多可能性。2023年,新华智云将AIGC与数字人(AI网格员)相结合,实现信息传播的实时个性化定制分发,并将其应用于基层治理场景的政策信息传播过程。

(四)数智技术推动"Z世代"与"银发"群体兴起

用户代际差异越发凸显,"Z世代"和"银发"群体兴起。一方面,年轻受众作为数字原住民,能更快适应数字媒体发展,以更年轻化、数字化、互动式的"Z世代"偏好推动媒体进行自我更新与内容生产。"Z世代"被视为数字化时代内容产品、媒介服务最重要的消费群体。社交媒体平台信息包罗万象、形式丰富,成为"Z世代"获取新闻信息的主要途径。另一方面,随着国内社会老龄化程度加深以及媒介使用的便捷性提升,老年人的需求将成为未来市场的主导因素之一。今日头条、微信、抖音等资讯类、社交类平台也在逐步开发方便老年用户阅读、操作障碍较少、消费体验优化的关怀版。"银发"经济成为传媒产业收获二次人口红利的重要突破口。

(五)内容共创共享,实现受众主流价值引领

"创作者经济"的影响日趋明显,许多平台已推出激励政策,鼓励有影响力的独立创作者、视频博主和播客源源不断地产出内容。主流新媒体将更加积极地吸引人才,吸纳更多有影响力的独立创作者,引导他们生产、传播更加吸引主流用户的优质内容,真正让主流新媒体走进受众心里,打造占据主流市场的年轻化品牌。深入推动主流新媒体平台的建设,坚持和完善内容共创、平台共享的合作机制,以立体多样的先进手段、专业的新闻生产能力实现媒体与用户的双向交互,让共创成为更多元、更优质、成长空间更大的内容生产模式,让共享成为更成熟、更高效、更有价值的平台资源配置。

参考文献

喻国明、曾嘉怡、黄沁雅：《提示工程师：生成式 AI 浪潮下传播生态变局的关键加速器》，《出版广角》2023 年第 11 期。

吴湘韩：《体育盛会传播如何吸引 Z 世代》，《新闻战线》2023 年第 19 期。

B.5
2023年河北省图书期刊业发展报告*

金强 孙畅 马智 雷子龙**

摘　要： 2023年是实施"十四五"规划承前启后的关键之年，经济回暖、多种线下交流活动的举办为河北省图书期刊业的恢复与发展提供契机。在这一年里，河北省图书期刊业围绕党的政治要求和习近平总书记在全国宣传思想文化工作会议的重要指示，出版了大批优秀主题出版物，多角度、多渠道地展现了建设书香社会、弘扬燕赵文化的显著成果。期刊方面，部分指标好于上年，但多项指标仍落后于全国平均水平。河北省图书期刊业暴露出发展信心不足、新增长点乏力、读者群体流失及受人工智能技术冲击等问题，随着用户市场年龄下移以及网络分享平台增多，相关出版市场与营销的开拓仍面临新的挑战。

关键词： 河北　图书出版　期刊出版

一　2023年河北省主要图书出版企业的成绩与亮点

2023年是实施"十四五"规划承前启后的关键之年，也是河北出版传媒集团深入贯彻"十四五"规划总体目标的提升之年。在这一年里，河北图书出版业始终坚持正确的政治方向和出版导向，深入学习习近平总书记对

---

* 本报告系2022—2023年度河北省社会科学基金项目"河北出版企业'一带一路'项目参与现状与提升路径研究"（编号：HB22XW011）阶段性成果。

** 金强，河北大学新闻传播学院编辑出版系副主任、河北大学跨文化传播研究中心副主任、副教授，主要研究方向为编辑出版；孙畅，河北大学新闻传播学院2023级硕士研究生；马智，编审，现任疑难病杂志社社长、主编，兼任河北省科技期刊编辑学会名誉理事长、河北省期刊协会副会长；雷子龙，华中科技大学同济医学院学生。

宣传思想文化工作作出的重要指示及全国宣传思想文化工作会议精神，持续抓好主题出版、大众出版、教育出版以及数字出版，做好精品出版，努力提升图书品牌效果。

河北出版传媒集团党委坚持以习近平新时代中国特色社会主义思想为指导，在省委和省委宣传部的正确领导下，聚焦主责主业，着力融合创新，在稳主业、稳安全、稳增长的基础上，努力展现新形象、激发新动能、创造新业绩，着力提升政治能力、精品供给能力、融合发展能力、干部人才队伍活力和运营保障水平（简称"三稳三新五提升"），统筹推进改革发展各项重点工作，实现社会效益和经济效益双丰收，成功入选第十五届"全国文化企业30强"。

河北出版传媒集团有一批出版物或选题获得了国家级和省级奖项，入选了全国重点出版选题、项目、规划和推荐书目，参与了图书博览会、版权贸易博览会、新书展览会等线下活动。为大力倡导全民阅读，推动书香社会建设，河北出版传媒集团策划开展主题书展、全民阅读·周末读书分享会、农家书屋、惠民书市等活动，并取得了良好的社会效益，使书香润泽燕赵，全民共享"悦"读。2023年，河北出版传媒集团有56种出版物及选题获得国家级奖项或推荐项目，其中《永恒的象征：人民英雄纪念碑研究》等9种出版物荣获第八届中华优秀出版物奖，创历史最好成绩；《从历史深处走来——马克思主义哲学谈话录》入选2022年度"中国好书"；"中国国际战略思想发展史"等8种出版物选题入选2023年度国家出版基金项目名单；"中国式共同富裕：理论、实践与政策选择""中国人民解放军美术史"等4种选题入选中宣部2023年主题出版重点出版物选题目录；"中国陶瓷艺术史"等6个出版项目入选"十四五"国家重点出版物出版规划增补项目；《科学报国——功勋科学家的赤子心》入选国家新闻出版署2023年度出版融合发展工程名单；"中国共产党百年发展历程"等2个项目入选2023年丝路书香工程；《铭记：我的小康志》等24种出版物入选国家新闻出版署2023年农家书屋重点出版物推荐目录。此外，还有16种出版物荣获第十四届河北省精神文明建设"五个一工程"奖，35种出版物（选题）入选河北省优秀出版物和优秀选题。

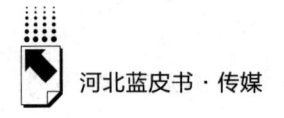

（一）重要出版业务

2023年2月16日，在北京举办的第十二届中国数字出版博览会上，冠林公司荣获"优秀数字内容服务商"奖项。在本次博览会上，冠林公司携《匠心》《科学报国——功勋科学家的赤子心》《了不起的河北人》等融媒体出版物参展，展示了冠林公司在冀版数字教材、数字教辅、纸数融合等数字出版领域的探索和创新。近年来，冠林公司致力于出版融合发展，构建以数字教材全媒体资源为核心的河北省"5G+智慧教育"新基建服务体系，推进数字出版融合发展；努力革新出版方式，推进融媒体出版物建设，重点策划的"了不起的中国人——共和国英雄楷模的力量"入选2022年度国家出版基金资助项目，《匠心》入选国家新闻出版署2022年农家书屋重点出版物推荐目录，在提升冀版融媒体出版物的知名度和影响力方面取得了新的进展。积极推进与省档案馆、河北旅游投资集团、白求恩国际和平医院等单位的跨界融合，推动数字化服务不断融入生产生活。

2023年4月，国家新闻出版署公布了2023年农家书屋重点出版物推荐目录，集团公司有24种出版物入选该目录，其中图书21种、音像电子制品2种、期刊1种。具体入选情况如下所示。

河北人民出版社3种，即《让群众过上好日子——习近平正定足迹》《铭记：我的小康志》《丁玲传：坎坷人生染红霞》；河北美术出版社9种，即《赵一曼》《张思德》《杨根思》《董存瑞》《军旗颂·延安之战》《军旗颂·51号兵站》《军旗颂·湘江侦察》《军旗颂·赤胆忠心》《军旗颂·英雄小八路》；花山文艺出版社2种，即《将军台："时代楷模"张连印》《我的父亲贾大山》；河北科学技术出版社3种，即《玉米、小麦机械化高效种植技术》《完美生活话化学》《老年心理健康》；河北少年儿童出版社1种，即《一个女孩朝前走》；河北教育出版社3种，即《小尾巴》《大地钢琴》《绵羊向西》；河北教育音像电子出版社1种，即《好人365故事·青少版.第四季》；方圆电子音像出版社1种，即《雄安新区音乐类非物质文化遗产数字影像出版工程》；河北行知文化传媒有限责任公司1种，即《思维与智慧》。

2023年11月3日,河北少年儿童出版社与河北软件职业技术学院就《特种兵学校》品牌提升拓展项目签约。

2023年11月8日,为助推全民阅读开展和书香社会建设,河北出版传媒集团召开"全民阅读·周末读书分享会"动员会,集团旗下各出版单位及河北省新华书店、石家庄市新华书店的相关负责同志参加了会议,并就"周末读书分享会"的具体活动安排进行了深度探讨。"周末读书分享会"旨在通过形式新颖、内容丰富的创新活动,打造全民参与、立体化阅读的文化新场景,将围绕重点图书,结合自身特色和优势组织名家分享、阅读推广、文艺沙龙等活动,在奋力谱写中国式现代化建设河北篇章中展现出版新气象、新作为。谋划实施一系列全民阅读活动,更好地服务读者、服务社会,推动形成覆盖城乡的全民阅读新格局。

目前,河北出版传媒集团已在全省159家新华书店开展各类读书分享活动360场次,切实把实体书店建成群众家门口的、富有书香的、为广大群众服务的公共文化空间。此外,还成功举办了惠民书市、河北省书博会,开展了新华书香节、图书"七进"等文化活动3000余场,惠及读者1800余万人次。

2023年11月30日,河北出版传媒集团与河北旅游投资集团战略合作协议签约暨启动仪式在河北翠屏山迎宾馆举行,双方签署了《战略合作协议》。

(二)主要获奖情况

2023年1月,河北大学出版社被评选为"2022中国图书海外馆藏影响力出版100强"单位。

2023年2月,河北出版传媒集团有限责任公司所属印厂获第九届"中华印制大奖"金银铜三项大奖。其中,一印公司印制图书《资治通鉴(文白对照)全十八册(礼品装)》获得金奖,一印公司控股子公司保定华升公司印制图书《劳动赞歌》获得银奖,二印公司印制图书《"一带一路"上的埃及故事》获得铜奖。

2023年2月,河北美术出版社出版的四本图书入选第三十一届"金牛杯",其中《崟山堂珍藏图鉴》《无形之形:雕塑·泥片塑造艺术》《红色

雄安》分别获优秀美术图书银奖、铜奖,《大观簪事：中国宋代玻璃簪钗》获装帧设计银奖。

2023年2月，河北出版传媒集团在第八届中华优秀出版物评选中取得优异成绩，共有7家出版单位的9种出版物入选公示名单。其中，正式奖6种：《永恒的象征：人民英雄纪念碑研究》（河北美术出版社）、《人民的艺术：中国革命美术史》（河北美术出版社）、《中国梆子》（6卷）（河北教育出版社）、《中国种子植物多样性名录与保护利用》（4册）（河北科学技术出版社）、《一个女孩朝前走》（河北少年儿童出版社）5种图书获图书类正式奖；《滹沱记忆》（方圆电子音像出版社）获音像电子出版物类正式奖。提名奖3种：《中国经济体制改革发展史》（河北人民出版社）获图书类提名奖；《家校合育 少年当强——少年心理素质培养训练》（河北冠林数字出版有限公司）、《赵孟頫书画全集》（河北教育音像电子出版社）获音像电子出版物类提名奖。

2023年3月，河北科学技术出版社"小细菌 大世界"丛书（2册）入选2022年全国优秀科普作品公示名单。

2023年4月，在中央广播电视总台播出的"全民阅读大会·2022年度中国好书"盛典上，河北人民出版社出版的学术对话著作《从历史深处走来——马克思主义哲学谈话录》入选"2022中国好书"。

2023年4月，河北大学出版社出版的《向死而生——徐光耀战争小品》入选国家新闻出版署2023年农家书屋重点出版物推荐目录。

2023年5月，河北大学出版社出版的《中等职业学校劳动教育教程》成功入选首批"十四五"职业教育国家规划教材名单。

2023年6月，在第十九届中国（深圳）国际文化产业博览交易会上，光明日报社和经济日报社联合发布了第十五届"全国文化企业30强"名单，河北出版传媒集团有限责任公司榜上有名，集团公司始终坚持以习近平新时代中国特色社会主义思想为引领，坚持正确的政治方向和以人民为中心的工作导向，推出了《让群众过上好日子——习近平正定足迹》《从历史深处走来——马克思主义哲学谈话录》《特种兵学校》等一大批荣获中宣部

"五个一工程"奖、"中国好书"等国家级奖项和在全国发行超百万册的畅销图书，企业运营质量和规模实力持续提高与增强，社会效益和经济效益日益凸显，居全国同行业前列。

2023年6月，"《中华读书报》月度好书榜"公布，由河北教育出版社推出的《云帆集》榜上有名。这是本书继此前入选腾讯好书2023年4月十大人文社科原创好书、腾讯集团和阅文集团主办的探照灯好书4月人文社科原创佳作之后，再一次入选好书榜单。

2023年6月，燕山大学出版社入选"中国图书海外馆藏影响力出版100强"，排第93位，较2022年上升4位。

2023年7月，河北出版传媒集团共有6个出版项目入选国家新闻出版署公布的"十四五"国家重点出版物出版规划增补项目。这些增补项目分别是：河北人民出版社的"中国陶瓷艺术史""中国工业艺术史"，河北少年儿童出版社的"家住塞罕坝——我的观鸟笔记"，河北教育出版社的"华北抗日根据地及解放区文艺大系""新编金文编"，河北冠林数字出版有限公司的"中国评剧"。

2023年7月27日，由国家新闻出版署、山东省人民政府和济南市人民政府主办的第31届全国图书交易博览会在济南开幕。《让群众过上好日子——习近平正定足迹》《〈共产党宣言〉与新时代》等中宣部"五个一工程"奖获奖图书，以及《从历史深处走来——马克思主义哲学谈话录》《一个女孩朝前走》《人民的艺术：中国革命美术史》等历年"中国好书"，《永恒的象征：人民英雄纪念碑研究》《中国梆子》等荣获中华优秀出版物奖的图书，以及《贾大山文学作品全集 典藏版》、"诗人散文"丛书、年轮典存丛书、"传统武术文化传承发展出版工程"丛书、"童年中国书系"等一大批精品冀版出版物，受到业内人士和广大读者的关注与好评。

2023年10月，河北人民出版社2个项目入选2023年丝路书香工程。

2023年10月，河北教育出版社《见山：穿越中国画的笔墨时空》入选2023年10月中华读书报月度好书榜。

2023年10月，河北科学技术出版社出版的图书《地火——攻克"磨刀

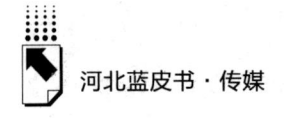

石"油藏纪实》获第五届"中华铁人文学奖"作品奖。

2023年11月，河北美术出版社《无器：麻汇源陶瓷作品集》荣获2023年度"最美的书"。

2023年11月，《让群众过上好日子——习近平正定足迹》获2022年中国版权金奖作品奖。

2023年11月，在中国语文报刊协会年会暨第三届语文教育大会上，河北出版传媒集团旗下河北行知文化传媒公司所属《语文周报》和《思维与智慧》共15人分别获得包括优秀论文奖、优秀栏目奖、优秀文章奖、优秀版式奖在内的多个奖项。其中，语文周报社社长兼总编辑林娜的论文《从"语文周报社知识云店铺"谈报业融合发展的新路径》获评"优秀论文"一等奖，编辑孙玥琛、张娟、梁爱芳、张宏丽负责策划的"最关注"等栏目获评"优秀栏目"一、二等奖，编辑郭丽杰、李爱莉、赵颂花、张君撰写的《高考古代诗歌阅读备考策略》等文章获评"优秀文章"一、二等奖，美术编辑刘艳平、李巍设计的《语文周报·高二·读写版》等版式获评"优秀版式"一、二等奖。思维与智慧杂志社社长兼总编辑张冬青的论文《由〈思维与智慧〉融媒体丛书探索融合出版新方向》获评"优秀论文"一等奖，编辑张艳丽、高倩策划的"智慧人生"等栏目获评"优秀栏目"一、二等奖，编辑张艳丽的文章《春风辗转》获评"优秀文章"一等奖，美术编辑李云萍设计的版式"庆祝中国共产党成立100周年专栏"获评"优秀版式"一等奖。

2023年12月，河北美术出版社的"河北艺术史·音乐卷"入选国家新闻出版署公布的中华民族音乐传承出版工程精品出版项目（2022年度）。

2023年12月25日，河北人民出版社的"中国式共同富裕：理论、实践与政策选择"和河北美术出版社的"中国人民解放军美术史"入选2023年主题出版重点出版物选题目录。

（三）其他相关荣誉

2023年2月，以"学习贯彻党的二十大精神　推动出版深度融合发展"为主题,由人民教育出版社主办、广西出版传媒集团协办的"人教数字出版工作会·2023"在南宁举行。大会对数字教材工作的先进单位和个人进行了表彰。集团公司荣获"开拓进取奖""同心协作奖""公益合作奖""十年携手同行奖"4项奖项,另有8名同志分别获得"风华十年奖""奋进贡献奖""营销精英奖"个人荣誉。

2023年3月,河北出版传媒集团首届"河北最美的书"评选暨装帧艺术展获评"2022年度出版传媒集团十大品牌传播金案"。

2023年4月,河北大学出版社自主申报的"新中国成立以来京津冀地区重大疫情防控实践和经验研究(1949—2020)"首次获批国家出版基金资助项目。

2023年4月,河北大学出版社出版的《大山里的音乐会——共产党员邓小岚的故事》《我的父亲顾随》入选第十四届河北省精神文明建设"五个一工程"优秀作品奖。

2023年4月,燕山大学出版社出版的《红色坞头:方志敏在坞头》入选全国2023年农家书屋重点出版物推荐目录。

2023年4月,由集团公司主办、河北青年报社承办的第十届"我最喜爱的河北十佳图书"评选活动颁奖仪式上,《让群众过上好日子——习近平正定足迹》、《永恒的象征:人民英雄纪念碑研究》、《将军台:"时代楷模"张连印》、《无法完成的画像》、《痰湿一去百病消》、《神秘莫测的气象》、《中国民间故事丛书》、《葛剑雄说城》、"传统武术文化传承发展出版工程"丛书、《向死而生——徐光耀战争小品》10种冀版优秀图书荣膺"我最喜爱的河北十佳图书"。

2023年5月,河北大学出版社出版的《写意童年世界——昱洋和同学们的优秀作文集》《独家责任——我在碾子沟做第一书记》《青少年电力知识》《大山里的音乐会——共产党员邓小岚的故事》《女娲石》《中华善字经(少儿版)》》《向死而生——徐光耀战争小品》《古代文人画中的生活美学》《走近大儒孙奇逢》《家庭心理健康自助手册》《零碳能源科普丛书——探索太阳能的奥秘》《零碳能源科普丛书——探索风能的奥秘》入选

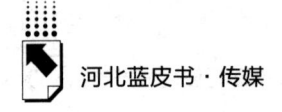

河北省2023年农家书屋重点出版物推荐目录。

2023年5月，河北人民出版社出版的《芦苇画》入选《中国出版传媒商报》2023年第一季度影响力书单。该书以朴实自然的笔触、生动活泼的民俗故事、精美绝伦的芦苇画作品，充分展示了芦苇画的发展传承与艺术魅力。

2023年5月，在第四十二次全国人教版中小学教材印装质量检测结果中，河北省出版总社公司蝉联第三名。

2023年5月，河北行知文化传媒公司所属《学周刊》获评"国家哲学社会科学文献中心2022年度教育学最受欢迎期刊"。

2023年6月，河北出版传媒集团荣膺第十五届"全国文化企业三十强"。

2023年6月，燕山大学出版社的"燕秦汉辽东长城田野考古调查研究"入选"十四五"国家重点出版物出版规划增补项目、获评"河北省2024年度优秀出版物选题"。

2023年7月，方圆电子音像出版社获"2022年度全国版权示范单位（软件正版化）"称号。

2023年7月，由河北省委宣传部指导、河北广播电视台（集团）组织开展的"燕赵星光 文化河北"——2022年度河北省"知名文化企业30强""十佳文化企业家"评选结果发布。集团公司旗下河北人民出版社有限责任公司、河北省新华书店有限责任公司、河北少年儿童出版社有限责任公司、河北教育出版社有限责任公司荣获"知名文化企业30强"称号。北洋股份公司副总经理、河北教育出版社有限责任公司社长董素山，河北省新华书店有限责任公司党委副书记、总经理韩丽璞，河北人民出版社有限责任公司党委书记、社长王斌贤荣获"十佳文化企业家"称号。

2023年9月，由河北出版传媒集团旗下河北冠林数字出版有限公司申报的《科学报国——功勋科学家的赤子心》入选国家新闻出版署公布的2023年度出版融合发展工程名单。

2023年10月,燕山大学出版社出版的《贝氏体钢中残余奥氏体》入选2023年丝路书香工程。

2023年10月,燕山大学出版社出版的《长城:追问与共鸣》入选2023年丝路书香工程、哲学社会科学学术通俗读物(51种)。

2023年11月,在江西南昌召开的人民教育出版社第35次中小学教材工作会议上,河北出版传媒集团荣获2023年度人教社教材工作"先进单位奖";河北省出版总社公司获得2023年度中小学教材宣传工作"优秀组织奖"、中小学教材印装质量"先进单位奖"、高中光盘(融媒体资源)推广工作"先进单位"、中小学教材培训服务"优秀组织奖"、中小学教材推广工作"优秀组织奖";河北省出版总社公司执行董事杨庆岗同志获得中小学教材工作"领军人物"奖,另有3名同志分别获得印制工作、培训工作和宣传推广工作的先进个人。

2023年11月,河北大学出版社出版的《保定百年古城影像》、燕山大学出版社出版的《哲史论衡》入选河北省委宣传部组织评选的2023年度优秀出版物。

2023年11月,河北大学出版社的选题《城市有蓬莱——古莲花池园林建设与演变》《丹宸永固600年——故宫文化圈(河北卷)》,燕山大学出版社的选题"中国长城遗产学术研究系列丛书""河北省非物质文化遗产传承人口述史"入选河北省委宣传部组织评选的2024年度优秀出版物选题。

2023年12月,河北出版传媒集团文化传播有限公司所属汇文大酒店一举荣获"中国服务贡献奖""中国服务优秀团队""中国金钥匙组织荣誉勋章"三项殊荣,标志汇文金钥匙服务跨上了新台阶。

2023年12月,板厂峪长城研学游(《板厂峪长城研学攻略》)获评河北长城"十大"研学产品。

(四)发行及宣传活动

2023年2月,由河北教育出版社输出版权的《绿色奇迹塞罕坝》一书英文版由美国普利尼斯出版社正式出版发行。这是河北教育出版社图书

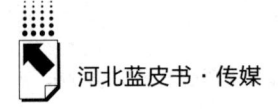

"走出去"工程取得的又一新成果,是中国作家向英语国家讲述中国故事的有益探索。

2023年3月16日,秦皇岛市旅游和文化广电局与燕山大学中国长城文化研究与传播中心签订"秦皇岛长城国家文化公园重点工程专家智库建设研究"项目共建协议。目前,该项目已成功结项。

2023年4月22日,在燕山大学艺术与设计学院美术馆展厅举行"长城魂"长城十三关主题画展、"行走长城"绘画巡回展燕山大学站开幕式暨长城文化进校园系列活动启动仪式。

2023年5月13日,燕山大学中国长城文化研究与传播中心、燕山大学出版社、兰州大学出版社在保定市涞源县华中小镇举办首届长城学论坛暨"中国长城文化研究发掘出版工程"编纂启动仪式。

2023年6月,河北出版传媒集团在第29届北京国际图书博览会上成功签约7个版权贸易项目。其中有5个版权输出项目,具体为河北人民出版社、巴基斯坦伊塞斯出版公司签订《从历史深处走来——马克思主义哲学谈话录》乌尔都语版版权输出协议,花山文艺出版社、德国FCDB中德教育合作出版社签订《中国吉祥图案·图说五福》德文版版权输出协议,河北教育出版社、新加坡双语出版集团签订《一座等了你三千年的城》和《中国民间故事丛书》中英文双语版版权输出协议,方圆电子音像出版社、新加坡双语出版集团签订《拦手拳》等传统武术图书中英文双语版版权输出协议,河北美术出版社、越南明新文化有限公司签订《儿童时间管理绘本》丛书越南语版版权输出协议;2个版权引进项目为河北少年儿童出版社分别同比利时克拉维斯出版社、英国乌鸦出版社签订《爱心小猪》《超级恐龙》中文版版权引进协议。

2023年6月,河北人民出版社《天道与超越性:当代儒学前沿问题研究丛书》出版座谈会在北京成功举办。

2023年7月,河北教育出版社《见山:穿越中国画的笔墨时空》新书分享会在北京成功举办。

2023年8月,河北出版传媒集团在石家庄市呈明书店举办"书举风鹏围读会——冀版精品图书创新阅读活动"。本期围读的书目是河北科学技术出版社推出的《河北中药文化史话》。

2023年9月，河北出版传媒集团向井冈山实验学校捐赠图书。本次捐赠从集团系统九家出版传媒单位精选出适宜中小学生阅读、码洋共计5万余元的优质课外读物2200余册。

2023年10月15日，河北出版传媒集团所属河青传媒公司可视化龙头账号——"青豆新闻"抖音号粉丝量突破1000万人大关，正式进入全国"千万级"可视化媒体账号行列，媒体融合发展再上新台阶。

（五）图书参展情况

2023年2月24日，第35届北京图书订货会在北京中国国际展览中心（朝阳馆）正式拉开序幕。本届订货会上，河北出版传媒集团组织河北省10家出版发行单位携1600余种冀版精品出版物集中亮相。在本届订货会上，集团公司重点推介了《让群众过上好日子——习近平正定足迹》《中国共产党河北历史》《永恒的象征：人民英雄纪念碑研究》《人民的艺术：中国革命美术史》"燕赵中医学术流派研究丛书""一方丛书"《西方文学之旅》《葛剑雄说城》《童年中国书系》《滹沱记忆》《了不起的河北人》等一大批冀版精品出版物，涵盖主题出版、文学、艺术、历史、科普、少儿等众多板块，充分展示了集团公司"四名工程"建设的丰硕成果，吸引了大量读者和业界客户驻足浏览和洽谈选订。除了精品图书展示，集团公司还组织了十余场丰富多彩的文化活动。

2023年4月9日，第34届河北省教育装备展示会在石家庄国际会展中心正式拉开序幕。在本次展会上，省店公司践行"把展会带回家、把产品带回家"的办展理念，线上线下同步互动、有机融合，打破时空局限，在线上全方位展示企业产品。展会上，省店公司展出了智云书阅智慧阅读产品及解决方案、尔漫多种教学场景照明环境解决方案、幻未VR创客实验室、集采平台化采购解决方案、信息科技实验室、FIRESAVE新型灭火剂等产品及解决方案。这不仅加深了省店公司与各货源单位的联系，还提高了客户信

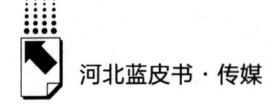

任度，为其在全省各地开展业务奠定了良好基础。

2023年4月，由河北少年儿童出版社与冰心奖办公室共同主办的"童年中国书系"出版座谈会于石家庄召开。

2023年4月23日，燕山大学西校区图书馆承办秦皇岛市第十四届读书节暨惠民书市活动启动仪式，活动由秦皇岛市委宣传部、秦皇岛市新闻出版局、燕山大学共同主办。第十四届读书节暨惠民书市以"讲好长城故事建设书香城市"为主题，活动将从4月持续至12月，组织开展了主题鲜明、内容丰富、形式多样的各类全民阅读活动24项。

2023年6月15日，第29届北京国际图书博览会在北京国家会议中心开幕。河北出版传媒集团携旗下11家出版传媒单位、1100多种冀版优秀出版物集中亮相，充分展示了集团公司近年来精品出版的丰硕成果，受到国内外参展客商和读者的青睐。当天上午，集团多项版权合同集体签约仪式在现场成功举办。

2023年6月18日，由《藏书报》和《全国新书目》杂志共同主办的"新亮典——典藏好书推荐书目"推介活动成功举办。河北行知文化传媒公司"诗书礼乐学无尽 文化固本铸心魂——中华优秀传统文化展示活动"成功举办。

2023年8月，涿州春季书市暨中国图书网仓储淘书会在保定涿州举办。这是中国图书网时隔两年重新启动的线下淘书盛会，2万平方米库房中，400余万册图书供书友尽情挑选，还有国内30多家出版社现场"摆摊"。河北教育出版社及所属呈明书店受邀参加。作为本次淘书会活动的受邀单位之一，河北教育出版社精心准备、认真挑选了"世界文豪书系"、《中国现代学术经典》、《范文澜全集》、《顾随全集》等口碑佳、人气旺的经典图书，还带去了《西方文学之旅》《葛剑雄说城》《蔡志忠漫画国学经典》等新出版的精品力作。

2023年9月6日，中共秦皇岛市委全面深化改革委员会印发《关于建立"微改革·微创新"机制的意见》，并公布首批"微改革·微创新"项目库。燕山大学中国长城文化研究与传播中心承担的"建立长城文化研学机制"和"建立校地长城文化研究交流合作机制"入选重点项目。目前，该中心承担的两项重点项目已成功结项，并将"秦皇岛发布"微信公众号作为优秀案例进行宣传。

2023年9月7日，"河北省文化数字化保护应用中心项目"推介会暨启动仪式在2023中国国际数字经济博览会现场举办。中国新闻出版研究院副院长崔海教，河北出版传媒集团党委书记、董事长丁伟出席活动。

2023年11月28日，燕山大学中国长城文化研究与传播中心、北京市昌平区明十三陵管理中心在明十三陵景区游客中心共同举办居庸关全国长城学研究中心建设座谈。与会专家学者围绕成立"居庸关全国长城学研究中心""中国长城文献中心"进行深入研讨。

2023年12月，"一带一路"上的中国少儿文学暨《一个女孩朝前走》（"七一勋章"获得者黄文秀成长之路）俄文版新书发布系列活动在白俄罗斯、俄罗斯、哈萨克斯坦举办。本书作者、儿童文学作家阮梅，河北少年儿童出版社总编辑孙卓然受邀参加活动。

二 2023年河北期刊业发展概况

2022年，在河北省注册的CN 13期刊为217种，其中《女子世界》《通俗歌曲》《青春岁月》《人造纤维》休刊。实际在河北省正常出版的期刊为213种。按213种期刊统计，占全国期刊总数10192种的2.1%。全省213种期刊中，社会科学类期刊109种，自然科学类期刊104种。期刊的主管部门、主办单位、出版周期、出版页码等信息与上一年相比，变化不大。

（一）期刊出版发行

2022年，现出版的213种期刊共收论文稿件367987篇，刊出论文稿件58816篇，整体刊出率为16.0%；全省期刊总印数为2891万册，刊均年印数为13.6万册，较2021年的15.6万册减少12.8%；印数较高的期刊分别

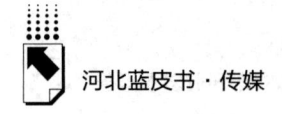

为《共产党员》，有537.5万册，《小学生必读》，有479.0万册，《老人世界》，有372.4万册，《快乐作文》，有310.7万册；全省213种期刊平均期总发行量为151.63万册，较上年的170.23万册减少10.9%，刊均发行量0.71万册，较上年的0.78万册减少0.09%；213家期刊单一邮局发行41家（19.2%），自办发行69家（32.4%），邮局发行和自办发行87家（40.8%），赠阅16家（7.5%）。

（二）期刊从业人员

2022年，河北省213种期刊从业总人数1866人，与上年基本持平。其中在编人数1202人，聘用人员664人，平均每家期刊从业人数为8.76人。其中从事新媒体的仅75人；硕士及以上学历663人（35.5%），本科学历983人（52.7%）；具有正高级技术职称397人（21.3%），具有副高级技术职称399人（21.4%）；中共党员973人（52.1%）。

（三）期刊出版经营

2022年，全省213种期刊中，非法人出版单位151家，其中拨付116家（76.8%），拨付与自筹16家（10.6%），自筹16家（10.6%），专项3家（2.0%）；法人出版单位62家，其中自筹自支47家（75.8%），差额拨款8家（12.9%），全额拨款7家（11.3%）。

2022年，期刊出版单位经营总收入28994万元，较2021年减少18.7%。其中，发行收入14677万元，较2021年的减少31.3%；广告收入2248万元，较2021年减少52.0%；发行收入和广告收入占总收入的58.4%，较2021年减少20.0个百分点；新媒体收入115万元，较2021年减少72.4%；版权收入273万元，较2021年减少0.7%；项目活动收入1075万元，较2021年增长18.0%；其他收入10606万元，较2021年增长31.98%。全省期刊利润总额3689万元，较2021年的3353万元增长10.0%；纳税总额1616万元，比2021年的2649万元减少39.0%。

经营状况较好的期刊，《老人世界》期刊发行量达30.6万册，年收入超过1468万元，利润293万元，纳税37万元；《共产党员》期刊发行量达22.39万册，年收入4006.8万元，利润1394.3万元，纳税332.2万元；《小学生必读》期刊发行量达13.08万册，年收入2008.5万元，利润37.7万元，纳税250.5万元；《河北安全生产》期刊发行量达11.0万册，年收入2051万元，利润385万元，纳税10万元；《考试与招生》期刊发行量达7.6万册，年收入1803.5万元，利润397万元，纳税143万元；《快乐作文》期刊发行量达6.5万册，年收入784万元，利润9.11万元，纳税4万元。其中，新媒体收入较好的期刊是《河北旅游》，为132.8万元，《党史博采》，为114.9万元。

（四）学术影响力

1. 主要文献计量学指标

104种自然科学类期刊中，被《中国学术期刊影响因子年报》（自然科学与工程技术·2022年版）收录的共81种。其中，刊均复合总被引频次2381次，较2021年版1833次增长29.9%，但低于全国刊均2949次（-19.26%）；刊均复合影响因子1.018，较2021年版0.815增长24.9%，但低于全国刊均1.122（-9.3%）；刊均基金论文比0.63，较2021年版0.57增长10.5%，高于全国刊均0.62（1.6%）；刊均他引总引比0.91，与2021年版持平，高于全国刊均0.89（2.2%）。进入Q1区（本学科排名前25%的期刊）16种（19.8%），较上年增加4种；进入Q2区（本学科排名前26%~50%的期刊）18种（22.2%），较上年减少5种；进入Q3区（本学科排名前51%~75%的期刊）25种（30.9%），较上年减少2种；进入Q4区（本学科排名后25%的期刊）22种（27.2%），较上年增加3种。可见，河北省自然科学类期刊的学术水平虽有明显提高，但仍低于全国平均水平。

109种社会科学类期刊中，被《中国学术期刊影响因子年报》（人文社会科学·2022年版）收录的有54种。其中，刊均复合总被引频次为1497次，较2021年版1228次增长21.9%，但低于全国刊均的2334次（-35.9%）；

刊均复合影响因子为0.722，较2021年版0.706增长2.3%，但低于全国刊均的1.493（-51.6%）；刊均基金论文比为0.62，较2021年版0.60增长3.3%，与全国刊均持平；刊均他引总引比为0.96，与2021年版持平，也与全国刊均的0.96持平。2022年河北省人文社会科学期刊进入Q1区3种（5.6%），与上年相同；进入Q2区12种（22.2%），较上年减少4种；进入Q3区16种（29.6%），较上年增加2种；进入Q4区23种（42.6%），与上年持平。可见，河北省社会科学类期刊的学术水平较上年稍有提升，但低于全国平均水平。

2. 核心数据库收录情况

国际数据库收录情况：在189种学术期刊中，《石油地球物理勘探》被美国《工程引文索引》（EI）收录、《中国全科医学》被荷兰《医学文摘》（EM）收录；被荷兰Scopus收录8种，即《中国全科医学》、《中华麻醉学杂志》、《中华超声影像学杂志》、《疑难病杂志》、《医学动物防制》、《微纳电子技术》、《钻井液与完井液》、《中国生态农业学报》（中英文）；被美国《化学文摘》（CA）收录14种，被日本科学技术振兴机构数据库（JST）收录12种，被俄罗斯《文摘杂志》（AJ）收录6种。

国内数据库收录情况：在189种学术期刊中，被2020年版《中文核心期刊要目总览》收录23种（12.2%），包括《河北学刊》、《河北法学》、《河北大学学报》（哲学社会科学版）、《河北经贸大学学报》、《河北师范大学学报》（教育科学版）、《当代经济管理》、《河北大学学报》（自然科学版）、《河北农业大学学报》、《华北电力大学学报》（自然科学版）、《燕山大学学报》、《中国全科医学》、《中华超声影像学杂志》、《中华麻醉学杂志》、《华北农学报》、《中国生态农业学报》、《南水北调与水利科技》、《石油钻采工艺》、《钻井液与完井液》、《石油地球物理勘探》、《油气储运》、《半导体技术》、《微纳电子技术》、《地理与地理信息科学》。

在104种自然科学类期刊中，被2023年版《中国科技核心期刊目录》收录40种（38.5%），被《中国科学引文数据库（CSCD）来源期刊列表（2023—2024年度）》收录8种（7.7%），包括《地理与地理信息科学》、《河北农业大学学报》、《华北农学报》、《石油地球物理勘探》、《中国生态农业学报》（中英文）、

《中华超声影像学杂志》、《中华麻醉学杂志》、《南水北调与水利科技》等。

在109种社会科学类期刊中，被南京大学"中文社会科学引文索引（CSSCI）来源期刊目录（2021—2022）"收录1种（0.9%），即《河北学刊》；被"CSSCI扩展版来源期刊目录（2021—2022）"收录5种（4.6%），包括《河北法学》、《当代经济管理》、《经济与管理》、《河北经贸大学学报》、《河北大学学报》（哲学社会科学版）。

（五）期刊获奖情况

2023年，全省期刊在主题宣传、期刊质量评比中，《疑难病杂志》被国家卫生健康委宣传司、中国健康教育中心评为2022年度委管出版物主题宣传优秀报刊；《中国全科医学》荣获"2022年度中国百种杰出学术期刊"称号，《中国生态农业学报》（中英文）、《中国全科医学》、《中华超声影像学杂志》、《实用心脑肺血管病杂志》、《现代中西医结合杂志》被评为第六届中国精品科技期刊；《新农民》《智慧与思维》进入2022年农家书屋重点出版物推荐目录。

三 河北省图书期刊业发展面临的主要挑战

（一）图书出版

1. 版权贸易顶层设计不足，出版规划有待完善

2023年，河北省图书出版业取得了较大进步，但对外版权输出未形成有效规模、缺少整体规划，在稳定版权合作的常态化、有效出版内容的供给、出版的有效性等方面需要进一步探索和深化。具体来看，河北省图书"走出去"的主要或唯一模式就是版权输出，在对外合作出版、海外机构建设、海外资本运作、构建立体的出版"走出去"模式体系等方面，河北省图书出版业还有较大提升空间。同时，在版权贸易的成果上存在以输出为主，以出版为辅的情况，没有很好地了解国外文化和读者需求，进而优化出

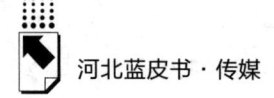

版规划。作为承担传播新时代中国文化重要任务的出版集团，应更多地关注如何融合双方的文化，以形成双向的互动式传播，扩大出版物对外的影响。

2. 渠道持续裂变，实体书店竞争力不足

2023年，出版渠道变革进一步深化，流量涌向"短直"平台，实体书店销售乏力，传统电商也投身低价竞争的"战场"，出版行业面临新的渠道压力与增长困境。具体看来，一方面，在出版机构中，直播营销已经成为主流销售平台，各大线下书展也配备了直播展台。在内部生产流程上，出版行业已经实现了营销前置，编辑、营销、发行环节联动频率大幅提升，是否能成为直播间爆款甚至也成为考虑选题的方向之一。另一方面，在直播间低价优先的营商环境中，用户更加倾向于购买低价产品，盗版书也迅速流入了这一市场。

为此，在全渠道供应链背景下，河北出版企业应进一步优化渠道策略，挖掘自身品牌特色，创造优质内容，打造私域流量。同时，应加强从业者专业素质和道德素质培养，以应对新媒体平台的冲击。

（二）期刊出版

1. 部分现有体制机制制约了期刊的经营发展

在非时政类报刊出版单位转企改制后，大多数单位并没有真正建立和形成现代企业制度，没有能力突破体制性障碍，在经营管理上受到严重限制，真正实现自筹自支企业经营权的单位仅16家（7.5%），尤其是随着国家政策的调整，一些全额拨款的事业单位主办的报刊体制性和制度性障碍凸显，再加上禁止收取版面费，使经营环境更加不佳，各单位需要进一步探索改革发展路径。期刊发行量仍呈下滑趋势，支撑期刊经营收入的广告仍然低迷，期刊经营乏力。

2. 集约化、集团化程度较低

河北省正常出版的213种期刊中，三级管理单位比较分散，第一主办单位分布在146个部门，一个主办单位主办3种及以上期刊的有18家，主办2种期刊的有16家，主办1种期刊的有112家；非法人编辑部151个

(70.9%)，企事业法人62个（29.1%），河北省自然科学类期刊中具有法人的期刊不足1/4。集约化程度较低，大多数期刊编辑部（杂志社）处于"小而弱"的状态，精品大刊偏少，难以形成国内、国际的影响力。

3. 期刊学术质量和影响力亟待提高

河北省期刊整体的学术质量偏低、影响力不高，文献计量学主要指标低于全国平均水平，进入国家顶级期刊行列的期刊较少，仅《中国全科医学》荣获"2022年度中国百种杰出学术期刊"称号；《中国生态农业学报》（中英文）、《中国全科医学》、《中华超声影像学杂志》、《实用心脑肺血管病杂志》、《现代中西医结合杂志》被评为第六届中国精品科技期刊。面对学术期刊高质量发展的时代，期刊主办、主管部门和出版单位要以建设一流期刊为目标，下大力气狠抓学术质量。

4. 传统期刊与新媒体融合投入和产出仍然不匹配

全省有56家期刊在新媒体进行开发运营，仅有2家期刊盈利，《河北旅游》收入132.8万元，《党史博采》收入114.9万元；在新媒体上投入较多的有：《河北旅游》，共投入61.66万元；《中国电梯》，共投入30万元；《中国全科医学》，共投入12.24万元；《石油钻采工艺》，共投入10万元；《治理现代化研究》，共投入8万元；《医学理论与实践》，共投入5.26万元；其他单位的投入均未超5万元。

5. 编辑队伍不适应高速发展并且力量不足

河北省213种期刊在编辑数量、质量和结构上都不适应科学技术、新媒体的高速发展。第一，从总体数量分析，大多数期刊编辑人数未到达季刊3人、双月刊5人、月刊7人的标准配置，少数期刊仅2~3人，期刊编辑难以走出去约稿、组稿；第二，部分期刊单位编制制约、新老交替、人员流动等因素，导致采编力量严重不足，专职编辑质量偏低，具有深厚的专业知识功底以及娴熟编辑技术的编辑相对较少，进而导致期刊出版质量有所下滑；第三，全省213种期刊中从事新媒体的专职人员仅75人，只有1/3多的期刊社配有新媒体编辑。

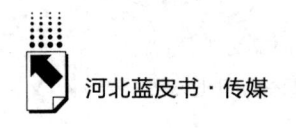

四 河北省图书期刊业的未来发展及对策建议

（一）深入贯彻习近平文化思想，主动担负出版新使命

2023年10月，全国宣传思想文化工作会议在北京召开，会上传达了习近平总书记对宣传思想文化工作的重要指示，并首次提出了习近平文化思想，明确了新时代文化建设的路线图和任务书。习近平在全国宣传思想文化工作会议上作出重要指示并强调，坚定文化自信，秉持开放包容，坚持守正创新，为全面建设社会主义现代化国家、全面推进中华民族伟大复兴提供坚强思想保证、强大精神力量、有利文化条件。①

河北省出版机构多次召开学习贯彻习近平文化思想专题研讨会，肩负新的文化使命，把深入学习贯彻习近平文化思想作为当前最重要的政治任务。坚持以党的政治建设为统领，旗帜鲜明讲政治，进一步学懂弄通做实习近平新时代中国特色社会主义思想，学深悟透总书记关于宣传思想工作的一系列重要论述，严格落实全面从严治党责任，严格管理各类出版阵地，坚决守好意识形态阵地；要全力以赴促发展，深入学习贯彻习近平总书记关于出版工作的一系列重要指示，聚焦主责主业，深化出版供给侧结构性改革，强化市场意识、竞争意识，加快融合发展、提升惠民能力，深入开展全民阅读活动，为书香河北建设贡献力量；要团结一致向前进，展现担当负责、真抓实干的良好精神风貌，进一步抓好班子、带好队伍，大兴读书学习之风和调查研究之风，不断增强守正创新本领，解放思想，奋发进取，为加快建设经济强省、美丽河北做出新的更大贡献。

认真贯彻落实中共中央宣传部、教育部、科技部印发的《关于推动学术期刊繁荣发展的意见》的精神，加强主管主办单位责任制和从业人员遵规守纪教育。利用期刊社会效益考核和年度核验等时机，邀请管理单位代表、行业专家，

---

① 《习近平对宣传思想文化工作作出重要指示》，中国政府网，2023年10月8日，https：//www.gov.cn/yaowen/liebiao/202310/content_ 6907766.htm? jump=true。

通过业务交流、专题授课、集中宣讲等方式，不断增强主管主办单位的责任意识；定期举办全省编辑业务培训班，发挥省期刊协会优势，组织开展线上研讨、行业论坛，着力提高期刊从业人员的业务能力和水平。指导有关期刊单位抓紧开通责编注册端口，严格执行岗位管理各项制度。此外，还应加大期刊日常审读质检和监督检查力度，不断完善约谈警示、出版提示等各项制度。

（二）贯彻落实"十四五"规划，坚持原创出版、精品出版之路

2023年是全面贯彻落实党的二十大精神的开局之年，是实施"十四五"规划承前启后的关键之年。2023年，国家连续发布关于出版文化领域的多项税收优惠政策。如：2023年7月，国家税务总局发布《支持协调发展税费优惠政策指引》；2023年9月，财政部、国家税务总局发布《关于延续实施宣传文化增值税优惠政策的公告》；2023年10月，财政部、国家税务总局、中宣部联合发布《关于延续实施文化体制改革中经营性文化事业单位转制为企业有关税收政策的公告》。

从众多利好政策上看，河北省出版业要始终坚持以人民为中心的出版理念，坚持社会效益优先，着力做好精品出版，做强做优主题出版，围绕宣传阐释党的创新理论最新成果、党的二十大精神及中国式现代化河北场景等内容，用好群众视角、群众态度，创作出版更多文质兼美的精品著作。同时，尽量避免选题同质化现象，着力做好精品出版，加大原创文学出版力度，加强系列丛书出版规划，策划推出更多反映时代呼声、展现人民奋斗、振奋民族精神、陶冶高尚情操的优秀作品，为推动文化繁荣、建设文化强国、建设中华民族现代文明贡献最大力量。

期刊方面，应加强优质内容出版传播能力建设，创新内容载体、方法手段、业态形式、体制机制，实现学术组织力、人才凝聚力、创新引领力、品牌影响力明显提升，推动学术期刊加快向高质量发展阶段迈进，努力打造一批具有国内学术水平的品牌期刊。加强学术期刊作风、学风建设，有效发挥学术期刊在学术质量、学术规范、学术伦理和科研诚信建设方面的引导把关作用，力戒功利浮躁，坚决抵制和纠正学术不端行为。

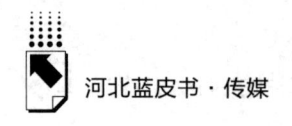

（三）提升融合出版能力，促进出版资源数字化转化

新媒体时代，传播生态发生变革，出版产业面临新形势，必须以融合发展推动出版产业转型升级。传统出版单位的融合出版转型应聚焦于专业精品内容的数字开发、营销、销售，将新媒体技术和新兴文化资源融入图书出版的实践，理性地选择适合自身的"融合出版"路径。

河北出版机构应以习近平总书记重要指示精神为指导，以推动中华优秀传统文化创造性转化和创新性发展为己任，认真贯彻落实国家文化数字化战略部署。聚焦于出版资源数字化、红色资源数字化、民俗非遗数字化，以河北省文化数字化保护应用中心建设为载体，实现各类文化资源数字化归集、整理、开发、利用，切实担负起把传统文化保护好、传承好、弘扬好的光荣使命。不断加大产业技改升级力度，持续提升企业效能，深化人才队伍建设，持续培养工匠精神，深耕精品印制领域，创树高质量印刷品牌，提升企业综合印制服务水平和市场竞争力。

期刊方面，应继续引导和推动期刊集约化、集团化的改革发展，设立学术期刊集群化发展试点，以优质学术期刊为龙头重组整合资源，建设一批导向正确、品质一流、资源集约、具备核心竞争力的学术期刊集群。支持规模性出版企业探索协作办刊等模式，跨部门、跨学科整合期刊出版资源，打通产业链、重构价值链、形成创新链，打造若干具备较强传播力、影响力的学术期刊出版联合体。应持续推进数字出版转型与新媒体融合发展，探索网络优先出版、数据出版、增强出版、全媒体出版等新型出版模式。引导学术期刊适应移动化、智能化发展，进行内容精准加工和快速分发，推动学术成果向大众普及和应用转化。鼓励和支持各单位探索不同的经营模式，把传统媒体资源和新媒体传播技术、传播模式有机结合，实现互相支持、互相竞争、互利双赢。

（四）深练版权贸易及对外交流内功，加快出版"走出去"进程

如今，出版合作成为主流，渠道商之间、出版集团之间、国有企业和民

营企业之间合作不断，不做零和博弈，彰显资源互补、合作共赢的行业良性发展之道。出版"走出去"的核心是内容，要深入挖掘中华优秀传统文化和当代文化成果，创作和出版更多具有国际影响力的精品力作。同时，要注重内容的多样性和针对性，满足不同国家和地区读者的需求。与海峡两岸及港、澳地区推进印刷行业交流、传承文化、转化创新、交流互鉴。

要想打破河北图书期刊业现有的桎梏，就必须突破瓶颈，实现自我突破，利用内外联动的优势，对图书内容和渠道进行战略规划和顶层设计，建立有效的版权贸易评估体系，抓住数字化转型的机遇，全力推动平面出版版权交易高质量发展。推进线上线下互动创新，加快推动融合出版，将版权贸易作为传统出版的一种补充，在内容、渠道、平台、经营、管理等优势方面加强合作，全面促进河北出版版权贸易水平不断提升。

参考文献

张馨宇：《8 关键词盘点 2023 出版业》，《中国出版传媒商报》2023 年 12 月 29 日，第 1 版。

B.6
2023年河北省影视业发展报告[*]

景义新 许竞予 孙佳雪[**]

摘 要： 2023年河北省影视业取得显著发展：一是影视创作持续发力，电影、电视剧、纪录片佳作频出；二是切实贯彻群众路线，以人民立场创作精品内容、以人民视角讲好河北故事、以人民需求完善公共服务；三是紧扣重大主题部署，强化价值引领工作，围绕革命历史、乡村振兴和非遗传承打造河北影像；四是深入开展融媒实践，打造智慧广电，在融媒精品创作、先进技术应用上提质增效；五是视听赋能文旅发展，擦亮河北魅力旅游名片。但河北省影视业发展仍面临如下困境：IP开发模式有待升级，作品长尾效应需增强；厚重文化表达有待探索，年轻态需求尚需重视；风格化创作藩篱有待突破，影视作品类型融合需创新；数字化与艺术性尚未兼顾，视听表现力有待增强。本报告建议河北省影视业继续坚持匠心制造，呈现多元优质内容；注重深化全媒融合，拓展视听产品边界；持续推动技术引领，创新视听观感体验；着力加强人才工作，优化视听人才队伍。

关键词： 影视业 智慧广电 重大宣传 全媒体传播

---

[*] 本报告为2022年度河北经贸大学科学研究与发展计划重点项目"5G时代广电媒体盈利模式重构与创新路径研究"（编号：2022ZD08）阶段性成果。
[**] 景义新，河北经贸大学新闻与文化传播学院院长、县域媒介与文化传播研究中心研究员，主要研究方向为新媒体与视听传播；许竞予，河北经贸大学新闻与文化传播学院硕士研究生，主要研究方向为视听新媒体传播；孙佳雪，河北经贸大学新闻与文化传播学院硕士研究生，主要研究方向为视听新媒体传播。

一　2023年河北省影视业发展概况

（一）影视创作持续发力，佳片频出、百花齐放

2023年，全国影视业发展逐渐回暖，河北省影视业随之迎来又一个春天。在这一年中，河北省影视业聚焦人民群众、刻画燕赵风骨、彰显经济发展、描绘时代风云，始终坚持"三贴近"原则，着手制作、出品了众多无愧于新时代的精品佳作，赋予了河北影视文化以新气象，展现了河北高质量发展的新面貌。2023年，河北省影视业佳片频出、百花齐放。

一是电影业继往开来，新发展引人瞩目。

在2023年举办的第十八届、第十九届中国电影华表奖颁奖礼上，河北省4部影片榜上有名。其中，《古田军号》获第十八届中国电影华表奖优秀故事片奖，《守岛人》《我和我的父辈》获第十九届中国电影华表奖优秀故事片奖，《人生大事》获第十九届中国电影华表奖优秀青年电影创作奖，河北青年导演刘江江凭此片获首届金熊猫奖最佳导演奖。

除往年精品再添新绩外，2023年的新作也格外醒目。由河北省委宣传部等联合摄制，河北电影制片厂等联合出品的影片《志愿军：雄兵出击》献礼纪念抗美援朝胜利70周年，在院线票房收获颇丰，在线下展演也有口皆碑。河北籍导演王宝强于2023年上映的新作《八角笼中》，聚焦"格斗孤儿"故事，获第十八届中国长春电影节金鹿奖评委会大奖及最佳编剧奖。电影《孔秀》改编自河北作家张秀珍的长篇小说《梦》，以现实主义手法刻画普通女工困境逆袭的动人故事，并荣获2022年圣塞巴斯蒂安国际电影节主竞赛单元最佳编剧奖。儿童创作题材在2023年也备受关注：影片《宝贝不哭》凭借对儿童成长的细腻刻画获2023北京国际儿童电影展金花奖；亲情励志电影《陀螺女孩》着力塑造有血有肉的儿童形象，获第一届芝加哥独立电影节最佳影片奖；由张家口参与后期制作的电影《学爸》则聚焦教育话题，描述四组家庭有笑有泪的教育困境。

大学生电影也为河北电影业注入新鲜血液：由河北科技大学学生李家和导演的剧情短片《地儿》惊喜入围戛纳电影节并获奖；由河北传媒学院参与摄制的电影《傍晚的向日葵》荣获两项金鸡奖提名和多项展会大奖，成功入围第十三届学院奖终评名单。

此外，众多备受期待的新作正在加紧筹备中，如刘江江导演的灾难电影《出入平安》、展现河北年轻一代奋斗历程的电影《滹沱人家》以及集中反映新时代河北省乡村振兴伟大实践的电影《青松岭的好日子》。院线电影蓬勃发展的同时，网络电影市场前景广阔，如《秦岭镇天棺》《南矛北马》《茅山叔叔》等多部网络电影在各大视频平台上引发热烈反响。2023年，河北省与多个地区达成影视合作，不断完善省内影视基地，开展多项公益观影活动，出台多项培育电影人才、促进电影业发展的新规，并于建党节当日推出河北省电影局官方微信公众号"河北电影"。讴歌时代，阔步征程，河北电影业在这一年里蒸蒸日上，更加繁荣。

二是电视剧紧跟时代，主题立意更显情怀。

2023年，河北省围绕时代主线深耕电视剧精品创作，立志讲好河北故事，传播河北声音。由河北省参与摄制出品的3部精品电视剧入围第31届中国电视金鹰奖，分别是重大革命历史题材电视剧《香山叶正红》、讲述晋江改革开放创业风潮的电视剧《爱拼才会赢》，以及讲述清末民族工业成长史诗的电视剧《塞上风云记》。新作再创辉煌，由河北影视集团有限公司联合出品、河北省委宣传部联合摄制的华人女性海外奋斗传奇剧《南洋女儿情》于央视第八套及爱奇艺网络视频平台双线播出。该剧以真实历史为基础，塑造了华人女性"红头巾"在南洋的奋斗群像，溯源中国与共建"一带一路"国家经济建设、文化交流的历史基因，谱写了华人女性的海外励志史诗。由河北广电影视文化有限公司联合出品的荧屏"硬核"热剧《公诉》，将女公诉人定为一号叙事主角，呈现当代女检察官的飒爽风采。作为一部公检法题材剧，《公诉》以人民检察院"六号检察建议"为背景，展示跨境电信诈骗、网络色情直播、网络赌博、网络暴力等一系列与百姓息息相关的社会案件，注重法律知识和防诈意识的常态化传播，呈现了司法普法作品的独特视角。

站在新的起点，河北省电视剧创作紧跟时代步伐，进一步加大精品剧目生产力度。革命历史题材电视剧《浴血荣光》辗转河北多地进行拍摄，谱写革命党人碧血丹心、积极探索革命道路的红色战歌。围绕"故土"与"根"的概念，以乡村振兴和粮食安全为主题的大型电视连续剧《故乡的泥土》在河北省无极县开拍。张家口市委宣传部策划冬奥题材电视剧，并面向社会征集创作素材，将冬奥会这一重大历史事件与平凡人参与冬奥、奉献冬奥的故事搬上荧屏，借此反映普通百姓在冰雪盛会中的巨大贡献。2023年，河北省电视剧创作稳中求进，渐入佳境。

三是纪录片严选主题、精心策划，内涵丰富有深度。

河北省广播电视局以强化选题规划、强化推优力度、强化扶持引导的"三个强化"战略推动纪录片创作生产，为进一步打造精品力作奠定基础。2023年，河北省组织开展年度纪录片重点选题征集，实行清单化管理、项目式推进，不断提升纪录片选题的平台高度和影响深度，积极推荐多部原创精品申报国家广播电视总局"十四五"纪录片重点选题，涵盖雄安新区、塞罕坝、中华文明探源、河北历史文化等题材，致力于打造独属于河北的纪录片创作名片。

描绘河北图景，形塑河北形象，曾入围第27届电视文艺"星光奖"名单的"大河之北"系列推出第三季《大河之北·生生不息》，并于央视播出。该片延续高站位、大视野、全景化的风格，在古往今来中寻找河北人拼搏进取、生生不息的精神，呈现更加立体真实的现代河北。聚焦人物故事，追随时代步伐，纪录片《马兰后人》以阜平县城南庄镇马兰村为故事中心，跟踪记录新闻家邓拓长女邓小岚及马兰花儿童合唱团队员多年来的学习生活，展现河北阜平县自2012年以来，人民面貌及城镇风貌的风云巨变，擦亮阜平县作为吹响全国脱贫攻坚号角地的名片。记录援藏故事、呈现援藏成果，微纪录片《扎普村的合作社》真实展现了河北省对口支援西藏阿里地区的工作实况，传递"同心共发展，冀藏情交融"的深刻主题。聚焦农耕文化，传播中国声音，由长城新媒体集团制作的中英双语微纪录片《农谚中国》以中华农业故事为主题，将中国农谚历久弥新的文化内涵、传承力量以细微视角呈现，引发新华社、人民日报等央媒及近400家海外媒体转载，并入选国家广播电视总局2023年第二季度优秀网络视听作品推选活动优秀作品目录。此外，纪录片《美丽的高岭塞罕坝》《运河风味》《滹沱文韵》等入选国家广播电视总局2023年第一季度优秀国产纪录片推荐名录，《中国杂技·吴桥》《大河之北·世界文化遗产》则分别荣获第十一届优秀国产纪录片及创作人才推优活动"优秀系列短片类"奖和"优秀系列长片类"奖，《白洋淀》被列入国家广播电视总局"记录新时代"纪录片创作传播工程精品项目，有望成为下一批讲好河北故事的精品力作。

（二）切实关注民生民意，与民共情、为民发声

2023年，河北省影视业始终坚持"以人民为中心"的工作导向，切实聚焦群众真正关心之事，以平民视角展现河北经济、文化发展情况，立志以高质量的公共服务和文化供给，不断增强人民群众的文化获得感、幸福感。

一是坚持人民立场，创作符合百姓期待的精品内容。

2023年，河北省兼顾老中青少各年龄段受众，围绕百姓生活中的常见话题推出一系列精品内容。由河北广播电视台推出的家庭情景式喜剧《家好月更圆》聚焦平凡家庭生活，围绕社会热点话题，用鲜活故事展现当代河北人家的烟火气息，呼吁社会打造幸福家庭、构建和谐小区，引发强烈的社会反响。由河北卫视、德林鼎盛传媒及惠买集团联合推出的全国首档日播融媒体生活服务类节目《向上吧生活》，走进工厂一线，追踪知名品牌，为百姓带来一手货源，通过好物推介与生活服务，为观众择选产品，与观众分享妙招，致力于成为百姓生活的严选官，获得一致好评。由河北省体育局与河北广播电视台联合打造的体育专题节目《体育全"冀"录》致力于让运动成为习惯、让体育走进生活，全面记录体育风采、讲述体育故事、传递体育精神，让百姓在"全民健身"的呼唤中获得幸福感。服务中老年人的文化养老节目《老有乐》以展现新时代中老年人文化生活为宗旨，以中老年群体的才艺展示、志愿服务、时尚体验及相关养老资讯为主要内容，弘扬文

化养老理念,树立幸福养老典范。大型医疗公益栏目"名医来了"为观众和名医之间架起沟通桥梁,助解百姓看病难题。生活服类节目《哈喽伙计》则专注养宠家庭,搜集行业资讯,发掘萌宠明星,集知识性、娱乐性、公益性和服务性于一体,带领观众解锁全新的养宠体验。

此外,河北省在2023年推出多项全民参与的互动节目及文化活动。如音乐竞演综艺节目"动感地带"《闪光的你》在广播端和直播端联动呈现,吸引热爱音乐的平凡歌者相聚一堂;大型新媒体青少儿综艺大赛《花开少年》通过全方位、多层次、高质量的才艺比赛,为青少儿提供交流学习的机会,进一步打造青少儿才艺展示平台;由河北省委宣传部主办、河北广播电视台农民频道承办的"名家工作室走基层、进乡村、进校园"系列活动携手众多艺术名家来到百姓身边,活跃基层舞台,为人民群众提供更加丰富的"文化大餐";由河北广播电视台、河北省总工会共同主办的大型品牌活动——河北婚恋文化节打造了全新的"集市+婚恋文化"活动模式,让年轻人在美食、家居、文创、游戏等潮流风尚中实现高质量社交。

二是平民视角,为民发声,用百姓看得懂的叙事方式讲好河北故事。

心中有百姓,新闻就有生命力。由长城新媒体集团重磅推出的短视频新闻栏目"百姓看联播"聚焦百姓愿望、树牢百姓态度、转向百姓视角,对每天的《河北新闻联播》进行网络化、通俗化解构,让百姓爱听、爱看、爱刷、爱赞。这样的底层逻辑有效扩大了主流舆论圈层,成就别具一格的品牌IP,带动新闻战线转作风、改文风,是建设新型主流媒体的典范。长城新媒体集团"冀云"平台联合河北省卫生健康委员会推出的网络视听栏目"医说就懂"围绕家庭生活常见的健康问题,邀请河北省名医进行讲解,传播健康生活理念、传授健康知识,通过文字、漫画和视频的生动形式,让百姓立体、直观地获得权威健康科普知识。由河北广播电视台主管主办的大型综艺人文类季播节目《妙不可言》则聚焦大众审美,创新中国人文内涵的打开方式,以历史文化为传承、以知识传播为宗旨、以现代转化为追求,颇具通俗化、年轻态和综艺感特征,调动竞技赛制、公益答题、舞台秀演等现代综艺方式,整合加工文化资源的核心内涵,不断拉近与观众的心理距离,消

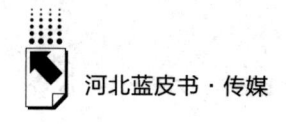

除曲高和寡、游离大众的尴尬现象，创造出具有时代风尚的新兴节目类型。

三是完善现代广电公共服务体系，竭力满足人民群众的精神文化需求。

2023年，河北省致力于打造现代广电基础设施，围绕舆论宣传、乡村振兴、防灾预警3个方面持续开展欠发达地区县级应急广播体系建设。优化有线电视、直播卫星等传播覆盖政策，形成"有线+卫星+IPTV+OTT"各种覆盖形式的"多选菜单"。围绕落实基本公共服务标准，推动高品质、多样化服务供给，大力推进基层服务网点标准化建设，切实加强财政投入保障和服务绩效考评。持续完善公共文化服务，坚持设施建设、运行管理、有效利用并重，大力推进公共图书馆、文化馆、基层综合性文化服务中心建设，建成一批城市公共文化空间、城市书房等"文化打卡地"，让城市更有文化内涵、文化温度和文化温情。用心办好"一带一路"·长城国际民间文化艺术节、中国吴桥国际杂技艺术节，创新开展文化进万家、文化科技卫生"三下乡"、惠民书市等文化活动，推出"流动"博物馆、河北公共文化云平台等特色载体，让群众在家门口共享文化发展成果。

此外，河北省坚持夯实基层宣传文化阵地，聚合基层公共服务资源，探索推进新时代文明实践中心与县级融媒体中心、政务服务中心、信访受理中心等融合发展。着力强化主流媒体服务功能，持续推动媒体深度融合发展，重点打造"冀云"融媒体省级技术平台，服务县级融媒体中心提质增效。建强用好"学习强国"、"冀时"客户端、"冀农云学堂"等平台资源，助力服务百姓日常生活。

（三）紧扣重大主题部署，强化价值引领工作

一是追忆峥嵘岁月，创新革命影像书写。

革命历史风云激荡，英雄先烈事迹传扬。在河北这一方热土上，有着集文物、遗迹、先烈人物、革命故事等于一体的丰富红色资源。2023年，河北省继续耕耘红色历史，深挖更多红色载体，力争打造更加深入人心的革命文化传播矩阵。

个体叙事诠释革命征程，河北省接连推出两部反映革命人物光荣事迹的

电影：影片《歌动地天》（原名《人民艺术家》）着重展现《松花江上》这首著名歌曲的创作历程，反映词曲作者张寒晖以艺术创作形式进行革命斗争的事迹；影片《青年邓颖超》则以邓颖超在参加反帝反封建的爱国民主运动中革命思想启蒙过程为主线，填补了中国重大革命历史题材女性伟人文艺作品的空白。2023年正值抗美援朝战争胜利70周年，河北省铭记历史，缅怀先烈，推出致敬英雄主题系列节目《铭记》，以契合时代的主题表达、形象生动的英雄故事，追寻英雄足迹，赓续红色血脉。短视频《听最可爱的人讲革命故事｜一张1949年的立功喜报》则追寻抗美援朝战争中的先烈足迹，带领观众聆听动人心弦的革命往事，入选2023年河北省网络视听优秀作品（第三季度）。河北省重点支持创作的主旋律影片《志愿军：雄兵出击》走进河北校园，厚植河北青年的爱国情感和时代使命。接续青年热血，全景式呈现留法勤工俭学运动的四集文献纪录片《追寻赤光——留法勤工俭学运动纪实》聚焦革命初期赤诚少年的报国之路，在历史的追溯中探求信仰的力量。三部大型文献纪录片《光明在前》、《太行号角》和《雄安红色往事》立足当下、回望来路，展示河北红色革命的辉煌史诗。系列报道"传承·红色记忆"则以电视专题报道的形式讲好红色故事，凝聚前行力量。

此外，河北省还积极开展多项红色文化活动：以"传承红色基因，勇担时代使命"为主题的"红色传承"河北国庆文艺晚会顺利开展，并于中央广播电视总台央视频平台播出；"奋进新征程　建功新时代"——河北广播电视台（集团）迎庆"七一"主题展演成为省直系统响亮的党建品牌；"红色文化助振兴，团结一心向未来"大型融媒系列活动以专场直播形式介绍县域特色的红色文化、农产品及著名旅游景点，效果显著。

二是强化扶助宣传，落实乡村振兴部署。

2023年，河北省影视业继续发挥行业优势，营造乡村振兴强大声势，为推进农业农村现代化，建设农业强省、宜居宜业的和美乡村提供有力支撑。

做优精品栏目，办好专题专栏。聚焦乡村建设的精品内容《乡村振兴示范区建设》《德胜村：脱贫摘下"得胜果"振兴路上再出发》等入选全省优秀广播电视新闻作品；由河北省农业农村厅与河北广播电视台联合开设的电

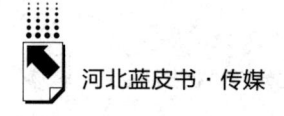

视专栏节目《冀农精品》专注探访最全面的兴农助农内容，为乡村农业生产答疑解惑；被称为"乡村振兴大讲堂"的"冀农云学堂"平台立足河北特色农业产业，构筑融媒体学习矩阵，助推河北省农民教育培训提质增效。

做优主题节目。以《冀有好物》乡村振兴版、《今日资讯》等为代表的一批主题节目，作为广电乡村振兴典型宣传案例向全国推广；省内首档乡村振兴探访节目《走进乡村看小康》"河北篇"带领观众走进河北乡村田间，看乡农风景、听老乡故事；农民频道《走进美丽乡村》则深入田间地头，助力优质瓜果农产增收，助力乡村振兴；2023河北"公益体彩——助力乡村振兴媒体行"则吸引了河北省内20余家主流新闻媒体、网红主播探访乡村特色文体、旅游资源，针对当地乡村旅游资源和土特产品定向开展网络平台推介，为乡村振兴注入新鲜力量。

做好精品创作。电视剧《故乡的泥土》列入中宣部2023年度文化产业发展专项资金推动影视产业发展项目，网络微短剧《北庄青春》等被评为国家广电总局优秀作品，微电影《在希望的田野上》在第十六届全国党员教育电视片观摩交流活动中被评为一等奖。影片《山河谣》《我不是葫芦瓢》则以真人真事为基础，动情讲述乡村振兴中的先进事迹。网络电视剧《肖大桃回乡记》以乡村青年返乡创业为主线，宣扬电商助农观念，推动乡村振兴在基层落实。

三是深耕传承内核，托举河北灿烂文化。

河北历史悠久，文化底蕴深厚，拥有众多珍贵的物质文化遗产与非物质文化遗产，不仅是燕赵儿女宝贵的精神财富和智慧结晶，也是中华文明的瑰宝。保护历史文化遗产、保持民族文化的传承，是建设社会主义先进文化、推进文化大省建设的必然要求。在此基础上，河北省推出一系列深耕传承内核的优秀视听作品与活动企划，为托举河北灿烂文化助力。

挖掘燕赵服饰发展历程，探寻燕赵文化根脉，由河北广播电视台推出的系列专题"燕赵衣风"透过服饰演变深窥人类文化心态，提升燕赵服饰文化知名度、影响力。品味长城之"重"，发现长城之"美"，大型人文纪录片《长城长城》从文化地理学入手，探寻长城对中华民族文明史的巨大推动作用。微纪录片《长城 我们的故事》从小切口展现大主题，关注个体与长城的深刻羁绊。在秦皇岛山海关上演的大型室内史诗演出《长城》则从当地原生文化的历史中提炼核心符号，从新时代的视角解读尘封千年的"历史雄关"。深挖文物典籍，打造视听博览。在国际博物馆日推出的特别策划《文物河北 典籍中国》带领受众走进河北博物院，科普历史知识，讲述文物故事。大型文博纪录片《大汉中山》围绕中山国往事，牵引出考古工作者、非遗传承人等当代视角，将当下与历史相联系，让观众在古今邂逅中窥见中华文明的源远流长。《"冀"高一筹》河北省职工职业技能创新大赛推出文博讲解员赛段，以讲解员栩栩如生的讲述扣响燕赵历史门环，引发口碑传播效应。系列短视频《听，文物会说话》则以第一人称拟人化口吻生动还原文物风采，科普文物常识。重视遗迹保护，点亮非遗传承。河北省档案馆（河北省方志办）与河北广播电视台联合推出"带着方志寻古村"系列节目，以馆藏档案、方志为线索，深挖传统村落蕴含的历史文化资源，促进传统村落保护利用工作的开展。由国家广播电视总局宣传司指导，河北各单位联合主办的"沿着运河看非遗"大型融媒体直播活动走进大运河沿线八省（市）多姿多彩的非物质文化遗产，彰显运河风韵，突出非遗风采。大型文化季播节目《非遗里的中国》推出"河北篇"，通过呈现河北省非遗技艺传承人的匠心与坚守，展现非遗创造性转化、创新性发展的实践与成果。此外，河北省还推出多项助力非遗传承的大型活动，如"点亮"北方戏窝子——河北省戏曲全剧种会演、2023年"乐享河北 非遗会客厅"系列活动，为社会公众提供丰富的文化体验。

（四）深入开展融媒实践，致力于打造智慧广电

一是深入开展媒体融合实践，推出一系列融媒精品创作。

2023年全国两会期间，河北广播电视台电视、广播、新媒体三大平台协同发力，丰富视听体验、注重互动交流，多项专栏策划及新媒体产品被中宣部、国家广播电视总局点评肯定。融媒报道"两会'冀有声'"集纳代表委员精彩发言，系列视频产品呈矩阵传播，受到代表委员的广泛关注；系列原创短视频"主播说两会"、《两会连连看，河北这么干》，将民生议题生

动呈现，表达有锐度、有深度、有温度的主流媒体之声；《全国两会特别节目》则以"云"为手段，以"融"为目标，全面、深入传递好全国两会河北好声音；《美丽河北》慢直播节目策划推出全国两会特别节目《向着太阳出发》，仅两小时点击量就突破56万次。

河北广播电视台坚持"无全媒不生产"，多组全媒体产品赢得广泛关注。公益助农助企全媒体直播节目《冀有好物》致力于打造"大平台+产业链+融媒体"的产业化运营及生态圈，通过内容创新化、传播销售手段多元化、节目发展产业化"三化共融"的发展模式，开辟产媒融合转型的先河，入选2023年全国广播电视媒体融合典型案例，引发全国广电媒体观摩学习。由河北广播电视台、北京广播电视台、天津广播电视台联合推出的大型融媒体报道《中国式现代化的先行实践》深入传播三地"好声音"，融合书写三地"大文章"，打造具有区域特色的主流媒体合作典范。作为河北省文化产业宣传+服务平台项目的重要组成部分，《星耀河北》节目聚焦河北文化产业发展的典型案例、政策解读、发展路径，以多维度、全媒体方式呈现河北文化产业繁荣发展的新成就，助力河北文化产业新融合，荣获2023广播电视融媒体营销创新大赛银奖。此外，"冀时"客户端、"河北广播电视台"账号矩阵、"无线石家庄"账号矩阵也在2023年入选全国广电新媒体联盟，将参与打造思想引领平台、舆论引导平台、协作共享平台、发展赋能平台、高端智库平台，推动广播电视媒体融合和新媒体聚合联合。2023年，河北省打通大屏小屏、联动京津两地，跨媒体、跨平台、跨地域融合聚力，创新表达，形成全面开花的融媒实践局面。

二是推动打造智慧广电网络，开拓应用先进技术。

2023年，河北省广播电视局着力打造智慧广电新网络。制定深入推进IPv6规模部署和应用工作任务台账，指导推进广播电视传输网络、宽带数据网络等IPv6改造，推动开展应用试点工作，提升承载能力；关停地面模拟电视发射机，清理无线电视频道，解放地面电视频道资源，推动覆盖升级；配合开展700兆赫频率迁移工作，完成发射台站的发射和天馈系统新建、改建工作，推进频率迁移；组织省市县级播出机构开展本地节目地面数字电视覆盖网建设工作，加快数字化进程。同时，河北省持续推进无线发射台智慧化建设，运用云计算、大数据、人工智能等新一代信息技术，对三〇七无线发射台站机房和播出系统进行升级改造，打造广播电视智慧化运维先行先试样板，并邀请中广电广播电影电视设计研究院有关专家对项目进行鉴定，完成机房基础改造、控制系统升级、动环平台优化、新风系统升级、供配电改造等。此外，多措并举深化广电媒体融合发展：开设"中国式现代化河北场景"网络视听专题，设置书记市长访谈等栏目，刊发报道40余条；协助举办第三届中国（北京）广电媒体融合发展大会，助力河北广电无线传媒股份有限公司上市；持续做好全媒体智慧监管平台项目二期建设，实现对省内持证视听网站、县级融媒体中心省级技术平台、有线电视点播节目等的有效监测，加强服务管理。

全国两会期间，河北广播电视台开拓应用先进技术，在河北代表团驻地搭建虚拟绿箱，在虚拟世界重现演播室的空间结构，运用5G+AR（增强现实）远程交互技术，瞬间实现主持人和代表委员异地同框，以有深度、有温度、有新意的新闻报道，灵活生动地展现代表委员的履职风采；以"云"上议政、"云"上建言、"云"上互动融为一体的云端体系呈现视觉盛宴。科技资讯节目《科创河北——科协进行时》为观众带来以超写实职业版造型出镜的虚拟主播"冀小科"，并借助虚拟演播室技术创造全新转播"现场"，在提高媒体制播效率的同时，拓宽用户的观看体验。

三是助力县级融媒体中心提质增效。

2023年，河北省广播电视局推进广播电视基本公共服务县级标准化试点工作，制定《广播电视基本公共服务标准化试点工作方案》，指导各地市积极落实基本公共服务标准、推动高品质多样化服务供给、推进基层服务网点标准化建设、加强财政投入保障和服务绩效考评等，并由各地市推选试点县（市、区）作为省级试点，从中选取两个具有代表性的县（市、区）申报国家试点，与国家级试点同步开展工作。

大力助推全省县级融媒体中心健康发展。积极探索广播电视公益供片新模式，安排节目购置专项资金，通过招标方式采购优质节目，免费提供给全省县级融媒体中心播出，建立"县级融媒体中心节目内容资源库"并组织全省县级融媒体中心开展"庆祝中国共产党成立100周年"优秀影视节目展播、"奋进新征程　建功新时代"河北优秀纪录片公益展播活动。2023年6月，河北省广播电视局分别前往容城、安新、雄县三个县级融媒体中心进行调研走访，赠送三个县级融媒体中心12部（481集）优秀电视剧。此外，长城新媒体集团冀云·融媒体平台为加快推进媒体深度融合，建强用好县级融媒体中心，启动"冀云数智县融计划"，通过打造"超级编辑部"、推进"百名长城记者驻县融、百名县融记者进长城"行动、组建"包县服务专班"、开展常态化冀云培训交流等形式，与全省县级融媒体中心共同构建新闻采编联动、先进技术赋能、产业项目协同的冀云数智生态系统，充分发挥建设运营及技术研发优势，为各地县级融媒体中心的技术迭代升级、人员培训、运营和发展提供支撑，持续有效地为县级融媒体中心赋能。2023年，河北省各市县融媒体中心建设提质增效，玉田融媒体中心荣登2023年第三季度全国县融中心爆款创作典型事例榜单，在第三届市县融媒体中心建设发展论坛发布的2022—2023年度全国融媒体中心能力建设典型事例中，河北8个行业和市县融媒体中心获得殊荣。

（五）视听赋能文旅发展，擦亮河北魅力旅游名片

打造文旅融合、全域全季的旅游强省是河北省委、省政府谋划提出的中国式现代化河北场景的重要内容之一。2023年以来，河北省聚焦京张体育文化旅游带、长城文化旅游带、大运河文化旅游带、太行山旅游带、渤海滨海旅游带，大力发展红色旅游、乡村旅游、生态旅游，通过全方位立体化的创新宣传持续深化"视听+文旅"发展，擦亮河北魅力旅游名片的同时，使"这么近，那么美，周末到河北"成为新的休闲度假风尚。

多样节目塑造文旅面貌。由《家政女皇》工作室策划的特别节目《壮美山河·冀》于2023年先后走入唐山、保定、秦皇岛、张家口、承德等地，带领观众领略省内丰富的文旅资源，带动河北多地文旅产业发展。紧跟第七届旅发大会时事、专题宣传节目《走遍河北》也于2023年推出"书记带你

看旅发""长城山水游""唐山生活游"等多期特别节目，聚焦河北各地的文旅场景，助力宣传省内旅游特色。

多彩直播带动文旅热潮。由河北广播电视台创办的全媒体慢直播节目《美丽河北》立足河北文旅优势，将河北生态美景、风俗文化与慢直播形式相结合，积极探索文旅资源的优化配置，以特色呈现视角和实时互动形式带领观众"云游"燕赵大地，自2022年上线以来已覆盖河北省100多个景点。2023年，《美丽河北》慢直播全新提档升级"节目内容""合作模式""活动样态""技术平台"四大板块，并推出"美丽河北·共同见证"2023春夏秋冬短视频征集大赛，邀请大众摄影达人争当"美丽河北见证官"，并将优秀作品上传展示，打造全方位立体化的文旅宣传矩阵。知名直播品牌"东方甄选"也于2023年走入河北，联合河北省文化和旅游厅进行为期6天的"东方甄选河北行"文旅直播活动，深度介绍各地历史悠久的文物古迹、旅游景点和旅游消费产品，将直播带货与河北历史文化、地理地貌、民俗风情相结合，不断刷新网友对河北的认知，频频冲上网络热搜。

多元活动助推文旅发展。推出"这么近，那么美，周末到河北——2023河北文旅巡回推广"活动，并在"冀时"客户端、"冀云"客户端、抖音、微信视频号等20多家媒体平台账号上同步直播，进一步深化了多地文旅资源优势互补、客源互送、互惠共赢。2023年11月，由文化和旅游部办公厅（新闻中心）、河北省文化和旅游厅共同主办的全国文化和旅游新媒体创新发展大会在河北开展，旨在把握新时代媒体融合发展新趋势和新媒体传播规律，巩固拓展文化和旅游领域宣传舆论阵地，助力各级部门借新媒体赋能文旅高质量发展。此外，2023年，河北省借势年轻网络文化，让河北文旅"火出圈"，竭力打造"摇滚之城石家庄"的宣传热点，并承接举办多项大型演出、音乐节等，进一步擦亮河北魅力旅游的亮丽名片。

二 2023年河北省影视业发展困境

2023年，河北省影视业取得了很不错的成绩，但是面对新时代发展要求仍然面临一些问题和困境，主要是IP开发模式有待升级，作品长尾效应需增强；厚重文化表达有待探索，年轻态需求尚需重视；风格化创作藩篱有待突破，影视作品类型融合需创新；数字化与艺术性尚未兼顾，视听表现力有待增强。

（一）IP开发模式有待升级，作品长尾效应需增强

IP（Intellectual Property）原指知识产权，随着互联网空间发展至今，IP的含义也有所延伸，逐渐成为托举视听产业持续发展的重要载体。升级文化IP开发模式，不仅能够提升作品吸引力、增强粉丝黏性，还能够延伸作品产业链，推动作品在多领域持续变现。成熟的文化IP甚至可以反哺作品本身，使作品在长尾效应强化中焕发长久的生命力。

作为文化大省，河北省在文化IP塑造方面具备天然的优势。当前，河北省针对文博、非遗、文旅等行业频频推出系列文创产品，但类型较为单一，形式不够多样，创造力与想象力不够丰富。更为突出的是，省内对影视IP的基因提取还不够重视，对影视产业的长尾需求端利用不足，尚未形成具备差异性和独特性的影视IP集群。河北影视题材类型丰富、票房口碑俱佳，作为影视产业的重要组成部分之一，影视IP的开发却与其形成一种发展不匹配、规模不对等的"逆差现象"，存在巨大的市场潜力。

在缺少强力IP反哺的境况下，河北省的众多影视精品"后劲"不足，价值延伸不够，未能利用IP特性进行有效宣发，传播的深度、广度和强度均有待拓展与提升。随着大众娱乐的多元化，人们不再局限于对影视作品内容的满足，更加希望多面向地收割影视作品的"剩余价值"以填补情感空缺。河北省应当直面这一方面的短板，完善影视产业生态，满足受众需求，打造集线上数字藏品、线下实物商品、沉浸式体验园区、互动式剧目演绎等于一体的IP联动矩阵，让影视作品真正融入受众生活，推动形成河北IP开发模式新格局。

（二）厚重文化表达有待探索，年轻态需求尚需重视

燕赵大地多慷慨悲歌之士，冀域土壤上革命佳话广传，无论是从历史角

度还是从红色革命角度，河北省都拥有厚重的文化。多年来，河北省借势丰富的历史人文资源和红色革命资源，持续探索厚重文化的影像书写，硕果累累、成就颇丰。

然而，厚重文化有着难以调和的严肃调性，厚重文化题材的影视作品因其浓厚的宣教主义功能往往给受众以疏离感。在院线商业大片的冲击下，厚重文化题材的影视作品边缘化恰恰反证了这一点。宏大叙事和严肃语态或许是此类题材影视作品的"舒适区"，但也使厚重文化的表达进入故步自封的牢笼，而同类题材的反复书写难免会出现同质化的难题。青年人是社会发展的主力军，也是厚重文化题材影视作品的重点宣教对象，河北省关于厚重文化的视听文艺创作尚未重视年轻态的需求，对青年受众市场的发掘深度不够、吸引力不强，青年群体在其中感受不到观照，认同不了其审美，此类视听文艺创作便有滑向时代轨道之外的风险。对此，河北省应当正视厚重文化表达的现存空缺，推动影像创作更具鲜活感和年轻态，平衡厚重文化题材的严肃性与亲和力，着力实现与青年观众的同频共振，把握时代主流与年轻风尚，提升厚重文化题材的传播力。

（三）风格化创作藩篱有待突破，影视作品类型融合需创新

随着影视业的持续发展，影视作品类型也趋于成熟和稳固。而在当下，受众地位的提高、市场导向的强化和美学取向的变更要求影视作品类型开拓新域，在类型融合中寻找新的创作形态。类型融合是影视业不断发展的重要阶段，是类型创新的一种形式，主张将不同类型的影视叙事元素良性交融。对于影视创作而言，类型融合能够增强叙事风格、丰富叙事逻辑线、提升审美价值、扩展受众群体、推动主题立意的多元呈现、实现整体大于局部之和的表现效果。近年来，类型融合逐渐成为影视作品创作的前沿风向，形成了以《满江红》为代表的"悬疑+"类型、以《山海情》为代表的"新主流"类型和以《你好，李焕英》为代表的"喜剧+"类型等的创作风潮，类型融合已然成为大势所趋。

然而，河北省在混合类型的影视作品创作方面表现并不亮眼。纵观河北

省近年来打造的精品内容，虽然在营收和口碑上取得双丰收，但仍多拘泥于固有的类型题材，并未突破传统的风格藩篱，造成叙事僵化、题材乏味、内容老旧缺乏新意等诸多问题，对占据广大市场主体的"网生代"受众而言吸引力不够，大大阻碍了河北省影视精品的流动与广传。河北省应当打破旧态，乘势东风，在影视类型择选上灵活处理，进行更加融合共生、兼容并包、流畅连贯的风格化创作，拓展作品内容在表现个体生活、社会变迁和时代发展上的深度与广度，推动省内优秀视听文艺作品形成"集体破圈"的新态势。

（四）数字化与艺术性尚未兼顾，视听表现力有待增强

随着新一轮技术革命的快速推进，以AR、VR（虚拟现实）、AIGC（生成式人工智能）等为代表的新兴数字技术与影视业的交融日益深入，在前期打磨、特效制作、生成预览等多个影视创作环节发挥着无可比拟的技术效能，不仅能够增强视听画面表现力，打造互动沉浸式观影体验，还能够提升影视制作效率，为影视业带来更为广阔的创新发展空间。

然而，综览河北省近年来的视听内容创作，一方面，其对数字技术的运用仍存在较为明显的欠缺。尽管推出了诸如AI虚拟主播、5G+AR远程交互、云端虚拟演播厅等一系列视听形式的创新举措，但在影视画面内容的制作处理上，河北省对数字技术的利用程度还有待提升，鲜见主打技术赋能剧集创作的影视精品传播。另一方面，在少数应用三维动画技术、建模技术与特效合成技术进行先进视觉观感作品的创作上，河北省尚未兼顾数字化与艺术性的统一。部分作品盲目追求技术效益，忽略了艺术创作应有的美韵和诗意，造成特效搭建失真、角色动画僵硬、建模结构不准等诸多问题。技术流于形式，视听作品在画面表达上未能形成数字化与艺术性的相辅相成之势，只具备了前沿科技，却在美学上失语，表现为顾此失彼、因小失大。河北省应当科学看待数字技术应用领域的难题，完善内容与形式在视听文艺作品创作中的综合性和一致性，警惕技术滥用造成的美域乱象，立足于观众视听体验，有效发挥技术效能，致力于打造更有真实感、更加多元化、更具传播力的视听表达盛宴。

三 河北省影视业未来发展对策

针对河北省影视业面临的以上问题和困境，本报告建议河北省影视业继续坚持匠心制造，呈现多元优质内容；注重深化全媒融合，拓展视听产品边界；持续推动技术引领，创新视听观感体验；着力加强人才工作，优化视听人才队伍。

（一）坚持匠心制造，呈现多元优质内容

进入新时代，随着社会经济文化的持续发展，人民对美好生活的需求不断被满足，孕育了百花齐放的创作环境和欣欣向荣的舆论生态。在此情况下，河北省影视业势如破竹，取得了丰硕的发展成果，体现出鲜明的燕赵特色，但仍存在影视作品质量不均、题材类型结构不平衡等问题。内容创作拘于一隅，对独具河北风格的燕赵故事、燕赵文化及燕赵精神的发掘深度远远不够。

河北省应当深耕优质内容精品化创作，助力推动河北省影视业高质量发展。要注重剧本质量，在人民群众的日常生活中发掘灵感，以个体叙事讲述河北故事、以先进人物折射河北精神、以细微视角彰显河北文化。要提升制作水准，力争在主题内涵、视听表现、画面美感和传播质量上更上一层楼。要增强人文关怀，注重在影视作品表达中观照受众情感，要让观众在观看河北影像时有所思考、有所启发、有所共鸣。同时要明确创作本源，避免跟风扎堆的"唯流量论"盲目创作，将精品化创作的口号落到实处，坚持优质影视内容的稳定输出。

在此基础上，河北省还应当走出"舒适区"，加速推进影视类型题材的多元化，繁荣精品创作。要从多种优质类型题材作品中汲取创作经验，稳定发挥主流题材作品的引领作用，带动各类现实题材、历史题材、科幻题材等共同发展；大力推动各类型题材之间的相互融合、相互促进；鼓励广大影视创作工作者勇于革新、敢于突破，在遵循影视作品创作规律的基础上紧随时

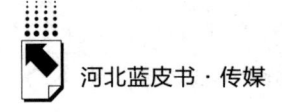

代发展的步伐，不断推陈出新，防止出现讳疾忌医、畏首畏尾的不良行径与作风，为广大受众群体提供更加多样的内容供给与观看选择，激发影视市场的竞争活力和广大潜力。

（二）注重深化全媒融合，拓展视听产品边界

2023年是媒体融合发展作为国家战略整体推进的十周年。这十年来，河北省影视业乘势而上，打造出一系列融媒新产品、新场景、新业态，为推动形成全媒体传播格局、加快构建"大视听"产业集合体积蓄了力量。随着媒体融合进入后半场，融合走势持续向纵深发展，媒介竞争不断加剧，河北省影视业应当继续突破思维定式，构建全媒矩阵，升级产业形态，形成共生格局，在媒体融合的深水区中寻求适应当下变革的新路径。

置身全媒体时代，河北省影视业要建立健全多部门内容生产协同机制，优化采制流程，实现视听内容的同步加工、集中处理、多位分发，推动内容采制领域的深度融合，提升内容创作的系列性和专业性。

要加快平台矩阵建设，进一步优化移动互联网平台的资源配置，提升平台聚合力，持续增强双屏联动的传播效能。要完善多端分发的全媒体传播矩阵，重视"两微一端一网"及抖音、快手、小程序等平台的账号运营，持续关注"短、微、小"创作走势。要配合河北省内社会治理要求和智慧城市建设，推动平台政务服务功能与生活服务功能的强化，提升传播矩阵的服务性、精准性与定制性。

要延伸影视业的产业链条，增强影视业的衍生价值，紧随"大视听"发展格局，推动视听生产与文旅、教育、交通、医疗等行业的业态融合。要重视市场导向，加快影视营收结构的优化，将业务触手延伸至更多垂直领域，探索IP化、品牌化的多元产业驱动路径，提升影视业的自我造血能力，实现影视媒体经营的稳定化、持续化发展。

（三）持续推动技术引领，创新视听观感体验

近年来，随着技术条件不断更新迭代，视听行业与先进技术的交融

也在不断深化。以新型终端、5G、物联网传感器、VR、4K/8K超高清视频以及大数据、云计算为代表的前瞻技术领域深刻改变着视听行业的内容生产、渠道传播和消费收看，成为推动媒体深度融合、优化观众视听体验的重要驱动力。当下，深入开发技术赋能已成为广电视听行业的一大共识。

河北省应当重视技术效能，着力打造更多多元化形态的内容产品。要充分发挥"5G+4K/8K"超高清低延迟可移动视频、云直播、大数据等技术产品优势，实现异地内容协同制作，提升视听产品制播效率。要大力开发多维建模技术、3D动画技术，实现对视听表达效果的直观化、立体化增效，重视新兴AIGC在视听内容创作、成品审核、智能推荐及虚拟数字人领域的发展潜力，推动高质量视听产品的繁荣。

2023年，国家广播电视总局印发《关于开展广播电视和网络视听虚拟现实制作技术应用示范有关工作的通知》，阐明虚拟现实制作技术应用示范工作的目标，提出10类虚拟现实制作技术应用示范类型，为进一步推动虚拟现实关键技术攻关、应用场景创新、业务流程示范，开辟行业发展新赛道提供方向。在此基础上，河北省应当积极拓展新应用场景，高效利用AR、MR（混合现实）、XR（扩展现实）以及人工智能技术、元宇宙等增扩视听场景应用，丰富观众感知，带动观众交互，为观众打造更具真实感、更加沉浸化、更有互动性的视听观感体验。

（四）着力加强人才工作，优化视听人才队伍

当前，新一轮技术革命不断深化，影视业态模式日新月异，视听传媒领域的变革态势愈演愈烈，视听行业对新型高质量、高层次的全媒体人才、复合型人才的需求与日俱增，对人才队伍建设的要求也日趋严格。然而，河北省视听行业还存在高层次尖领域领军人才相对匮乏、人才结构失调、青年人才培育引进力度不够等诸多问题，大大削弱了河北省视听行业的前进动能，急需进行相应整改。

2022年底，国家广播电视总局印发《全国广播电视和网络视听"十四

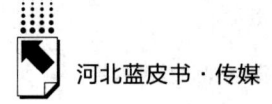

五"人才发展规划》，为加快推进广播电视和网络视听领域高质量人才队伍建设谋篇布局。按照该规划要求并结合河北实际情况，河北省应当建立健全人才管理措施、完善人才使用机制、创新人才评价机制、优化人才激励机制、改革人才服务保障制度，努力营造重才爱才、开放有序、良性竞争的用人环境。

要调整优化人才结构，致力于培育一支全能、专业、能干、肯干的视听团队。围绕各视听领域培养业务精湛的新闻舆论人才、德艺双馨的文化艺术人才、独挑大梁的科技创新人才、视野宽阔的国际传播人才、利析秋毫的经营管理人才等，改善人才专业结构和梯次配备。要着力建强基层一线人才队伍，补齐短板，拓宽视听人才覆盖面，使其成为助力县融建设、乡村振兴、基层组织服务的关键。

要重视加强青年人才的引进培养，为青年人才在视听行业"散发热能"创造条件。加强产学研深度融合，建立产学研用结合的协同育人模式，鼓励部校共建，支持视听行业与高水平大学展开联合人才培养与人才输送，实现青年人才链在产教领域的全面贯通。

参考文献

《国家广播电视总局关于开展广播电视和网络视听虚拟现实制作技术应用示范有关工作的通知》，国家广播电视总局网站，2023年9月14日，http：//www.nrta.gov.cn/art/2023/9/14/art_ 113_ 65545.html。

B.7
2023年河北省广告业发展报告

宋维山 韩文举 刘晨 高京*

摘　要： 2023年，在经济市场韧性复苏、利好政策不断出台的背景下，河北省广告业也迎来了新的发展阶段——各参与主体积极应对市场变化，主动拥抱技术变革；产业协作水平提高，构建了全新的产业格局；广告监管服务、数字营销传播、公益广告等环节亮点凸显，进一步打造了河北省广告业的特色新名片。在促进文化产业繁荣发展的一系列政策指引下，河北省广告业不断探索"政、产、学、研、媒"融合发展路径，向高质量发展阶段持续迈进。

关键词： 广告业　数字化　产业协作

广告是商品和消费者沟通交流的重要信息传输方式，作为传媒业组成部分的广告业是反映社会经济的"晴雨表"，能够有效促进经济恢复、拓展消费场景。2023年，在经济市场稳步复苏的背景下，河北省广告业也迎来了新的探索阶段，服务质量和市场环境不断提高与优化，数字化转型成为未来发展的必然趋势。

---

* 宋维山，河北师范大学新闻传播学院广告系教授、硕士研究生导师，河北省广告研究院执行院长，河北省广告协会学术委员会主任，中国广告教育研究会理事，中国酒业协会文化委员会品牌传播专业委员会副秘书长，主要研究方向为品牌营销传播；韩文举，河北地质大学艺术学院讲师、广告学教研室主任，河北省广告研究院助理院长，河北省广告协会学术委员会秘书长，主要研究方向为品牌营销传播；刘晨，河北师范大学新闻与传播专业硕士研究生；高京，河北师范大学新闻与传播专业硕士研究生。

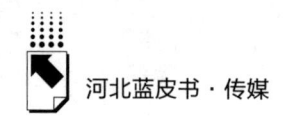

一 2023年河北省广告业发展背景

2023年，河北省经济持续回升向好，发展质量稳步提升，广告业处于恢复时期，呈现强劲的复苏力与增长性。为全面落实习近平总书记对河北工作的重要指示精神，河北省出台了多项顺应时代发展、利于经济民生的政策措施，加快了数字技术与广告业的深度融合。

（一）环境向好：经济市场持续回暖，产业发展有较大空间

2023年作为贯彻落实党的二十大精神的开局之年，做好经济工作是关键所在。7月下旬举行的中共中央政治局会议强调，"要坚持稳中求进的工作总基调"。总体来看，我国经济恢复将是一个波浪式、曲折式前进的过程，为深入贯彻党中央决策部署，各地区将基于市场稳步复苏的大背景，为当地产业发展出台相应的规范措施，以提振信心、激发企业活力。

在复杂严峻的外部环境下，我国经济运行持续好转，与世界其他经济体相比，我国经济恢复势头较快，其中，包括广告业在内的服务业对经济增长的贡献显著，2023年前三季度全国服务业产值同比增长6.0%，近四年同期平均增速提高4.5%，数字媒体、广播电视、广告营销等子板块的估值均有所提升。①

在全国经济持续好转的大环境下，河北省经济也延续恢复态势，呈现韧性复苏、稳中向好的特点，2023年前三季度，全省生产总值31776.6亿元，第三产业增加值16871.0亿元，同比增长5.2%。② 其中，广告业以较快的恢复速度为市场发展注入活力，为推动河北省经济发展做出了一定贡献。

---

① 《NIFD季报——国内宏观经济》，国家金融与发展实验室网站，2023年12月4日，http://www.nifd.cn/Uploads/SeriesReport/91d8da8c-d156-45c9-8017-bc4dcbe1f114.pdf。
② 《河北省政府新闻办"2023年前三季度河北经济运行情况"新闻发布会文字实录》，河北省人民政府网站，2023年10月24日，http://info.hebei.gov.cn/hbszfxxgk/6806024/6807473/6807806/7077298/index.html。

为贯彻落实党中央各项部署，各部门出台了一系列惠及民生的政策措施，居民可支配收入有了一定增加、消费者信心有所提升、经济消费市场有所回暖，这也为广告市场的发展提供了动力。但近年来，消费者心理发生转变，在消费模式和观念上更加谨慎，尤其是在机遇与挑战并存的2023年，市场竞争激烈，广告主投资观念趋于理性，如何从竞争格局中脱颖而出，是河北省广告企业需要继续思考的问题。

（二）政府引导：适时出台政策措施，推动广告业发展转型

2023年，随着我国经济恢复进程加快，各地区认真贯彻落实党中央的各项决策部署，根据区域实际发展状况，出台了一系列适应时代变化的政策措施，以提振投资者信心，激发市场活力。从目前市场发展环境来看，达到此目的关键在于加快数字技术与广告业的深度融合。

数字化转型是当前广告业发展的趋势，对此，国家提供了相应的政策支持。例如，2023年1月，河北省人民政府办公厅印发的《加快建设数字河北行动方案（2023—2027年）》提出：到2025年，数字经济核心产业增加值达到2500亿元，数字经济占GDP比重达到40%。目前，河北省在数字基础设施建设方面已经做出了一些尝试，例如加快5G网络、数字中心等设施建设，加大对企业数字技术研发的支持力度，以数字技术带动传统广告企业转型升级。

2023年以来，在政府政策措施及专项活动的引导下，经济市场持续回暖，广告业呈现向好态势，河北省继续立足广告业的发展，开展了"三助工程"等专项培训活动，切实帮助企业解决发展难题。同时，河北省政府依托2023中国国际数字经济博览会平台优势，积极建设数据共享、深度融合的数字河北，加强了数字技术在广告领域的应用，使广告企业在新的时代背景下把握机会、找准定位，主动拥抱技术变革。

（三）技术支持：技术革新进程加快，新发展格局进一步构建

立足新发展阶段，积极构建新发展格局成为当下的时代课题。随着数字

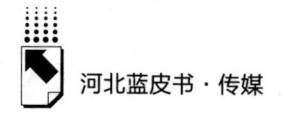

时代的来临，技术更新迭代速度不断加快，数字技术迅速融入千行百业中，为社会经济发展提供动能。

广告业进入数字化时代，大数据、AIGC 等技术被广泛应用到相关领域，面对全新的发展理念和要求，河北省广告业进入了新的发展阶段。数字技术与传统媒体深度融合，对媒体数字化转型进行战略布局，促进广告企业业务的多元化，同时数字技术深刻影响行业服务、营销方式、受众体验等方面，广告企业以用户需求为核心，探索更高效的服务模式，以提升企业的经济收益；市场监管部门等行业组织转变理念，实现精细化、智慧化监管，建立智能监测平台；根据行业发展趋势，科研机构和高校开展多项学术研究活动，组织学界、业界合作，为河北省培养了一批跨界型、复合型的专业人才；根据河北省区域特色和重点工作安排，继续深化数字技术在产业园区的运用。而这些主体的创新也激发了相关数字技术的发展活力，拓展了相关数字技术的应用空间。

2023 年对于广告业来说是一个充满希冀的新起点，摆脱了过去几年的不确定性，河北省广告业正充分利用恢复增长所带来的机遇，激发市场潜力，从而促进广告业朝数字化、创新化、集约化方向发展。

二 2023年河北省广告业发展现状

2023 年，河北省经济与消费市场迎来回暖，广告业也呈现复苏态势，广告业整体呈现的发展特征为：韧性复苏、稳中求进。一方面，在多项利于经济民生发展的政策之下，河北省消费市场全面回暖，广告业信心开始提升；另一方面，互联网技术的发展和"十四五"中企业数字化转型的发展战略都推动了河北省广告业的数字化转型和升级。

此外，河北省广告企业数量和规模存在地域不平衡的情况，作为河北省会的石家庄，广告企业注册数量远高于其他城市，石家庄广告业中数字营销业务发展速度较快，而廊坊以及雄安新区等的发展速度较前三年有所放缓，其中石家庄广告营业额所占比重接近全省广告营业额的一半。

（一）产业主体稳中求进

随着互联网等新技术的发展，2023年河北省广告业在机遇与挑战中不断发展，河北省广告主对广告投入的认知逐渐回归理性，在投入上更加强调降本增效，同时，技术赋能广告媒体的数字化转型升级，广告受众的个性化需求强烈，主体意识也在持续增强。

1.广告主：投入日益谨慎，认知不断回归理性

CTR最新的广告主营销调查报告显示，广告主对整体经济形势的预期较以往几年更为乐观，河北省广告主亦是如此。近两年，受到市场环境变化和宏观政策调整的影响，2023年河北省广告主在面对充满不确定性的市场环境时，态度逐渐理性、开支逐渐谨慎，并确定了将降本增效作为营销的主基调。同时，广告主在品效逻辑、媒体投放与内容营销等方面都做出相应地调整与优化，降低规模扩张速度，转向精细化、高质量发展路径。另外，伴随互联网技术的发展，河北省广告主正在转变营销思路，聚焦数字营销新赛道。

虽然广告主对广告投入的态度逐渐理性、开支逐渐谨慎，但是广告主也在不断探索和尝试优化参与广告营销活动的实践。

首先，河北省广告主转变营销方式表现在加强品牌形象建设和培养消费者的品牌忠诚度。河北省广告主在企业经营的过程中，逐渐认识到了品牌建设的重要性，品牌升级已经成为广告主实现企业发展的重要手段，广告主根据市场的变化寻求品牌定位、品牌设计、品牌推广等服务。同时，河北省广告主重视培养消费者的品牌忠诚度，重点布局品牌自播和私域运营，加强建设与消费者沟通的最短路径。

其次，河北省广告主转变营销方式还表现在对数字营销的认识回归理性，开始寻找适合自身的营销方式。随着广告主对数字营销方式认识的深入，2023年河北省广告业数字营销传播的业态正在向多元化的方向发展，数字展会、短视频营销、直播带货等数字营销方式逐渐成为河北省品牌营销的主流。越来越多的河北省广告主认识到，需要找到适合与自身相匹配的营销方式才是最重要的。

由此可见，河北省广告主探索营销传播的新方向主要表现在重视品牌形象建设、对广告投入的态度回归理性、坚持降本增效、以消费者需求为导向。虽然市场和经济回暖，河北省广告主主动拥抱变化，在波动的环境下茁壮成长，但是如何找到适合自身的营销方式以及如何达到收支平衡依然是广告主面临的重要问题。

2. 广告企业：积极拓展核心业务，主动拥抱数字营销

根据河北省广告研究院调研数据，结合河北省国民生产增长率进行合理估算，2023年河北省广告营业额约为125亿元，同比增长约为9%（见图1）。目前，广告市场整体正处在稳步复苏中，2023年河北省广告营业额已超过2019年。从整体趋势上看，在新的政策和经济社会发展的带动下，河北省广告营业额在一定时期内会稳步增长，广告业恢复高质量发展。

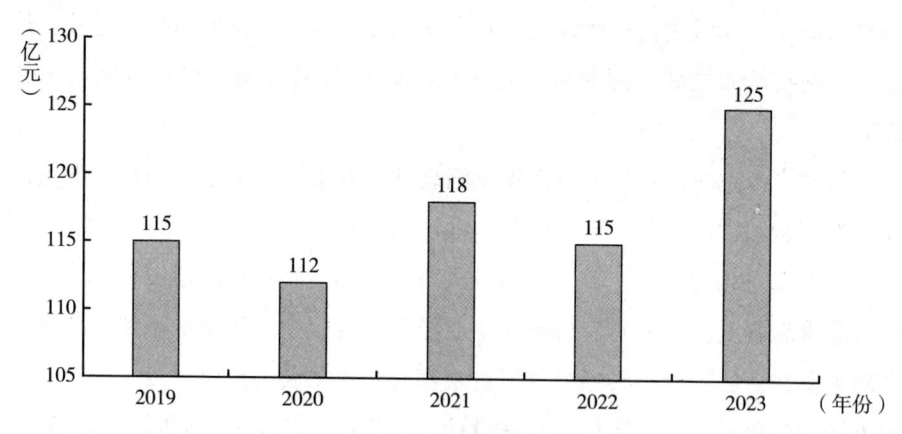

图1　2019~2023年河北省广告营业额

资料来源：河北省广告研究院调研数据。

2023年河北省登记注册的广告企业数量为67000余家，广告企业数量基本保持不变，整体营业额有所上升，整体业务规模有所扩大。从分布上看，存在区域分布不协调的情况，石家庄广告企业较多，有15000多家，与上年相比注册数量有所增加，但是其他城市有所缩减，由此可见，其他各市的广告市场仍有较大的发展空间。而石家庄广告企业注册数量在全省的占比低于其

营业额在全省的占比，由此可见石家庄广告企业规模较大、业务量较多。

根据河北省广告研究院调研数据，河北省各类广告市场主体的业务量均有所回升。其中，设计制作类广告需求量变大，设计制作类广告的技术水平有所提高；媒体代理类广告收益有所恢复，出行、娱乐、休闲、生活恢复常态后，各地户外媒体投放率有所上升，在2023年石家庄户外电子大屏拍卖中，中标机构数量比上年有所增加，其中石家庄公交车站牌广告代理商石家庄盛世恒易广告有限公司的上刊率好于前三年；会展服务类广告整体业务开始恢复正常，在社会经济恢复的基础上，各地市均有较多会展会晤需求，业务量有所上升，该类广告企业的业务也从TO B、TO C延展到TO G，例如河北省会展服务类龙头广告企业——河北春秋文化负责的由商务部、河北省人民政府共同主办的2023年中国·廊坊国际经济贸易洽谈会，通过线下展会全方位宣传推介河北发展机遇；对于提供营销咨询与营销平台的广告服务机构来说，业务对接量相较于前两年有所增加，例如华糖云商参与举办的中国食业高质量发展（雄安）大会暨2023京津冀产销对接大会，助力糖酒食品行业高质量发展。数字营销服务类广告服务机构虽然业务量有一定的增加，但是增速相对平缓，并且河北省内该类广告服务机构正在进行优胜劣汰，作为河北省广告企业代表的河北盘古网络技术有限公司，利用人工智能（AI）作为营销变革的推手，探索线上、线下融合体验互动的新模式。

与此同时，河北省广告企业在各种因素的影响下进行产业创新和产业结构优化，传统广告业务与数字营销传播进一步融合，尤其是数字展会、短视频营销、直播带货等数字营销传播方式正在成为河北省品牌营销的主流。

3. 广告媒体："数智"赋能媒体创新，数字媒体矩阵化发展

2023年，随着经济的复苏和市场的回温，河北省广告媒体受到经济回温的影响，新媒体广告投放量出现了一定的增长，但是传统媒体广告业务量有所缩减。2023年，河北省广告媒体受到《河北省数字经济发展规划（2020—2025年）》的影响，积极利用大数据和AI技术，通过构建数字化广告营销平台，制定更加精准的营销策略，传统媒体中承德广播电视台已将

AIGC运用到了新闻创作中，在选题策划、新闻采访、内容生成上采用了线上申报、线上审阅、线上批复的无纸化网络流程，形成了采编播一体化程序。河北广播电视台的卫视频道、农民频道、公共频道加强活动形式创新和内容创新，成功举办了包括第六届中国·南和宠物产业博览会、行走京津冀雄安启动仪式等在内的活动，通过内容创新化、传播销售手段多元化、节目发展产业化"三化共融"的发展模式，多渠道提升河北广电媒体的经济效益。

与此同时，河北省网络媒体随着5G、大数据、AIGC等新技术的不断发展赋能广告业，使新媒体内容向大视频化、超高清化发展，直播行业和短视频行业迎来发展良机。2023年河北省互联网广告市场呈现上升的趋势，移动互联网媒体以及自媒体平台的优势日趋明显，许多互联网公司转型承接广告业务，广告业的边界再度拓展。例如，河北广电MCN除了做好广播+电商运营以及短视频账号孵化外，也在不断策划会展活动，做好媒体培训，积极打造本地生活服务运营商，形成新的商业运营模式。

河北省户外媒体也有新发展，根据河北省广告研究院对相关媒体的调研，截至2023年11月，石家庄市门禁广告已覆盖1284个小区，广告位数量5626个，覆盖主城核心区域。部分户外媒体中电梯LCD、电梯海报、影院视频、火车站/高铁站、机场等户外广告渠道的广告刊例花费均呈现不同程度的增长。与此同时，河北省户外媒体的数智化进程在不断加快，特别是楼宇类、影院类、社区类的数字化广告，开始融合利用AI、AR/VR和AIGC等技术为户外广告赋能。

4. 广告受众：个性化需求增加，主动性参与增强

数字化时代的广告受众也出现了新的特点，有别于传统媒体的广告受众。从一定程度上看，河北省广告受众所表现出的群体特征与全国范围内广告受众的群体特征基本类似。

2023年，在经济、技术等多重因素的影响和促进下，数字化时代的广告受众呈现新特征。首先是数字化受众，随着互联网的普及和数字技术的发展，越来越多的受众使用互联网和移动设备，广告受众通过搜索引擎、社交媒体和移动应用程序等渠道接收广告信息，成为数字化广告的受众；其次是广告受众需求个性化，随着广告信息的多元化，受众对广告个性化的需求有所增加，广告也通过大数据和 AI 技术基于受众的兴趣、偏好、行为等因素进行个性化内容生产；最后是广告受众的互动性和主动性增强，越来越多的受众参与广告的互动，并通过参与广告中的活动更加了解产品和服务，以满足自身的需求。

在数字化时代发展潮流中，广告业正面临受众需求个性化和主动性的挑战，为了更好地服务受众，促进广告业的发展，广告业要深入了解受众需求、创新广告形式、提高广告的精准度、加强与受众的互动、培养专业人才，以应对受众需求个性化和主动性的挑战。

（二）产业协作稳步推进

2023 年广告市场环境日趋向好，在《"十四五"广告产业发展规划》的指导下，河北省广告市场营收状况整体有所回升。同时，"政、产、学、研、媒"各方协同为河北省广告业提供了良好的发展环境，推进了河北省广告业在行业自律、产业协作、专项研究等方面的不断发展，构建了全新的产业格局。

1. 广告监管：行业监管逐渐健全，行业服务持续提升

党的二十大以来，各级市场监管部门坚持深化改革、强化监管和优化服务一体推进，广告监管在探索中不断创新和发展，有力推动河北省广告业的健康持续发展。

广告监管的首要工作就是要做好相关法律法规及行业政策的宣传与落地，目前，为应对数字化广告业发展的新局面，河北省市场监督管理局修订了《互联网广告管理办法》，该办法进一步细化了互联网广告相关经营主体责任、明确了行为规范、强化了监管措施，对群众反映集中的弹窗广告、开屏广告、利用智能设备发布的广告等进行了规范，细化了"软文广告"、以算法推荐方式发布广告、利用互联网直播发布广告等重点领域的广告监管规则，对维护互联网广告市场秩序，助力数字经济规范、健康、可持续发展具有重要意义。

加强广告监测与执法工作衔接，也是河北省广告监管服务工作的重点。河北省市场监督管理局广告监测中心数据显示，2023年，河北省市场监督管理局广告监测中心共监测各类媒体广告1476.42万条，涉嫌违法6.06万条，违法率为0.41%（见表1）。办理各类虚假违法广告案件1205件，罚款1828.55万元。与2021年相比，2022年、2023年广告监测总条数分别上升9.89%、12.22%，涉嫌违法条数分别下降41.87%、30.10%，违法率分别下降0.31个百分点、0.25个百分点。从总体上看，2021~2023年全省广告监测总条数呈逐步上升趋势，但涉嫌违法条数整体呈现下降趋势。随着广告监测的不断深入，广告监测的成效逐渐凸显，主要表现在违法率逐渐达到平稳状态以及在监管技术不断完善的背景下对违法广告的监测率不断提升。

表1　2021~2023年全省广告监测数据

单位：万条，%

年份	监测总条数	涉嫌违法条数	违法率
2021	1315.70	8.67	0.66
2022	1445.79	5.04	0.35
2023	1476.42	6.06	0.41

河北省广告业监管服务持续创新，"三助工程"的持续推进是2023年河北省广告监管服务创新探索的重要特色之一。另外，各地市市场监督管理部门开展一系列服务来帮助企业发展，如石家庄市市场监督管理局开展广告助企活动，针对企业实际情况开展助产、助销、助转型帮扶活动，截至2023年底，在全市范围内共现场帮扶企业84家，组织各类培训40余场，线上、线下培训企业员工16万余人次，为企业增加销售额近2亿元；保定市市场监督管理局联合其他单位举办广告助企活动，通过组织专业培训、媒企对接大会以及校企人才洽谈会进行重点行业帮扶。

按照《"十四五"广告产业发展规划》有关要求，全省广告工作要着力落实属地监测责任，提升广告监测预警能力，健全线索处理机制，深入推进"三项监测"，切实净化广告市场环境，推动全省广告监测工作再上新台阶。

2. 行业自律：协会工作持续推进，行业服务持续强化

2023年，河北省各级广告协会积极参与社会共治，加强行业自律，助力行业的发展，通过积极地开展广告专业培训、为行业和社会各界提供专业咨询服务，加强会员自律，从而有效地推动河北省广告业健康有序地发展。

作为省级协会组织——河北省广告协会，带领各级广告协会在全省范围内围绕平台搭建、行业标准化建设、校企对接产教融合等方面推出一系列举措，有效地支持了河北省广告业的健康发展。

其一，河北省广告协会举办第七届会员代表大会，按照协会实际工作情况，此次大会选举产生了协会新一届领导班子，会议审议通过了河北省广告协会六届理事会工作报告，增加中商云搜、分众传媒等26家广告经营单位为会员单位。

其二，河北省广告协会企业等级审查委员会完成了对河北省广告企业的资质认定，对初审通过的31家广告企业进行了逐一审查，此次评审会拟认定一级综合服务类广告企业17家、一级媒体服务类广告企业5家、一级设计制作类广告企业9家。

其三，举办第二十三届河北省优秀广告作品评比，本项比赛有利于提升河北省广告从业人员的设计策划制作水平，对推广2022年度广告业界创意成果发挥巨大作用。

此外，各地市广告协会也根据当地广告业发展情况有针对性地开展和持续推进各项特色广告助企活动，其中保定市广告协会联合当地其他单位举办"2023保定市广告助企活动"，推动现代化品质生活的建设，为实现高效能治理贡献更多数字力量和广告力量；廊坊市广告协会通过参加省"三助工程"座谈会，跟随专家团赴当地8家企业进行考察，开展定向对接帮扶，为企业宣传推广工作献计献策。

由此可见，河北省各级广告协会充分调动各方资源来推动河北省广告业发展，用广告持续赋能经济社会的发展，持续推进协会工作，继续强化和提升协会对广告业的服务。

3. 广告教研：人才培养多方参与，培养模式多元创新

2023年，河北省广告学和广告业呈现多元化、实用化和数字化的发展

趋势，各大院校、专业学术研究机构、各级广告协会和各类广告企业共同参与，不断完善河北省广告人才培养体系和广告学术研究体系，持续推进河北省广告业智库的建设。

第一，高校人才培养模式多元创新。河北省广告业在学术理论、学术活动上取得显著成果，河北省高校持续利用科教优势，全面培养广告人才专业素养，其中，河北省各重点骨干大学的广告学专业发展都是较有代表性的。河北师范大学有国家一流广告学专业建设点，依托国家级实验教学示范中心和国内首家区域性广告行业"政、产、学、研、媒"融合研究平台——河北省广告研究院，进行政府、企业委托项目的研究，服务区域社会发展，形成了"产、学、研、创"一体化人才培养体系。河北大学广告学专业积极开展教学实践探索，"赛学互动"教学模式成效显著，依托校内外优质资源积极探索建立的"美传互动工作室"等多个产教融合实训平台运行良好。河北地质大学发挥学科优势，为适应数字广告业的发展，在广告学课程上新增营销传播实务、公益广告研究、新媒体广告等课程，将广告传播与设计相融合，努力培养具有专业创新和专业素养的高素质复合型人才。

第二，校企合作的专业人才培养持续拓展。河北省广告协会积极推动河北省高校与企业间的合作，主持开展各种研学营活动。例如2023年暑期，河北地质大学、河北传媒学院等四所院校的广告学专业师生先后参观了春秋文化、星河广告等18家广告公司，对公司情况、项目操作和行业发展状况有了全面的认识，本次活动对深入推进广告业产教融合具有重要意义。

第三，监督管理部门和行业机构培训持续落地。一方面，各地市市场监督管理局积极开展行业大培训，提升从业人员的专业能力和综合素质，如石家庄市、保定市、廊坊市等城市的市场监督管理局组织开展了互联网广告培训指导会，围绕《互联网广告管理办法》对互联网媒体、自媒体等进行培训指导。另一方面，广告机构内部积极开展人才培训活动，利用网络资源鼓励从业者考取相关证件，不断为自身的技能"充电"，从而推动广告企业的高质量发展。

第四，省内专业学术机构积极开展各类专项研究。作为河北省最有代表性的广告学术研究机构,河北师范大学·河北省广告研究院受河北省市场监督管理局委托完成了河北省广告业发展蓝皮书系列文献第三本——《河北省广告业发展蓝皮书(2020—2022)》的编写工作。与此同时,河北师范大学·河北省广告研究院专家团队积极推进国家级公益广告创新研究基地的申请与建设,力图打造河北省红色基因与数字化公益广告融合创作和推动传播基地,为推动河北省广告业新升级与新发展提供学术性专项研究和支持。

第五,学术研究平台建设进一步加强。在2023百度品牌之夜上,河北省广告协会学术委员会与河北盘古网络技术有限公司进行了深度合作,共同打造了战略、品牌、营销研究与实践平台——河北省品牌营销研究院,更好地为河北省广告业发展提供专业服务。各地市广告协会也依托当地的优势资源服务广告业的发展,例如唐山市广告传媒行业协会与唐山学院积极谋划合作成立唐山市广告研究机构,以更好地服务当地广告业的发展。

为促进河北省广告业的发展,不断探索"政、产、学、研、媒"一体化,河北省通过政策的支持和引领,创新人才培养模式,加强学术研究,创新河北省广告业发展的新模式。

4. 协作交流:对外交流不断推进,产业合作创新发展

《"十四五"广告产业发展规划》中指出,推动协调发展,扩大对外开放,引导广告产业相关资源向不同地区相对平衡配置,建立健全区域间产业发展帮扶合作互助机制。河北省广告业各主体积极参加各项跨区域的交流合作,在监管服务、机构业务等层面进一步加强京津冀在广告领域的互学互鉴,推动广告业融合发展。

为应对发展环境的新变化,河北省各地广告企业、市场监督管理部门、媒体单位和广告协会主动"走出去",在全国范围内交流合作,积极学习借鉴其他省(市)的发展模式,其中河北省广告协会带队先后参加了第30届中国国际广告节、黄河奖颁奖盛典、长江杯公益广告发布盛典等活动。唐山市广告传媒行业协会参加第十九届中国广告论坛,与同行业代表就协会工作、项目合作、资源共享和学习走访等进行了深入的交流探讨。京津冀三地市场监督管

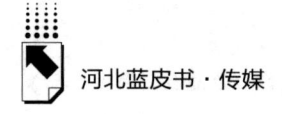

理部门参加了京津冀广告业发展和监管合作年会,进一步推进区域广告监管执法一体化,为更好地推动市场监督管理领域的京津冀协同发展开启新篇章。

河北省广告业在推动省内资源整合、加快河北省广告业转型升级过程中,主动向全国广告界进行学习交流,借鉴其他省(市)治理理念,促进资源共享,努力提升河北省广告业的发展水平,推动京津冀广告业可持续发展。

(三)重点领域持续突破

河北省广告业在《"十四五"广告产业发展规划》的指导下,不断推动广告业的数字化转型,同时在数字营销、行业助力活动政策支持和公益广告上呈现新的发展特点。

1. 数字营销:创新营销新模式,引领企业品牌传播

数字技术的发展,以及国家政策层面对数字广告的重视,给河北省广告业带来了创新发展的机会,河北省广告主在坚持降本增效的前提下积极把握数字营销传播的发展机遇,推动广告传播效果的提升。

5G、VR+AR 数字技术的发展,促进了河北省广告业数字营销传播应用形态的多元化发展,融媒体平台、直播等数字营销传播方式为河北省品牌营销提供了更多的发展方向。河北盘古网络技术有限公司在河北省内各个城市开展针对"2023 百度 AI 营销中国行·科技助力企业成长"的活动,讲述在互联网营销时代,广告企业如何将技术与营销深度结合,面对消费者决策越来越趋于成熟和理性情况,如何通过内容"种草"帮助企业打造自己的企业形象,为河北省本土产业带来百度 AI 技术赋能下的企业数字化转型与 AI 营销新方向。

随着数字化技术的快速发展,数字营销已经成为河北省企业推广产品和服务的重要手段,但是数字营销需要依托大量的消费者数据,因此除了存在广告作弊、数据造假以及流量造假、虚假宣传的问题之外,还存在消费者信息泄露的问题,所以广告业的各主体要严格遵守相关法律法规和道德规范,同时相关部门要加强对数字营销传播业务的监管与引导,以促进河北省广告业健康、有序地发展。

2. "三助工程"：特色活动优化推进，助力企业转型升级

在前三年的发展基础上，"三助工程"主要针对中小企业在发展中普遍遇到的市场变化不适应、新营销模式不熟悉、转型升级突破难等问题。河北省市场监督管理局发挥广告业优势资源，在全省开展以"促进生产、扩大销售、转型升级"为主题的助产、助销、助转型"三助工程"，为中小企业纾困解难，助力优化营商环境。

"三助工程"是助企帮扶活动的重要举措，省市场监督管理局委托河北师范大学·河北省广告研究院举办"河北品牌营销大讲堂"，帮助企业培养技能型、专家型、实用型人才。2023年依托"三助工程"，"河北品牌营销大讲堂"成功举办了一场内容为"智慧营销助力企业高速发展"的线下培训活动，此次培训详细阐述了AIGC智慧营销在品牌营销、产品推广等方面的优势，帮助企业掌握前沿的营销理念与技术，助推河北省产业集群健康发展。

2023年以来，河北省市场监督管理局认真贯彻落实国家市场监督管理总局的部署要求，立足市场监管职能，充分发挥广告服务经济的特有功能，在全省持续深化开展"三助工程"。截至2023年11月15日，共帮扶企业1735家，培训企业员工10万余人次，解决各类经营难题1361项，增加销售额25.7亿元，为全省经济持续平稳健康发展贡献了广告力量。省政府《专题信息》《要情快报》专门刊发了"三助工程"相关经验做法，省领导给予批示肯定，新华社、人民网、学习强国、河北新闻联播等国家级、省级媒体宣传报道120余篇次，受到企业和社会的广泛好评。通过培训进一步指导帮助参训企业树立正确的企业经营战略观和品牌战略观，助推河北省企业高效利用广告和数字营销打开市场、创新发展。

3. 公益广告：赛事凝聚公益力量，多方推进公益传播

公益广告在传递社会主义核心价值观、弘扬社会正能量、营造积极健康向上的社会氛围等方面起到了至关重要的作用。"十四五"时期提出要开展"数字化+公益广告"活动，利用数字技术手段创新公益广告产品服务，对河北省公益广告的创新发展起到了明显的引导作用。

为充分发挥公益广告弘扬主流价值观、传播文明理念、引领时代新风的

积极作用，推进全省公益事业发展，河北省市场监督管理局、省文明办、省教育厅、省水利厅、省广播电视局、共青团河北省委共同举办2023年河北省公益广告大赛，该大赛由河北师范大学·河北省广告研究院承办，自开赛以来，受到社会各界的广泛支持，吸引了来自全国34个省份的多家业内机构、多所高校和中小学以及支持公益事业、热爱公益传播的社会公众人士的积极参与，共征集作品15922份，较上年增长25%。从参赛人数、参赛数量以及参赛作品质量来看，河北省公益广告大赛影响较大，在引领文明风尚、传递社会正能量等方面起到了重要作用。

河北省广告业各主体都在积极推动公益广告的发展，广告企业通过制作各种形式的公益广告来树立品牌形象，主动承担社会责任，传统媒体和新媒体也积极地推动公益广告的宣传与刊播。河北广电局着力推进公益广告创作展播，积极组织开展"宣传贯彻党的二十大奋发进取促'双争'公益宣传活动"，同时，联合省市场监督管理局，加强内容审核，加大公益广告播出监测、检查和抽查力度，适时总结、通报，确保公益广告创作展播取得实效。

河北省广告业各参与主体都积极探索促进公益广告发展的新思路和新举措，通过完善公益广告的运行机制，提高精神文明建设的水平，逐步增强公益广告在社会中的引导作用。

4. 雄安新区广告业：立足区域优势，聚焦产业优势资源，凸显会展传播特色

雄安新区广告业发展势头迅猛。雄安新区广告业作为经济的重要组成部分，不仅促进了企业营销和品牌推广，还推动了雄安新区经济的发展，更是服务了京津冀地区、全国乃至世界范围内的客户。

服务雄安新区是雄安新区广告业的基础和起点，雄安新区广告业不断发展和壮大，进而推动整个雄安新区经济的发展。首先，雄安新区吸引了众多广告公司的入驻，例如三六零雄安网络安全科技有限公司（360奇虎）、雄安万科企业投资有限公司（万科vanke）。这些公司不仅拥有专业的品牌营销团队进行创意和推广，还能够借助京津冀地区的广告资源和客户推动雄安新区广告业的发展。其次，雄安新区引入一批媒体机构，如《人民日报》与雄安新区签署战略合作协议，同时上线了"雄安天下"客户端和人民雄安网，另外，河北日报社、廊坊日报社等为雄安新区广告业提供包含创意策划、广告设计、代理发布等在内的全方位服务。最后，雄安新区拥有丰富的广告资源，包括各类良好的广告位以及较多的客户，这为雄安新区广告业的可持续发展奠定了基础。

雄安新区广告业除了服务当地以及京津冀地区的经济之外，还通过会展活动综合交流平台集中向不同的企业和地区推广自己的产品与形象，立足国际视野，展示雄安新区广告业的强大动力。在京津冀协同发展、高标准建设雄安新区的要求下，雄安新区亮相2023中国国际数字经济博览会。此外，华糖云商联合河北雄安新区管理委员会举办中国食业高质量发展（雄安）大会暨2023京津冀产销对接大会，在雄安新区打造高规格中国食业活动新高地，通过展望趋势探寻中国糖酒食品产业高质量发展的路径。

雄安新区为促进广告业的发展、适应会展会晤类广告业的需求，正式发布《关于雄安新区促进会展业发展的若干措施》，该若干措施支持在雄安新区举办各类展览项目，支持引进高端会议项目，同时鼓励培育本地会业，强化会展要素保障。此若干措施为未来会展会晤类广告业务奠定基础，为打造河北省广告业展示型新高地提供方向，形成中国广告业会展会晤类广告业务新高地。

雄安新区作为未来我国广告业发展的新高地、新亮点，其广告业发展要有"中国特色、高点规划"，在充分借鉴国际广告业、媒体等相关产业的发展经验基础上，融入中国文化，彰显河北特色、京津冀文化，体现中华文明的包容、探索广告业发展的新模式。

三 河北省广告业未来发展趋势

河北省广告业遵循党的二十大报告提出的"自信自强、守正创新，踔厉奋发、勇毅前行"主题，立足新发展阶段，着力推动高质量发展。广告业作为现代服务业和文化产业的重要组成部分，在未来的发展过程中，河北

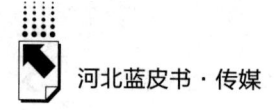

省将继续把握"十四五"时期的指导思想和战略目标,推动广告业发展环境持续优化,开创加快建设经济强省、美丽河北新局面,奋力谱写中国式现代化建设河北新篇章。

(一)数字技术赋能,产业融合将持续优化升级

广告业作为数字技术发展率先赋能的文化产业之一,近年来,在数字化转型的过程中进行了许多尝试。目前,立足新发展阶段,河北省广告业将抓住发展机遇,加快探索新模式,持续涌现新业态,助推广告业转型升级。

第一,广告媒体将持续深度融合发展。随着5G、AIGC、区块链等技术的优化迭代,由技术驱动的广告模式正在逐步成形。对于广告媒体来说,未来河北省将继续探索广告内容生产的新范式,以全媒体传播体系建设为重点,整合内容、技术、平台、人才、机制等方面的资源,朝深度融合方向不断迈进,助推传统媒体转型升级,持续提高深度传播能力。例如近年来,河北广播电视台根据"一改四转"的工作思路,以《冀有好物》为代表,推动内容资源向移动端倾斜,做到真正的资源共通、内容兼容。

第二,广告企业将朝数字化方向转型升级。在新的传播背景下,河北省广告企业的服务行业和业务板块将出现不同程度的调整,向电商直播、短视频运营、数字会展等领域不断拓展,数字化、个性化、精细化成为未来的发展趋势。同时,河北省中小型广告企业将在行业协会的引导下,进一步提升自身优势,以更低的运营成本进行不同形式的广告投放,而头部广告企业将整合广告、公关、会展、营销等领域资源,以数字广告为核心业务,创新传播手段。

第三,广告人才培养机制将进一步创新。近年来,在人才培养方面,河北省在政府、广告协会、市场监督管理局的引导下,整合线上、线下资源,对学界、业界进行专业培训。未来,河北省将继续沿用这种方式,一方面,进一步拓展与增加行业培训活动的范围和频次,帮助企业在新环境中把握发展机会;引导各级广告媒体、企业继续组织内部培训,对从业人员进行继续教育。另一方面,河北省各高校、研究院将始终致力于进行顺应时代发展的

课题研究，积极参与国内大型广告赛事，促进广告教育与实践相结合，同时进一步深化校企合作，实现学界、业界的共通互融。

（二）市场秩序向好，监管服务能力将进一步提高

近年来，河北省广告监管水平逐渐提高，监管工作更加规范化、高效化，广告市场秩序持续向好，立足新发展阶段，河北省将不断创新监管模式，保持对重点领域的高度关注，持续净化广告市场环境。

第一，广告业"放管服"改革将持续深化。《"十四五"广告产业发展规划》中提出，要向纵深推进"放管服"改革。为认真落实这一要求，河北省将拟定推进广告行政许可制度改革方案，进一步提高广告审查效率，营造公平规范的广告市场环境。一方面，河北省市场监督管理局及广告协会将继续开展专项活动，深入推进"三助工程"广告助企活动，以全新理念为企业赋能升级；另一方面，根据企业面临的新情况，以及监管服务中出现的新问题，适时调整各项制度措施，引导广告企业不断提高自身监管水平。

第二，广告领域协同共治理念将进一步强化。为提高广告监管服务质量，在整合省内资源的同时，河北省加快了"走出去"的步伐。在未来，河北省继续深化"一网通办""跨省通办"工作，学习借鉴其他省（市）治理经验，继续与北京、天津展开深度交流合作，根据《京津冀广告业发展和监管合作协议》要求，推动河北省广告业发展和引导监管水平不断提高，进一步促进京津冀地区广告业协同发展。

第三，广告监管监测智慧化水平将不断提升。随着数字技术不断进步，河北省广告监管工作顺应时代发展，加大对传统媒体和互联网广告的监管力度，继续向智慧监管、信用监管、协同监管、廉洁监管这四方面转型升级。此外，广告监测作为广告监督管理的基础性工作，能够直观地反映广告监管方面存在的问题与不足。对此，河北省将继续完善广告监测平台，推动监测技术的研发创新，进一步提高广告监测能力。

为提升广告监管效能，推动广告市场秩序不断优化，河北省将继续深入

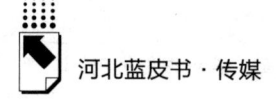

开展专项活动,促进营商环境优化,共同应对当前面临的挑战,探寻未来新发展路径。

(三)资源配置优化,协同发展机制将不断创新

为进一步整合广告资源,实现集约化、专业化发展,河北省将在"政、产、学、研、媒"深度融合的背景下,从重点领域推进,持续打造高质量广告产业园区,在优化内部资源的同时加快"走出去"的步伐,积极推动京津冀地区一体化发展。

第一,"政、产、学、研、媒"深度融合,坚持走一体化发展道路。近年来,河北省广告业在思想观念、管理方法、理论研究等领域均出现新的变化,未来河北省继续凝聚"政、产、学、研、媒"合力,着力推动广告业高质量发展。一方面,根据近年来出台的政策措施,河北省将进一步引导媒体与广告企业进行合作,助推企业转型发展;另一方面,为适应时代发展变化,河北省将整合省内与全国优质广告资源,引导各高校及研究院继续开展学术研究。同时,河北省将继续推进各项重点工作,积极探索广告业发展创新路径。

第二,持续聚焦重点领域,坚持走集约化发展道路。作为河北省广告业发展的重点工作,河北省将从谋求国家级广告产业园区落地入手,在选址方面,鼓励相关部门就雄安新区、省会石家庄及中国自贸区正定片区等地进行探讨,以高起点、高标准、高水平规划园区定位及发展,吸引更多数字化、智能化广告企业入驻,持续打造品牌效应。同时,为实现广告产业园区特色化、差异化发展,河北省将推动省、市、区三级联动,引导广告业与区域特色深度融合,以技术为依托,进一步打造河北省广告业发展新高地。

第三,进一步加强合作交流,坚持走协作化发展道路。为贯彻落实党的二十大精神,促进区域协调发展,河北省将继续推进京津冀协同发展战略,在政府引导下,根据京津冀广告业发展和监管合作年会要求,将进一步推进区域广告监管执法一体化,强化三地广告企业深度合作。目前,京津冀协同发展已经进入关键时期,共促广告业数字化转型成为必然趋势。因此,三地

将进一步落实数字技术在广告领域的发展，就行业需求对从业人员展开技能培训。同时，为实现高水平对外开放，河北省将密切联系全国其他省（市）广告协会，通过国内广告领域大型赛事活动，赋能河北省广告业高质量发展。

在未来的发展过程中，河北省不断优化广告业发展环境，以重点工作为抓手，以"政、产、学、研、媒"深度融合为主要力量，加大对广告市场主体的帮扶力度，推动广告企业、媒体数字化转型，实现新业态、新模式、新消费协同驱动下的广告业创新发展。

2023年，河北省广告市场呈现稳步复苏态势，随着"政、产、学、研、媒"不断深度融合，广告业发展环境进一步优化。在传媒数字化、传播智能化思潮的影响下，面对新的市场需求与消费理念，河北省广告业的行业参与者将积极融入新发展格局，以广告产业量和质双提升为基础、以提振市场信心为目标、以推动高质量发展为核心，实现重点领域创新突破，开创河北省广告业发展新格局。

参考文献

《河北省政府新闻办"2023年前三季度河北经济运行情况"新闻发布会文字实录》，河北省人民政府网站，2023年10月24日，http：//info.hebei.gov.cn/hbszfxxgk/6806024/6807473/6807806/7077298/index.html。

专题篇

B.8
多维视角下智能媒体的研究图景与发展脉络[*]
——基于 CiteSpace 科学知识图谱的可视化分析

王秋菊 陈彦宇[**]

摘 要： 在信息时代的浪潮下，智能媒体作为新一代的媒体形态，正在改变人们的生活和工作方式。它们以独特的方式和力量，不断拓展信息传播的边界，引领人们进入一个全新的媒体时代。本报告采用可视化软件 CiteSpace，以可视化图谱的形式全面展现了国内智能媒体的研究图景与发展脉络。研究发现，2016 年以来国内智能媒体研究数量激增，学术关注度持续升高，呈现多学科交织的景象；研究热点集中在智媒时代媒体融合的纵深发展、智媒时代新

---

[*] 本报告为国家社会科学基金项目"基于大数据的社会化媒体舆情传播机制及风险防范体系研究"（编号：18BXW119）阶段性成果，为河北省社会科学基金项目"社交媒体舆情风险及化解途径研究"（编号：HB23ZT071）、河北大学哲学社会科学重点培育项目"社交媒体舆论传播机制及风险管理研究"（编号：2021HPY008）的阶段性成果之一。

[**] 王秋菊，河北大学新闻传播学院教授、博士研究生导师，主要研究方向为网络传播与新媒体；陈彦宇，河北大学新闻传播学院硕士研究生。

闻业务的变革、算法伦理与技术规制以及智能媒体时代新闻传播专业教育等领域；研究议题不断丰富，对智能媒体的认知逐步深入，研究前景广阔。

关键词： 智能媒体 人工智能 文献计量 CiteSpace

引 言

传媒技术的革新驱动媒体转型升级是传媒业发展的基本逻辑。随着移动互联、大数据、云计算等技术的大步跃进，我国媒体转型的步伐也越来越快，新旧媒体相争、传媒生态变迁，各类媒体形式不断涌现，以人工智能为基础的智能媒体成为近年来媒体发展的最新方向，相关研究也日益增多。智能媒体，顾名思义，是一种融合了人工智能、大数据、云计算等先进技术的媒体形态。它们能够根据用户的需求和行为，智能地推送和匹配信息，提供个性化的信息服务。这种智能化的信息传播方式，不仅提高了信息传递的效率，也极大地丰富了用户的信息体验。智能媒体的出现，让人们重新审视媒体在信息传播中的角色。

传统的媒体形式，如报纸、电视、广播等，在智能媒体的冲击下，局限性日益凸显。而智能媒体以强大的信息处理能力和个性化服务的特点，迅速占领了市场，成为信息传播的主导力量。有关智能媒体的研究在近几年呈现激增态势，不同学科、不同领域的研究者都展现出极大的研究热情，智能媒体谱写信息传播的新篇章。梳理近年来国内智能媒体的发展脉络和现有研究成果，可以更好地了解当前智能媒体的研究图景、厘清智能媒体的发展脉络、分析传媒市场的未来走向，为相关机构制定媒体发展战略、进一步推进学术研究提供有益参考。

一 研究方法与数据来源

智能媒体的发展催生了一系列新的业态和商业模式。智能推荐系统的应用,使得内容生产者能够更精准地定位目标用户,提高内容传播的效率和影响力。同时,智能媒体为广告业提供了新的投放渠道和营销方式,使得广告的投放更加精准和有效。然而,智能媒体的发展也带来了一些挑战和问题。例如,随着信息传播的个性化加强,信息的同质化现象越来越严重,这导致信息茧房效应的出现。此外,智能媒体的发展也加大了用户隐私泄露的风险。因此,在享受智能媒体带来的便利的同时,一些学者关注了这些问题,并研究采取哪些措施来应对。

(一)研究方法

本报告的研究工具采用了美国德雷塞尔大学(Drexel University)陈超美教授开发的可视化文献分析软件 CiteSpace 5.7.R2。CiteSpace 以 JAVA 语言为基础,可进行多元、分时、动态的复杂网络分析,展示某研究领域的发展脉络与关系结构,可得到宏观、详尽、可视化的科学知识图谱。该软件可以横向展现某一研究领域的发文作者、机构及其合作关系;关键词共现、关键词聚类功能可以描述某一研究领域的热点与重点,关键词突现、时区图谱等可以纵向展现某一研究领域从微观到宏观、从单一到多元的演化趋势,揭示并预测研究热点的时序变迁。

基于此,本研究借助 CiteSpace 软件对国内智能媒体的相关研究展开动态、多元的网络分析,总结智能媒体相关研究的关系结构、热点议题与演变趋势,力图勾勒出当前智能媒体的研究图景和发展脉络。

(二)数据来源

本报告的数据来源于中国知网(CNKI)数据库,文献来源限定为 CSSCI 期刊,为尽可能覆盖目标文献,以"智能媒体"or"智能化媒体"or"智媒"为主题词进行高级检索。检索时间跨度为从 2001 年第一篇出现以"智能媒体"为主题的文献到 2021 年 4 月 26 日,共检索到文献 353 篇。为保障数据的准确性、有效性,人工剔除无效文献 7 篇,共得到样本文献 346 篇,以此为研究对象,对数据进行可视化呈现和统计分析。

二 智能媒体的概念界定

当前,国内外尚未对智能媒体的概念达成明确共识,相关研究从多个维度对智能媒体的概念进行了界定。韦路、左蒙认为智能媒体就是用人工智能技术重构新闻信息生产与传播全流程的媒体。① 刘铮认为智能媒体是媒介演化过程中必然经历的一个发展阶段,而不是某种特定的媒介形态或信息载体,智能化、数据化、算法化、自动化、个性化、定制化等是智能媒体时代的阶段特征。② 任锦鸾等对相关研究进行了梳理,认为当前对智能媒体的定义主要来自两种视角:一是技术视角,认为智能媒体是由人工智能、信息通信、大数据等技术和媒体共同构成的,在泛内容和泛渠道的时代,任何可以承载内容的介质都可以成为未来的媒体形式;二是用户视角,认为智能媒体以服务用户需求为核心,根据用户所处时间和场景的不同,为用户提供个性化、定制化的服务推送,智能媒体是使用户能够获得更佳使用体验的信息客户端和服务端的总和。③

结合相关文献回顾,本报告认为智能媒体指的是以满足用户需求为核心,将人工智能、大数据、算法等智能化技术融入媒体生产实践中,使媒体具备更加多样化、自主化、智能化功能的媒体形式。

三 智能媒体研究的学术场域

(一)发文量:以2016年为起点,研究持续火热

文献的发文量统计可以直观反映出某一领域的研究热度与总体走势。本

---

① 韦路、左蒙:《中国智能媒体的使用现状及其反思》,《当代传播》2021年第3期。
② 刘铮:《我国智能媒体发展现状与态势分析》,《传媒》2020年第16期。
③ 任锦鸾等:《基于技术与市场视角的智能媒体发展态势分析》,《现代传播》(中国传媒大学学报)2017年第10期;许志强:《智能媒体创新发展模式研究》,《中国出版》2016年第12期。

报告的样本文献共 346 篇，根据 CNKI 的统计数据，最早一篇与智能媒体相关的研究文献出现在 2001 年，2001~2021 年，智能媒体研究的发文量总体呈增长态势，自 2016 年开始增长明显（见图 1）。

从图中可以看出，我国对智能媒体的研究发端于 2016 年。在 2016 年之前，发文量约为每年 1 篇，零星探讨并未引起学术界的关注。从 2016 年起，发文量逐年递增，2019 年发文量突破 100 篇，2021 年发文量为 140 余篇。这反映出学界对智能媒体研究的关注度明显提高，研究持续火热。

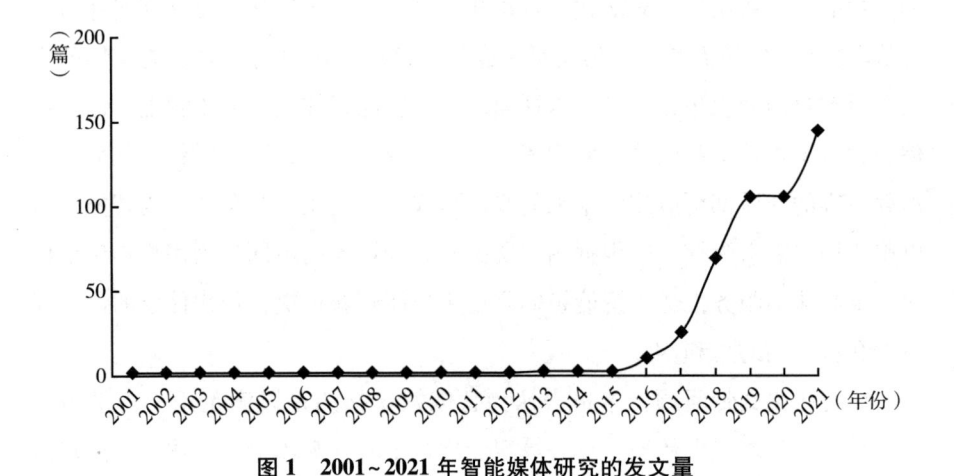

图 1　2001~2021 年智能媒体研究的发文量

（二）学科分布：以新闻传播学科为核心，兼具多学科视野

智能媒体相关的研究主要出现在新闻与传媒、出版、高等教育、计算机软件及计算机应用等学科，其中新闻传播学科（包括新闻与传媒、出版）是智能媒体研究文献的首要来源，占样本文献总数的 75.12%（新闻与传媒为 68.01%，出版为 7.11%）。除此之外，教育学、计算机、自动化技术、文化经济等相关学科也对智能媒体进行了研究，这说明了教育、计算机等学科与智能媒体有紧密关联，贡献了来自不同学科视野的研究成果。

（三）发文作者与机构：权威学者引领发展，新闻传播领域的高校是研究主力

发文作者在研究领域的学术发展过程中起着重要的导向和推动作用，根据 CNKI 的统计数据，表 1 展现了智能媒体研究中发文量排名前 10 的发文作者及其机构。他们大多具有教授职称且在新闻传播学科中具有很强的权威性和很大的学术影响力，是中国智能媒体研究领域的领军力量。发文量为 3 篇的作者除表中所示，还有中国传媒大学的徐琦、中国传媒大学的曹三省、中国社会科学院大学的唐绪军、中国传媒大学的任锦鸾、天津师范大学的徐延章、江苏师范大学的高宪春、上海理工大学的夏德元、中国外文出版发行事业局的王丹和新华通讯社的贺大为等。这说明新闻传播学科的权威学者是智能媒体研究领域的主要力量。

表 1　智能媒体研究中发文量排名前 10 的发文作者及其机构

单位：篇

排名	发文作者	作者机构	发文量
1	段鹏	中国传媒大学	12
2	彭兰	清华大学	8
3	黄楚新	中国社会科学院大学	7
4	陈昌凤	清华大学	6
5	喻国明	北京师范大学	5
6	徐志强	四川传媒学院	5
7	吕尚彬	武汉大学	4
8	史安斌	清华大学	3
9	郭全中	中共中央党校(国家行政学院)	3
10	范以锦	暨南大学	3

同时，发文作者的所属机构统计体现了学术共同体的影响力，常常为该研究领域做出重要贡献。从表中可以看出，当下智能媒体研究的中坚力量集中在高校，且这些高校均在国内新闻传播领域有较强的综合实力，因此新闻

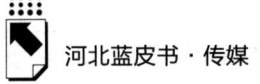

传播领域的高校是该研究领域的主力。但参考CiteSpace中机构中心性数据可以看出，机构间的合作关系并不明显，少数合作仅局限于机构内部，跨机构的交流合作有待加强。

四 智能媒体研究的演进与发展

（一）关键词共现：研究主题集中突出

对样本文献进行关键词共现分析，可以窥见智能媒体研究在统计时段内出现频次较高的关键词及高频关键词之间的相关关系，揭示当前的研究热点。通过CiteSpace软件设置呈现阈值TopN=10，选择LLR算法，关键词共现的可视化结果如图2所示，其中节点数N=274，连线数E=551。图中节点圆圈大小代表关键词出现的频次，节点间连线粗细代表关键词之间的关联强度。

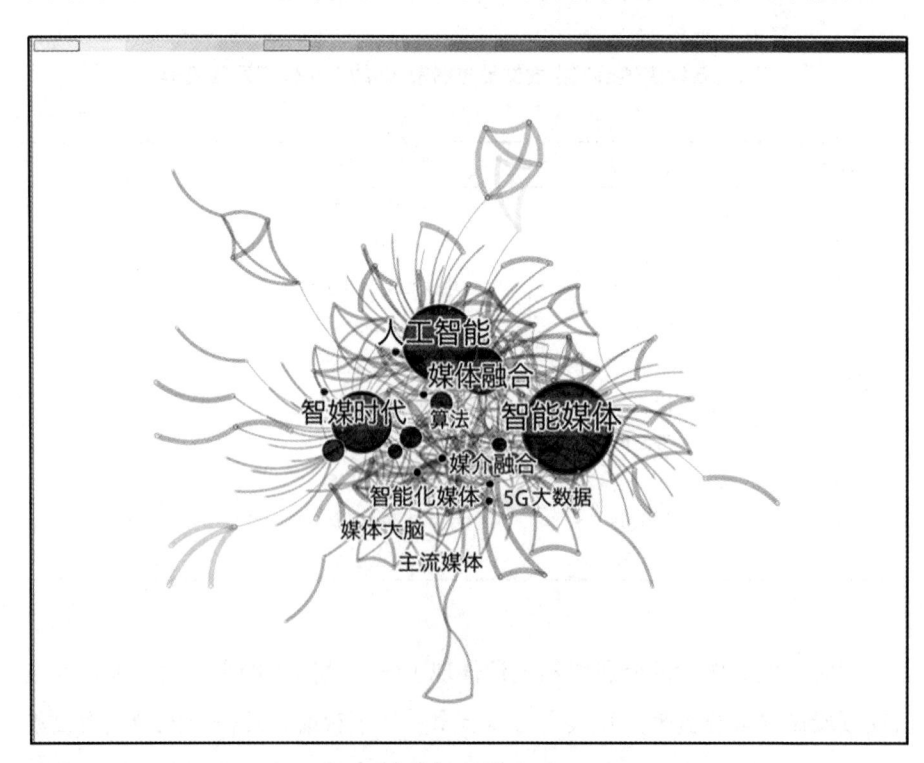

图2 关键词共现的可视化结果

表2展现了中心性排名前10的关键词及其频数。由此可以看出,当前智能媒体研究的主要议题集中在以下方面:一是媒体形态的演变与智能媒体相关概念探讨,主要关键词包括"智能媒体""智能化媒体""全媒体""主流媒体"等;二是媒介环境变革的相关趋势,主要关键词包括"媒体融合""智能化""人机关系"等;三是与智能媒体相关的技术,主要关键词包括"大数据""人工智能""算法"等。

除关键词"智能媒体"和"智能化媒体"外,"媒体融合"呈现较高的中心性(0.51)。中心性代表某一节点在关键词网络中的连接强度,中心性数值越高则说明该关键词连接的研究主题越丰富,因此"媒体融合"位于关键词共现图谱的中心,成为相关研究的重要交汇点。

表2 中心性排名前10的关键词及其频数

排名	关键词	中心性	频数
1	智能媒体	0.87	86
2	智能化媒体	0.67	11
3	媒体融合	0.51	41
4	大数据	0.35	10
5	智能化	0.33	11
6	全媒体	0.33	4
7	人工智能	0.32	79
8	主流媒体	0.31	7
9	算法	0.28	11
10	人机关系	0.28	4

未来,随着技术的不断进步和应用场景的不断拓展,智能媒体将会在更多的领域得到应用和发展。例如,在教育领域,智能媒体可以为学生提供个性化的学习资源和服务;在医疗领域,智能媒体可以为患者提供精准的诊断和治疗方案。智能媒体在这些领域的应用,将会极大地改善人们的生活和工作方式,增进社会的整体福祉。因此,人们应该积极拥抱智能媒体的发展,探索其在不同领域应用的可能性。同时,需要关注智能媒体带来的问题,并研究相应的措施来应对。只有这样,人们才能充分利用智能媒体的优势,推动社会的进步和发展。

（二）关键词聚类：热点议题多元丰富

关键词聚类可以对关键词之间的相关性进行统计、分组，折射研究热点领域与核心议题。使用 CiteSpace 对高频关键词进行聚类分析，设置聚类模块呈现最大值 K=10，结果显示：聚类模块值（Q 值）大于 0.3，聚类结构显著；聚类平均轮廓值（S 值）大于 0.9，聚类结果令人信服，聚类效果良好。关键词聚类的可视化结果如图 3 所示。关键词聚类后共形成 10 个聚类标签：#0 人工智能、#1 智媒时代、#2 智能媒体、#3 智媒、#4 人才培养、#5 智媒体、#6 移动化、#7 媒体融合、#8 媒介融合、#9 民生服务（见表3）。

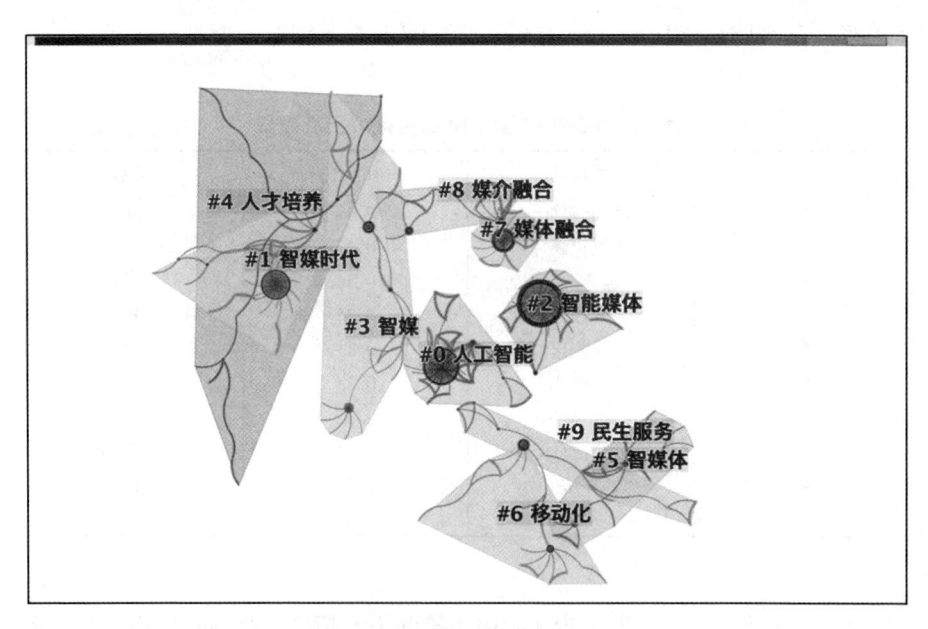

图 3　关键词聚类的可视化结果

表 3　关键词聚类信息

聚类标签	聚类名称	数量	聚类平均轮廓值	主要关键词
#0	人工智能	30	0.985	国家新型战略、互联网治理、数字中国、智媒时代、智能媒体
#1	智媒时代	29	1	主流媒体、新华社、新闻传播学、人工智能技术、媒体大脑

续表

聚类标签	聚类名称	数量	聚类平均轮廓值	主要关键词
#2	智能媒体	27	0.971	县级融媒体、未来影像、沉浸式体验、邳州模式、编辑素养
#3	智媒	22	0.972	价值理性、新闻生产、受众、人文精神、民法典、人机关系
#4	人才培养	20	1	技术逻辑、智能技术、新闻传播、算法、体验创新、智能传播
#5	智媒体	18	0.969	传统媒体、短视频、动漫产业、产业链、盈利模式、动漫产品
#6	移动化	17	1	虚拟现实(VR)、媒体行业、场景、4K/8K、智能应用、互联网
#7	媒体融合	14	0.99	区块链、生产关系、假新闻、传媒产业、市场先机、国家战略
#8	媒介融合	14	0.985	应用性传媒人才、万物皆媒、《广州日报》、新文科建设、价值引领、互联网
#9	民生服务	11	0.99	县级融媒体中心、体验设计、云服务、传播效果、创新驱动、融媒体

结合关键词聚类信息可将当前智能媒体研究的热点议题归纳为以下几类。

1. 智媒时代媒体融合的纵深发展

2014年8月,中央深化改革领导小组审议通过了《关于推动传统媒体和新兴媒体融合发展的指导意见》,媒体融合上升为国家战略,学界对媒体融合的探讨一直是最为热门的话题之一。在媒体融合的母命题之下,人工智能技术对媒体融合的深度赋能成为重要的研究方向。结合前文图表可知,"主流媒体""融媒体""县级融媒体中心"等都是该领域研究的主要关键词。有学者指出,媒介融合的初级阶段是传统媒体与新媒体的融合,而更高级的媒介融合将是智能媒体时代的全面到来。[①] 智能化技术不仅助力了媒体发展的新旧动能转换,也促进了媒体融合的纵深发展,为传媒业的内部转型提供了思路和方向。

---

① 刘庆振:《媒介融合新业态:智能媒体时代的媒介产业重构》,《编辑之友》2017年第2期。

媒体融合为智媒时代的重要特征,并且正在以前所未有的速度向纵深发展。传统媒体与新媒体的界限逐渐模糊,各种媒体形式相互交融,形成了一种多元化、互动性强的信息传播格局。这种融合不仅体现在内容上,还体现在形式和技术上。内容上,新闻报道不再局限于文字和图片,而是加入了视频、音频等多种形式,使得信息更加生动、形象。技术上,人工智能、大数据等新技术的应用,极大地提升了媒体的内容生产和传播效率。一些学者也关注到智媒时代媒体融合产生的社会影响。在信息传播速度大幅提升的同时,应警惕信息泛滥、隐私泄露等问题。如何在保护个人隐私和维护社会秩序之间找到平衡,将是在智媒时代需要深入思考的问题。智媒时代媒体融合的纵深发展是一个复杂而深刻的过程,需要认识到这一过程中的机遇和挑战,主动抓住机遇、积极应对挑战,以推动媒体行业的健康、可持续发展。只有这样,才能在智媒时代更好地服务于社会和公众,实现媒体的价值和使命。

媒体的未来在于"智能+",媒体进化就是疆域的开拓与智能化的升级。① 在2017年前后,多位学者在预测新媒体未来发展趋势时均指出,在人工智能、物联网、VR/AR等新技术的推动下,"智媒化"是未来中国媒体发展的方向。在传媒业市场发展领域,互联网媒体发展的更替逻辑就是传统媒体终将被智能媒体迭代。② 因此,人工智能在媒体领域的深度应用将极大影响媒体融合的方向与步伐,在未来,媒体融合必沿着智能化、纵深化、一体化的路径加速推进。可以说,谁优先掌握了智能化技术,谁就掌握了媒体融合的主导权。智媒时代媒体融合的纵深发展也需要技术的支持,应该加大对人工智能、大数据等新技术的研发力度,推动媒体技术的创新和应用。通过技术手段提升信息筛选、内容生产和传播的效率,为公众提供更加优质、高效的信息服务。

2. 智媒时代新闻业务的变革

智能媒体研究的另一重要向度是集中关注智能化技术在新闻业务领域的实践与应用,人工智能等智能化技术的引进实现了新闻采集、生产、分发、

---

① 商艳青:《媒体的未来在于"智能+"》,《新闻与写作》2016年第1期。
② 郭全中:《传媒业市场发展新趋势:四大迭代》,《新闻与写作》2017年第1期。

核查等环节的全流程再造，智能化的新闻生产成为重要的研究议题。有学者指出，智媒时代的新闻生产主要表现在生产主体融合、生产过程重构和新闻产品创新三方面。①

在新闻线索的采集和发现环节，智能化技术能够到达人力无法抵达的地理疆域，信息采集手段更加先进。智能机器的加入使新闻生产主体的边界得到了拓展，极大地提升了新闻生产环节的效率，智能编辑、机器人写稿等创造性应用被学界、业界广泛关注。同时，新闻中的 VR/AR 新闻等沉浸式、可交互的创新性、智能化新闻产品丰富了用户对新闻产品的想象，加之算法分发的个性化推送，智媒时代新闻业务的变革无疑带来了更好的用户体验。新华社"媒体大脑"等主流媒体的创新性应用产品，成为行业内的样板，在当前国际智能媒体的发展中也居于领先水平。

3. 算法伦理与技术规制

在智能化技术彰显巨大变革潜力的同时，近年来学者关注到技术发展的另一面，出现了关于新闻业中技术与伦理价值、人文精神等话题的反思与探讨。算法作为智媒时代的核心动脉，是改变信息传播方式的关键要素，由此产生的信息茧房、信息霸权、隐私保护等方面的挑战以及算法与权力、算法价值观、算法透明度等相关伦理问题和相关治理方案也成为学界研究的热门话题。

算法并非完全价值中立的技术，技术是人价值观念的映射，算法偏见是社会偏见在人工智能时代的产物。有学者关注到自动化新闻生产的科学性和透明度，算法运算在规则设计，数据收集、处理及运用，运算过程等环节都可能会产生偏见。② 在传媒业智能化转向的今天，算法伦理整体处于模糊状态，而算法工程师在某种程度上预设了算法的价值走向，从而影响了整个社会的资讯传播生态。③ 彭兰也认为数据与算法的应用扩张会带来很多新问题

---

① 令狐克睿、薛娇：《智媒时代的新闻生产：融合、重构与创新》，《中国编辑》2021 年第 3 期。
② 许向东、郭萌萌：《智媒时代的新闻生产：自动化新闻的实践与思考》，《国际新闻界》2017 年第 5 期。
③ 袁帆、严三九：《模糊的算法伦理水平——基于传媒业 269 名算法工程师的实证研究》，《新闻大学》2020 年第 5 期。

与新风险：客观性数据可能成为后真相的另一种推手，个性化算法产生信息茧房、偏见或歧视以及无形操纵形成算法的囚徒困境，同时用户个体的隐私权和被遗忘权也进一步被让渡。① 因此，积极反思"算法推荐"伦理失范的动因并提出治理建议十分必要。有学者提出人机共生合作的双维机制，在内容审核"双把关"、信息推荐"双选择"、规范责任"双约束"、隐私保护"双主体"等环节实现人与技术的相互配合，最大限度消解"算法推荐"伦理失范所产生的危害。②

新闻权力从公共机构向以资本驱动的商业组织迁移，技术与商业合谋实现对用户的监视、控制与剥削，主导型的行业组织在算法黑箱的笼罩下制定行业规范也加大了问责和监督的难度。③ 这类研究突破了初期的技术乐观主义视角，算法表面的客观中立与价值无涉其背后蕴藏的以人的意志为主导的价值偏向。

4. 智能媒体时代新闻传播专业教育

技术在无边界、全流程重塑新闻业的同时，改变和塑造行业中新闻从业者的行动逻辑，影响其对新闻传播专业教育的思考。智能媒体时代，新闻从业者的角色发生了哪些转变，所需要的核心素养有何不同？新闻传播院校如何在智媒时代和新文科背景下创新人才培养模式，更好地满足时代发展需求？这些问题激发了研究者对新闻传播专业教育的思考，成为越来越多被讨论的问题。

这一领域的研究主要分为两个方向，一是从职业角色的角度，研究智能媒体时代记者、编辑等职业角色的变迁和专业素质的新要求，从而改进学科教育，培养与时俱进的全媒体人才。智能化技术的引入改变了记者和编辑的传统角色与工作日程，其面临被技术取代的威胁。因此，相关研究认为在技

---

① 彭兰：《假象、算法囚徒与权利让渡：数据与算法时代的新风险》，《西北师大学报》（社会科学版）2018年第5期。
② 罗新宇：《智媒体传播中"算法推荐"伦理的冲突与规制》，《新闻爱好者》2020年第11期。
③ 师文、陈昌凤：《新闻专业性、算法与权力、信息价值观：2018全球智能媒体研究综述》，《全球传媒学刊》2019年第1期。

术和专业人工协同共生的环境下，记者、编辑等职业应更突出对数据新闻人才、智能新闻人才等的需求，同时要强化自身的职业本位理念，重视人性关怀和价值引领，成为技术规制的制定者和新闻事实的守护者。新闻传播专业教育也必须在智能媒体的背景下积极转型，认识到技术逻辑对于构建新闻传播学体系的基础性结构作用，[1]创新人才培养思路，抓住价值塑造、能力培养和思维革新这三个关键点，构建价值目标层、知识技能层和创新思维层互为支撑的全媒体人才培养体系[2]。

二是从业务细分的角度，探究不同领域专业化人才的培养路径。例如王玥研究了智媒时代下财经新闻人才培养的方式，认为财经新闻记者的培养具有重实践、轻专业的特性，从教育理论、教学内容、平台建设三个角度提出了智媒时代下财经新闻人才培养的路径。[3]李旭关注戏剧影视人才培养，认为智媒时代戏剧影视人才培养需要从学科协同、高校协同、校企协同、区域协同和国家协同等角度开展合作，提出了人才协同培养的新范式。[4]以上研究在大的学科框架下，聚焦小的专业逻辑，提出了更加具体、更具针对性的专业建设方案。

（三）关键词突现：研究发展阶段性特征明显

关键词突现，也称突发词探测（Burst Detection），是指一个变量的值在短时间内激增，突然变成热点被学术界关注。通过关键词突现分析可以得到研究领域内热点议题的变迁情况并预测其发展趋势。本报告将参数伽马（r）取值为1，突现最小时间值（Minimum Duration）设置为1，共得到18个突现关键词，并按照同年份突现强度（Strength）降序排列（见图4）。

由此可以看出，智能媒体研究中出现了较为明显的议题变迁和阶段性转

---

[1] 喻国明：《技术革命主导下新闻学与传播学的学科重构与未来方向》，《新闻与写作》2020年第7期。
[2] 金玉萍、张慧：《"三位一体"构建全媒体人才培养体系》，《中国编辑》2021年第5期。
[3] 王玥：《智媒时代财经新闻人才培养研究》，《传媒论坛》2021年第9期。
[4] 李旭：《协同培养：智媒时代戏剧影视人才培养新范式》，《传媒》2020年第24期。

关键词	年份	突现强度	开始时间	结束时间	2000~2021
跨媒体知识图谱	2000	8.83	2000	2015	
智能分析	2000	8.76	2000	2016	
小数据	2000	8.57	2000	2016	
跨媒体智能	2000	8.54	2000	2015	
知识服务	2000	8.54	2000	2015	
图书情报机构	2000	8.4	2000	2015	
传统媒体	2000	1.84	2016	2017	
大数据	2000	1.73	2016	2017	
智能化媒体	2000	3	2018	2018	
媒体大脑	2000	2.28	2018	2018	
人工智能技术	2000	1.93	2018	2019	
人工智能	2000	1.75	2018	2018	
新媒体	2000	1.57	2018	2018	
智媒时代	2000	3.83	2019	2021	
短视频	2000	1.64	2019	2021	
5G	2000	2.8	2020	2021	
智媒体	2000	2.73	2020	2021	
人才培养	2000	1.78	2020	2021	

图4 关键词突现的结果

向,可将其大致分为2001~2015年、2016~2018年、2019年至今三个阶段。

第一个阶段为2001~2015年,这一时段的新闻传播学界尚未对智能媒体产生关注,零星的几篇论文体现了学界对智能化技术在图书情报学、管理学等相关学科应用的短暂思考。

第二个阶段为2016~2018年,是初步探索期,突现关键词为"传统媒体"、"大数据"、"智能化媒体"、"媒体大脑"、"人工智能技术"、"人工智能"与"新媒体"。智媒时代,信息依靠人工智能技术实现了智能化处理和传播。人工智能技术可以自动识别、分类、过滤信息,为用户提供更加精准、个性化的信息服务。这一阶段,智能媒体的研究逐渐兴起、智能媒体的关注度有所提高,体现出学界对智能化技术在新闻业务变革和媒体融合转型过程中的集中思考,但更多停留在应用探索和现象描述层面。

第三个阶段为2019年至今,是多元发展期,突现关键词为"智媒时代""短视频""5G""智媒体""人才培养"。随着对智能化技术的进一步掌握，人工智能技术在新闻媒体领域的变革方式和应用路径愈加清晰，结合5G技术和短视频新内容形态成为相关研究的热点方向。同时学界关注智媒时代新闻传播人才素质需求的变化，提倡培育复合型人才，加强探索多技能的培养模式，加强对新技术的掌握和应用，不断探索新的人才培养模式。总体来看，研究主题更加多元、研究内容更加深入。

智能媒体是信息时代发展的必然产物。它们以强大的信息处理能力和个性化服务的特点，改变了信息传播的方式，引领人们进入了一个全新的媒体时代。智媒时代的信息传播效率更高，信息传递更加迅速、及时。这得益于移动互联网、物联网等技术的发展，让信息传播不受时空限制。然而，也需要注意智能媒体带来的挑战和问题，并采取相应的措施来应对。只有这样，才能充分利用智能媒体的优势，推动信息传播的健康发展。

随着技术对日常生活的深度"入侵"，技术对媒体的重塑力量，以及智能媒体研究作为新鲜且热门的研究话题值得学界关注。智媒时代的信息服务注重个性化，通过用户画像、大数据分析等技术，了解用户需求和兴趣，为用户提供更加贴心、定制化的信息服务。智媒时代的信息传播将更加注重社交属性，智能化的社交功能让用户更加便捷地与他人交流、分享信息。同时，智能化社交将推动社交媒体平台的转型升级。研究发现，近五年智能媒体相关研究发文量显著增加，积累了丰硕的研究成果，奠定了新闻传播学科在智能媒体研究中的基础性地位，新闻传播领域的高校成为研究主力，出现了一批具有卓越成就的研究者。研究热点议题较为集中但随着时代的发展和研究的深入而不断变迁。

从国际学界来看，当前对智能媒体研究的视角已从将其作为新事物本身的讨论转向关注技术与社会结构的互动关系以及在社会中所发挥的中介作用，且哲学思辨性的研究大量涌现，从媒介哲学层面进行深入诠释。[①] 我国的智能媒体研究在起步时间、发文数量以及研究议题多样性等方面均存在一

---

① 师文、陈昌凤：《信息个人化与作为传播者的智能实体——2020年智能传播研究综述》，《新闻记者》2021年第1期。

定的滞后性，相关研究还有待进一步拓展。未来，智能媒体研究应加强在技术应用层面的创新实践，同时拓展理解媒介技术的传统主客二分视阈，加强人机关系、数据霸权、算法伦理与技术规制等更广域维度的系统化研究，探索更具本土适用性的治理与应对策略。

从研究视野来看，智能媒体目前的研究成果主要集中在新闻传播学科，不同学科的交叉研究相对较少。随着科技的飞速发展，人们已经步入一个智媒时代。这个时代的到来，不仅改变了人们的生活方式，也改变了信息传播的方式。在智媒时代，信息传播变得更加智能化、个性化、高效化。智能媒体是技术和媒体融合的产物，而新闻传播学科作为人文学科在对智能化技术的理解和运用上难免存在一定的局限。未来，增加其他学科视阈的相关理论和技术方法、与多学科背景的研究者展开交叉合作等有助于延展人们对智能媒体的认识，对智能媒体理论和实践探索与发展大有裨益。

参考文献

王秋菊、陈彦宇：《多维视角下智能传播研究的学术图景与发展脉络——基于CiteSpace科学知识图谱的可视化分析》，《传媒观察》2022年第9期。

B.9 人工智能在河北省主流媒体新闻报道中的应用研究

高春梅 韩春秒*

摘　要： 人工智能正在深刻改变媒体内容生产的底层逻辑，给媒体运营带来深刻变革，智能化成为主流媒体融合转型的必然方向。河北省主流媒体运用人工智能技术辅助新闻报道、智能审核校验、创新内容生产、进行智能推荐，有效提升了生产效率和传播效果。但在新闻报道中还存在人工智能技术应用广度和深度不够、创新呈现形式不足、用户体验待提升等问题。基于国内主流媒体智能化转型的经验和趋势，河北省主流媒体应制定智能化发展战略规划、打造适应智能化发展的人才队伍、紧跟 AIGC 技术前沿全面深度赋能内容生产与传播、以人工智能带动内容创新与突破，以进一步提升河北省主流媒体的传播力、引导力、影响力、公信力。

关键词： 人工智能　主流媒体　新闻报道　河北

2019年1月25日，中共中央政治局在人民日报社就全媒体时代和媒体融合发展举行第十二次集体学习，习近平总书记在讲话中指出："从全球范围看，媒体智能化进入快速发展阶段。我们要增强紧迫感和使命感，推动关键核心技术自主创新不断实现突破，探索将人工智能运用在新闻采集、生产、分发、接收、反馈中，用主流价值导向驾驭'算法'，全面提高舆论引

---

* 高春梅，廊坊师范学院传媒学院讲师，主要研究方向为网络与新媒体、媒体融合；韩春秒，河北省社会科学院新闻与传播学研究所副所长、副研究员，主要研究方向为城乡传播、自媒体。

导能力。"① 近几年，人工智能（AI）正在深刻改变媒体内容生产的底层逻辑，给媒体运营带来深刻变革，智能化成为主流媒体融合转型的必然方向。2022年底，聊天机器人ChatGPT的火爆标志着生成式人工智能（AI Generated Content，AIGC）的普及，AIGC浪潮加速在媒体领域铺开，以央媒为代表的主流媒体积极拥抱前沿技术，变革内容生产模式、提升内容生产效率、丰富内容呈现形式，以谋求智能化转型升级。本报告聚焦人工智能技术在河北省主流媒体新闻报道中的应用现状，分析其存在的问题，并在梳理当前国内主流媒体应用人工智能技术的经验及趋势的基础上，为河北省主流媒体运用人工智能赋能新闻报道，加快推进智能化发展提供对策建议。

一 人工智能在河北省主流媒体新闻报道中的应用现状

近年来，河北省级主流媒体及部分地市级主流媒体紧跟人工智能技术发展，根据媒体自身情况，通过自主研发或与商业平台合作等方式，探索将人工智能技术运用于新闻报道实践中。河北省主流媒体对人工智能技术的应用主要体现在以下几个方面。

（一）辅助新闻报道，提高内容生产效率

在日常新闻生产中，河北省主流媒体基于内部智慧媒体平台或外部商业平台的AI能力，运用智能标签、智能检索、智能语音识别、智能字幕、智能剪辑等技术辅助内容生产，在一定程度上降低了内容生产成本，提高了内容生产效率。

河北日报报业集团自主研发河北日报智慧媒体云平台，该平台以数据为基础，采用机器学习、数据挖掘等技术，利用神经网络深度学习与规则相结

---

① 《习近平：加快推动媒体融合发展 构建全媒体传播格局》，中国政府网，2019年3月15日，https://www.gov.cn/xinwen/2019-03/15/content_5374027.htm?eqid=bb11d856000027f300000005646c70ef。

合的方式，使用隐马尔可夫模型的改进算法，配置文本事件提取模型，解决新闻文本事件中标题、日期、来源、正文等关键信息抽取问题，为采编人员提供高相关度新闻素材，在辅助编写方面取得了一定成效。

河北广播电视台将腾讯公有云智能生态引入"冀时"客户端，并将百度的AI能力应用于4K高清制作系统，通过智能标签、智能检索等技术，构建媒资内容画像，实现媒体资产数字化、智能化，有效提高媒资生产及流转效率。与此同时，利用语音合成、视频合成等技术，将语音快速转化为文字、将图文内容快速转化为短视频，有效提升了节目制作效率和新媒体制播效率。

长城新媒体集团开发并推出2023年全国两会河北省云"中央厨房"系统，为河北省参与全国两会报道的采编人员提供智能剪辑、智能字幕、智能配音、一键包装等智能化服务，全方位、智能化赋能全国两会报道。2023年全国两会期间，云"中央厨房"总发稿量近600篇。长城新媒体集团自主研发的视频高光时刻AI剪辑系统，基于海量数据训练的视频分析模型，可以智能分析视频内容，在电影、电视剧、体育赛事视频中自动提取精彩片段生成集锦，带来全新的节目生产方式，该剪辑系统荣获第二届新视听媒体融合创新创意大赛三等奖。

石家庄日报社建立报社统一的媒体资源智能管理平台，将海量的图片、影像数据资源进行分类整合，实现媒体资源智能存储、智能分析、智能标注的集群化管理。该平台应用人工智能、文本挖掘、自然语言处理等核心技术，实现对图片、视频、音频类资源内容的智能识别，通过标引辅助实现对内容的标签提取，丰富资源的描述维度，便于内容的快速分类。

（二）智能审核校验，保障内容质量与安全

在内容审核方面，河北省主流媒体利用人工智能技术对文字、视频、音频等内容进行检测，识别其中的错误或违规内容，不仅提高了审核效率，而且有助于保障内容质量与内容安全。

河北日报智慧媒体云平台采用文本挖掘软件实现多维度、多形态的稿件

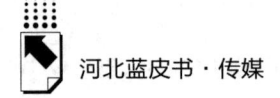

智能处理，构建智能分析工具集，通过搭建多层次、跨领域知识库，并基于语义搭配知识库和D-S证据理论，研发了语义搭配错误判定模型，提升了稿件的语义智能检校水平。

河北广播电视台基于百度的AI能力，运用智能检测和智能纠错技术，在节目制作和新媒体稿件生产过程中对敏感词、错误用语、错别字等进行提示和纠正，助力提升节目质量。

石家庄日报社充分运用大数据、云计算、数据标引等新一代核心技术，通过数据驱动打造内容安全工作体系，实现数据智能化评估。基于大数据、自然语言处理、知识图谱等技术，根据报纸出版、网站与新媒体检查内容安全管理需要，实现对文本错误、风险内容、不规范表述等的精准识别。石家庄日报社融媒体中心使用黑马智能校对系统，解决了目前稿件数量大、出刊任务重、人手紧张的难题，大大提高了审稿效率。

（三）打造人工智能虚拟主播，创新内容生产，丰富用户体验

近年来，AI虚拟主播以24小时全天候播报、播报效率高、差错率低等优点，越来越受到主流媒体的青睐。它不仅可以提高生产效率，还可以在多场景中与用户互动，丰富用户体验，提升传播效果。

2019年3月，长城新媒体集团融合大数据、人工智能、语音合成等技术，自主研发河北省首个AI虚拟主播"冀小蓝"，其全天候、零差错的新闻播报降低了新闻节目制作成本，颠覆了内容生产方式。2022年，长城新媒体集团运用深度学习技术，研发全新AI虚拟主播"冀小青"，该虚拟主播形象更真实，语言动作也更自然，输入文字就可以快速生成形象逼真、语音流畅的视频内容，同时通过人工智能技术为她打造了独立知识库，这使她能够在多种应用场景中完成互动播报和实时讲解任务。2022年全国两会期间，长城新媒体集团推出的融媒体创意互动作品《您的"两会AI助手"已上线》采用了人工智能、语音合成技术，用户可以用口语化的语言和AI虚拟主播"冀小青"互动交流，聆听《政府工作报告》、了解全国两会热点，实现更自然、更有代入感的互动体验，拉近了全国两会与百姓的距离。

2023年,长城新媒体集团还基于生成式大模型研发推出大模型虚拟数字人"小云",相较于传统数字人具备更丰富的面部表情和动作细节,还能够更好地理解人类语言,与用户进行自然流畅的语言交流和互动,可以在讲解、客服、接待、陪伴等场景进行应用。

2022年,河北广播电视台推出自主研发的数字虚拟主播"冀小佳",完成了团队由传统电视包装制作到数字人制作的业务转型。"冀小佳"先后在唐山旅发大会宣传片、"跟着鸟儿游河北"栏目中亮相,有效提升了生产效率和质量。2023年,河北广播电视台基于3D数智人建模及AI驱动等前沿技术,生成了形象写实、表情动作自然的3D数智人"冀小好",并开发出了交互问答、视频播报等应用场景,应用于新闻报道。自2023年8月15日起,新媒体中心每天利用数智人在"冀时"客户端进行新闻播报,卫视频道尝试在《大汉中山》文博纪录片中增加数智人元素,在新闻频率"你早,河北"栏目进行了数字人播报视频制作培训,后两者样片制作均已完成。与此同时,河北广播电视台都市频道利用AI技术实现了大屏端《科创河北——科协进行时》虚拟主播"小科"、小屏端《全民健身汇》虚拟主播"小跃"上线,丰富了观众体验,提升了节目的可看性和可玩性。自2022年数字虚拟主播"冀小佳"上线至2023年11月中旬,河北广播电视台运用虚拟人生产内容数量近200条。

廊坊广播电视台运用AI赋能新媒体精品内容创作,打造了"AI主播专访——'学习宣传贯彻党的二十大精神'你问我答""AI主播说教育""AI主播说年俗""AI主播说科普"等系列作品80余个,先后被国家、省、市三级"学习强国"平台收录发布。其中,《跟着AI主播了解两会看点》《众望所归聚民心 掌舵领航向复兴》《2023政府工作报告中的"民生清单"》等AI精品被省委宣传部通报表扬。

(四)进行智能推荐,提升传播效果

在信息分发环节,运用大数据、人工智能等技术,基于用户个人信息、媒体接触习惯、内容喜好进行个性化推荐,已成为媒体重要的信息分发方

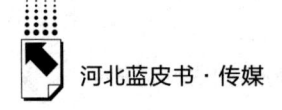

式。河北省主流媒体积极探索智能推荐功能，为用户匹配个性化的内容，以提升传播效果。

2022年4月，河北广播电视台"冀时"客户端4.0版本上线，其中"推荐"板块使用了智能推荐，根据用户浏览新闻内容的习惯，向用户推荐相关新闻内容。在使用智能媒体技术后，"冀时"客户端2022年底下载量达到3000万次，截至2023年10月，下载量突破6200万次。

2023年全国两会期间，长城新媒体集团打造"全国两会"流媒体频道，采用大数据、人工智能技术，聚合全国各级党媒生产的两会图文、音视频内容，基于用户画像进行个性化推荐，实现用户信息接收的"千人千面"，放大两会报道传播声量、提升传播效率。

河北IPTV使用智能推荐系统为用户匹配个性化信息，使用智能推荐系统的所有场景订购数提升21.87%，收入提升25.19%。石家庄日报社融媒体中心运用激光智能推送技术实现智能化精准推送，有效提升了用户活跃度和留存率。

二 河北省主流媒体运用人工智能开展新闻报道存在的问题

河北省主流媒体积极探索将人工智能技术运用到新闻的生产、校验、分发等环节，在一定程度上提升了内容生产与传播的效率，丰富了传播形态。但由于理念、技术、资金等方面的制约，河北省主流媒体在新闻报道中对于人工智能技术的使用主要集中在省级主流媒体及个别地市级主流媒体，且主要停留在初步的涉猎与尝试，尚未走向深层次的整合与嵌入。

（一）人工智能技术应用广度不够，尚未覆盖新闻报道全链条

从新闻报道的实践来看，人工智能技术不仅在内容生产、内容校验和智能分发等环节可以赋能新闻报道，而且在前端的选题策划、信息采集，以及后续用户的信息接收及报道反馈等环节，都可以助力新闻报道提质增效。在

选题策划环节，大数据、人工智能技术可以帮助记者、编辑发现实时新闻热点，快速挖掘有价值的素材信息；在信息采集环节，人工智能技术可以帮助记者、编辑精准高效地搜集相关信息，并获取超出人类感知范围的信息，拓展信息来源和信息采集维度；在信息接收环节，人工智能技术可以丰富用户的信息接收终端和场景；在报道反馈环节，人工智能技术可以帮助采编人员及时了解报道的传播效果和传播路径，从而对生产、分发等各个环节进行调整，以提升内容生产效率和传播效果。新闻报道的上述环节并非孤立的，而是相互作用的，人工智能技术作用于新闻报道的全流程，有助于提升主流媒体的传播力、引导力、影响力和公信力。

人工智能的三大核心和基石是数据、算法和算力，其中数据是基础。而要想在新闻报道的全流程实现智能化，需要将汇聚海量内容数据、用户数据的平台作为基础。目前，河北省部分主流媒体在内部平台建设上取得了一定成效，初步实现了媒体内部资源的数字化，为智能化奠定了基础。基于内部数字化平台的建设，以及内部智慧平台或借助互联网公司的 AI 力量，河北省部分主流媒体在内容生产、内容校验、智能分发等环节初步实现了智能化，但数字化和智能化的能力还有较大提升空间，在选题策划、信息接收、报道反馈等环节还存在不足。尽管在信息采集环节，智能标签、智能检索、智能语音识别等技术提高了信息采集效率，但在拓展信息来源和信息采集维度方面还存在很大不足。人工智能技术尚未嵌入内容生产全流程、全链条。

（二）人工智能技术应用深度不够，仍有很大深入空间

按照人工智能技术的发展阶段和其参与新闻生产的深入程度，可以将新闻业中的人工智能技术划分为三个阶段：辅助增强、初步自动化与自动生成内容。在辅助增强阶段，人工智能技术主要是作为辅助工具参与新闻生产的过程，以提高特定环节的生产效率，如语音转文字、错别字检查工具等；在初步自动化阶段，人工智能技术超越了对特定环节的辅助增强功能，逐渐能够实现体育报道、财经报道等特定文本类型独立的新闻文本生成；ChatGPT 的出现标志进入人工智能自动生成内容的新阶段，机器人记者可以通过机器

学习和深度学习算法，从海量的数据和信息中提取新闻价值，并自动生成高质量、独立的新闻报道和分析文章。①

从人工智能技术在新闻报道中的使用深度来看，河北省主流媒体主要使用智能标签、智能检索、智能语音识别、语音合成、视频合成、图文转视频、智能字幕、智能剪辑等技术辅助内容生产，降低了内容生产成本，提升了内容生产效率，并使用智能审核、智能推荐等技术提升了内容审核、分发的效率。这些技术的使用主要停留在辅助增强阶段，对人工智能技术的应用不足，人工智能技术对内容生产的赋能有限，在机器人写稿以及自动生成内容方面的实践探索较少，自动生成内容的能力不足，制约了内容生产力的提升。

以河北广播电视台为例，河北广播电视台在积极探索应用人工智能技术赋能新闻报道的过程中，面临如下问题。一是高清制作网所接入的系统 AI 资源有限，不支持大规模的 AI 能力复用，不能广泛地应用于新闻报道的生产制作。同时，AI 平台虽然接入了百度的 AI 系统，但无法直接移植使用其新增功能，如百度新推出的"文心一言"的智能写作和文生图功能等，系统功能的扩展性还稍显不足。二是 AI 原子能力（如语音视频、自然语言处理这些底层 AI 能力）的植入应用与广播电视、新媒体的生产需求不够契合，还没有达到结合具体应用场景有针对性地使用 AI 原子能力的预期，导致 AI 原子能力作用发挥不够明显。

（三）运用人工智能创新呈现形式不足，用户体验待提升

人工智能技术在新闻报道中的应用，除了可以降低内容生产成本、提升生产效率之外，还能丰富内容报道形式，提升用户体验。基于人工智能技术，主流媒体可以突破文字、图片、音频、视频的局限，实现多模态的信息结构，进行场景化、沉浸式的互动体验与传播，例如以虚拟主播、AR/VR

---

① 史安斌、刘勇亮：《从媒介融合到人机协同：AI 赋能新闻生产的历史、现状与愿景》，《传媒观察》2023 年第 6 期。

场景体验等提升新闻报道的吸引力和感染力。

长城新媒体集团、河北广播电视台先后打造虚拟主播、虚拟数字人，并不断进行技术迭代，虚拟数字人数量不断增加、功能不断丰富、适用场景不断增多，可以在讲解、客服、接待、陪伴等场景进行应用。但从目前的实际应用来看，虚拟数字人主要应用于新闻播报，交互场景应用频率不高，并未实现常态化使用。虚拟主播、虚拟数字人、数智人的使用虽然在一定程度上丰富了用户的使用体验，但总体来说在提升用户日常使用体验方面的作用并未得到很好的发挥。尽管目前虚拟主播也被应用于新闻报道，但借助人工智能技术产出的深受用户喜爱、刷屏出圈的现象级产品不多。目前，在利用数智人生成新闻播报时，还存在一些动作僵硬、多音字识别不精准、播报不流畅、情感不足等问题。与此同时，人工智能技术虽然可以快速处理大量数据并提供分析报告，但往往缺乏对复杂问题的深入理解和创新思维，这使得人工智能生成的新闻报道往往缺乏洞见和创造性。

总之，在新闻报道的过程中，河北省主流媒体还没有将人工智能技术贯穿到新闻报道的全流程，尚未借助人工智能技术实现新闻报道流程的重塑和再造，人工智能应用的广度和深度还有很大的拓展空间。如何进一步利用人工智能技术实现降本增效、变革内容呈现、丰富用户体验，提升河北省主流媒体的传播力、引导力、影响力、公信力，还需要在借鉴其他媒体经验的基础上不断探索。

三 国内主流媒体运用人工智能赋能新闻报道的经验与趋势

近年来，人工智能技术在我国传媒领域的应用越来越广泛，AIGC的快速发展进一步加速了媒体智能化发展的进程。以三大央媒为代表的主流媒体紧跟人工智能技术的发展趋势，积极探索将人工智能技术应用于新闻采集、生产、分发、接收、反馈等环节，有效降低了新闻生产成本，提高了新闻报道效率。人工智能技术正在改变内容生产流程，重塑人机关系和交往方式。

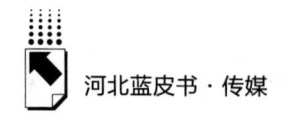

（一）紧跟人工智能技术前沿，全链条深度赋能内容生产与传播

中央级主流媒体在建设大数据平台的基础上，通过技术合作打造以人工智能技术为核心的技术底座，并紧跟技术前沿不断更新迭代，全面探索"媒体+AI"的智能生产与传播，将人工智能贯穿于内容生产和传播链条的各个环节，全面赋能内容生产。

在选题策划环节，主流媒体基于人工智能和大数据技术增强媒体的数据分析能力，实时抓取全网热点，助力采编人员进行选题策划。如人民日报AI编辑部的"热点汇聚捕捉"功能能够自动搜索全网热点新闻，对各类新闻进行快速反应，为编辑、记者精准决策提供支撑；新华社的"媒体大脑"可实时分析全网数据，推荐、梳理热点事件，自动识别高价值线索；央视网人工智能编辑部的"智媒数据链""智闻"产品，通过挖掘全网大数据，可快速分析捕捉包括网站、App以及电视在内的全媒体实时热点信息，实时感知热点变化趋势，帮助采编人员精准挖掘有价值的信息，更好地完成选题策划。

在信息采集环节，主流媒体应用大数据和人工智能技术增强媒体的信息采集能力，助力全媒体信息采集。如采编人员借助智能语音笔可实现录音、语音转文字、实时翻译，借助智能无人机集合定位系统，视觉识别、图像跟踪等技术，可实现精准跟拍；新华智云的会议机器人可通过场内巡游、人脸追踪完成会议各类信息采集任务，采集全息图像，实时发送；多模态检索能够有效提高记者、编辑信息采集的效率。

在新闻生产环节，智能协作、智能剪辑等工具大量涌现，虚拟主播、写作机器人、AIGC等也应用到新闻生产中，将记者、编辑从繁复的工作中解放出来，从事更有深度和创造性的工作。智能协作工具能够完成字幕生成、画质自动修复、横竖屏转换、文本图片转视频等一系列任务，并基于海量图文、音频、视频资源，为记者、编辑提供模板化、自动化的内容制作，如动态可视化模板可以轻松快捷地制作出专业精美的动态数据导图。借助AIGC，还可实现智能生成海报、自动生成视频等。人民日报AI编辑部的"一键特写"功能、中央广播电视总台的AI云剪辑平台、新华智云打造的"剪贝平台,都为短视频创作场景提供了视频模板、直播拆条、在线云剪辑,以及多端协同功能。2023年,澎湃新闻推出AIGC创作平台,为新闻从业者提供了AI写作、AI海报、AI财报、AI视频等一系列先进内容生产工具。半岛网新闻视频化平台整合图文、音频、视频等各种媒体内容,并按照预设的模板或者其他既定形式生成视频,每天可生成视频新闻1000条。

在信息审核环节,AI可对内容进行多维度精准识别,快速检测错误或违规内容。中央广播电视总台把审核信息知识图谱与智能算法技术相结合,自主研发了智能审核产品——"融媒智控",对各类视频内容进行精准审核,其核心优势是具有涉时政的视频多人脸识别能力,审核准确性达到95%以上,效率比纯人工提高80多倍。人民日报社传播内容认知全国重点实验室研发的"智晓助"系统、新华社技术局研发的"新华较真"、澎湃新闻推出的澎湃清穹内容风控智能平台,均利用自然语言处理、机器学习、深度迁移学习等人工智能前沿技术,实现对文字、图片、音频、视频进行多模态校对,识别内容安全风险,把好内容安全关。

在信息分发环节,以央媒为代表的主流媒体运用算法、数据挖掘以及机器学习等技术,基于内容数据库和用户数据库,根据用户画像来推荐用户感兴趣的文章,实现"千人千面"精准推荐。人民日报社、中央广播电视总台分别推出"党媒算法""总台算法",用主流价值观主导算法,构建良好的传播生态。

在信息反馈环节,主流媒体基于人工智能技术对用户反馈进行评估,使内容生产者能及时了解其生产内容的传播效果及传播路径。新华智云打造的智媒体融合平台可全网追踪新闻传播路径。人民日报中央厨房的"投放效果评估系统"可以进行媒体传播影响力分析、新闻采编反馈,并为媒体与记者的考核提供量化数据和信息支撑。

(二)运用人工智能技术助力内容创新,虚拟数字人应用场景更加多元

在人工智能技术的加持下,融媒体创意作品可以突破表现力的上限,更

具吸引力、感染力，为用户提供更多场景式、沉浸式、互动式体验。以人工智能技术带动内容的创新与突破，为用户提供更好的体验，将是媒体探索的一个主要方向。

2023年全国两会期间，主流媒体将AIGC与重大主题报道相结合，创新报道形式，推出了独具创意的新闻作品。新华社以年轻化的说唱形式，融合AI绘画技术，发布首支国风AIGC MV《驶向春天》；中央广播电视总台推出特别节目《开局之年"hui"蓝图》，深度融合人工智能技术，将AIGC、数字人、数据可视化、实景拍摄等多种表达元素融合到一起，采用独特的AI视角报道全国两会；央视网推出创意微视频《AI绘意中国》，以AI为切入点，引入人工智能问答对话以及AI绘画等AIGC创新技术概念，展现中国式现代化发展进程中的万千气象。"广州日报新花城"客户端聚焦中国式现代化生动实践，立足粤港澳大湾区建设，上线"大湾区 我来画"全民AI作画互动平台，植入AI绘画技术，邀请广大网友用AI画出自己心目中的粤港澳大湾区现代化图景，通过数字技术应用融合中国式现代化主题报道，提升主题宣传报道渗透率。2023年7月，浙江在线特别策划、潮新闻平台联动推出"00后AI绘亚运"系列条漫新闻，AI和设计人员为杭州亚运会志愿者们绘制的专属人物形象和漫画故事，由AI连续输出多场景、多姿态主人公，形成完整的故事叙事。

2021年被称为元宇宙元年，传媒业在元宇宙方面的创新实践多集中于运用虚拟数字人技术生成虚拟主播，主流媒体掀起打造虚拟数字人、数字分身的热潮，虚拟数字人的功能日趋多元，应用场景也日益丰富。中央广播电视总台打造的虚拟主持人"AI王冠"，可以与真实主持人进行互动。江西报业传媒集团以AIGC的多模态自动化生产能力为基础打造的AI数字分身，可实现记者7×24小时全天候在线同时与多人交流互动、数字分身"到达"新闻现场，并根据线索的重要性、时效性、可信度即时筛选、采写、编辑、校对、审核、多平台分发新闻。湖南广播电视台打造的数字主持人"小漾"（"young"）可在节目中与真实主持人进行实时互动，并参与节目录制，在节目之外，它还出现在各个展览馆及跨年晚会直播当中，已经打造出了属于自己的IP品牌。封面新闻推出的"小封机器人"可以与用户进行智能聊天，并在聊天中不断为用户推送他们感兴趣的新闻。未来，虚拟数字人将被运用在更多的场景中，以提升新闻报道的互动性和感染力，提升用户的参与感。

（三）AIGC成未来趋势，内容生产中人的主体性引发思考

2022年底，ChatGPT的火爆标志人工智能从分析型进化为生成式。研究者一般将"生成式人工智能"等同于AIGC，也有研究者将"生成式人工智能"视为AIGC发展的最新阶段，认为"这一阶段的AIGC开始向多模态、跨模态内容生成转变，图片、视频、音乐等内容的创作均可以被AI完成，并能够生成高质量内容"①。AIGC目前在传媒领域的应用还处于初级阶段。但要想打造智媒体，媒体需要拥有的最基本的能力就是AIGC。一些媒体积极布局AIGC，谋求智能化转型。

央媒积极打造AIGC专有系统。2022年，百度联合人民网发布媒体行业大模型"人民网—百度·文心"，该模型作为传媒领域的AI基础设施，将实现各个细分场景的应用并支持多个业务场景。2023年3月，新华智云发布首个AIGC驱动的元宇宙系统"元卯"，该系统将实现数字人、数字内容和数字场景在元宇宙世界的智能化生产。2023年7月，上海人工智能实验室、中央广播电视总台联合发布"央视听媒体大模型"，其在节目创作、短视频生成、节目编辑/剪辑、超写实AI数字人、AIGC动画、AI换脸等方面提供解决方案。

一些省级媒体也发力AIGC，打造AIGC类应用。2022年，每日经济新闻自主研发短视频生成平台——"雨燕智宣"，该平台融合数字人、虚拟声音、元宇宙等应用场景，通过垂类大模型实现文本输出，通过短视频自动算法智能匹配媒资后，快速生成高品质的AI短视频。2023年，澎湃新闻推出

---

① 胡正荣、樊子塽：《历史、变革与赋能：AIGC与全媒体传播体系的构建》，《科技与出版》2023年第8期。

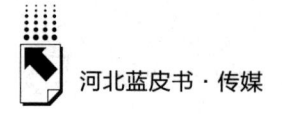

AIGC创作平台，通过先进的自然语言处理、计算机视觉等人工智能技术，可以自动或半自动地将文本、图片、PDF等各类非视频形式的内容，快速转换生成视频产品。传播大脑科技（浙江）股份有限公司推出媒体内容生产类AIGC应用——传播大模型，该大模型具有四大核心功能，即智能对话、智能创作、智能检索和智能插件，同时每个核心功能下衍生出多个子功能，例如媒资多模态检索、热点推荐、实时资讯生成以及文生成图和图生成文等。

更多主流媒体通过接入外部AIGC平台的方式获得AIGC能力，多家媒体机构接入百度"文心一言"，赋能自身转型发展。

目前，AIGC在媒体中的应用还处于起步阶段，数据及大语言模型的局限性导致人工智能生成新闻还存在各种问题，需要持续完善。与此同时，AIGC引发传媒业对人的主体性的思考，在AI成为内容生产主体的未来，人在新闻生产中应发挥主体性，做好人机协同，将更多的精力投入更具创造性的工作中，是采编人员未来努力的方向。

四 河北省主流媒体运用人工智能赋能新闻报道的对策建议

人工智能在未来媒体生态中扮演重要角色已成共识，AIGC作为一种先进生产力势不可挡，媒体行业智能化转型是大势所趋。面对这一发展趋势，河北省主流媒体需要进一步更新观念，加大投入力度，积极采用人工智能技术深度赋能内容生产，实现传播力、引导力、影响力、公信力的显著提升。

（一）转变传统思维观念，制定智能化发展战略规划

当前，媒体发展已经步入人工智能时代，人工智能技术成为推动媒体变革的关键技术，需要全方位推动媒体转型升级。三大央媒及部分省级媒体已把智能化发展作为推进媒体深度融合的重要战略方向。河北省主流媒体应充

分认识这一现实，积极转变传统的思维观念，克服对人工智能前沿技术的畏惧，将智能化发展提上日程，尽早制定智能化发展战略规划。有实力的省级主流媒体，可以尝试走自主研发的道路，加大资金投入力度，完善多功能"中央厨房"，加强内部大数据平台建设，研发智能化应用产品，打造贴合业务流程和应用场景的 AI 中台。其他省级主流媒体、地市级媒体及县级融媒体中心则可以通过技术引进，以及与其他有技术实力的媒体机构、人工智能技术厂商、互联网企业进行合作的方式，引入人工智能技术，确保在智能化发展大潮中不掉队。

（二）加强人才队伍建设，打造适应智能化发展的人才队伍

智能化发展对主流媒体的人才队伍建设提出了更高的要求。首先，智能化发展对采编人员的能力和素质提出了更高的要求：一方面，要加强对媒体从业人员的技能培训，使其熟练掌握使用人工智能进行新闻报道的能力；另一方面，要进一步提升采编人员的人机协同能力、创意策划能力。其次，要打造适应智能化发展的人才队伍，引进或培养技术开发、内容策划、人机对话、安全监管等方面的专业型人才，以提升人工智能技术的应用水平。

（三）紧跟 AIGC 技术前沿，全面深度赋能内容生产与传播

面对运用人工智能开展新闻报道中存在的运用广度和深度不足的问题，河北省主流媒体应加大资金和技术投入，通过自主打造内部智能平台，或引入外部智能平台的方式，进一步丰富人工智能应用，增强自身的 AI 能力，将人工智能技术特别是 AIGC 技术深度嵌入选题策划、信息采集、内容生产、内容分发、内容反馈等内容生产与传播的全流程，全面深度赋能内容生产。充分利用人工智能的技术优势，将采编人员从繁复的劳动中解放出来，推动内容生产提质降本增效，从根本上提升河北省主流媒体的内容生产力，为用户提供更加丰富多元、富有深度和创意的内容产品，进而提升主流媒体的传播力、引导力、影响力、公信力。

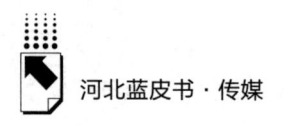

（四）以人工智能带动内容创新与突破，进一步提升用户体验

首先，河北省主流媒体要不断探索人工智能前沿技术，采用虚拟数字人、AI绘画、AI视频、VR、AR等技术创新内容表达，与此同时，要对虚拟数字人的功能进行持续优化，提升虚拟数字人的新闻播报水平，创新节目形态，并在实际应用中不断丰富虚拟数字人的应用场景，为用户营造更多场景式、沉浸式、互动式的体验。其次，AIGC拥有更为拟人化的互动感，媒体可尝试生产更多对话式新闻，以提升用户的参与感；河北省主流媒体可尝试在客户端中利用AIGC的互动性特点，通过实时对话精准、动态地获取用户信息需求，为用户推荐感兴趣的内容，进一步提升用户体验。

需要指出的是，对于媒体而言，人工智能不是噱头，不是炫技，也不是锦上添花，而是要运用人工智能技术从底层逻辑改造媒体，改造新闻报道。在新闻报道中使用人工智能的目的是将人力从烦琐、重复的劳动中解放出来，从事更加具有思想深度、创意和人文性的内容创作，充分发挥人和机器的潜能，实现人机协同，推动新闻媒体实现跨越式发展。

参考文献

匡文波、姜泽玮：《变革与挑战：运用人工智能，赋能新闻生产》，《新闻战线》2023年第18期。

王京、徐江旭：《从三大央媒实践看主流媒体智能化发展趋势》，《传媒》2023年第8期。

张静、王文彬：《AIGC时代，媒体机构如何把握下一个风口》，《中国传媒科技》2023年第7期。

杨孔威：《以AIGC为代表的人工智能在传媒领域的发展和应用》，《中国传媒科技》2023年第5期。

郝冠南、刘星宏、李璨：《生成式人工智能技术助推全媒体报道模式"智变"升级——AI编辑部4.0为人民日报社两会宣传报道提质增效》，《中国传媒科技》2023年第 4 期。

洪孟春、彭培成、刘先根：《人工智能技术在媒体融合中的应用场景与创新范式》，《中国记者》2023 年第 11 期。

陈莎：《生成式 AI 在新闻生产中的应用、现实问题及其应对》，《青年记者》2023 年第 19 期。

《中国智能媒体发展报告（2021—2022）》，中国传媒大学网站，2021 年 4 月 8 日，https：//by.cuc.edu.cn/_upload/article/files/6e/6f/8e775cf04963b9c501b0fb8de7af/2e0d25c0-9edc-4957-8bba-b16138b39478.pdf。

B.10
智能传播技术对河北省主流媒体的受众吸引力分析与创新实践

——基于补偿性媒介视角

都海虹　王子元　郭美伶*

摘　要： 本报告收集与分析了近两年河北省主流媒体生产的智能媒介产品的数量、阅读量、点赞量等相关数据，并以调查问卷的方式考察了河北省新闻从业者及受众对于涉及智能传播技术、智能媒介产品相关问题的看法，分析了河北省主流媒体智能传播技术使用现状、智媒体产品受众吸引力以及智能传播技术发展面临的困境。最后从补偿性媒介视角提出河北省主流媒体智能传播技术创新产品路径。

关键词： 主流媒体　智能传播技术　补偿性媒介　河北省

一　河北省主流媒体智能传播技术使用现状

（一）河北省主流媒体智能传播技术的使用历程

2017年10月10日，河北广播电视台打造的新型主流媒体移动融合云平台"冀时"上线，在阿里巴巴集团对技术、平台、资源、生态等领域的支持下，依托河北广播电视台强大的视频原创能力，整合全省各媒体的视频

---

* 都海虹，河北大学新闻传播学院副教授，主要研究方向为新媒体传播、新闻史论；王子元，河北大学新闻学专业硕士研究生；郭美伶，河北大学新闻与传播专业硕士研究生。

内容和自媒体的海量视频资源，建立视频内容存储、发布、传播的"云数据库"。

2019年10月，长城新媒体集团推出"冀云·融媒体平台"，全力搭建河北网络主流舆论宣传阵地，全面应用人工智能（AI）与大数据技术，集PGC与UGC于一体，全面融合、汇集河北省市县三级融媒体中心优异的内容作品，构建全国首家以正能量为突出特色的短视频平台，提供政务、民生、财经一站式服务，加强与用户的连接，不断放大主流声音，致力于打造省市县权威移动发布平台。

2023年6月15日，河北广播电视台旗下的河北广电无线传媒股份有限公司、百度智能云、小度科技在京签署战略合作协议。百度为河北广电无线传媒股份有限公司提供技术支持，推动AI技术、大模型逐步赋能媒体行业创新。

（二）河北省主流媒体智能传播技术的使用特点

1. 使用技术类型集中：多为视听增强技术与数据支持服务

技术是智能媒体发展的重要推动力量。河北省主流媒体将智能传播作为革新方向，逐步将智能传播技术应用于新闻采编、分发等环节，充分利用VR、AR航拍等视听增强技术，5G、大数据、云计算等数据支持服务，积极开发全媒体产品，创新产品样态，提升传播速率。"冀云"平台利用AR技术丰富报道形式和报道内容，如2023年的作品《创意微视频｜炫彩AR全景读报告》（浏览量310万次）、《长城AR｜新年灯光：看中国式现代化河北场景》（浏览量286.6万次），2022年的作品《AR视频｜国庆灯光秀：河北新气质》（浏览量459.7万次）、《创意视频｜AR体验非凡的一天》（浏览量783.8万次）、《AR视频｜灯光秀里迎新春》（浏览量459.7万次）等，都利用AR技术打造新闻产品，让观众在观看的同时获得全新的视觉体验。"冀云"平台还利用VR技术以及数据支持服务打造多个爆款产品，如2023年的作品《创意视频｜端午节里的中国精神》（浏览量594.2万次），2022年的作品《VR全景｜追寻红色之旅：邯郸成

语典故苑》（人气19882，点赞量11084次）、《VR全景 | 追寻红色之旅：抗大陈列馆》（人气51286，点赞量44584次）、《全景VR沉浸式畅游邯郸园博园》（人气49216，点赞量1622次），都以VR的形式赋能产品创新，促进全媒体时代新闻产品的制作。此外，还有"冀时"平台使用虚拟主播"冀小佳"，推出短片《旅发连连看 | 虚拟主播冀小佳邀你共享南湖夜景的小美好》（浏览量103.4万次）。

在数据支持服务方面，"冀时"平台出品的慢直播产品，充分利用大数据、云计算、5G等技术，搭建移动化、速度快、画质高的慢直播平台。如2023年12月17日，"冀时"平台"美丽河北：慢直播 | 炫！暖阳燃冬"节目使用慢直播形式，多机位利用航拍技术对河北各市进行拍摄，同时云技术为慢直播业务提供了一体化技术支撑，为用户提供了稳定、流畅的观看平台。利用5G技术进行电视、网络双直播，使电视节目更具网络属性，更符合人们的收看习惯。

2. 技术驱动依赖外部公司支持：与高科技公司开展战略合作

河北主流媒体与高科技公司多有合作，共同搭建媒体平台。2023年6月15日，河北广播电视台旗下的河北广电无线传媒股份有限公司、百度智能云、小度科技在京签署战略合作协议，此次三方合作是百度智能云在广电场景中的一项重大实践，百度智能云与小度科技将与河北广电无线传媒股份有限公司探索"大模型+媒体"场景下的智能化应用。此外，河北广播电视台"冀时"移动媒体云平台与阿里巴巴集团合作，阿里巴巴集团作为"冀时云"的战略合作伙伴，对"冀时云"进行技术、平台、资源、生态上的支持。

（三）智能传播技术对河北省主流媒体发展的促进作用初步显现

1. 新闻生产效率提高

（1）新闻时效性增强

智能传播技术使新闻机构能够更迅速地获取、整理和发布新闻以实现实时报道和即时推送。自动化的新闻采集系统和算法能够实时监测事件发展，快速生成报道，并通过智能推送系统将新闻内容即时推送给用户。在新闻加工期间，智能传播技术包括自然语言处理和机器学习等，使得新闻编辑和生成的过程更加自动化。这可以缩短新闻生产的时间，从而提高新闻报道的时效性。同时，实时的摄影、视频、直播等技术使新闻机构能够更迅速地获取和传递多媒体内容，提高了报道的生动性和真实感。

以 2023 年 11 月观察统计为例，河北新闻网的"纵览新闻-冀看点"在抖音平台发布视频 826 条，长城新闻网在抖音平台发布视频 1169 条，同时河北新闻网平均每天在其微信视频号发布视频多于 2 条。智能传播技术的使用改变了旧有媒体固定时间进行出版的生产模式，"随拍、随剪、随发"的模式提高了媒体发布新闻的灵活性。调查问卷显示，有 94.88% 的受访者认为"智能传播技术提高了新闻的时效性"。随着智能移动终端的普及，用户可以随时随地接收到刚刚生产的新闻。在碎片化阅读的今天，智能传播技术在新闻的生产和接收两端合并发力，大幅提升了新闻的时效性。

（2）数据可视化程度提高

智能传播技术可以帮助新闻机构进行大数据分析，挖掘和整理海量的数据信息。通过使用智能分析工具，新闻从业者可以更准确地评估并预测新闻事件的重要性、受众关注度、舆论动向等，从而便于做出有针对性的新闻报道和编辑决策。例如河北新闻网发布的"数说河北'十三五'""数说河北'十四五'"等新闻，利用可视化数据将受众所关心的内容以直观易懂的形式展示出来，更方便让人接受和理解。同时，智能传播技术的数据分析能力使新闻机构能够更好地分析事件的发展趋势，并进行更准确的预测。通过大数据分析、机器学习和人工智能，新闻机构可以更快速地理解和回应新闻事件，提高对事件的预判和解读能力。

（3）生产模式由线性转变为非线性

传统的新闻生产模式是线性的，即记者采访、编辑整理、审核发布，而互联网业态下的新闻生产模式则是非线性的，可以在多个平台同时进行。这种非线性的生产模式使得新闻的传播更加迅速和广泛。智能传播技术可以通过网络爬虫、自然语言处理等，实时监测和筛选大量的信息源，从而更迅速地获得新闻素材。同时，智能传播技术促使新闻机构更加重视实时互动和社交媒体的整合。互联网业态下的新闻生产模式包含了更多的用户反馈和参与，通过社交媒体平台，新闻机构能够更直接地与受众互动，了解他们的需求和反馈，从而调整报道的方向。

2017年6月，河北日报报业集团上线的"河北日报智慧媒体云"，是利用云计算、大数据、人工智能、移动互联网等智能传播技术将报纸、网络、移动端及新媒体的内容生产与发布融为一体的全媒体智能云平台。该平台基于智能传播技术，支持人机协同生产、移动采编、自动选题等功能。该平台上线后不断完善，逐渐改变了河北日报报业集团新闻生产模式。在新闻的生产过程中利用"智慧云"对文本关键词、标题、时间、来源等重要内容进行校阅；支持人机协作、移动采编、H5可视化编辑器、新媒体矩阵、辅助选题等多种操作。这使得河北日报媒体矩阵在追求新闻生产"快"的同时保证了"质"，大幅度提高了新闻生产的可视化、协同化和移动化水平。

在传统的新闻传播模式下，新闻的来源和传播方式相对单一，而在互联网时代下，新闻的来源和传播方式变得多元化。公众不再只是新闻的接收者，而是可以参与新闻的生产和传播过程。这种模式的转变要求新闻生产者更加注重信息的透明性，接纳和引导公众的参与，将新闻生产从封闭变为开放，新闻透明性理念强调"公开的透明性"和"参与的透明性"。

2. 新闻传播模式多元化

（1）突破时空限制，拓展视听节目场景

智能手机和平板电脑的普及使得新闻内容更加"便携"，观众可以随时随地通过移动设备获取新闻。这使得新闻的传播不再受限于特定的时间和地点，观众可以在交通工具、公共场所或者家中轻松地获取新闻。同时，智能传播技术使得新闻机构能够实时报道和直播事件，无论发生在世界的任何地方，通过即时的视频流和实况报道，观众可以在第一时间了解到事件的最新情况，使新闻更具及时性和真实感。此外，通过VR技术，观众可以沉浸式地体验远程地点的新闻场景，增强对事件的感知。AR技术也可以用于在实际场景中叠加虚拟信息，为观众提供更丰富的新闻体验。智能传播技术推动了VR和AR技术在新闻报道中的应用。

长城新媒体集团利用"5G+VR+AR"技术所制作的《云瞰"雪如意" AR来揭秘》H5动漫作品将虚拟场景和现实真实场馆相结合,在作品中真实再现了"雪如意跳台"、雪道、裁判塔等现实场景,受众在作品中可以亲身"光临"每一处场景,还可以和虚拟主播进行互动。该作品一经上线便深受好评,超560万人次参与互动。此外,长城新媒体集团所推出的互动H5作品《3D体感虚拟滑雪游戏丨一起向未来滑向雪如意》利用Web3D、体感控制等技术让用户在虚拟空间中"沉浸式"滑雪,将有关冰雪运动的知识通过深受受众喜爱的形式进行了普及和推广。

(2)推送内容个性化与精准化

智能传播技术利用算法分析用户的兴趣和行为,为用户提供个性化的新闻内容。这种个性化推荐系统打破了传统的时空限制,使用户可以在任何时间、任何地点获取符合其兴趣的新闻,提高了新闻的个性化、丰富了用户体验。河北日报报业集团所推出的"纵览"新闻客户端利用算法和大数据分析等智能传播技术对用户的兴趣爱好和行为习惯进行分析,在此基础上针对用户个人喜好进行对应类别的新闻推送,有效增强了用户黏性。智能传播技术改变了传统新闻的单向传播模式,使得观众能够更直接地参与新闻报道。

通过社交媒体的在线评论和互动功能,观众可以分享自己的看法、提出问题,甚至直接参与新闻决策和制作的过程。此外,智能传播技术推动了新闻与社交媒体的结合,人们可以通过社交媒体实时分享新闻、评论事件,使得新闻能够更迅速、更广泛地在社交媒体上传播。这也促使新闻机构更加关注社交媒体上的实时互动,以更好地了解受众的需求,及时获得受众的反馈。截至2023年12月10日,"河北新闻网"微信视频号累计发布作品8148个,总评论数超68.83万条,总转发数超489.9万次。在微信视频号作品的评论区中,受众可以针对作品表达自己的观点,也可以同视频作者及其他受众进行讨论与互动,在互动的过程中会对新闻内容进行解读和补充,受众在转发新闻内容的同时会对新闻进行评论,转发的过程也是新闻二次传播的过程。例如2023年12月7日,河北新闻网在微信视频号上发布视频《37岁女子颈椎后仰反向折叠26年生3娃,手术后身体被"拉直"》,在该视频的评论区中，除了对视频中该女子的祝福外，网友们在积极讨论如何预防颈椎疾病、交流如何复健以及分享自己的治疗经历、分享遇到的名医良药，使更多看到此视频的人可以获得帮助。

二 河北省主流媒体智媒体产品受众吸引力分析

（一）各融媒体平台智能产品传播实践

2023年，"冀云""冀时"平台生产传播的智能产品主要形式包括AR作品、VR作品及微直播、慢直播等。通过整理，2023年"冀云"平台生产AR作品2个，分别为《创意微视频 | 炫彩AR全景读报告》《长城AR | 新年灯光：看中国式现代化河北场景》，VR作品3个，分别为《VR文物展 | 青花瓷花瓶》《创意视频 | 端午节里的中国精神》《奋力谱写中国式现代化建设河北篇章主题形象展》，具体浏览情况如图1所示；转载VR作品1个，为人民日报社制作的《怀念！VR绘画再看一看袁爷爷的笑容》。"冀时"平台发布H5作品3个，分别为《预防未成年人网络沉迷 上好网络素养"必修课"》以及小游戏2个——《专治各种"不平衡"》《这是一个"圈套"》。

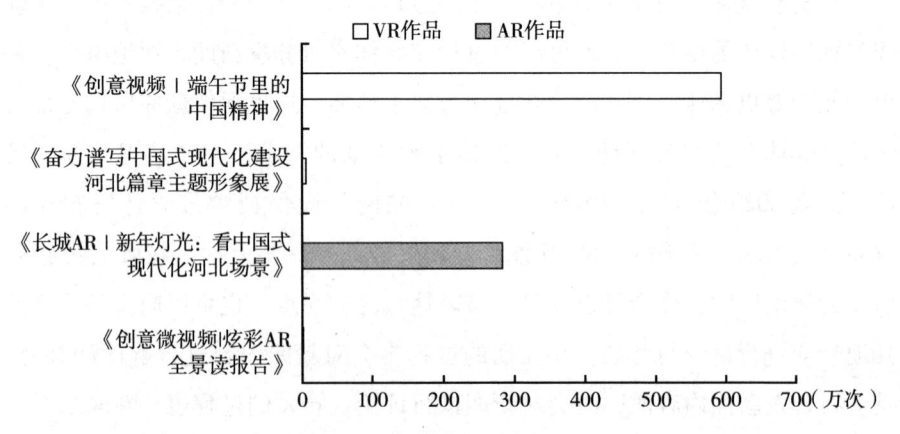

图1 2023年"冀云"平台发布AR作品、VR作品的浏览量

注：《VR文物展 | 青花瓷花瓶》为小程序应用，无法获取数据。

（二）虚拟主播为广电媒体发展注入科技创新力

目前，河北省共有5位已投入使用的虚拟主播以及两位未投入使用的虚拟主播。首先是长城新媒体集团推出的"冀小青"与"冀小蓝"。"冀小青"依托语音识别、人脸建模、口唇预测、音频驱动等前沿技术，能够实现智能驱动，快速便捷地进行新闻直播；"冀小蓝"则是利用大数据、人工智能、机器语音合成技术，具有超强的学习能力和海量知识储备，兼具形象化、个性化的表达。其次是"冀时"平台的虚拟主持人"冀小科"。"冀小科"是《科创河北——科协进行时》中的虚拟主持人，造型超写实、职业化，交流方式俏皮、通俗。最后是河北广播电视台自主研发的两位虚拟主播——"冀小佳"与"李耀阳"。"冀小佳"在"跟着鸟儿游河北"、"台媒体推介会"、深圳文博会宣传片中出镜播报；"李耀阳"则是河北广播电视台新闻主播李耀阳的数字形象。河北广播电视台除了有"冀小佳"和"李耀阳"两位虚拟主播外，还有另外两位备用虚拟主播，目前还未投入使用。

（三）智媒体产品的受众吸引力

前文数据显示，不同作品之间的浏览量差距明显，比如VR作品《创意视频｜端午节里的中国精神》的浏览量为594.2万次，而AR作品《创意微视频｜炫彩AR全景读报告》却只有360次。为了解不同作品对受众的吸引力及影响，本报告向受众发放了调查问卷，共回收问卷360份，其中有效问卷359份。本次有效问卷受访者年龄段信息为17岁及以下12人、18～24岁146人、25～30岁93人、31～40岁56人、41～50岁39人、51～60岁9人、61岁及以上4人。职业构成为学生169人、教师48人、媒体行业77人、医疗卫生8人、企业52人、无业或退休5人。问卷受访者的年龄以及职业构成比重如图2、图3所示。

在对回收的359份有效问卷进行分析后，"知晓且浏览过AR/VR作品"的受访者占比为13.9%，"知晓但未浏览过AR/VR作品"的受访者占比为3.6%，

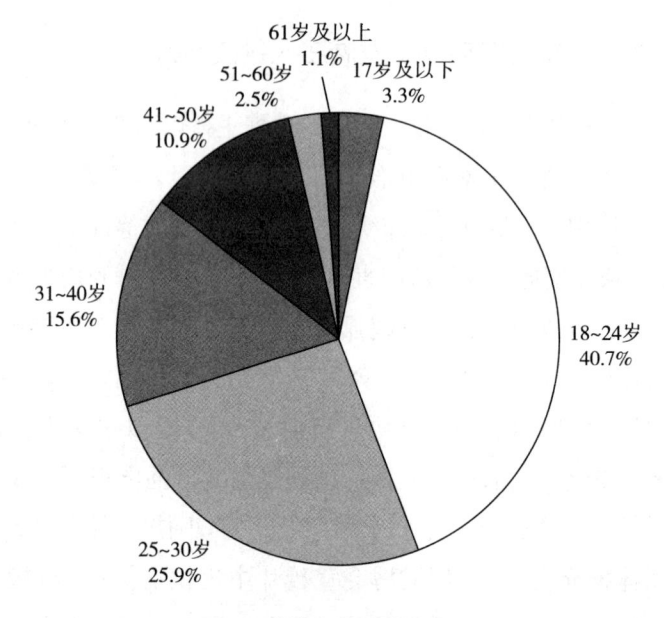

图 2 受访者年龄构成比重

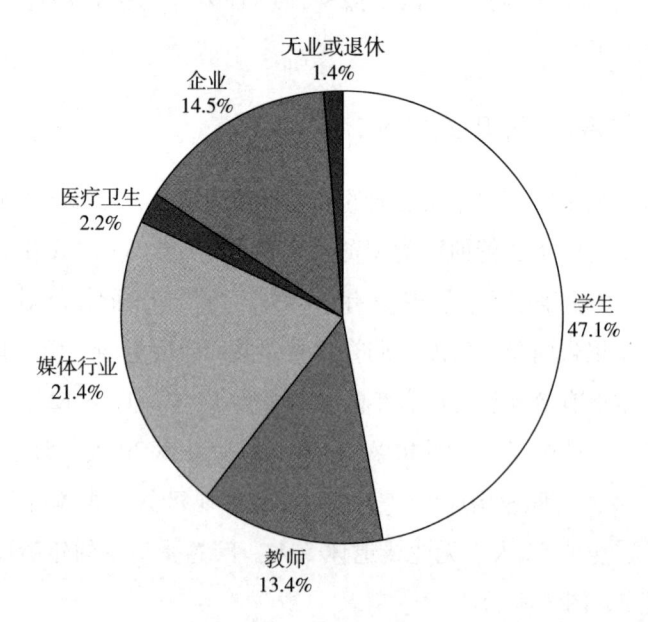

图 3 受访者职业构成比重

"不知晓且未浏览过 AR/VR 作品"的受访者占 82.5%（见图 4）。在"知晓且浏览过 AR/VR 作品"的 50 人中，有 15 人是"使用该软件"浏览的作品，有 29 人是"通过他人社交平台转发"浏览的作品，有 5 人是"通过其他媒体平台转载"浏览的作品，有 1 人是"通过亲属、朋友口头提及，自行查找"浏览的作品；在"知晓但未浏览过 AR/VR 作品"的 13 人中，有 11 人是"通过他人社交平台转发"知晓的作品，有 2 人是"通过其他媒体平台转载"知晓的作品（见图 5）。

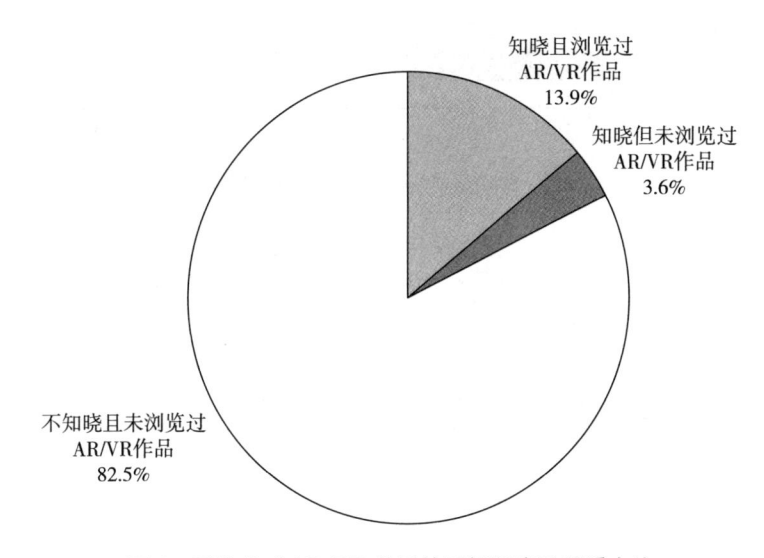

图 4 受访者对 AR/VR 作品的了解程度及观看占比

针对各媒体发布的 AR/VR 作品进一步开展调查显示，选择"喜欢这些作品"的受访者为 72 人，其中认为"新颖有趣"的为 29 人，认为"能学到知识"的为 31 人，认为"能展现地方特色"的为 10 人，选择"其他"的为 2 人，分别为"能体现中华文化"和"能教育孩子"；选择"对这些作品无感"的受访者为 85 人，其中"对内容不感兴趣"的为 48 人，"对形式不感兴趣"的为 31 人，"对所在平台不感兴趣"的为 6 人；选择"不喜欢这些作品"的受访者为 202 人，其中选择"对内容不喜欢"的为 83 人，"对形式不喜欢"的为 51 人，"对所在平台不喜欢"的为 67 人，选择"其他"的为 1 人，是"被强制观看所以不喜欢"（见图 6）。

图5 受访者了解AR/VR作品的渠道

图6 受访者对AR/VR作品的喜好程度及原因

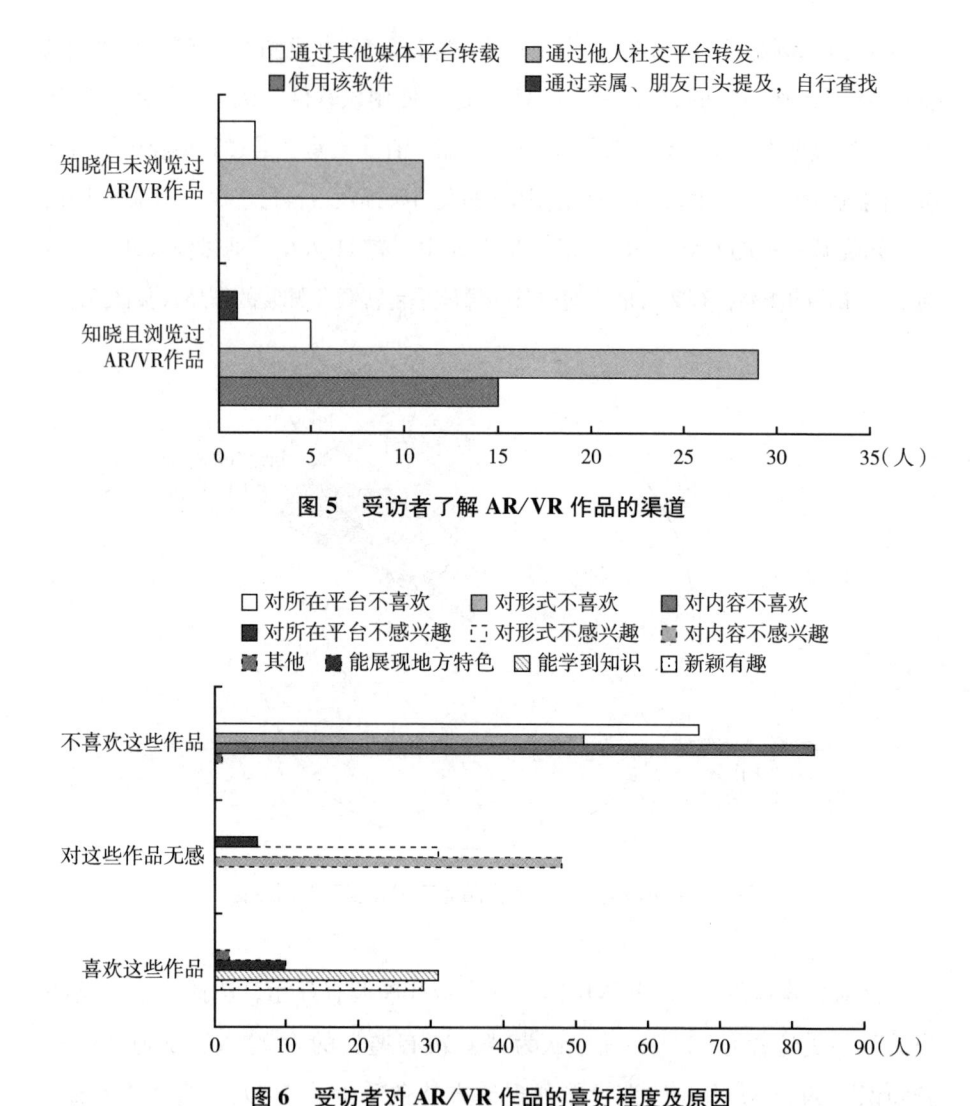

针对虚拟主播的节目及相关产品开展的调查数据显示，选择"知晓且浏览过虚拟主播作品"的受众占比为20.6%，"知晓但未浏览过虚拟主播作品"的受众占比为18.4%，"不知晓且未浏览过虚拟主播作品"的占61.0%（见图7）。在"知晓且浏览过虚拟主播作品"的74人中，有28人是"使用该软件"浏览的作品，有39人是"通过他人社交平台转发"浏览的作品，有

6人是"通过其他媒体平台转载"浏览的作品,有1人是"通过亲属、朋友口头提及,自行查找"浏览的作品;在"知晓但未浏览过虚拟主播作品"的66人中,有18人是"使用该软件"知晓的作品,有38人是"通过他人社交平台转发"知晓的作品,有9人是"通过其他媒体平台转载"知晓的作品,有1人是"通过亲属、朋友口头提及,自行查找"知晓的作品(见图8)。

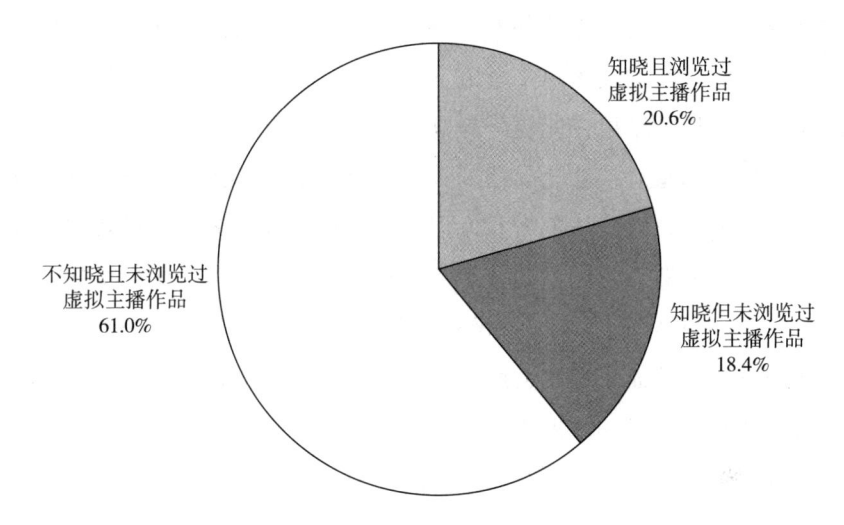

图7 受访者对虚拟主播作品的了解程度及观看占比

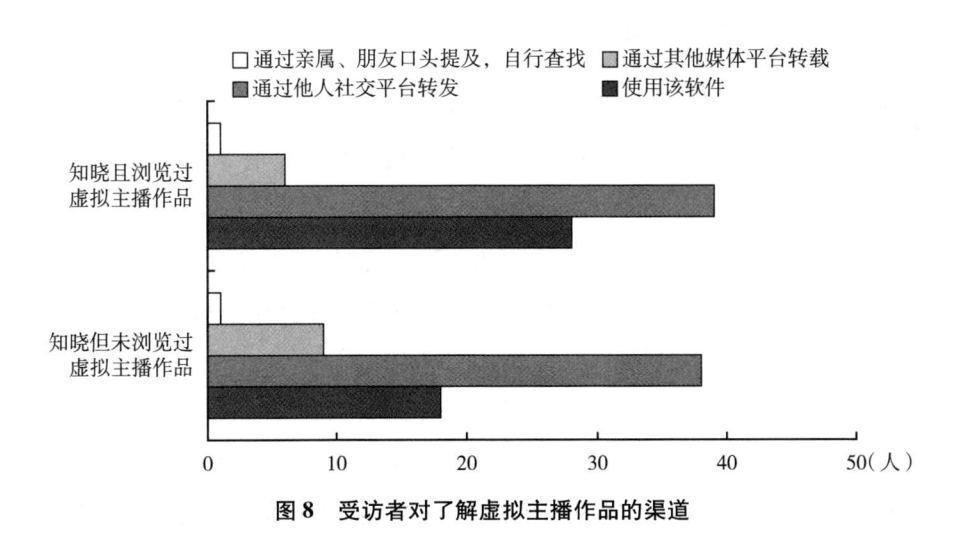

图8 受访者对了解虚拟主播作品的渠道

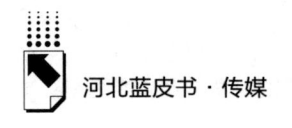

三 河北省主流媒体智能传播技术发展面临的困境

保罗·莱文森在《数字麦克卢汉：信息化新纪元指南》中提出，人类在媒介演化过程中，不断地进行理性选择。任何一种后继的媒介，都是一种补救措施，都是对以往的某一种媒介先天不足的功能的补救和补偿。换言之，虽然人类的技术越来越完美，但新的媒介会带来新的问题。媒介的进化是人选择的结果，能更好地满足人的需要的媒介被保留了下来。今天的智能媒体则是对社会化媒体的补偿，而智能媒体的支撑则是智能传播技术。可以说，智能媒体创新和发展的底层逻辑就是智能传播技术的不断进步。从写作机器人的问世到基于大数据支持的传感器技术的应用，再到5G、VR、算法技术及区块链技术的应用，每一次技术的革新都推动了智能媒体的发展。然而正如前文所述，当今河北省主流媒体的智能传播技术仍停留于大数据技术和虚拟主播等层面，应用场景较为集中，且受众了解度和喜爱度均不高。可以说，河北省主流媒体对智能传播技术的使用还处于初级阶段。

（一）媒体创新内生力不足

1. 技术开发难度大、周期长、成本高

首先，VR、AR、AI等技术的应用和集成需要高度的专业知识和技能，增强了开发的复杂性。同时在智能媒体创新中，内容的制作和生产又是一个独立的挑战。制作高质量的VR内容需要专业的制片人和技术人员，增加了项目的开发成本、延长了项目的周期。其次，引入新媒体技术或概念需要长时间的研究和开发，尤其是在涉及前沿技术或概念验证的情况下，研发周期可能更为漫长。例如，在2022年12月31日长城新媒体集团所发布的作品《长城AR｜新年灯光：看中国式现代化河北场景》中，仅2分48秒的时长就包含了河北省各地市11个航拍场景，同时在每个场景的画面中都加入了大量的AR技术，为保证受众良好的观感体验，即使是体量并不大的作品也

需要大量时间、技术和经济的投入。

同时，媒体创新的成功与市场接受程度密切相关，被市场接受、认可的媒体创新才是有意义的创新。然而市场存在不确定性，预测市场对新创意或新技术的反应是困难的，因此开发团队可能需要投入大量的时间和资源进行市场研究与试验。加之一些媒体创新可能需要成本高昂的设备和技术支持。例如，VR和AR项目通常需要特殊的硬件和软件支持，不管是经济成本还是时间研发成本都难以压缩。即使媒体创新成功，一些媒体创新可能涉及法律和伦理问题，例如隐私、版权等。解决这些问题同样需要时间和资源，以确保媒体创新的合法性和道德性。

2. 技术开发目标模糊不清

所谓传播技术，指的是人们用于传播信息、提高信息生产与传播效率的工具、手段、知识及操作技能的总称。[①] 智能传播技术的问世使得媒介在生产、传播和反馈等部分的效率较过去有显著提高，但是智能传播技术包含大数据、5G、AI等若干技术，不同的技术对于不同的媒体及新闻类型有不同的效果，如何针对媒体及新闻产品自身特点进行"对症下药"就显得尤为重要。例如大数据、写作机器人对报刊的财经类、体育类等的新闻生产起到重要的辅助作用；智能传感器技术对于广播电视台来说，在生产采编人员无法亲身接触的危险地区有着"替身"的作用；在算法、云计算等技术的加持下，移动端新闻的推送准确率和个性化程度也有所提升。

总体来说，河北省主流媒体对智能传播技术的使用处于初级阶段，智能传播技术的开发和创新空间巨大，目前没有以实际问题或目标为导向进行开发。例如对于AR和VR技术的开发应先明确该技术服务的新闻类型。对于自然灾害类新闻，在报道中使用VR技术可以还原灾害发生时的场景和过程，使得报道更具直观性和逻辑性；在财经类新闻的报道中可以使用VR技

---

① 李燕：《基于媒介融合背景下新媒体技术在电视新闻节目中的应用策略研究》，《中国传媒科技》2022年第4期，第71~73页。

术，使得数据的变化更富表现力。但是回顾河北省传统媒体对于 VR 和 AR 技术的使用发现，其多用于介绍自然风景等新闻，还没有开发出更多 VR 技术的使用方向，这样既是对智能传播技术的浪费，也是新闻内容的亏损。在利用智能传播技术对媒介进行创新推动的同时，应坚持以实际问题和新闻目标为导向，这样才能提升生产内容的精确性，使得新闻生产和传播事半功倍。

3. 跨界人才匮乏

智能传播技术的使用者既需要有新闻传播类的专业知识，也需要有一定的技能认知和储备。就像过去习惯于用文字生产新闻的从业人员没有在学校内学习过剪辑短视频一样，现在的新闻传播学科的学生也没有在学校内详细学习过如何利用 AR、VR 等技术制作新闻，因为新闻传播学科的教师大部分对于基于计算机等工科的专业技术没有进行系统的学习和理解，所以单纯依靠高校教师进行教学所培养的学生想要在工作中轻松使用各类智能传播技术并不现实。在这样的现状下，打造"高校+媒体"的协同培养教学方案不失为一条解题良策。例如河北省各媒体可以和省内高校签署合作协议，高校提供优惠政策以吸引媒体的加入，媒体可以通过给各高校输送导师或承包课程等形式参与高校内新闻传播学科的教学，指派在新闻生产第一线且亲身接触、使用过智能传播技术的新闻人为学生讲解媒体现状和技术实际特点。这样既可以加深学生对智能传播技术的认识和理解，也可以提升学生的实践能力。

（二）对受众转型适应性不足

受众转型是指受众在消费信息和娱乐方面的行为与偏好发生变化。这种受众转型对主流媒体产生多方面的影响，包括影响其影响力、盈利模式以及内容传播方式。

随着数字媒体和社交媒体的兴起，人们获取信息和进行娱乐的途径发生了变化。越来越多的受众更倾向于在互联网上通过社交媒体获取新闻信息，而不再依赖传统的主流媒体。这是由于受众对个性化和定制化内容的需求增加，数字平台和流媒体服务为受众提供了更多选择，并能够根据个人兴趣和偏好推荐内容。这对主流媒体的"广播式"传播模式造成了竞争压力。与此同时，互联网使得信息传播变得更加去中心化，人们可以从多个渠道获取新闻和观点。相较于主流媒体较为集中的报道，社交媒体、播客、独立新闻网站等提供的多元化信息，对受众更具吸引力。调查问卷结果显示，有78.9%的人"更偏向于通过诸如微信、微博等社交媒体获取新闻"，其中年龄在18~24岁的人群占93%。更应引起关注的是，在18~24岁的人群中，有62%的受访者选择"未主动关注过本地的新闻媒体"。这是因为相较于主流媒体，社交媒体和其他数字平台具有更强的互动性和参与感，受众不再是被动地接收信息，而是能够参与对话，发表自己的观点，这与主流媒体传统的单向传播模式有所不同。年轻一代观众可能更倾向于使用数字媒体和社交媒体，而主流媒体的传统模式可能更符合一些年长观众的口味。因此，年龄和文化差异也是导致主流媒体对特定受众影响力下降的因素之一。

总体而言，受众转型对主流媒体的影响可以归因于数字化、社交化、个性化等多种因素。主流媒体需要适应这些变化，通过创新传播策略来保持与受众的连接，这包括数字化转型、社交媒体参与、提供多样化内容等。

（三）算法造成的信息茧房不断加固

算法的使用对媒体而言是一把双刃剑。一方面，算法的使用使得媒体新闻的投放更具精准性和目标性；另一方面，长此以往会使信息茧房更加坚固，从而使得受众对主流媒体的关注度越来越低。问卷调查结果显示，有52.2%的受访者"更多关注娱乐类、体育类新闻"，21.8%的受访者"更多关注教育类新闻"，16.9%的受访者"更多关注时事政治类新闻"，7.6%的受访者"更多关注财经类新闻"。由此可见，大部分人更关心的是娱乐类、体育类新闻，更喜欢情感激烈、具有感官刺激的新闻。而一旦长时间地被算法推送更多地同类新闻，用户会在自己建造的"信息孤岛"上和外界的隔离程度越来越深，甚至会陷入充斥色情、暴力等内容的世界。这与偏重时事政治类新

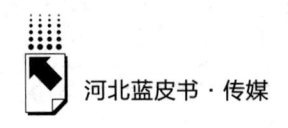

闻且重心在于体现和传播主流社会意识形态与主流社会价值观的主流媒体是相斥的。长此以往，受众则会越发或主动或被动"排斥"主流媒体的新闻。

四 补偿性媒介视角下智能传播技术创新产品路径

保罗·莱文森在其博士论文中首次提到补偿性媒介理论。他认为媒介都需要不断得到补偿和补救。随着补偿性媒介理论研究的不断深入，他认为补偿性不仅存在于媒介自身，还存在于媒介与媒介之间，任何一种新产生的媒介都是对过去某一种媒介或某一种媒介的先天不足的功能的补救和补偿。也有学者在补偿性媒介理论的基础上提出，旧媒介会在新媒介技术的辅助下继续演进以适应人类的信息需求。① 从补偿性媒介视角来看，智能传播技术的使用能够弥补河北省主流媒体旧产品的不足，推动新产品的创造。

（一）内容补偿：协调人机关系，提升内容质量

河北省主流媒体使用人工智能以及虚拟主持人等智能传播技术提升了新闻生产效率。人工智能作为智能化产品具有极强的深度学习能力、内容生产能力，可以打破传统新闻生产模式在时间上的限制。例如"冀云"平台充分利用人工智能技术实施新闻采编活动，打造出新闻产品《全景 VR 沉浸式畅游邯郸园博园》，提升了新闻产品的创作效率。虚拟主持人作为智能化产品有极强的储存、计算与编程的能力，可以打破传统主持人在空间、时间上的限制。长城新媒体集团研发推出的河北虚拟主播"第一人""冀小蓝"，可全天候、无疲倦、零差错、多场景完成播报任务；虚拟主播"冀小青"，采用人工智能、语音合成技术，可以实现与用户直接对话。除此之外，还有河北广播电视台都市频道虚拟主播"冀小科"、河北广播电视台虚拟主播"冀小佳"等，对新闻产品的播报做出有力弥补。

---

① 程明、程阳：《论智能媒体的演进逻辑及未来发展——基于补偿性媒介理论视角》，《现代传播》（中国传媒大学学报）2020 年第 9 期，第 1~5 页。

智能传播技术的应用还有更大的挖掘空间。人工智能与人类不同，需从经验和错误中进行深度学习，所以人工智能需要大量数据支撑其学习，数据越多，学习效果越好。也就是说，大数据实际上是对现有人工智能技术的补偿。目前，从河北省主流媒体智能传播技术的使用情况来看，其还有待开拓大数据、云计算等功能，以支撑自身人工智能不断学习，不仅要为新闻信息的科学性、准确性提供保障，还要通过技术进行数据分析，为受众和社会提供更高质量、更具有参考价值的数据新闻。

此外，协调人机关系非常重要。人工智能生产新闻存在信息失真、同质化的风险，容易造成内容剽窃及反转新闻。在此基础上，新闻媒体要明确人工智能技术适用于哪些环节，如新闻内容的整理、分类等重复和烦琐型的工作，为节省人力成本及时间可以交由人工智能来完成。而重要的新闻事件、深度报道等需要有较强的新闻敏感的环节，则需要真人记者来参与完成，避免内容失真和信息误导。

（二）服务补偿：加强互动，实时联结用户

媒介演进的视角下，智能媒体是对社交媒体的补偿，受众身份也随着媒体的演进而不断变化。在媒体融合大背景下，受众身份已然发生转变，由单向传播的受众转换为双向交流的用户。"受众"与"用户"间显著的差别在于用户与平台之间的互动性加强。河北省智能媒体顺应并适应受众身份的转变，发挥社会信息传播纽带与中枢作用，聚合信息、服务、政务等资源，建立多平台传媒矩阵，着力开发媒体移动应用与互联网网页新闻平台，创造优质内容，聚合流量，吸引用户。例如"冀时"与"冀云"平台，同时存在网页版与客户端版，主页标签包含交通、政务、文化、教育等多类信息及咨询服务。在扎根信息服务、传播政务信息的同时，抢抓短视频、慢直播、微直播等多种新形态产品，建立一体化服务平台。

但河北省主流媒体平台还存在一定缺陷。首先是站内搜索推送机制落后。例如在"冀云"平台搜索信息，因推送机制落后，其推送的并非浏览量最多、点赞数最多的作品，也并非发布日期最新的作品。这就造成寻找有效信息困

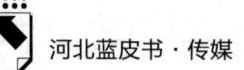

难,当用户想要搜索最新作品或者观看最受好评的新闻作品时,搜索结果往往不尽如人意。基于此,河北省主流媒体要大力发展物联网与大数据,利用物联网与大数据进行智能分析,实时了解用户需求,为用户提供有效信息。

其次是河北省主流媒体各平台间数据与信息缺乏充分地分享与协同机制,"跨市新闻+政务平台"的使用缺乏连贯性,例如"冀时"平台地区信息服务标签仅有石家庄、廊坊、沧州三市,"冀云"平台仅有石家庄一市。为解决河北省主流媒体各平台间信息交流不畅的问题,河北省主流媒体要开发利用物联网技术与传感器技术,实现数据收集的跨平台化,对现有资源进行整合,以实现各地区信息协同,鼓励多市"新闻+政务+n平台"一体化建设,推动移动服务平台与新闻平台共融共通一体式发展。

(三)需求补偿:创新媒介产品形式,提供多种使用场景

当前,人工智能、VR等技术被有效运用到提升用户体验的传播实践中,通过打造虚拟场景、发展人机交互,在为用户带来新鲜感的同时,增强用户的在场感和参与感,对于提升新闻媒体的传播力、影响力、引导力具有重要推动作用。然而,目前河北省主流媒体VR等技术的成熟度仍然较低,虚拟情境的质感不高,VR作品数量不多,加上设备的技术支撑不够,用户体验感仍有较大提升空间。例如"冀时"和"冀云"平台利用智能传播技术生产新闻产品的数量较少,有较高浏览量的新闻产品更是寥寥无几。由于客户端与各平台的官方号之间存在限制,双方的用户、粉丝并不互连,河北省主流媒体的官方号、客户端现阶段面临的挑战之一是与用户的"断联",因此,找回用户、留住用户、吸引用户是河北省主流媒体亟待解决的问题。

一方面,河北省主流媒体要推动技术革新及新闻产品形式创新,进一步更新智能传播技术,为用户提供多样化的服务和创新性的体验,以弥补当前媒体产品在"现场感""沉浸式"方面的不足。变革智能化全景式生产,利用AR、VR技术丰富用户体验,进行实时新闻报道,增强用户在场感与代入感。

另一方面,河北省主流媒体要继续推动媒体平台建设,提供多种场景下的服务功能,进一步满足用户在不同场景下的需求。要借鉴线上商场购物、

博物馆参观、医院导航等场景的智能化操作设计，增加媒体平台智能传播技术的应用频次与含量，而建设友好的界面是吸引粉丝的第一步。

（四）理性补偿：平衡算法与人工的关系，维护主流价值观

算法是常用的智能传播技术之一。主流媒体要想精准识别受众，就要使用大数据与算法。河北省主流媒体通过大数据与算法实现对用户信息及需求的解析和把握，并对数据背后潜在的趋势、规则进行挖掘，实现对用户画像的精准绘制，从而为产品内容生产、传播渠道提供可靠数据，为用户匹配个性化的新闻推荐服务，精准对接用户需求。但新闻媒体过度依赖算法内容推荐，就会使得算法根据用户的阅读习惯筛选和过滤信息，如此一来基于算法的新闻传播实践会造成信息茧房、过滤气泡[1]等问题。这就导致用户只能接触到与自己观点、兴趣点相同的新闻报道，丧失更多开阔视野和观点创新的机会。为弥补算法推荐的缺陷，河北省主流媒体要平衡好算法与人工的关系，使算法与人工有机结合，不断优化算法机制，最大限度减少信息茧房、过滤气泡对受众的影响，同时要加入符合主流价值观的内容推荐机制，维护主流价值观，积极引导舆论。要推动算法优化设计，加入多元化推荐机制。算法的存在价值并非媒体无限度地迎合用户的需求，而应遵循最基本的底线与价值观，让算法在一个多元化思想与信息健康受保护的框架中运行。

参考文献

李燕：《基于媒介融合背景下新媒体技术在电视新闻节目中的应用策略研究》，《中国传媒科技》2022年第4期。

---

[1] 美国学者伊莱·帕里泽在《过滤泡：互联网对我们的隐秘操纵》一书中提出，互联网根据所记录的浏览痕迹建立一种不断完善的预测机制，推测网络使用者的好恶。当用户使用浏览器进行信息搜索、查询等工作时，服务器后台会依据浏览习惯呈现相关性最大的信息，用户获取到的信息只是搜索引擎想让用户获取到的结果。各个网站就像气泡一样将用户与不同的意见信息分离，用户被隔离在自己的文化或思想泡沫中。

B.11 河北省主流媒体数据新闻智能化生产与传播路径探索[*]

沈 静 李茜沂 宋蒲在[**]

摘 要： 数据新闻已经成为当前智能化新闻生产的一种重要方式。本报告对长城新媒体集团、河北日报社和河北广播电视台等河北省主流媒体2023年数据新闻生产流程、生产的智能化运用、可视化呈现、叙事表达等现状进行分析，发现其在选题分布、数据来源、可视化呈现效果及叙事表达等方面存在不足，在分析其他主流媒体数据新闻栏目经验及发展趋势的基础上，从拓宽选题视角、拓展数据来源、深度挖掘数据、优化交互设计、刻画深度叙事等方面，提出优化河北省主流媒体数据新闻智能化生产与传播路径的建议。

关键词： 主流媒体 数据新闻 智能化生产

一 河北省主流媒体数据新闻生产与传播现状

随着互联网的高速发展，人们的生活被互联网信息时代的数据裹挟，大数据让人们的生活和工作变得更加便捷，大数据技术让人们可以对收集到的数据进行分析，以对社会有更充分的了解。早在2014年，大数据就被放在

---

[*] 本报告为2022年河北省高等学校科学研究计划项目"数字媒介素养教育的实践体系与推进策略研究"（编号：SQ2022125）阶段性成果。
[**] 沈静，河北经贸大学新闻与文化传播学院副教授、研究生导师，主要研究方向为新闻理论、新闻史；李茜沂，河北经贸大学新闻与文化传播学院硕士研究生；宋蒲在，河北经贸大学新闻与文化传播学院硕士研究生。

与土地、资本、劳动力同等重要的地位,首次被写进《政府工作报告》,从而逐渐成为各级党委和政府关注的重点;次年,大数据正式上升至国家战略的层面。与此同时,河北省主流媒体开始了数据新闻的生产和传播实践,从最初简单的呈现数据到融媒体作品中的数据新闻,再到生产中的智能化运用,河北省主流媒体积极转变思维模式,希望能够给受众呈现一种新的新闻形式,不断创新数据新闻的生产流程,以求生产对受众真正有用的数据新闻,将自身打造成具有强大传播力和影响力的主流媒体。本报告将从以下层面对河北省主流媒体数据新闻生产与传播实践进行阐述。

(一)数据新闻的生产流程

英国伯明翰城市大学著名教授保罗·布拉德肖(Paul Bradshaw)在《数据新闻的倒金字塔结构》一文中提出了"双金字塔模型",其中以"倒金字塔"来表示数据新闻生产的过程:数据汇编—数据整理—数据分析—数据整合。① 基于此,本报告主要从选题策划、数据来源与数据分析处理三个层面来分析河北省主流媒体的数据新闻生产流程。

第一,选题策划层面。河北省主流媒体的数据新闻报道类型是以社会民生和河北省地域性事件为主的常规型数据新闻。基于数据新闻的功能定位、叙事逻辑以及数据规模等新闻生产的核心要素,我国的数据新闻报道可以划分为两大类,一类是以复杂的社会问题为中心的调查型数据新闻,另一类是以普通社会民生和地域性事件为主的常规型数据新闻。比如长城新媒体集团每月的系列数据新闻"问政河北"就是以河北省政务服务为报道重点,向广大受众展示"问政河北"每月处理和反馈网民留言的情况。第二,数据来源层面。河北省主流媒体数据新闻的数据来源主要为引用他人数据、自采与引用数据相结合,其数据基本来自政府机构公开的官方数据。官方数据的最大优势是具有较强的权威性,这类数据也是目前河北省主流媒体数据新闻

---

① Paul Bradshaw,"The Inverted Pyramid of Data Journalism",Jul. 7, 2011, http://onlinejournalism blog.com/2011/07/07/the-inverted-pyramid-of-data-journalism/.

采用最多的。第三，数据分析处理层面。河北省主流媒体的数据分析处理主要是向受众描述和解释问题，深入浅出地为受众提供实用信息，即通过数据分析、归纳、判断和梳理，呈现重要事实和社会现象的现状、特点及其演变。

（二）数据新闻生产的智能化应用

随着传播技术的不断发展和更新，广大用户的新闻阅读感受和切身体验也受到各家媒体的关注，智能化在数据新闻的生产过程中日益发挥不可替代的作用。媒体机构可以利用新技术制作以虚拟现实和交互图表的形式呈现的数据新闻，也可以充分利用互联网平台发展新闻众包、建设大型数据库。这都为数据新闻的生产提供了良好的前提条件，也为数据新闻生产的智能化转型升级提供了强大支撑。

河北省主流媒体已经进入智能化应用的初级阶段，尤其是在选题策划和数据收集环节，智能化应用给新闻工作者带来了极大便利。河北省主流媒体利用智能化技术研判受众兴趣点并主动收集数据，从而对选题进行筛选，在一定程度上大大缩短了数据新闻生产的时间，提高了新闻生产者的工作效率。与此同时，形成了可利用的相关数据库，从而保证数据来源的准确性。在数据分析和数据发布环节，河北省主流媒体利用智能化对数据进行分析，同时对数据新闻进行把关，从而有效确保了数据新闻的准确性。

（三）数据新闻的可视化呈现分析

数据新闻的可视化呈现是一个关键环节。关于可视化概念，它是从计算机学科借鉴过来的，大致可分为科学可视化、信息可视化、知识可视化和数据可视化等类别。新闻传播行业主要使用的就是数据可视化，其出发点非常明确，就是在新闻生产中，运用计算机技术和图形处理技术，将抽象的数据转变成形象生动的图形或图像呈现在屏幕上，目的是让受众可以在最短的时间内清晰地了解新闻的发展过程和潜在内涵。数据新闻的可视化呈现形式多种多样，能够让受众快速且有效地了解新闻，能够让受众从数据中看出未来的发展趋势和有效价值,也能够让数字信息在互联网时代更好地发挥作用。

在可视化呈现方面,河北省主流媒体最常用的形式主要包括图片数据、数据地图、时间轴、H5动画、视频动画等。长城新媒体集团在长城网发布的河北两会新观察《抓投资 上项目 促发展"有底气"》,采用的就是图片数据,内容涉及省市重点项目完成投资数、全省审批备案项目数等;《海报派丨↑5.1%!河北经济开局良好》用海报的形式总结了2023年河北一季度经济运行情况,让受众清晰明了地看到河北省经济的发展现状和趋势;河北广播电视台和长城新媒体集团共同创作的新版20项民生工程海报新闻,就是采用了动漫数据新闻的形式,具体内容涉及中小学生脊柱侧弯防控工程,完成了1160万名中小学生脊柱侧弯专项筛查,此外还涉及就业促进工程等内容,深入浅出,发人深省。

(四)数据新闻的叙事表达分析

大数据的蓬勃发展,使数据成为参与新闻叙事的一种重要因素,无论是在模式上还是在表达上都给传统的新闻叙事带来重大创新与变革。数据新闻的叙事旨在将抽象的数据具象化,挖掘出数据之间的关联以及阐释数据背后的深刻含义,并以数据代替描述复杂、较难理解的文字叙述,使读者可以更清晰地获取自己所需要的信息。从这个角度而言,数据新闻的叙事表达对传播效果的影响较大,因此备受主流媒体关注。

河北省主流媒体在数据新闻报道中最大限度还原了新闻真实,以图文结合的方式进行新闻叙事。在叙事主题上,多以政务、民生、社会、经济、科普为主,多样化的叙事主题丰富了报道内容。长城新媒体集团"原来你是这样的河北""两会读图"等主题系列报道均采用了数据新闻的形式;在叙事结构上,以要素拆分重组的非线性文章结构和铺陈直叙的线性文章结构为主。长城新媒体集团生产的《2023年政府工作报告要点速读》以时间逻辑顺序为基本结构,先是对2022年的政府工作进行了数据展示和总结,然后以具体的数据阐述了2023年发展的主要预期目标,直观明了,便于受众理

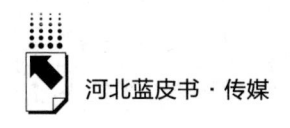

解。随着大数据的发展和受众的强烈需求，数据新闻的报道形式成为河北省主流媒体日益重视的方面。

二 河北省主流媒体数据新闻存在的问题

（一）选题分布不均，数据来源有限

河北省主流媒体在多年的探索实践中，形成了一套适用于媒体自身数据新闻生产流程的方式方法，但随着数据新闻的进一步发展，河北省主流媒体仍存在亟待提升、改进的地方：选题分布不均、数据获取被动。

河北省主流媒体数据新闻的报道选题分布不均，主要分布在教育、医疗健康、知识科普等普通社会民生话题和各地天气、政务服务、发展成果等一般地域性话题。以普通社会民生话题为主要报道内容的常规型数据新闻占据绝大多数，而媒体自采数据的调查型数据新闻较为少见。此外，河北省主流媒体在数据获取方面比较被动，主要通过数据加工再利用的方式将引用数据衍生为自身的新闻内容，缺少媒体的自采数据。在数据分析处理方面，分析较为模糊化，大多数的数据新闻采用较为简单的分析方式，一般仅对自己所使用数据的来源和获取方式进行介绍，对所采用的数据的属性、分析方法等核心要素有选择地回避。欠缺对数据的深度挖掘与分析、对数据描述不够清晰，成为常见问题。

（二）可视化呈现效果欠佳，叙事表达平淡机械

在数据新闻的传播过程中，河北省主流媒体虽然意识到可视化呈现与叙事表达对于受众体验来说是至关重要的，但在具体实践中仍存在以下问题：可视化呈现方式、叙事结构单一，吸引力和互动性较弱。

通过对数据新闻生产流程和传播现状进行分析发现，目前河北省主流媒体数据新闻的可视化呈现存在以下问题：呈现方式比较单一，很多数据新闻采用的是图片数据，对数据的挖掘深度不够，同时对受众的吸引力不够。除

此之外，发布的数据新闻交互性较弱，多采取传统的单向传输方式，受众的参与性比较弱。

在数据新闻叙事表达方面，河北省主流媒体虽然在数据新闻的叙事表达上积极实践，生产了诸多不同类型、主题的数据新闻原创作品。但不可否认的是，河北省主流媒体数据新闻的叙事表达仍有提升空间，数据新闻传播效果还未达到预期。目前，河北省主流媒体面临的最大问题是数据新闻叙事表达比较平淡机械，吸引力不足。首先，有的主流媒体发布的数据新闻是将政务类、民生类报道简单地以数据形式具象化呈现，并且叙事结构较为单一，延续了传统新闻叙事的线性结构；其次，有的数据新闻虽然在叙事主题上相对丰富，但大多是与政务、民生相关的告知类数据新闻，多以传达事实为主要目的，受众吸引力较弱；最后，长城新媒体集团、河北日报社、河北广播电视台没有清晰地意识到各平台传播方式的差异所带来的不同的传播效果，也没有充分发挥微信公众号等平台的互动优势。此外，叙事表达浅表化、视角单一、缺乏连贯性也是其面临的问题。现有的河北省主流媒体数据新闻报道，大多是将所收集的数据罗列呈现，而未对其进行更深层次的分析及挖掘因果关联，造成对数据的报道停留在表面，这不仅忽略了新闻叙事的脉络，也影响了逻辑上的连贯性。同时，这使生产出来的数据新闻缺乏像调查性报道与深度报道这类新闻价值较高的内容。

三 其他主流媒体数据新闻栏目的经验及发展趋势

从最初的辅助手段到报道新闻的主要形式，数据越来越成为新闻报道的重要工具。2014年初，中央电视台《晚间新闻》推出了"据"说系列报道，这是中国电视媒体在数据新闻道路上迈出的第一步。随着互联网和新媒体的迅速发展，越来越多的融合媒体开始向数据新闻的方向发展，比如新华网是较早开展数据新闻实践的媒体机构之一。对于优秀的数据新闻作品来说，澎湃新闻"美数课"的优点是聚焦当前的社会热点话题，形式也比其他媒体更加多样化，而财新网的"数字说"则是基于财新网的海量数据资源和在数据分析方面的丰富经验，并提出"用数据解读新闻，用图表展示新闻，为用户提供更好的阅读体验"。因此，以这两家主流媒体的数据新闻栏目为代表，总结其经验及发展趋势，为河北省主流媒体数据新闻智能化生产和传播路径提供思路。

对于数据新闻来说，数据尤其重要，而对于新闻媒体而言，数据源获取是一个很大的难题。目前，国内的数据大部分被政府部门和互联网公司掌控，虽然数量庞大，但并没有完全公开，大部分的数据要么需要保密，要么涉及商业机密，无法获取，更不用说公开。即便是已授权发布的数据，其使用要求也十分严格，不能对其进行深度处理，这在一定程度上限制了我国数据新闻的进一步发展。而财新网的"数字说"则逐步探索出了一套较为成熟的开放数据挖掘模式，具体来说即在报道的过程中进行同步的数据阐释，专门对报道主题中涉及的数据采集方式、所用工具以及数据筛选方法等进行系统解答。在这个过程中，受众可以提供相应的数据进行补充、完善，进而使所获取的数据更加完善、准确，也能实现与受众的深层次互动。

在数据新闻的可视化呈现上，这两家主流媒体的数据新闻栏目更加关注受众的特征和需求，增加了许多动态的数据信息图表、视频以及立体的动态图，让二维平面的可视化呈现变得更加生动、有立体感，能够更好地满足受众的个性化需求。

在数据新闻的叙事表达方面，财新网的"数字说"有可被借鉴的特色。数据新闻由于特殊性，若仅仅注重向受众展现数据则容易使新闻报道显得生硬与晦涩，因此数据新闻的叙事方式尤为重要，财新网的"数字说"在探索与体验中为受众解读新闻提供了优势。比如，其在叙事过程中，不再是传统地依据时间顺序来展开叙事，而是以探索叙事方式使受众有选择性地吸收满足自身需求的个性化内容，围绕所报道的主题将新闻事件的宏观与微观相结合。此外，新闻游戏娱乐化的叙事方式也让受众能够参与叙事的过程。

在未来，数据与人们的生活联系越来越密切，作为新闻工作者更应意识到，提高数据素养是必不可少的工作。与此同时，数据会随着社会的发展变得更加复杂，收集数据、分析数据更是新闻工作者必须掌握的本领。

四 河北省主流媒体数据新闻智能化发展建议

（一）提升素养、勇于创新：拓宽选题视角

数据新闻的选题主要是对其所要报道的主题价值进行把握，进而规划新闻最后的呈现效果，这一部分和传统新闻的选题策划类似，要求从业人员站在新闻价值和受众需求的角度，结合媒体自身的栏目特点进行编排。具体来说，为了确保新闻选题符合大众需求，应在选题前进行目标用户需求方向的分析与定位，并根据新闻的报道方向，收集具有独特性的新闻信息。在此基础上，再对新闻的主要模块与模块占比进行分析，确定新闻的选题方向。

在新闻选题的具体内容方面，河北省主流媒体十分注重数据分析的基本功能——描述问题。因此，建议在一定程度上拓宽选题视角，如预测问题和决策问题层面。主流媒体具有权威性，可以在掌握一定数据、资料的基础上对某一时间的某个事态、现象在未来一段时间内可能出现的情况或发生概率进行预测。比如，长城新媒体集团的官方微信公众号经常发表关于油价涨跌的数据新闻，接下来可以在已有的基础上对其价格展开进一步的科学预测。当然，这种选题视角对于记者、编辑的要求也相对更高，新闻创作人员在预测问题前需要建立分析模型，并且需要对选题内容的专业知识有一定的了解和把握。此外，问题决策类的新闻选题可以通过数据分析为受众提供智力之策，让受众能够获取有关未来行动的最优方案，记者、编辑在操作中可以主要采用规范性分析，帮助读者从众多选择中选出一个应对或解决问题的最优方案。

（二）数据众包、统筹资源：拓展数据来源

在传统媒体的生产过程中，数据信息主要依靠媒体内部"自给自足"，但传统的收集数据的方式已经不适合数据新闻的生产。在此基础上，数据新

闻的生产需要增加协作分工的外包模式与众包模式，这使得直线型生产模式转变为网络生产模式。因此，河北省主流媒体要及时抓住机会转变方向，发展数据众包平台，统筹数据信息资源，拓展数据来源。

在选题策划、数据收集和分析环节，河北省主流媒体可以将选题的决定权交给受众，让其成为策划的真正参与者。最初的新闻众包平台是指众包方可以在各种社交平台设置议题，用户参与话题讨论并上传自己拥有的资料，媒体利用新闻众包平台收集和分享数据。随着互联网的发展，人人拥有麦克风的同时主动权在增强，现在的新闻众包平台可以邀请用户提出值得调查的数据新闻选题，并发动其他用户参与调查，共同为数据新闻的生产提供数据资源，这样既能激发受众热情，也更有利于生产出受众关注的数据新闻。

在媒体深度融合发展的当下，河北省主流媒体在数据可视化环节，不仅要着力促进数据团队与各部门之间融合发展，还可以与社会化媒体等进行合作。比如财新网在其"数字说"频道发布的《阿里巴巴IPO：史上最大，是有多大？》，这篇数据新闻就是基于部门融合生产出来的作品；其所生产的《困在考研里的人丨故事》则从宏观的考研大背景来讲述考研人"石头"的故事。这需要数据团队和编辑之间不断沟通交流，才能生产出优秀的数据新闻。

此外，掌握数据资源是生产数据新闻的前提。河北省主流媒体要尽力拓展数据来源。互联网让全球的信息"有据可查"，数据也变得公开、透明，可能存在于政府、国际数据、专业调查机构的网站上，也可能存在于各大社交媒体、收集数据的社区网站上，还可能存在于用户平台之间的流通中，这都为新闻工作者制作数据新闻提供了数据来源。除此之外，在拓展数据来源、完善数据库的基础上，还要关注数据库的运营和维护，确保数据库的质量，这就对新闻工作者提出了新的要求，要快速提升自身的数据素养，对各种各样的数据源有准确地判断，避免陷入数据陷阱。河北省主流媒体要充分利用微博、微信、抖音等新媒体平台，盘活大量的全媒体矩阵数据。未来，媒体平台数据库的完善是数据新闻迈入新阶段的必要条件。

（三）强化分析、深化表达：深度挖掘数据

数据新闻的生产迫切需要数据科学方法论。因此，数据采集和分析能力直接决定了数据新闻的质量。在对数据进行收集、挖掘和分析的过程中，数据新闻团队要着眼于数据中所蕴含的深层次关联，掌握其中的新闻元素和新闻线索、历史数据和实际数据，以及它们的演化规律和发展特征，从微观和宏观两个方面，揭示新闻事件的总体真相。

数据新闻生成的关键环节是对数据进行处理，这个环节包括对数据进行清洗、分析和挖掘。河北省主流媒体在生产过程中，尤其是在大规模数据采集后，要对数据进行更深入的鉴别与分析，以确定其真实性、正确性及关联性，进而得到与话题有关的精确信息，完成对数据的精确处理。

河北省主流媒体在数据分析过程中，针对不同的数据类型，应结合情况采取不同的分析方法。如所收集到的同一主题的数据中包含两组或两组以上的同类数据，可对其进行横向或纵向的对比分析；当同一事件中存在两个相互联系的因素，可以对其进行相关性分析。对于不同类型的数据，也要采用适当的分析手段以凸显其内在的关联性，并给出合理的结论。总之，河北省主流媒体需要选择合适的统计方法进行数据的强化分析，在现有基础上进一步深度挖掘数据，对所获取的数据秉持怀疑和全面核实的态度，确保数据真实地反映结果，符合数据本身的逻辑，实现数据的深度挖掘。

（四）嵌入人工智能技术与算法，释放活力

数据新闻就是在大数据的技术背景下产生的，是该技术对新闻业不断渗透的产物，所以在数据新闻生产的诸多环节中，有必要更加灵活地利用人工智能技术和算法，在数据新闻的生产流程中释放活力，进一步提高数据新闻的质量。

河北省主流媒体的新闻工作者需要转化生产思维，充分发挥技术的助推作用。技术的不断发展和更新伴随传统媒体的转型升级，如何将 AI、5G、VR 等技术与数据新闻的生产进行有效结合是当下和未来要不断思考的问

题。比如在选题策划环节,如何利用人工智能挖掘话题;在数据收集和数据分析环节,如何利用算法分析收集到的数据,在数据中挖掘值得报道的新闻;在数据可视化和数据发布环节,如何将人工智能技术与数据新闻生产相联系,如何利用AI、VR等可视化技术生产出有吸引力的数据新闻,全面增强交互操作设计。

河北省主流媒体的数据新闻生产,除了要注意数据生产环节的智能化应用以提高新闻质量之外,还要特别注意人工智能技术和算法可能带来的负面问题,比如数据黑箱、侵犯隐私权等,这也是新闻工作者应该尽量避免的问题。当然,新闻工作者作为把关人切不可过度依赖算法,而忽略了人的主体性。只有实现人与机器的真正协同,在充分发挥人的积极主动性和独特优势的同时,发挥机器智能的强大功能,才能有利于河北省主流媒体数据新闻生产的提档升级。

(五)丰富视觉呈现方式、增加趣味:优化交互设计

数据新闻可视化要以新闻内容为基本素材去丰富和创新视觉呈现方式。伴随数据时代的到来,越来越多的主流媒体开始生产和传播数据新闻。河北省主流媒体在新闻传播过程中要通过视觉呈现方式吸引受众注意力,并让受众在较短的时间内对数据新闻有所了解,因此新闻工作者在挖掘足够有价值的数据信息和故事之后,对视觉呈现方式进行创新和丰富的同时,一定要兼顾数据新闻的可读性。

虽然河北省主流媒体的数据新闻注重全媒体传播,但有的数据新闻依然刊登在传统媒体上,比如报纸,所以只能采用静态图片,其中大部分是经典的信息图表,其利用静态传播的方式实现可视化传播,但这种视觉呈现方式是最简单的,不能迅速地抓住受众的眼球,也达不到较强的传播效果。目前,很多媒体开始对数据新闻的视觉呈现方式进行创新,现在已经有了交互页面、动画视频、三维动画、数据故事等多种视觉呈现方式。比如长城新媒体集团以动漫的形式发布河北省工作成绩单,《"关键词"我翻你看》以数据新闻的形式展现未来河北的发展方向;"网易数读"微信公众号发表的《在家看片,怎样才能像电影院一样爽》采用的是视频的形式,通过呈现不

同的分辨率、亮度、色彩、HDR等剖析电影院让观众有身临其境的感觉的原因。除此之外，通过不同声道、不同方位的声音模拟现场观影，就打破了影院的空间感，让受众产生了一种身临其境的感觉。当然，这类微信公众号的主题不受限制，数据新闻的选题范围也更加广，这是主流媒体无法比拟的优势。但主流媒体应该在现有的新闻内容基础上丰富和创新视觉呈现方式，比如天气类、金融类等数据新闻报道确实可以增加阅读趣味、增强可读性，也更能符合受众的需要，提高新闻的传播效果，为新闻报道注入新鲜活力。

除了注意丰富视觉呈现方式，河北省主流媒体在生产数据新闻时还应优化交互设计。被称为交互程度最高的可视化方式的游戏交互在平台上出现的次数屈指可数，因此河北省主流媒体尤其是新媒体平台在未来应该进一步利用数字媒体技术对数据新闻的支持，从受传者的角度加强交互设计，满足他们对于交互新闻的需求。比如可以将VR技术、AR场景、3D虚拟场景等与数据新闻中的交互设计相结合，让数据新闻的场景化更强、代入感更加明显，让用户更迅速地进入数据新闻。总之，信息技术的发展为数据新闻中的交互设计提供了更多的可能性，也为交互设计与用户之间的沟通搭建了桥梁。当然，新闻工作者也要顺应时代变化，整合多方力量，转变创作思维，为数据新闻中交互设计的可视化做出贡献。

（六）聚焦要点、深化逻辑：刻画深度叙事

数据新闻的优势在于，通过量化来向读者呈现具象化的新闻事实，因此在报道中也要充分利用这一优势，对数据进行深层次的分析让读者更加深刻地认识和了解新闻事实。在具体的报道中，既要聚焦宏观也要聚焦深度，这样才能在真正意义上深化数据新闻的报道逻辑，刻画深度叙事。通过聚焦宏观，以整体化思维的叙事模式承载庞大数据并引导读者，有利于对可能存在的问题进行揭示和调查；聚焦深度则可以进一步进行解释，展现思考逻辑。聚焦宏观和聚焦深度互为补充，两种聚焦方式的结合既能呈现边缘话题，又能满足新闻叙事的多样性需求，扩展新闻报道的叙事边界。

河北省主流媒体在宏观叙事中可以重点聚焦民众生活与社会利益息息相

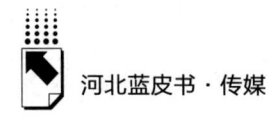

关却容易被忽视的内容，或者以个体力量难以观察的事实，通过将数据组织起来展现其规模、突出值、变化、对比及整体趋势等；在深度叙事中可以直接从社会群体所关注的内容入手对事物进行聚焦，政务总结类新闻或社会民生类新闻、突发性新闻等新闻类型，一般通过数据的总结对现实中热度较高的话题进行深度分析或预测。

聚焦宏观的意义在于能够发现不易被关注的重要问题，督促行政力量或呼吁普通民众开展行动，在宏观基础上的深度聚焦可以充分发挥新闻媒体的社会功能，满足大众对信息的需求，弥补一般大众在分析庞杂数据上的不足。此外，深度叙事还聚焦于能够引发好奇心但不容易直接窥探并提出问题的特别领域，对社会现象进行更深入地揭露，更直观地帮助受众透过表面看到实质。

结　语

在数字经济时代，数据新闻越来越成为新闻报道的重要形式之一，河北省主流媒体在数据新闻方面积极实践，其报道视野在不断拓宽，报道能力在不断进步。与此同时，要充分认识当前河北省主流媒体在数据新闻生产与传播中面临的问题和困境，正视自身存在的不足，进一步完善数据新闻的生产流程、提高智能化生产能力、改进数据新闻的可视化呈现与叙事表达，以期让大众通过数据新闻这一方式更清晰明确地了解和把握新闻事件与重要信息，全面提高河北省主流媒体数据新闻的传播效果。

参考文献

赵守香、唐胡鑫、熊海涛：《大数据分析与应用》，航空工业出版社，2015。

王曦：《新媒体时代数据新闻可视化传播研究》，《新闻研究导刊》2023年第12期，第54~56页。

涂宇荣：《数据新闻微信号的内容呈现与传播效果研究——以网易数读、谷雨数据与澎湃美数课为例》，硕士学位论文，广州大学，2023。

B.12
AI支撑下的政务信息生产与传播效果提升路径研究*

李舒婷 段闪 校飞**

摘 要: 在政策、资本双动力推动下,AI技术为政务信息生产、传播提供了极大便利和支持,在舆情研判和舆论引导、政民互动和政务服务、大数据辅助决策、城市精细化管理方面都极具工具价值。AI技术的快速发展远超人们想象,其应用进程的持续深入也带来了一定的安全风险与挑战,针对政务信息生产与传播的AI技术应用,要制定相关法律法规,做好顶层设计;补足技术短板,搭建安全、以人为本的公共服务平台;探索跨界融合,催化建立技术、内容、关系等协同发展的良性生态圈。

关键词: 人工智能 大数据 政务新媒体 政务传播

一 AI支持政务新媒体发展的政策背景与河北实践

(一)国家战略提供政策支持

作为加快政府职能转变、推动服务型政府建设、提高社会治理能力的有

---

* 本报告为2022年河北省高等学校科学研究计划项目"数字媒介素养教育的实践体系与推进策略研究"(编号:SQ2022125)阶段性成果。
** 李舒婷,中共沧州市委党校讲师,主要研究方向为受众分析、媒介研究、舆情生态;段闪,河北日报舆情中心副主任,中级职称,主要研究方向为舆情大数据业务;校飞,河北科技大学教师,馆员,主要研究方向为互联网舆论、新闻大数据分析、图书情报学。

效工具，政务新媒体在沟通社会、服务群众上承担着重要的职责使命。① 在2019年中共中央政治局第十二次集体学习中，习近平总书记明确指出，"牢牢占据舆论引导、思想引领、文化传承、服务人民的传播制高点。要探索将人工智能运用在新闻采集、生产、分发、接收、反馈中，全面提高舆论引导能力"②。习近平总书记在不同场合的多次强调和重要指示为在政治传播中运用AI技术助力政务信息生产与传播等环节的智能化发展指明了方向，启示政务传播主体积极增进对AI技术应用于政务信息生产与传播的体认，在符合传播规律及保证数据安全的前提下，探索应用AI技术提升政务信息传播能力、主流舆论引导效果和在线服务水平。

党的十九大报告中提出建设网络强国、数字中国、智慧社会，"十四五"规划设立专篇对"加快数字化发展　建设数字中国"做出重要部署，《国家信息化发展战略纲要》《"十四五"国家信息化规划》等相关战略规划相继出台，为数字中国建设擘画了宏伟蓝图，为信息化发展提供了良好政策环境。③

发展数字政务是推进国家治理体系和治理能力现代化的重要任务。2022年，我国数字政务加快向线上线下相协同、标准规范更统一的方向发展，"一网通办""跨省通办"服务持续优化，政务新媒体已成为政民互动重要渠道，有力提升了企业和群众的满意度、获得感。

（二）技术突破，迎来广泛应用

十年来，数字基础设施实现跨越式发展——移动通信技术从"3G突破""4G同步"到"5G引领"，我国目前已建成全球规模最大的网络基础设施；所有地级市全面建成光网城市，行政村、脱贫村通宽带率达100%；

---

① 郑权：《AI赋能政务新媒体：趋势洞察与未来展望》，《青年记者》2023年第3期，第64~66页。
② 《习近平主持中共中央政治局第十二次集体学习并发表重要讲话》，中国政府网，2019年1月25日，https://www.gov.cn/xinwen/2019-01/25/content_5361197.htm? eqid=eb0e8f26000b6b5100000005646177d9。
③ 王思北、周琳：《数字新动能推动新发展——专家谈新时代数字中国建设成就》，《机器人产业》2022年第6期，第1~4页。

新一代信息基础设施正朝着高速泛在、天地一体、云网融合、智能敏捷、绿色低碳、安全可控的方向加速演进……数字基础设施已成为支撑全面建设社会主义现代化国家的战略性公共基础设施。①

近年来，人工智能（AI）技术在自然语言处理领域取得突破，人机交互更加自然流畅。智能政务机器人的本质就是人机交互系统在政务领域的应用，一边对业务数据进行分析，生成相应信息及自动化决策，另一边为用户提供业务咨询和业务办理服务。智能政务机器人被广泛应用于政府网站、在线政务平台、政府社交账号、政务电话、自助终端等。②

（三）政企合作模式日益成熟

2018年发布的《国务院关于加快推进全国一体化在线政务服务平台建设的指导意见》中，明确可以"积极利用第三方平台不断拓展政务服务渠道"。在政务传播数字化的进程中，平台企业快速实现了社会治理领域的基础设施现代化，如支付宝、微信小程序作为第三方互联网入口所接入的国家政府服务平台以及上海的"一网统管""随申办"；阿里巴巴和浙江省合作的"浙里办""浙政钉"；疫情期间的健康码经由支付宝和微信平台向全国推广，反过来打通了各地交通、医疗等部门的"数据孤岛"。基于社会公共管理的需要，平台企业得以合法且深入地参与进来，这一进程在拓展了科技企业的发展方向的同时，获得了海量的社会民生数字资源。③

（四）AI支撑下的河北政务新媒体传播实践

聚焦河北，河北政务新媒体顺势而为，定制移动政务新媒体平台，构建省、市、县三级政务信息网；打通服务群众的"最后一公里"，打造新时代

---

① 王思北、周琳：《数字新动能推动新发展——专家谈新时代数字中国建设成就》，《机器人产业》2022年第6期，第1~4页。
② 王金雪、尹亚辉、牛昆：《人工智能嵌入政务新媒体：赋能、风险与应对》，《领导科学论坛》2023年第4期，第17~22页。
③ 王维佳、何彦晖：《"数字中国"背景下的政务传播体系：模式、效果与问题》，《编辑之友》2022年第10期，第39~44+105页。

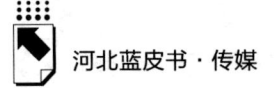

数字化智慧城市；探索了一条以品牌内容策划创新为导向，促进智能云平台功能拓展的AI支撑下的融媒体发展之路。

以长城新媒体集团和河北新闻网为代表的政务传播主体，打造了"冀云""冀时办""纵览"等各具特色的新媒体传播矩阵，根据不同渠道和受众需求提供个性化的信息和服务，整体影响力不断上升。

当前，随着社会逐渐由信息化迈向智能化，AI已经逐渐渗透到河北政务新媒体日常工作实践的全领域、各环节。

AI写作系统应用于政务信息生产，生成有数据分析支持的成文信息。如河北新闻网的融媒体中心管理平台就是一个AI技术支持下的新闻生产平台，在该平台上能够进行常规的AI新闻生产，如新闻口播语音合成、数字播报员、AI绘图、AI影像等。数据可视化、聊天机器人、VR/AR/MR等手段的应用，为公众提供更便捷、更丰富的内容体验。

在AI技术助力下，媒体社会监督的"瞭望塔"和"显微镜"作用发挥到更大。以河北新闻网为例，其AI舆情监测软件能够实现简报的自动生成、语义分析判敏、可视化图表呈现、用户画像等，提升了工作精度和效率。在生产工具效率大幅提升的情况下，河北新闻网制定了定期给各地"一把手"寄送专报、数据分析报告的反馈机制，针对典型留言形成的舆情专报、分析专报等为各地各部门创新社会治理提供决策参考；集纳过往的舆情案例，研发"河北舆情案例库"，方便智能查询，通过AI训练实现在线智能问答辅助舆情研判和处置决策。此外，还有内容安全方面的AI巡查，对政务新媒体平台的内容进行发布前的筛选和发布后的自动巡查预警，遇到一些较为敏感的、重大的问题，会通过内部渠道及时反馈给主管部门或地方领导。

智能政务新媒体能够进一步洞察用户需求，做准、做精、做细政策服务工作。依托海量数据与智能算法，实现精准用户画像。如2023年10月上线的"河北惠企利民政策通"平台，通过AI技术实现了从"人找政策"到"政策找人"的转变。该平台集政策发布、查询、解读、推送、反馈及服务于一体，设有"政策库""融媒解读""政策推送""政策时讯""意见建议"5个业务板块,通过用户画像、智能标签、精准推送等AI技术,一键连接咨询和办事流程,让用户便捷获悉政策的同时能够便捷使用政策,实现了政策获悉和服务事项在线办理的传播服务一体化。

AI支撑政务新媒体助力城市管理精细化运营。在老龄化和京津冀协同发展的背景下,河北积极探索打造与首都发展实际相适应的、与老年人需求相匹配的养老服务保障体系。河北新媒体矩阵联合推出系列融媒体报道,面向公众开展问卷调查,而调查问卷是根据河北网络问政平台"阳光理政"的后台大数据分析结果来编制的,做到了以数据、事实为根据来把握河北省老年人的养老服务意愿和需求。

当然,河北的AI政务传播工作在取得进展的同时,面临技术基础设施不完善、数据隐私和安全没保障、数据质量不高和一致性不强、与发达地区相比数字鸿沟较大和受众数字素养偏低等现实困难。但在京津冀协同发展、建设雄安新区千年大计的有利环境下,河北的AI政务传播工作仍在探索中前行。

二 AI为政务信息生产与传播效果提升提供的技术支撑

(一)拓展信息采集维度,引领内容生产变革

在万物皆媒的技术背景下,政务信息的数据来源渠道大为拓宽。从内部来看,政府内部组织传播领域的日常沟通协作、突发应急处置、基础网格化管理等政务数字化的运转为AI的运用打下了数据基础。从外部来看,传感器作为一种监测装置,从本质上可视为一种数据收集方式。传感器可以记录、传输、存储、显示和控制数据,通过AI语言识别、图像识别等技术能进行大量信息的快速采集,信息内容类型也更为丰富。在万物皆媒的情况下,AI理论上具有全方位、宽领域、全角度的"全知视角",而信息源作为原始素材,直接影响传播内容的建构、呈现及传播效果。①

---

① 郑权:《AI赋能政务新媒体:趋势洞察与未来展望》,《青年记者》2023年第3期,第64~66页。

AI技术可对多维大数据进行快速甚至实时的分析，可以生成有公共价值的信息。以"智能交通体"为例，通过对搭载传感器的道路摄像头、设施、建筑和车流等多维数据进行综合分析，自动生成拥堵预警信息和车辆调度信息。①

人机协同引领内容生产变革。AI系统化身信息采集、分析、加工、写作的底层架构，从"接入端"重塑过往信息生产模式。②在智能的人机协同模式下，AI分担了提示线索、挖掘和整合各类信息资源的工作，不仅能够帮助政务传播主体节省时间，还可通过云端共联，供多主体协作完成报道，特别是2022年11月以来，以ChatGPT为代表的AI生成内容的推广，让新闻写作也实现了高仿真的智能化。

（二）大数据分析辅助决策，巩固主流舆论阵地

算法推荐技术的广泛应用在迎合受众内容偏好、带来媒介使用便利的同时，造成了"信息茧房"，使大众舆论中"沉默的螺旋"效应更为凸显，也让政务信息的传播陷入了"回音壁"困境，加大了官方议程设置和主流舆论引领的困难。在这一背景下，政务传播主体积极掌握传播规律，主动应用AI技术，有助于推动政务信息传播和提升舆论引导效果。

在舆论监测方面，AI技术可以基于大数据对差异化受众进行个性化把握。点击、阅读时长、点赞、转发、评论等阅前—阅中—阅后行为都被纳入分析模型，结合用户其他方面的数据，可以绘制精准的受众画像。在此基础上的舆论引导，较精准地构建了符合群体偏好的信息推荐模型。算法由一系列复杂的数字模型和程序指令组成，设计者的目的和价值取向都隐藏在这些数字和符号背后，这决定了算法推荐技术对舆论引导工作起到了隐性的辅助作用。③通过受

---

① 王金雪、尹亚辉、牛昆：《人工智能嵌入政务新媒体：赋能、风险与应对》，《领导科学论坛》2023年第4期，第17~22页。
② 郑权：《AI赋能政务新媒体：趋势洞察与未来展望》，《青年记者》2023年第3期，第64~66页。
③ 刘欣然：《技术赋能：以算法推荐推进舆论引导工作创新的思路》，《领导科学》2021年第10期，第116~118页。

众喜闻乐见的方式潜移默化地传播理性舆论、凝聚社会共识。

以数据为依据、以 AI 算法为底层逻辑，去中心化协同作业，还具备深度学习能力的政务智慧媒介，可收集业务范围内各种环境、机器和用户数据。这使得政务新媒体在具备了传递信息功能的基础上，具备了立体感知环境和全景政务服务的功能，实现了舆情生态全面分析。

（三）政民互动新方式，传播服务一体化

智能算法塑造全新的传播模式。在 AI 技术的助力下，除了信息生产端，信息分发端通过智能搜索、算法推荐等技术不仅能够实现传播的分众化、个性化，还能让信息传播与在线服务实现沉浸式、一体化。

过去，由于不够重视、不懂运营、缺乏资源等因素，不少政务新媒体存在活跃度低、政务互动沉寂、内容服务与群众需求脱节等问题。如今，智能政务机器人作为"客服"被广泛地应用于政民互动中，多维坐标关联内容与人，让政务信息传播实现了从"以公众为中心"到"以每一位公民为中心"的千人千面的个性化适配、场景化传播。

智能政务新媒体可以基于多元大数据精准把握受众需求，算法技术智能分发和适配，向个人或企业提供定制化政务信息。此外，AI 支撑下的政务新媒体还能提前对用户需求进行洞察，把政策信息服务工作做准、做精、做细、做在前。

（四）城市管理精细化，实现群众足不出户、数据多跑路

精细化运营开启政民互动新方式——政民互动智慧化、城市服务精细化。在我国这样一个政务服务人口基数如此庞大的国家，如果没有 AI 技术的支撑，实现政务个性化服务是难以想象的，而 AI 技术为探索政民互动的精细化运营新方式提供了实现空间。

日益智能化的政务新媒体成为最重要的政务服务窗口之一。当前，在 AI 技术支持下，智能政务新媒体可承担身份认证、业务咨询、材料核验、

事项审批等标准性、流程化政务信息服务工作，有效解决以往政务服务中流程不够简洁、群众跑多次、材料重复提交等问题，大大节省了资源。

丰富监督管理手段，通过数据的打通和细致挖掘，对市场异常行为发出预警、提前研判分析，助力城市精细化管理，以数字化推动治理现代化。

以政务新媒体为窗口，除了联结物联网、移动互联网、相关数据等应用AI技术建立的数字孪生等系统，还能衍生多种应用场景，如气象、交通、应急、城市规划、环保、居民生活等，为老龄化社会所面临的社区治理、医疗康养等相关政务信息有效触达率低的问题提供解决方案，有效缓解了公共服务市场人力资源的紧缺情况，亦可为智慧城市提供的多元服务提供虚拟排练场。

三 AI支撑下的政务信息生产与传播效果提升的风险和挑战

AI技术的引入极大提高了政务信息传播和服务效率，然而由于AI技术的发展仍处于初级阶段，同时AI特别是超级AI的发展速度远超人们对AI的认识速度。"它会看得更透彻，能够看到我们看不到的东西。"[1] 此话形象地揭示了AI的优越性和危险性，必须警醒地认识到将其应用于政务信息传播中确实存在现实的风险和挑战。

（一）定位挑战：媒介定位模糊，效能亟待提升

"国内政务新媒体机构高度认同智能化发展的重要性，并将智能化战略视为未来发展的核心途径，积极探索智能化技术应用的新模式、新场景与新路径。"[2] 但在当下，不少政务新媒体还未开展智能化建设工作，仅停留在观望状态。

---

[1] OpenAI的联合创始人兼首席科学家Ilya Sutskever。
[2] 《OpenAI首席科学家：总有一天人类会选择与机器融合》，"IT之家"百家号，2023年10月29日，https：//baijiahao.baidu.com/s? id=1781071669736769016&wfr=spider&for=pc。

当前，不少机构，尤其是资金、技术和人才等资源相对匮乏的地方机构，由于缺乏认知、了解和应用条件，对于 AI 技术的应用仍在观望。而其已在进行的尝试主要是 AI 在内容生产、政务服务、运营管理等领域的应用。如不能及时更新媒介观念，继续按既往的传统传受二元模式运营，这样的政务新媒体必将无法适应分众化、差异化的传播趋势，面对信息爆炸的内容生态在传播的"回音壁"中自说自话，导致信息沉没、资源浪费。整体来看，政务新媒体的传播和运营效能仍有较大提升空间。

（二）安全风险：数据监管任务重，"算法黑箱"待解读

从数据视角来看，AI 支持下的政务信息生产，其实就是政务数据自身内部，以及政务数据与社会数据实现打通和交互，通过打破壁垒、优化环节流程实现提质增效。但是在当下的技术水平下，政务相关大数据在采集、存储、管理、应用等各个环节都存在风险和挑战。

一是数据收集的不完整。确保数据的准确性和一致性对于有效的用户分析至关重要。大数据的"大"要求数据量多、全面且多维。尽管从社会管理者角度出发，政务新媒体掌握数据优势，但是这些数据仍不够全面。除历史数据的匮乏外，数字接入困难人群数据、动态数据等的匮乏带来的算法歧视导致社会管理风险。

二是数据存储的不安全。大数据存储、处理、分析的每个过程都可能存在安全隐患。个人身份、行踪、财产等数据泄露不仅会对公众造成损失，也会使公众对政府产生不满和怀疑。而数据被篡改会打破正常运行秩序，干扰 AI 做出错误的预判和决策，造成社会混乱。

三是应用层面"算法黑箱"的存在所带来的解释困难。在当前的技术水平下，以深度学习为基础的第二代 AI 在输入数据和输出答案之间存在"算法黑箱"，这一"黑箱"既不被观察，也无法经由计算机解释而为人们所理解。所以，当 AI 技术接入了政务大数据并应用于政策决策时，由于"算法黑箱"的存在，一旦 AI 辅助决策过程没有被充分且有效地说明，就容易引发公众的怀疑，引发政府信任危机。

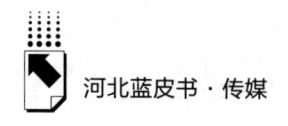

（三）管理风险：警惕算法歧视和智能形式主义

随着 AI 在政务新媒体日常工作实践中的使用范围不断扩大，监管部门面临"大而管不了、快而跟不上、深而穿不透、新而看不懂"的数字能力困境，同时，相关的制度建设和规制工作尚在建制中，存在一定政策风险。

首先，基础数据管理带来的隐私侵犯和数据滥用风险。海量数据的应用加剧了技术赋能与公民权利保护之间的紧张关系，对管理者提出较高的监管要求。

其次，警惕"数字排斥"导致算法歧视的不良后果。数据的不完整导致数据偏差的存在，进而影响引用这些数据的智能政务新媒体更加忽视数字接入困难人群。同时产生对公民需求的判断偏差，难以提供覆盖整个社会全体公民的政务信息和公共服务，甚至对整个社会需求判断失误，造成决策不公。

此外，"算法黑箱"目前客观存在，AI 对种族歧视、性别歧视、民粹主义、战争倾向等不良价值取向的判断存在偏差，需要管理者审慎地使用 AI 自动化决策，避免引发矛盾和不满。需要警惕的是，不断有 AI 科学家对超级 AI 存在的潜在失控风险发出警告，有效控制和引导这些 AI 是必须慎重面对的挑战。

防止对 AI 过度依赖。当前的 AI 不具备像人类一样理解和处理非标准化问题的能力，面对错综复杂的人群和非标准化问题，AI 常常束手无策、答非所问。如果没有人工介入纠偏，就会因背离政务服务初衷而引发混乱。而原本有温度的人际交流变成人机交互，减少了情绪冲突的同时损失了情绪价值，客观上在减少人际冲突的同时，给政民关系带来冷漠疏离的风险。

避免陷入智能形式主义。顾名思义，智能形式主义指 AI 技术和形式主义相结合，抛开客观条件和业务需要，不切实际地开展"智慧"项目，不重实效而过分追求形式化结果，为了智慧化而智慧化，进而陷入智能形式主义。

（四）素养挑战：人才、资金短缺，数字监管难度大

媒介融合创新离不开人才支持与资源投入，相关人才的政治自觉、专业素养、技术伦理都是培育的重点。

人才短缺。开发和维护AI模型、算法模型、数据收集储存分析应用、优化用户体验等AI相关政务传播工作都需要高度专业的知识和技术。而相关人才的短缺和地域分布不均衡，是制约地方发展智慧政务新媒体的重要因素。

资金不足。提供个性化服务和分析大数据需要强大的技术基础设施，需要大量投资用于升级和维护网络与服务器，确保系统的可靠性和性能，这笔不小的开支也是当前制约很多地方智慧政务新媒体开展的主要因素。

除此之外，AI应用所存在的数据风险和伦理风险，对政务新媒体从业者在技术标准、职业规范、行业自律、伦理规范及不可忽视的政治自觉等多方面提出了更高的要求。

四 AI支撑下的河北省政务信息生产与传播效果提升的路径和展望

具体到河北，根据本研究的调研情况，本研究认为，未来河北政务信息生产与传播效果提升在AI技术助力下，以受众为本和以创新驱动为理念，拟从以下四个具体方面进行优化。

（一）从观念到现实：由媒体模块化身社会治理的底层架构

从Web1.0门户时代到Web2.0社交媒体时代，再到如今的Web3.0智媒时代，政务信息传播经历了从过去单向的政务信息宣传到双向互动、集信息传播与政务服务于一体的变革，这种变革不仅是功能上的，还是传播理念和内在逻辑的根本性变革。如今，多数省（市）的政务新媒体已经步入矩阵化的融合发展阶段，较好地适应了新媒体传播舆论环境，从单一的作为一

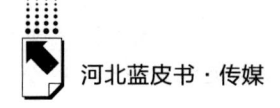

个社会模块的媒介功能的发挥，逐渐转为集政务信息传播、主流舆论引导、助力文化塑造、助力经济发展、服务改善民生于一体的综合性媒介服务平台。

在此方向上，河北政务新媒体将"权威媒体、政务平台、民生网站"作为未来发展的战略定位。发挥 AI 技术在舆情监测、舆论引导、融媒体内容生产、智能推荐分发、智能互动等方面的功能，紧密服务省委、省政府中心工作，构建网络舆论引导新格局；聚焦社会民生，搭建联结政务服务平台，打造全功能网络民生服务窗口；履行媒介监督职责，助力政府网络舆情监管，保障网络空间的信息安全和风朗气清。

随着万物互联的技术发展，在人们媒介化生存程度更高的未来，政务新媒体将更多的与电子政务实现更大程度上的数据打通、形态融合，在推动社会治理现代化、全过程民主的进程中，形成更多问计于民、问需于民、问效于民的方式和载体，联通更多"民意直通车"，化身一种社会治理的底层架构，让更多的公民参与政务新媒体的互动运营；助力政府"用数据说话、用数据管理、用数据决策"的政务流程再造，以数据智能化推进治理现代化，完成从治理理念到结构变革的现实转变，真正做到利企便民、人民满意。

（二）从"互联网+"到"智能+"：发挥媒介的特长

媒介的核心价值在于其在网络关系中的连接属性。AI 支撑政务传播，从过去的"互联网+"走向智能创新、融合发展，可以说，"智能+"往前又跨了一步，但是媒介的本质没有变化，反而融媒体中介联结作用的发挥达到了媒介发展史上前所未有的高度和深度。

AI 技术助力下，河北政务新媒体更注重发挥自身"议程设置""舆论引导"功能。在已有的舆情分析判敏、用户精准画像、自动简报生成的基础上，未来计划通过政务新媒体矩阵布局联动、智能化搜索、优化算法推荐等产品和技术的完善，利用 AI 信息生成和传播实现智能宣传引导和舆情应对社会效益的最大化。

同时，政务新媒体所具有的大数据和中介性优势，让媒介的"智库"功能得以更充分发挥社会效益，为提升政府公共决策民主性、科学性提供重要参考，以更有说服力的有据表达和更具创意的有力表达，提升公众认知、达成社会合意，为社会发展提供有利的舆论环境和文化条件。

河北政务新媒体历来重视发挥媒体社会的中介作用。在未来，随着"智能+"的聚能与落地，河北政务新媒体及从业者注意到不将自身局限于媒体行业，而是积极利用整合链接资源，致力于功能提升，以媒介创意驱动盘活各领域资源，激活新时代社会生产和信息社会生活要素。

由此，媒介应该在发挥自身特色功能上下功夫，在同频共振的政策信息传播格局中互联互通，与不同行业、领域互联互通，在虚拟现实间互联互通，以 AI 技术为助力发挥媒介特长，为构建普惠、便捷的数字社会贡献媒体力量。

（三）从工具到逻辑：全面多维构筑安全屏障

在看到 AI 带来的技术价值的同时，需要警惕 AI 应用于政务新媒体的风险。为预防安全风险、技术依赖和智能形式主义等带来的不良后果，保护政府与社会公众之间的柔性关系的韧性和情感联结，保证社会秩序的稳定，河北政务新媒体意识到应当特别注意理性地应用 AI 工具，从底层逻辑的视角来看待 AI 的应用，从社会理念、政策法律、政府治理、技术监管、人员素养等多维体系化布局，全面构筑防范风险的安全屏障。

当下，本着支持和监管并举的发展思路，我国 AI 行业相关政策法规正处于建制过程中。而政务新媒体因涉及政府服务和最广泛公众的基础性数据与海量民生数据，故而相关建制应更为严格。国家应有针对性地出台相关法律法规、政策和战略规划，并明确政府机构在社会大数据使用中的权力边界，特别是责任义务，对政企合作中的外包企业进行严格原则性约束。

在技术层面，掌握技术自主自立，以创新攻克难题。同时，建立科学严格的管理制度，规范政务数据应用各环节操作。由于以深度学习为基础的第二代 AI 存在"算法黑箱"、易受攻击等安全隐患，应当探索自主研发 AI 之

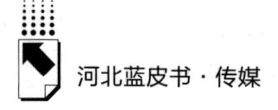

道，如结合区块链技术思路保障数据安全等。

在人员层面，AI 广泛应用于政务新媒体，离不开政府工作人员的使用，应增强对政府工作人员的相关教育与培训。首先应当明确的是以人为本的价值追求，规范政府政绩考核标准，坚持工具理性和价值理性相结合，在政府提升工作效率、降低行政成本的过程中，坚持为人民服务的价值追求，避免数据问题、人的主观意志等因素造成的算法歧视，避免数据缺少设置给部分公民带来不便；其次应增强相关知识技能培训以有效发挥 AI 的工具价值，前置沟通防范风险，避免政府工作人员走入智能形式主义等技术歧途。

（四）从人性化到"以人为本"：以每一位受众为核心

在内容维度上，AI 技术让政务新媒体的信息样式逐渐丰富，以满足受众多样化需求，对互动反馈改进的重视，让河北政务新媒体得以由智能化助推实现精准化、亲众化。

在产品维度上，河北政务新媒体未来的优化方向是以用户体验为核心，以数据驱动产品优化。仿效上海的"随申办"、湖北的"长江云"等做法，建立整合门户入口。目前，虽然有固定的和节庆性的多媒体产品矩阵，但是在全省层面缺乏一个将所有渠道整合在一起的集成入口，未来希望通过一个集成入口可以提供导航和链接到各种不同渠道，以方便用户访问；尽量保持产品矩阵中的不同渠道在用户界面和导航上的界面一致，以降低用户的学习成本；引入更强大的搜索引擎和 AI 技术，在无论信息位于哪个渠道的情况下，帮助受众更容易地找到所需要的信息；根据用户反馈和数据分析，持续改进产品矩阵，以访问及操作的便捷性提高用户满意度。

坚持"以人为本"和创新驱动的价值理念，关注社会多元主体的需求，以包容性政策为公众提供数字及现实的公共服务，推进互联网应用适老化及特殊群体的无障碍普及，以实现社会公共利益的最大化为价值追求；以量化标准考核 AI 的应用是否有效、高效、准确的达成传播目标，数据反馈驱动政策调整，防止"为了智能而智能"的资源浪费；把价值理性整合进教育规训政务新媒体的 AI 底层逻辑，使其向善良、友好、正义、公正的方向发展。

在不断优化产品、降低政务新媒体使用门槛的同时，河北政务新媒体要积极发挥自身专业优势，参与全民数字素养与技能提升行动，为缩小社会数字鸿沟贡献媒介力量，推进全民畅享数字生活。

参考文献

郑权：《AI 赋能政务新媒体：趋势洞察与未来展望》《青年记者》2023 年第 3 期。

刘欣然：《技术赋能：以算法推荐推进舆论引导工作创新的思路》，《领导科学》2021 年第 10 期。

B.13 河北省文旅宣传的媒体实践及传播模式探析

郭毓娴 夏倩玉 耿子宁*

摘 要： 随着以中国式现代化全面推进中华民族伟大复兴的深入开展，旅游强省已经成为中国式现代化建设各省场景的重点内容之一。2023年，河北省各级媒体积极进行文旅传播实践，全力打响"这么近，那么美，周末到河北"文旅品牌。但在传播实践中仍存在一些不足，表现为内容创新存在瓶颈、新媒体运营欠佳、媒介作品的制作与传播趋向于保守和含蓄等。河北省传媒业需围绕河北"文""旅"资源，做好内容创作，发挥多平台效应，加大推广传播力度，创新内容表达形式，灵活运用新媒体技术，强化宣传输出逻辑，开发线上线下互动，不断创新文旅传播，讲好河北文旅故事。

关键词： 文旅宣传 新媒体 媒体实践 河北省

2023年，旅游行业重回聚光灯下，文旅市场加快复苏，备受关注。河北省文化和旅游厅数据显示，2023年1~11月，全省共接待游客8.06亿人次，实现旅游收入9123.67亿元，分别恢复至2019年同期的110.05%和108.48%。①

---

* 郭毓娴，河北省社会科学院新闻与传播研究所研究实习员，主要研究方向为文化传播、新媒体传播；夏倩玉，邯郸新闻传媒中心记者，主要研究方向为新闻业务、新媒体传播；耿子宁，河北大学新闻传播学院新闻学专业（ISEC）学生。
① 《"这么近，那么美，周末到河北"何以成为新时尚》，《河北日报》2024年1月1日，第1版。

河北省委、省政府高度重视文旅产业发展，河北省委十届三次全会把加快建设旅游强省作为中国式现代化的河北场景之一予以部署，提出要让"这么近，那么美，周末到河北"成为新风尚。2023年，河北省各级媒体充分利用文旅资源及媒体平台优势，创新联动构建河北文旅传播新格局，齐心协力奏出河北文旅宣传最强音。

一 河北省文旅宣传的媒体实践

（一）传统媒体与新媒体相结合，构建文旅宣传全媒体矩阵

2023年以来，河北日报围绕主题宣传重点工作，立足党媒优势，精心组织文旅宣传，推出了一系列有内涵、有深度、有趣味的重点稿件。《河北日报》分别在要闻版和深读周刊版推出"地名里的河北·浅说"和"地名里的河北·解读"系列报道，调查梳理河北地名由来及其背后的历史、杰出人物和重大事件，以便读者更好地了解河北。精心推出河北省第四届冰雪运动会、省第七届旅发大会、全国戏曲（北方片）会演暨梆子声腔优秀剧目展演、打造"北方戏窝子"文化品牌等专题宣传报道，其中，组织全国戏曲（北方片）会演暨梆子声腔优秀剧目展演全媒体宣传活动期间，共发布相关稿件1000余篇次，阅读量超3.5亿次，实现营收65万元。中秋、国庆期间，刊发"这么近，那么美，周末到河北·京津来客看河北""走进河北县级博物馆"等多组系列报道。除传统纸媒外，河北报业集团网、端、微、号各平台形成全媒体传播矩阵，发挥新媒体传播优势，形成更强的文旅宣传效能。

河北广播电视台推出《乐享河北》《声动文旅》《乐享河北时间》三档日播节目和《走遍河北》一档周播节目。石家庄日报社融媒体中心策划撰写的"河北地名秀"、《百年风云大石桥 城市更新换新颜》，成为石家庄地名名片，宣传展示城市文旅品牌。《燕赵晚报》风物版2023年上半年刊发11个专版，内容涉及石家庄周边的多个县（市、区），挖掘历史文化遗产，

涉及风俗习惯、古代建筑、古代文物等多个种类，充分体现了"文化石家庄"，其中4月23日的风物版《一座龙山蜡像馆 浓缩千年文明史》被评为良好版面。

此外，河北省文化和旅游厅聚焦新媒体宣传运营，先后开通了微博、微信、抖音、快手等八大类23个厅属新媒体账号，并整合统筹省、市、县和重点景区200多个账号，实现全省文化和旅游系统纵向贯通，构建全省文化和旅游新媒体矩阵。

2023年1~10月，文旅产业指数实验室每月发布全国省级文化和旅游新媒体传播力指数报告，河北文化和旅游新媒体传播力指数成绩优异。1~10月，河北省级文化和旅游新媒体综合传播力指数排名持续保持在全国前五，其中有3个月排名全国第二（见表1）；"河北旅游"公众号微信传播力指数排名表现亮眼，其中有3个月排名全国前三；"河北省文化和旅游厅"微博传播力指数连续10个月排名保持在全国前十，10月居榜首；"河北旅游""乐游冀"抖音号传播力指数排名基本呈上升趋势，其中有3个月排名全国前三，10月强势居榜首；"河北省文化和旅游厅"头条号传播力指数在2023年前三季度的排名全都保持在全国前三，除2月外其他月始终排名第一，尤其是在2023年11月28日发布的10月全国省级文化和旅游政务新媒体传播力指数榜单中，"河北旅游"微信公众号、微博号、抖音号都进入全国三强。

表1 2023年1~10月全国省级文化和旅游新媒体传播力指数河北排名

月份	综合传播力指数	微信传播力指数	微博传播力指数	抖音号传播力指数	头条号传播力指数
1	3	3	4	—	1
2	2	3	4	—	3
3	3	7	4	10	1
4	2	10	7	7	1
5	4	10	6	10	1
6	5	10	6	3	1
7	3	—	7	5	1

续表

月份	综合传播力指数	微信传播力指数	微博传播力指数	抖音号传播力指数	头条号传播力指数
8	2	9	5	8	1
9	3	10	9	2	1
10	3	2	1	1	—

注：1月与2月抖音号传播力指数、7月微信传播力指数未进入前十；10月榜单未设置头条号传播力指数。

资料来源：文旅产业指数实验室。

（二）主流媒体与自媒体共发力，提升河北文旅传播力、影响力

河北省主流媒体利用其权威性和公信力发挥其宣传主阵地作用，并进行全方位宣传。《河北日报》在头版开设专题，并刊发文旅专版，均在明显位置展示"这么近，那么美，周末到河北"标识；《河北旅游》杂志围绕文旅推出"冬季游河北 福地过大年""觅凉记""春暖花开 香约河北"等特别策划；河北新闻网每日发布"这么近，那么美，周末到河北"主题早安海报，"纵览"新闻客户端发布主题开屏广告。长城新媒体集团冀云·融媒体平台、"学习强国"河北学习平台、长城网开设专题专栏，《河北经济日报》刊发专版，"百姓看联播"常态化发布"这么近，那么美，周末到河北"相关内容，实现了网报微端多平台宣发。①

主流媒体设置议题，在有力引导舆论的同时，与自媒体联动发力，打造爆款文旅宣传产品。围绕石家庄打造摇滚之城，长城新媒体集团代运营"河北省文旅厅"微信视频号，联合制作方时差岛推广短视频《杀不死的石家庄》，互动量达到658W+，为视频号增粉4W+。@河北长城网推发的微博话题#杀不死的石家庄#登上微博全国热搜榜，话题发布后，@中国网、@红网、@大象新闻、@荔枝新闻等39家媒体转发，众多乐

---

① 徐建国：《河北文旅品牌传播路径——以"这么近，那么美，周末到河北"品牌为例》，《中小企业管理与科技》2023年第17期，第25~29页。

评人、旅游博主等网络大V参与讨论、二次创作，网友带话题原创量达到3000余条，讨论量达到1.5万次。在河北省第十六届运动会来临之际，长城新媒体集团与B站up主首次开展共同创作模式合作，推出《你好 这里是中国唯一一座三千年从未改名的城市》，视频发布10小时后很快升至B站热搜榜第一名，播放量113万次，点赞量近5万次，投币4700+，收藏量8600+，评论量1700+。

与此同时，各地开展自媒体采风活动，评选城市文旅推荐官，如保定市文化广电和旅游局联合河北青年报，共同启动了2023"爱保定，我是文旅推荐官"活动，围绕"#这么近，那么美，周末到河北#我是保定文旅推荐官"话题，鼓励全民参与，号召广大自媒体达人深入挖掘保定的人文历史、美景美食、非遗技艺、地方特产等丰富资源，拍摄发布短视频，全方位推介保定城市新颜值、文旅新场景、消费新体验、生活新感受。活动期间，共收到投稿作品近500条，全网浏览量超千万次，为宣传保定文化旅游、培树保定城市形象贡献了自媒体力量。

（三）央、省、市、县四级媒体全覆盖，为宣传河北文旅造势

在央媒和京津主流媒体黄金时段，开展"阵地式"宣传。央视"朝闻天下"等栏目和北京卫视、北京交通广播在黄金时段推出"这么近，那么美，周末到河北"主题宣传，并通过京津冀宣传协同机制在北京广播电视台"京津冀之声"、"北京时间"客户端、"长安街知事"微信公众号、"津云"客户端等京津平台联合推送，并与《中国文化报》《中国旅游报》合作推出重点报道、文旅专版，实现与京津新媒体宣传的同频共振。

省级媒体牵头，各级媒体联动宣传。河北广播电视台牵头邀约长城沿线15省（区、市）共同策划推出"长城之约"广电新媒体联动大直播，直播在全国广电新媒体联盟成员新媒体平台以及新华社、人民日报、央视网、抖音、快手、B站等多家中央、地方及商业平台同步直播，全网浏览量超2000万次，微博话题阅读量超1亿次。

地市级媒体立足本地旅游资源，打造城市文旅品牌。石家庄日报围绕

城市文化生活、传承优秀传统文化、弘扬红色文化全面开展宣传报道工作，打好西柏坡、正定两张红色品牌，让更多读者了解红色历史，2023年1~10月，累计刊发相关报道58篇，重点稿件有《千里桑麻绿荫城 绫罗轻拂文明风——探访省文保单位正定西洋村遗址》《宫灯闪耀世界舞台》《"红绿古新"展魅力 多彩之城等君来——我市暑期文旅推介会纪实》《正定古城：一步一景一故事》《西柏坡精神背后的故事》《致敬西柏坡》《点亮北方戏窝子 传承百年国剧社》《十项大赛引领 体育热潮燃动》《以"石马"拼搏精神 促省会跨越发展》《打造"Rock Home Town"中国摇滚之城 我市将举办中国"摇滚之城"音乐演出季》等。廊坊广播电视台以"这么近，那么美，周末到河北"为主题，倾力打造短视频《廊坊水云间 恰似烟雨梦江南》和《醉美四月水云间》，并在中央广播电视总台《新闻联播》、"央视新闻"客户端、"人民日报"客户端、"光明日报"客户端等50余家省（市）主要媒体推出，并被省委网信办作为优秀作品组织全网推送，其中，《醉美四月水云间》被省广播电视局评为2023年河北省网络视听优秀作品，并入选河北省网络视听原创精品库，播放量达1100余万次，点赞量、评论量超过100万条。

县级融媒体中心纷纷发力，立足基层宣传文化阵地，展示地方文旅特色。2023年以来，枣强县融媒体中心推出"这么近，那么美，周末到河北"系列短视频28条、"2023年航拍'我的美丽家乡'"系列短视频9条、"下一站出发（美食篇）"系列短视频两条，以美景、美食为主题宣传本土文化，推动共享传播。武安市融媒体中心开办"你好，武安"栏目，该栏目以短视频形式对武安旅游风景、名胜古迹、特色美食、民风民俗等进行宣传，内容在"新武安"微信视频号、"新武安"微信公众号、"武安融媒"抖音号、"冀云武安"等多平台同步推送，其原创视频《你好，武安——后临河村》入选2023年河北省网络视听优秀作品（第二季度）暨河北省网络视听原创精品库第二十一批入选作品优秀名单。

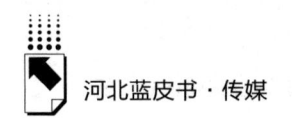

二 河北省文旅宣传媒体传播的特征分析

（一）内容立媒：优质内核诠释河北风采

融媒体时代拼内容、拼平台、拼流量、拼渠道，但归根到底是内容的竞争。河北省各级媒体始终坚持"内容立媒、守正创新"的媒体精神，立足本土丰富的文旅资源，深入挖掘河北文化内涵，围绕文旅融合、全域全季的旅游强省目标，将"诗"与"远方"紧密结合，打造极具地域特色的周末游目的地形象，以优质的内容吸引潜在游客。

1. 立足全域全季，展现丰富的文旅特色

2023年初，《河北省加快建设旅游强省行动方案（2023—2027年）》印发，京张体育文化旅游带、长城文化旅游带、大运河文化旅游带、太行山旅游带、渤海滨海文化旅游带成为推进旅游强省建设的重要内容。河北省各级媒体围绕"四季""五带"，以及举办的"春暖花开　香约河北""夜游河北　乐享不一样的美""中国坝上草原欢乐季""中国渤海滨海旅游欢乐季""超有范冰雪季"等主题活动，不断深挖燕赵文化底蕴及旅游资源，推出极具特色的文旅宣传报道及融媒产品。

在2023年7月举办的首届"中国坝上草原欢乐季"暨河北夏季旅游宣传推广活动中，人民日报、中央广播电视总台、人民网、新华网、中国新闻网、北京卫视、北京日报、北京新闻广播、京津冀之声、河北日报、河北广播电视台、长城新媒体等40余家央级、京津与省内主流媒体对活动进行了宣传报道。此外，人民网、中国新闻网、"冀时"、"冀云"、河北新闻网、河北旅游资讯网、"纵览"新闻客户端、微博、百度、今日头条、抖音、快手等30余家媒体平台对活动进行了直播，全网直播浏览量超1300万次，以优质的内容为内核吸引全网关注，打响了"这么近，那么美，周末到河北——中国坝上草原欢乐季"品牌。

2. 创新选题切入点，展现独特的文化魅力

河北日报深挖各地文化"富矿"，推出短视频栏目"非遗'冀'忆"，舍弃传统的模板化、套路化结构模式，通过运用平民化、个体化的叙事视角，不断深入河北各地，对原本埋没在深处、较少被关注的地域、文化、群体等内容进行多元化创新再现，为远方的潜在游客提供想象空间。精心策划选题，找准"小切口"：当衡水内画遇上神舟十五号会碰撞出什么火花？小小蛋壳竟能雕琢万千世界？诸葛连弩长啥样？一斤面切1600刀？视频标题设置悬念，综合运用字幕、同期声，对衡水内画技艺、廊坊蛋雕技艺、古兵器复原、饶阳金丝面制作技艺等非遗项目进行细节化展现。

长城新媒体集团运用"手绘长卷""创意视频"等"长城IP"，推出《手绘长卷｜这么近 那么美 周末到河北》《创意视频｜畅游滹沱河》，全方位宣传展示大美河北，展现河北社会经济发展成就。《创意视频｜中秋诗会》《创意视频｜月满中秋》将经典古诗词、非遗项目等元素与节日相结合，展现深厚的文化底蕴，营造浓厚的节日氛围。

承德广播电视台立足本地特色，以"中国普通话之乡"为切入点，推出"【我爱承德 我爱普通话】夜读"系列短视频，借助互联网短视频等各种形式，推广文旅、城市形象，该系列短视频播放量超过5万次。

（二）技术赋能：形式多元创新宣传渠道

在全媒体时代和智能化生产的背景下，文旅宣传的表现形式创新升级，传播方式日益丰富。2023年以来，河北省各级媒体发挥内容生产和平台传播优势，创作并推出一系列文旅宣传作品，包括众多短视频、纪录片、H5、音频、广播、直播等全媒体产品，报、网、端、微、号、户外媒体全媒体矩阵共同发力，不断创新、丰富河北文旅宣传的表达方式。

1. 直播活动

2023年以来，"冀时"客户端着力打造"冀时大直播"品牌，陆续推出《多彩湿地·润泽美丽河北》《千鸟竞飞淀上美》《【12小时冀时大直播】绿水青山看河北》《"十一"去哪儿》等大型直播活动，"冀时"客户端浏览量超7亿次，有效提升了优质文旅作品传播力和"冀时"客户端影响力。

河北广播电视台制作的《美丽河北》慢直播，每天早、午时段在河北公共频道、河北卫视频道和"冀时"客户端同步直播,"冀时"客户端已开通覆盖河北全省281个景区景点、城镇、乡村的近400路慢直播信号,全天24小时不间断直播,带领观众"云游"河北自然风貌,感受人文胜景,见证城乡变迁,成为传播地域之美、展示河北形象、助力文旅产业发展的媒体新品牌。另外,《美丽河北》慢直播还在河北IPTV、河北网络广播电视台,以及抖音、快手、微信视频号等第三方平台不间断直播,开通后8个月的浏览量就超过10亿次。

承德广播电视台资深旅游文化类节目《快乐出发》,首次推出网络直播,以旅游体验助农为直播内容,关注并走进滦平县下营子村中药花海小镇,采用多机位高清直播的形式,总时长为2.5小时。据统计,此次直播分别在"人文承德"微信视频号、"快乐出发看承德"抖音号进行,直播过程中最高浏览量3000多次,点赞量20000多次。

2. 短视频

"乐游冀"抖音号发布的视频"我姓'河',河北的'河'",以动感的说唱旋律、壮丽的视频画面展现了河北的大好河山,吸引了不少网友评论、点赞,有网友评论"这么近,那么美,周末到河北""太有趣了,推荐到我的家乡河北"。该视频累计点赞量23.5万次,评论量9.6万条,收藏量1.2万次,转发量24.9万次。此外,"我姓'邯'""我姓'石'""我姓'秦'""我姓'邢'""我姓'唐'""我姓'雄'"等系列短视频也受到了网友的广泛关注与喜爱。

2023年3月,"承德新闻网"微信视频号和抖音平台发布了由承德广播电视台精心制作的"这么近,那么美,周末到河北"主题短视频。三位主持人走到镜头前,用丰富优美的画面全面展示了承德优良的生态环境、悠久的历史文化资源。短短几天时间,"承德新闻网"微信视频号以及抖音平台的短视频播放量累计达到50万+。

抖音发布数据显示,河北已成为华北重点旅游目的地,2023年河北旅游相关短视频数量破亿条,"河北旅游"搜索量同比增长539%。

3. (微) 纪录片

河北广播电视台推出《用工匠精神传承非遗文化》——蔚县剪纸、武强年画、红木家具制作技艺,共3条,时长为1分30秒/条。用工匠精神传承非遗文化、用劳动精神创造美好生活,该微纪录片以非物质文化遗产传承人为采访对象,拍摄非遗作品的创作过程,展示非遗作品,讲述非遗传承人精益求精、一生一事的工匠精神,各平台总播放量达500万次。

河北广播电视台推出《非遗里的中国·河北篇》——"皇家专属刺绣技艺——京绣:与二次元跨界合作,在突破中寻找无限可能""皇室工艺,国礼重器——涞水县景泰蓝火锅:老祖宗的审美太绝了!""图必有意,纹必吉祥,皇家专属刺绣技艺——京绣",共3条,每条时长分别为1分25秒、2分16秒、1分29秒。卫视频道走进保定易县恋乡·太行水镇,采访非遗传承人,讲述京绣、景泰蓝火锅的文化与传承发展,展现河北非遗之美,视频发布至"河北卫视"微信视频号以及冀时文化频道,总播放量达200万+。

衡水广播电视台策划拍摄纪录片《湖城水韵》。该片被河北省委宣传部认定为河北省2022年度重点精品文化项目,目前项目拍摄、制作等工作已经进入尾声;拍摄制作《衡水行》百集系列微纪录片,该微纪录片通过电视艺术的形式生动展现了衡水市非物质文化遗产的独特魅力,展现了衡水市的风土人情。

4. 数字化文旅产品

长城新媒体集团依托数字技术,打造出一批新颖有趣的文旅互动产品。《动态海报丨双节长假哪里去?一起来河北"盖章"》精选河北代表性美景,通过图片交互制作成动态海报,实现线上打卡效果,增强用户的体验感。《游遍京津冀 我的锦绣山河新画卷》让用户化身京津冀文化旅游推广员,在线生成一张张水墨风格的文旅推介画卷,通过趣味互动宣介京津冀文旅资源,全网200余万人参与。

河北广播电视台利用虚拟引擎和光学动捕等技术自主研发的虚拟人"冀小佳",先后在唐山旅发大会宣传片、"跟着鸟儿游河北"栏目中亮相,生产效率和质量大幅提升。

此外,河北广播电视台基于区块链和Web3.0技术,打造"冀时"数字藏品平台,发掘本地文化IP和市场热点,并进行跨界结合。在《美丽河北》慢直播开播一周年之际，发布"美丽河北慢直播开播一周年"数字藏品，进一步提升了《美丽河北》慢直播影响力，持续推动"美丽河北"品牌社会效益和经济效益的增长。

5.服务性文旅产品

长城新媒体集团深入应用最新的大数据和人工智能技术，研发推出"这么近，那么美，周末到河北"河北旅游地图等系列"长城地图"。除了为游客查询线路提供便捷服务，该地图的导览功能还可以满足人们在途中的多种需求。游客不仅可从地图上查找周边的公共服务设施、住宿场馆、购物场所，还可看到所在景区的图文、视频介绍，进一步了解景区。

衡水广播电视台全新开发"畅游衡水智慧旅游+"App 3.0版本，整合旅游、商城购物、扶贫、乡村振兴、经济振兴、金融产品、政务服务等各方资源，以旅游为出发点，整合政务、金融、商城各方面业务，通过品牌宣传助力衡水经济、文化发展。

（三）品牌为先：多角度全力塑造文旅IP

2023年以来，河北充分利用文化和旅游系统资源优势，通过主题宣传推广行动、创新融媒体宣传以及跨界营销、协同推广等多种方式，全力打响"这么近，那么美，周末到河北"品牌，获得了多项荣誉称号。"这么近，那么美，周末到河北"——河北省文旅品牌塑造与传播案例入选2022~2023"长城奖——文旅好品牌"案例获银奖，全国仅有3个银奖。[①]

1.叫响文旅口号，全民生活场景全覆盖

截至2023年12月31日，"#这么近，那么美，周末到河北#"微博话题阅读量达到2.8亿次，讨论量达54万次，互动量达152.3万次，带话题原创量达2.2万条；抖音话题播放量达15.6亿次；快手话题播放量达2亿次；小红书话题阅读量达702.2万次；微信视频号话题下内容达3.1万条。

---

① 徐建国：《河北文旅品牌传播路径——以"这么近，那么美，周末到河北"品牌为例》，《中小企业管理与科技》2023年第17期，第25~29页。

2023年，关于"这么近，那么美，周末到河北"这一文旅品牌的全网信息量将近14万条，其中视频和微博成为传播主力军，信息量分别达到35604条和35042条（见图1）。如今，"这么近，那么美，周末到河北"已从文旅品牌变成河北品牌，省内各地各部门广泛宣传，真正形成了全社会推广合力。

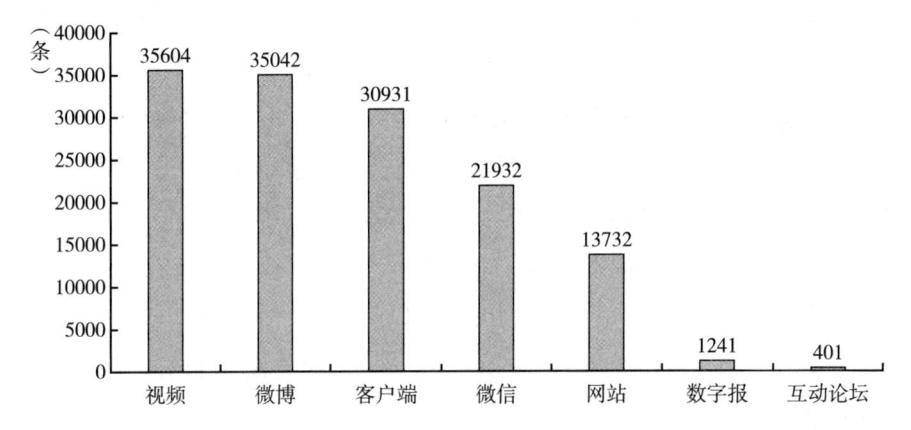

图1 2023年"这么近，那么美，周末到河北"文旅品牌的全网信息量

资料来源：新浪舆情通。

2023年3月，《河北文旅厅副厅长出镜带您打卡"周末到河北"》的文旅宣传短视频火爆网络，两周时间播放量超2.5亿次。随后，围绕"这么近，那么美，周末到河北"宣传主题，河北省文化和旅游厅构建"体系"优势，撬动"流量"密码，组织动员全省文化和旅游系统干部职工开展"文旅人秀文旅"短视频宣传活动，广大文化和旅游系统工作者、媒体主持人等一起出镜，一个月推出短视频近千条，总播放量达4.6亿次。此外，积极邀请河北各界乡贤为家乡代言，演员王宝强、赵丽颖，航天员蔡旭哲，运动员孙颖莎等70多位名人参与拍摄，王宝强的短视频一天播放量上亿次，持续扩大"这么近，那么美，周末到河北"品牌影响力。

同时，通过快递外卖小哥和家政福嫂着装宣传、手机视频彩铃宣传、主题歌曲征集传唱宣传等形式，实现"这么近，那么美，周末到河北"生活场景宣传全覆盖。创新搭建"乐游京津冀一码通"平台,半年时间注册用户140余万人,浏览量突破1200万次,有2500余家文旅企业入驻,成为企业营销新渠道。

2. 加强对外宣推,将"请进来"和"走出去"相结合

(1)"请进来":邀请省外媒体及意见领袖走进河北

2023年5月,邯郸新闻传媒中心启动"畅行中国·奋进新时代"全国百城百台走进"成语之都 太极之乡 一座等了您三千年的城"——"100小时直击邯郸"大型融媒传播主题采访活动,全国百城百台媒体代表齐聚邯郸,通过全场景、全时段、全媒体方式进行多角度、全方位、全体验的融媒体报道,向全国全面展示、宣传、推介邯郸,讲好邯郸故事。参与报道推广单位共计152家,其中省(区、市)级台30家,地市级台122家。活动开启一周内推送图文、短视频、100小时直播、广播直播连线共2256条(次),其中图文1131条,短视频313条,100小时直播在118个平台推送,广播直播连线694次。

2023年11月,河北省文化和旅游厅与新东方集团联合策划开展"东方甄选河北行",6天时间深度解读25个河北文旅场所,河北18次登上微博、抖音等平台热搜、热榜。据不完全统计,通过"带货直播+文旅直播",河北的特产、美景、文化风采在全网深度传播,直播浏览量突破1.5亿人次,相关信息和话题阅读量达到15亿次,河北好物热销破100万单,销售额近亿元,实现了品牌推广和销售双丰收。① 直播中,董宇辉等人多次带领粉丝喊话"这么近,那么美,周末到河北",扩大了河北文旅IP对外影响力,让更多人看到河北、了解河北。

(2)"走出去":开展周边省份宣传推广活动

不仅要"请进来",还要"走出去",提升"这么近,那么美,周末到河北"品牌知名度和影响力。在吸引京津游客的基础上,该品牌将文旅宣传扩及周边省份,大力拓展来冀客源市场。

---

① 《河北文旅宣传营销有声有色有回响》,《中国文化报》2023年12月9日,第1版。

2023年10~12月,"这么近,那么美,周末到河北"——2023河北文旅宣传推广活动先后走进河南省、内蒙古自治区、辽宁省等地,进行了河北省旅游资源推介、优惠政策发布、《河北省旅行社招徕游客奖励》政策发布,以及与周边省份签署游客互送协议等。省内与省外媒体联动,紧跟宣传推广活动进行报道,全媒体共同发力,扩大了河北文旅IP对外影响力。

三 河北省文旅宣传的传播困境

目前,河北省文旅宣传的媒体实践已经取得新的进展,不断适应新型传播生态,但是仍存在一些问题及传播困境。很多内涵丰富、特色鲜明的优质文旅媒介作品仍"养在深闺人未识"。

(一)内容创新存在瓶颈,"文""旅"融合尚未成熟

首先,媒体之间信息交叠,内容同质化丧失灵韵。目前,媒体对河北省文旅传播内容的展示呈现较为趋同,通过对媒体实践梳理来看,不管是在传统媒体平台还是在新媒体平台,有关文旅的宣传内容多为景点的航拍镜头或者千篇一律的讲解词,在数字化时代,同质化内容终究会被海量的信息湮灭,从而失去了河北省文旅资源本真的灵韵,制约了河北省文旅资源的多维度呈现,与文旅资源相关的政治、历史、人文等信息无法得到全面展示,造成文旅传播可沟通性的失衡,限制了受众的信息接收范围,使受众对河北的认知变得单一。其次,"文""旅"资源融合不够紧密。"旅游是载体、文化是灵魂",要想文旅宣传真正做到吸引人、感召人,就要将文旅进一步融合。目前来看,河北省文旅传播仍存在"文""旅"各自为战的现状,介绍非遗的只介绍非遗,讲解景点的只关注风景,当前传播的文旅宣传媒介作品对河北文化资源和旅游资源的活化利用不够充分,产业融合不够深入,还未取得"1+1>2"的叠加效应,文旅宣传信息的时效性较弱。

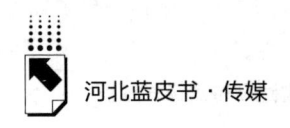

（二）新媒体运营欠佳，省、市联动不足，辐射范围小

当今媒介发展速度之快、舆论话题形成之迅速，为媒体实践提出了更高的要求，河北省内媒体已经建成全媒体传播矩阵，以"冀时"客户端、"冀云"客户端为代表的自有平台的开发运营已经十分成熟，但是从河北省2023年文旅传播媒体实践来看仍存在一些问题。首先，新媒体平台利用率不足，账号粉丝黏性有待提高。部分内容的传播还未完全打破相对封闭、较为单一的传播格局，媒介作品的主要投放平台主要集中于河北省自有传统媒体、官方平台，对流量新媒体、自媒体、新媒介的利用率较低，难以满足自媒体时代人们对信息多元化和立体化的需求，尤其是抖音、微博、B站等平台账号的运营能力欠佳，发布的文旅宣传内容、用户互动较少。其次，宣传重点不突出，缺乏代表性作品。各市各级媒体联动不足，易缺少重点和特点。在"这么近，那么美，周末到河北"这一品牌的助推下，省、市、县各级文旅部门及各级媒体齐发力，不断挖掘自己的文旅资源，制作播出了各式各样的媒介作品，但是同时造成了方向不明确、重点不突出、城市符号不鲜明的问题。各市、县级媒体各自为战，未能形成全省联动的传播局面，尤其是在信息爆炸的新媒体时代，信息更新速度快，受众需要的不是"一窝蜂"地说教式信息灌输，而是精准、明确、有吸引力的有效信息。

（三）媒介作品的制作与传播趋向于保守和含蓄

新媒体的发展不仅需要技术的解放，还需要思想的解放，接受新事物、理解新事物、利用新事物。从近年来河北省文旅宣传的媒体实践来看，不管是省级主流媒体还是市、县级媒体，都还未解决传统的燕赵文化群体特性与新媒体个性思维的矛盾。首先，比起求新求变，各级媒体更偏向自觉认同并接受"静"与"不变"的观念和生存状态，这就阻碍了河北省媒体文旅宣传新发展，媒介作品的制作更趋向于保守和含蓄。但在新媒体、自媒体飞速发展的时代，似乎需要进一步的解放创作思想，与新媒体思维下的自由化、个性化进一步融合。各级媒体不仅要进一步挖掘燕赵文化与河北文旅的精神内涵和旅游价值,还要对其进行创意转化与传播。其次,缺乏主观能动性及制造热点的能力。特色服装拍照是2023年"大火"的文旅热点,成为线上线下热烈讨论的话题。河北邯郸的"战国袍"在2023年冬天掀起了小范围的热度,不少网红到邯郸丛台公园进行拍摄取景,但是河北省媒体未能及时跟进,在社交媒体平台有不少"战国袍为什么要去邯郸拍"的疑问。互联网时代信息更迭极快,等策划好传播策略时,热点可能已经成为冰点,只有抓住互联网热点,敢于创新、勇于传播,才能用好新媒体,打造良好的河北文旅形象。

(四)大众参与度较低,线上线下互动不足

从目前河北省文旅宣传的媒体实践来看,对群众的积极性调动不足。一是线上与受众互动不充分。以河北广播电视台《美丽河北》的官方抖音号为例,点赞量破万次的作品仅有两条,剩余作品点赞量基本为两位数,对受众的评论回复率较低,未能形成传播—反馈的双向互动,受众对发布内容只能形成走马观花式的浏览,并没有真实的体验感和参与感,要致力于形成"社群"效应的有效聚合传播,以此提升深度互动性与用户黏性。二是线下大型文旅宣传活动较少。目前,大多数媒体都能意识到要通过制造话题,发起投票、奖项等线上活动,来提升用户的参与度,但缺乏一些有影响力的线下文旅宣传的活动,省内群众自发宣传的热情未能充分调动,受众的参与感和归属感仅仅停留于表面,没有实质性地发挥作用。

四 河北省文旅宣传的传播模式创新思考

(一)围绕河北"文""旅"资源,做好内容创作

河北省是中国唯一兼有高原、山地、丘陵、平原、湖泊和海滨的省份,天然禀赋,风水绝佳。同时,河北省拥有西柏坡精神、塞罕坝精神等红色文化资源,也有河北梆子、吴桥杂技、蔚县剪纸等非物质文化遗产资源,还有

中山国遗址、泥河湾遗址群、邯郸赵王城等历史文化资源。河北省各级媒体要想做好河北文旅宣传的传播，必须重视文旅融合，深耕传播内容创作，以优质的内容、深厚的内涵、独有的风景吸引更多受众愿意了解河北。

一要做好文化与旅游配套融合。文化是城市发展的底蕴和灵魂，文旅宣传要想吸引人、感染人，就要将文旅融合到一起。在制作文旅宣传媒介作品时，通过人物着装、背景音乐、镜头语言等将文化元素巧妙添加进去，借由文化资源的展示和表达为受众提供独特的文化、情感、感官体验。二要深入调研受众媒介偏好，尤其要了解年轻观众对文旅宣传的内容偏好，尽量在本地文旅体系中选择更容易被观众接受的部分作为传播的主要内容。三要科学规划宣传投入重点。不能将所有景点一概而论，开发"以强带弱、强强联合"的旅游路线和传播重点，要让更多观众全方面地了解河北、认识河北。四要减轻文旅宣传的厚重感。通过改变语言介绍风格、视频资料运镜习惯等方式营造文旅传播的轻松氛围，善于使用网络热词和新媒体使观众在接收文旅宣传媒介作品时保持高涨的观看意愿，并激发其前往河北旅游的热情。

（二）发挥多平台效应，加大推广传播力度

新媒体社交平台的出现，进一步拉近了传受双方的距离，河北省文旅宣传在媒体实践的过程中，需要进一步把握互联网传播规律，不断完善针对不同目标受众、不同传播平台的传播策略。在做好河北省各主流媒体自有平台建设的同时，优化抖音、快手、微博、B站等流量新媒体平台的运营与维护，提升河北省文旅传播的影响力。

首先，针对不同平台创作相应的媒介作品。微博以及微信公众号主要以图文、音视频形式发布作品，尤其是微博，可以邀请年轻专业的摄影师拍摄一组"河北大片"，除了景色以外，可以以人物为拍摄主题，加入国潮、红楼梦等元素，要符合年轻人的审美，摒弃简单地用红色字体强调重点的模式。遵循抖音、快手等短视频平台的传播规律，尽量在1分钟内吸引受众的目光，可发起各地市共创模式，聚合各地媒体的影响力，形成河北文旅传播

合力，打造河北品牌。其次，整合资源，做好账号的运营和维护。目前来看，各级媒体在各个新媒体平台都拥有不止一个账号，这样虽然可以更加垂直化传播，但是也在一定程度上分流了受众，尤其是在影响力还不够高的时候。省、市、县各级媒体可以重新进行新媒体账号的资源整合，集中精力运营好一个文旅宣传账号。可组建专门的年轻团队，确定好账号的风格基调，围绕这一风格基调进行内容创作，在前期可以多尝试，看看哪种风格更受大众的欢迎，从而逐渐成长为成熟、有辨识度的账号品牌，提升传播内容的影响力。最后，对自有平台进行 UI（User Interface，用户界面）设计升级。好的 UI 设计是优化用户信息体验的关键步骤，要根据用户所需进行客户端、网页、微信公众号等宣传界面的 UI 设计，满足以用户需求为中心的设计原则。同时要考虑界面的内容与功能需求，以及这些功能是否具备可行性。可聘请专业的 UI 设计团队，对"河北旅游"微信公众号、"冀云"客户端、"冀时"客户端等新媒体平台从界面关系、图标、色彩、文字，以及页面布局方面展开设计，力求创作美感与功能相统一，为用户提供更加人性化的体验，同时给河北省文旅宣传带来更好的传播效果。

（三）创新内容表达形式，灵活运用新媒体技术

近年来，新媒体平台发展势头迅猛，其以快速、直观、便捷的方式，"夺取"了大量的用户时间，河北省文旅宣传的传播模式必须要遵循互联网传播规律，借力于多样化的传播形式与手段，提高河北文旅宣传媒体实践的影响力。

"Vlog+文旅"。Vlog 是当下年轻人记录旅途的新形式，旅行类 Vlog 以媒介镜像的方式呈现了城市经典物源符号，建构并传播了博主眼中的城市形象。河北文旅宣传的媒体实践也可与 Vlog 相结合，通过镜头语言，在 Vlog 的"放大镜"作用下，展现河北的细节之美。可邀请河北广播电视台主持人如方琼、温格夫妇等进行"Vlog+文旅"的主题拍摄，拍摄内容可贯穿"到达—体验—转场—再体验—返程"的全部环节，任何一个环节都可能成为受众关注和感兴趣的关键点。着重在 B 站、抖音、微博、小红书等流量

新媒体平台投放，要重视舆情监测和受众反馈，尤其是观众对 Vlog 的真实反应，只有了解观众的观看偏好，才能不断调整创作风格，使之与观众审美相适应，同时要在渠道上提高信息获取的便利性，采取话题置顶、精准推送、设置热搜等方式，吸引受众主动搜索。

"直播+文旅"。疫情期间，文旅直播成为新的传播样态，受众可通过新媒体平台直播实现足不出户的"云旅游"。河北省各级媒体可抓住"跨媒介旅行"这一数字时代文旅产业的新样态，通过文旅直播赋能河北省文旅宣传的新发展。首先，要在直播内容与形式上引起游客关注、激发游客兴趣。确定具有景点特色项目的直播主题，从微观、充满细节的个人体验入手，如房车露营、海边篝火、星空烧烤等，发掘城市人文特色，以对话替代宣传。可就"这么近，那么美，周末到河北"主题，以秦皇岛阿那亚、邯郸赵王城、张家口泥河湾、承德塞罕坝等景点为主要直播取景地，以点带面、串珠成链，形成河北省文旅的独特品牌。其次，要在直播中建立信任关系，促进受众自发传播。除在河北省自有媒体平台直播外，还可覆盖多样化的新媒体平台，并在这些平台创建官方账号，具有一定权威性，易获取受众信任。同时，可在直播时引入电商模式，将团购门票、周边酒店、当地特产链接挂在平台上，将受众在观看直播时形成的出游冲动变为行动。

（四）强化宣传输出逻辑，开发线上线下互动

文旅宣传不是一个宣传片的切片在不同平台投放，也不是简单的景色堆叠，各级媒体只有强化"自我定位—优势表达—受众定位—印象强化"的输出逻辑，才能使文旅宣传媒介作品真正发挥效用。首先是自我定位，继续完善"这么近，那么美，周末到河北"的品牌定位，在内容输出时清晰地将自己的功能与满足消费者何种需求的内容表达出来即可。其次是优势表达，关键的逻辑点就是河北省的景点强在哪里？河北省的文化内涵究竟是什么？再次是受众定位，准确地找到适合自己的目标群众，如年轻受众及京津人群，继而根据目标受众进行画像，在他们经常聚集的平台上进行强力输出，如小红书、B站、抖音等。最后是印象强化，宣传本就是一项需要重复

的行为，通过不简单且重复的内容输出来不断加固受众的印象，在新媒体平台不断投放"这么近，那么美，周末到河北"的公益广告，鼓励群众自发在小红书、抖音以"这么近，那么美，周末到河北"为主题进行创作，宣传河北文旅。

河北省群众数量庞大，潜在的宣传价值不可估量，新媒体时代又为开发群众宣传潜力创造了机会，因此增强群众的宣传意识是创新宣传模式的必然发展趋势。在开展媒体宣传工作过程中，可通过多种方式培养群众的宣传意识。一要让群众感受到旅游业发展对自身生活质量产生的影响，从收益角度出发让群众认识到媒体宣传的重要性，激发其参与媒体宣传工作的积极性。二要提升自身服务质量，只有本地群众体验到河北省文旅的优势所在，才会自发宣传，而不是一味唱衰。三要联合本地演出行业，举办线下文旅宣传活动，如河北梆子剧团、脱口秀、相声、Livehouse等，在作品中显性或隐性地融入河北文旅的宣传内容，激发本地群众参与的热情，媒体的宣传工作也会事半功倍。做好河北文旅宣传的媒体实践，不只是为了带动旅游产业的发展，更深层次的意义是向全国乃至全世界人民，充分展示燕赵文化的丰富多彩，彰显燕赵儿女的探索精神，擦亮河北品牌，提升河北的城市影响力与传播力。

参考文献

陈秋宇：《全媒体传播视角下文旅融合的宣传措施》，《新闻传播》2023年第7期，第74~76页。

B.14
数智传播背景下河北非遗纪录片生产与传播研究

李骄阳　杨建民　宋立芳*

摘　要： 近年来，非遗纪录片在互联网持续走红，引发世界各地广泛关注，成为弘扬中华传统文化的一条新途径。2023年河北省积极打造精品非遗纪录片，推出一批充满时代气息、具有河北特色的优秀非遗纪录片，使河北知名度不断提高。与此同时，河北非遗纪录片的创作团队面临一系列机遇和挑战。创作者应坚持以人民为中心的创作导向，坚持守正创新，充分挖掘整合全省丰富的历史文化资源，运用数智传播技术讲好河北故事、展现河北形象。

关键词： 数智传播　非遗　纪录片

2023年，适逢联合国教科文组织《保护非物质文化遗产公约》通过20周年。作为首批加入该公约的国家，我国在非遗保护和传承方面做了大量的推动工作，非遗保护和传承取得了历史性的成就，形成了社会广泛参与、人人保护和传承的生动局面。非遗纪录片是一种以真实性和故事性为主要表现特征的艺术形式，也是一种影视传播方式。中国非遗纪录片是近年来引起较强社会反响的一种纪录片类型，主要记录中国的非遗，展现中国传统文化的

---

* 李骄阳，河北省社会科学院新闻与传播学研究所研究实习员，主要研究方向为短视频采编、新媒体；杨建民，长城新媒体集团产经新闻部副主任，主任编辑，主要研究方向为新闻采编、媒体融合、国际传播等；宋立芳，长城新媒体集团产经新闻部英文编辑，助理编辑，主要研究方向为新闻采编、媒体融合、国际传播等。

魅力与价值。它记录了中华民族古老的生命记忆和活态文化基因，还记录了各民族人民世代相承的各种传统文化表现形式和与群众生活有关的文化空间。当非遗与以"艺术地展现真实"为基本特征的纪录片相结合，催生出《寻找手艺》《布衣中国》《本草中国》《茶，一片树叶的故事》等非遗纪录片，文化和旅游部牵头完成了中国节日影像志、中国史诗影像志、国家级非遗代表性传承人记录工程等重大影视文献项目，它们共同构成了当代非遗文化影像志。其中，《了不起的匠人》《我在故宫修文物》等成为现象级纪录片，《大河之北》《书生》《天工苏作》等纷纷以创纪录的电影姿态走进院线。

在数字智慧传播的背景下，非遗纪录片呈现非遗文化保护与传播的新特征、新趋势、新机遇和新挑战。通过不断创新和提升品质，以及加强文化保护和文化传承的工作，非遗纪录片将更好地发挥其价值与意义。河北非遗纪录片在展现非遗文化魅力和文化价值，让观众更加深入地了解和认识非遗文化的同时，更注重从不同角度挖掘和呈现燕赵文化的内涵与价值，河北非遗纪录片创作团队不仅立足于讲好河北故事、传播河北声音、展示河北形象，还对推进中国式现代化河北宣传文化场景进行深入谋划，围绕加快建设现代化经济强省和美丽河北的工作实践，充分挖掘和整合全省丰厚的历史文化资源，进一步扩大了河北文化的影响力。

一　河北非遗纪录片的发展现状

在非遗纪录片的实践生产中，河北省主流媒体进行了一系列深入的探索与实践。河北省主流媒体对省内丰富的非遗项目进行了深度挖掘，通过对传承人的采访、拍摄非遗影像素材、文化现象的记录等，全方位展现非遗项目的独特魅力和文化价值。在创新拍摄手法上，河北省主流媒体在非遗纪录片的拍摄过程中，不断尝试新的拍摄手法和技术，以更生动、形象的方式呈现非遗项目的特色和内涵。把燕赵文化的深厚内涵通过历史文化类纪录片展现出来，用民间艺术纪录片挖掘民间艺术韵味，通过传统手工类纪录片的方式

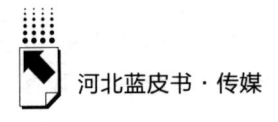

继续传承民族文化精髓。这些作品不仅丰富了纪录片的题材和内容，还为非遗的保存与传承提供了巨大的媒介支持。

（一）历史文化类纪录片展现燕赵文化底蕴

燕赵大地自古以来文化底蕴深厚。河北省主流媒体在历史文化类纪录片的创作中，不仅关注了河北地区的历史人物和重大历史事件，还深入挖掘了燕赵文化的精髓和独特魅力。通过拍摄制作，这些纪录片成功地呈现了河北地区丰富的历史文化遗产，为观众带来了一次次精彩的视听盛宴。

作为河北广播电视台近年来着力打造的纪实品牌，《大河之北》致力于用镜头书写河北历史人文风貌，用画面展示社会经济发展成果，用文字描绘全省人民开创现代化经济强省新局面、建设美丽河北的奋斗历程。该系列纪录片自2021年推出以来就得到省领导和广大观众的高度肯定。《大河之北·世界文化遗产》是大型纪录片《大河之北》的第二季，是由河北广播电视台承担制作，中共河北省委宣传部、河北省文旅厅、河北省广电局联合出品的河北省文艺精品重点扶持项目。《大河之北》第二季"世界文化遗产"篇在保持了第一季高站位、大视野、全景化风格的基础上，更强调了史实介绍和故事牵引，聚焦河北境内的世界文化遗产，传承历史文明，坚定文化自信。《大河之北》第二季制作精细、格调唯美，用国际化视野讲好河北故事，用文化文明传递思想，用现实观照历史、连通未来。《大河之北》第二季于2022年在河北卫视播出，于2022年8月在中央电视台财经频道播出。2023年，《大河之北》第二季荣获第十一届优秀国产纪录片及创作人才推优活动"优秀系列长片"奖。截至2023年11月，《大河之北·世界文化遗产》在抖音播放量达1.4万次，在B站播放量达31.2万次，1~6集在"冀时"客户端总播放量高达145.7万次。

《滹沱文韵》是石家庄市推出的精品纪录片，该片从远古到当代，深入发掘石家庄市的历史文化资源，从道·路、禅·茶、建·筑、戏·韵、纺·织、铸·造六个方面讲述了石家庄的历史文化故事。为展现石家庄文化传承的新变化、新面貌和石家庄人民的新形象、新追求，《滹沱文韵》将镜头对准具有代表性的普通百姓，集中挖掘具有代表性的小故事，每集展现约8个当代人物。该片已在中央电视台综合频道完成首播，获得了广泛好评。50集微型纪录片《滹沱文韵》是一部集思想性、艺术性、故事性、揭秘性、贴近性于一体的，与大型纪录片同步的系列短视频作品，已与纪录片同步上线。

2022年国庆期间，《滹沱文韵》在河北广播电视台卫视频道两集连播，50集微纪录片在"冀时"客户端同步推送。石家庄广播电视台在新闻综合频道、娱乐频道、生活频道、都市频道四个频道播出该纪录片。长城新媒体集团、"冀云"客户端、"学习强国"河北平台、石家庄日报App、"学习强国"石家庄平台、石家庄新闻网、无线石家庄App、石家庄发布及燕赵名城网、石家庄各县（市、区）融媒体平台同步推送6集纪录片《滹沱文韵》、50集微型纪录片《滹沱文韵》。多平台同时播出，扩大了《滹沱文韵》的传播范围。

（二）民间艺术类纪录片呈现民间艺术魅力

河北地区的民间艺术种类众多，都具有鲜明的地方特色。纪录片创作团队在民间艺术类纪录片的实践生产过程中，成功捕捉到了民间艺术的独特魅力与价值。这些纪录片不仅让观众全方位地感受到燕赵地区民间非物质文化遗产的丰富与深厚历史，还为其传承与发展提供了坚实的影像支持。

纪录片《中国杂技·吴桥》是河北省委宣传部2019年度文艺精品重点扶持项目，由河北省委宣传部、河北省文旅厅、河北省广电局、吴桥县委宣传部、河北广播电视台等单位联合打造。该片总顾问由全国政协常委、中国杂技家协会主席边发吉担任，已在河北卫视、中央电视台纪录片频道完成播出。

世界杂技看中国，中国杂技看吴桥。作为中国杂技艺术的最主要发祥地，吴桥也被誉为"世界杂技的摇篮"。本片拍摄制作历时近三年，以吴桥为中心，跟随吴桥杂技团体和吴桥杂技艺人的足迹，制作团队先后深入北京、天津、上海、河南、内蒙古、广西、江苏、湖北和西班牙巴塞罗那等地进行拍摄，通过跟踪拍摄与吴桥杂技相关的杂技团体和杂技艺人，以历史文化、民间生活、技艺呈现、中外交流等方面为切入点，全方位展示吴桥杂技

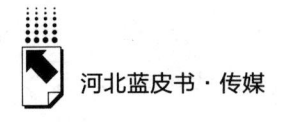

的艺术魅力与吴桥杂技在杂技界独一无二的地位。本片荣获第十一届优秀国产纪录片及创作人才推优活动"优秀系列短片"奖。

由河北广播电视台倾力打造的16集系列短视频纪录片《东西南北中河北都有戏》，涵盖了河北梆子、永年西调、保定老调等剧种的追根溯源；展示了帽翅功、翎子功、水袖功等绝技，名伶、名作的出世过程，梨园世家和新一代演员对戏曲的传承与坚守。在内容表现上，该系列短视频纪录片的呈现内容多元化，如纪实拍摄与情景再现的交融、戏曲与文旅的叠加、古今的交相辉映等。该系列短视频纪录片一经推出，便产生了广泛的社会影响，"北方戏窝子"这一对河北的称谓深入人心。

（三）传统手工类纪录片传承匠心技艺精髓

传统手工技艺，是中华文明的瑰宝。纪录片创作团队在传统手工类纪录片的实践生产过程中，深入技艺的制作过程、传承人的心路历程等方面，通过高端的技术手段和精心的策划，成功地展示了中国传统手工技艺的匠心独运与独特魅力。这些纪录片对保存和传承传统手工技艺意义重大。

承德广播电视台拍摄制作的《承传——非物质文化遗产承德影像录》（以下简称《承传》）第一季以国家级非遗宽城背杆、抡花、中幡、宽城皮影，以及省级非遗宫绣等为主要摄制题材，运用先进的传播媒介和影像技术，采用实地调查、人物故事与纪实相结合的拍摄手法，对承德地区的非遗进行拍摄，重点展现非遗本身的工艺和传承故事，用镜头将最精华的民族记忆篇章——翻开。

《承传》第一季9集已于2020年拍摄完成，2021年在承德广播电视台"人文承德"节目播出后反响热烈，得到了非遗民俗专家及观众的广泛认可，2020年荣获河北省广播影视节目奖纪录片一等奖。《承传》第二季主要以国家级非遗二贵摔跤、丰宁满族剪纸、丰宁滕氏布糊画、中幡、宽城皮影等为主要摄制题材，对每一项非遗项目都进行了精心策划，在拍摄前期多次召开策划会，制订了周密的拍摄计划，多个摄制组分赴兴隆、围场、隆化、滦平、宽城等地区，对非遗项目进行了深入细致地拍摄，对传承人进行了深入细致地采访。每一集的切入方式都各有特色，创作团队力求纪录片生动化、平民化、接地气，以真实的情感打动观众、以灵动的叙事手法娓娓道来，《承传》第二季被列为河北省纪录片重点扶持项目，已于2022年春节期间制作完成，并在承德广播电视台"人文承德"栏目播出。两季《承传》在社会各界都获得了较高的收视率和较好反响，得到了非遗民俗专家及观众的广泛认可，并在观众的要求下在承德广播电视台进行了第二轮、第三轮集中播出。这些精心制作的纪录片，也为承德非物质文化遗产留下了珍贵的影像资料。

由河北广播电视台影视剧频道与河北东骥文化传媒有限公司联合出品的纪录片《遇见匠心》被列入河北省网络视听重点项目指导目录，还被列入河北省广播电视局重点项目指导目录。

《遇见匠心》以河北地区6位非遗传承人为主要对象，通过拍摄他们的工作状态和展示他们的匠人精神，向大众传递河北地区特有的文化资源。非遗作为中国传统文化的表现形式，在民众中代代流传，承载着中国文化、民族文化，是历史的见证。《遇见匠心》主要记录了河北石家庄、沧州、邯郸、承德、秦皇岛、廊坊等地众多民间传承人的艺术绝技，如铁板浮雕、花布印染、冀东皮影、金银细工、宫绣、石影雕等。非遗也是文化软实力的重要组成部分，但社会历史的变迁、经济全球化的发展、城市化进程的不断加快以及部分少数民族人口的持续减少，导致非遗生存状况窘迫，大量有历史、有凭证、有文化价值的珍贵实物、资料被遗弃，甚至被毁。对此，《遇见匠心》通过镜头语言唤起人们对非遗的关注，引起相关部门对非遗保护的重视，让非遗文化能代代滋养燕赵儿女。

二 河北非遗纪录片的创作特征

（一）内容上，立足燕赵文化，传承地方文脉

河北非遗纪录片深入挖掘燕赵文化的历史渊源、民俗习惯、艺术风格

等，通过丰富的影像和文字资料，呈现燕赵文化的独特魅力。观众可以通过欣赏非遗纪录片深入了解燕赵文化内涵，感受燕赵文化的独特魅力。众多非遗纪录片注重呈现燕赵地区的传统技艺，如制瓷、刺绣、内画、糖人等，通过记录传承人的精湛技艺和创作过程，让观众领略到这些传统技艺的精湛之处。这些传统技艺不仅展现燕赵文化的独特魅力，还是中华文化中不可忽略的一环。河北非遗纪录片注重记录燕赵地区的社火、祭祀、庙会等原生态民俗仪式，通过呈现这些原生态民俗仪式，让观众感受到燕赵文化的独特魅力和地域特色。这些民俗也是中华民族传统文化的重要组成部分，体现了不同地域的文化特色和风土人情。河北非遗纪录片还通过记录传承人的生活、工作与创作过程，传递了感动人心的文化精神。这些传承人为保护和发扬非遗文化付出了巨大的努力与心血，他们的坚持和奉献精神代表了燕赵文化的核心价值观。观众在观看纪录片的过程中，不仅能够领略到燕赵文化的独特魅力，还能够感受到这些传承人的精神风貌。

《大河之北·世界文化遗产》通过展现河北地区的历史文化、地理特色和人文精神，充分体现了燕赵大地深厚的文化底蕴。燕赵地区历史悠久、人文荟萃，自古以来就是中华文明的重要发源地之一。纪录片通过对历史遗址、古代文物、传统艺术和民间文化的记录和展示，突出了燕赵文化的独特魅力和价值。

河北非遗纪录片通过展现文化的传承与创新，不仅让观众领略到非遗技艺的独特魅力，还增强了观众对传统文化的喜爱与保护意识。这些纪录片不仅是对非遗技艺的记录和展示，还是对传统文化价值的肯定与对未来的积极探索。

（二）实地拍摄全景记录非遗文化

河北非遗纪录片制作团队深入各个非遗项目的起源地和传承地，进行实地调查和拍摄。团队和传承人面对面交流，亲身感受非遗的制作过程，保证纪录片的素材真实可靠。这种实地调查和拍摄的方式，使观众可以更加直观地认识非遗文化的原始风貌与传承现状。纪录片创作者注重对细节的捕捉与呈现,力求还原非遗技艺的真实面貌。制作团队运用先进的摄影设备和技术,对非遗技艺的每一个环节进行细致入微地拍摄,从手部动作到工具的使用、从材料选择到工艺流程,都进行了精细地记录与展示。通过细节的表现,观众可以更加深入地认识非遗技艺的精湛之处与独特魅力。

《承传》是一部真实还原非遗文化传承过程的纪录片,通过细致的拍摄、真实感人的故事情节、精美的画面、良好的音效,展现承德地区丰厚的非遗及其传承人的精湛技艺和精神风貌。这部纪录片的一个核心特点就是实地调查和拍摄。《承传》摄制组深入承德市乡村、山野、市井,真实地还原传承过程,面对面地与传承人交流,亲身感受非遗的制作过程。通过这种实地调查和拍摄的方式,观众可以比较直观地认识非遗文化的原始风貌和传承现状,感受非遗技艺的独特魅力和深厚底蕴。这部纪录片不仅使观众更好地认识和了解非遗文化,还为非遗文化的继承与创新带来了全新的活力与动力。同时,它体现了河北非遗纪录片的特点和优势,为推动燕赵文化的传承和发展做出了积极贡献。

(三)形式上,数字化技术赋能纪录片传播

随着数智传播时代的到来,数字科技给河北非遗纪录片的实践带来了革命性变革。纪录片不仅在拍摄设备上采用了先进的4K、8K超高清摄影技术,还通过数字特效和后期制作呈现了震撼的视觉效果。而数字媒体技术也便利了纪录片的后期制作。通过非线性编辑软件和色彩校正技术,制作团队能够更加精准地控制画面的色彩和动态范围,使画面更为真实、生动。数字媒体技术的运用,为观众带来了前所未有的视听体验,使观众可以更加深入地认识和体会到非遗文化的独特魅力与深厚底蕴。这同时给纪录片创作带来了更多可能,推动了非遗文化的发展与传承。

在《大河之北·世界文化遗产》中,制作团队运用无人机航拍技术,从空中捕捉长城、非遗村落等壮观场景,使观众仿佛悬浮在半空中,俯视古村落的全貌;通过4K、8K超高清摄影技术记录了如泥塑、剪纸等非遗技艺的每一个细微动作和纹理,让观众仿佛能接触到这些精美的手工艺品。《大

河之北·世界文化遗产》在三维动画技术的运用方面也十分出色。利用三维动画技术，制作团队成功地再现了世界文化遗产的原始风貌和历史变迁。在讲述易县清西陵的片段中，制作团队运用三维动画技术，还原了清朝时期清西陵的建筑格局（见图1）和历史背景。观众可以看到整个陵区的布局和建筑风格，以及清朝皇家祭祀的庄严场面。这种三维动画技术的运用，不仅生动形象地展示了历史，还使观众更加深入地了解了清西陵的文化内涵。在讲述承德避暑山庄和周围寺庙的片段中也利用了三维动画技术，以展示这一世界文化遗产的独特魅力和深厚底蕴。利用三维动画技术，观众能够看到承德避暑山庄的园林景观和建筑特点，以及周围寺庙的分布和特点。这种手段不仅丰富了纪录片的视觉效果，还让观众更加直观地理解了承德避暑山庄和周围寺庙的历史地位与文化价值。

图1 《大河之北·世界文化遗产》通过三维动画技术还原的清西陵全貌

（四）国际化视角拓展传播场景

近年来，河北非遗纪录片在跨文化交流与国际传播方面取得了一定的成果，对展示河北地域文化特点、保护与传承非遗文化起到了重要作用。在这些方面的努力，使世界更好地认识和了解了河北的非遗文化，进而增强河北的文化软实力和国际影响力。

长城新媒体集团推出的"一眼'冀'住你"系列视频，邀请来自英国和南非的两名外籍嘉宾担任"爱河北"海外传播官走进我国古代北方最大的民窑体系——邯郸磁州窑，以及我国独一无二的古城、水城、太极城——邯郸永年广府古城，探寻非遗文化渊源并与非遗传承人一起学习非遗技艺，了解非遗背后的文化内涵，将非遗的历史渊源、制作技艺、文化内涵等以更具趣味性的表现形式和沉浸性的体验场景展现出来，以贴近现代大众审美情趣的方式融入观众日常生活，通过一个个鲜活的非遗制作案例，把博大精深的"神秘东方文化"转变成国外网民易于理解、容易接受、便于学习和模仿的网络文化，让丰富多元的河北地域特色文化从历史中"走出来""活起来"，也让更多海外网民向世界阐释推介更多具有河北特色的优秀文化产品，打造全新的河北IP。该系列外宣精品视频相继被新华社、人民日报、中国日报、中新社等央媒推送，助力河北非遗文化走出国门。《一眼"冀"住你：在水墨瓷都 寻黑白之美》(*Seeing is Believing：Explore Cizhou Kiln*)以及《一眼"冀"住你：来永年 学太极》(*Seeing is Believing：Feel the Charm of Thaichi*)更是创新形式，用裸眼3D展示河北非遗文化之美，与抖音百万粉丝博主共创短视频，在抖音发布后使河北非遗文化广受关注。此外，该系列视频在海外被英国泰晤士报、英国新闻报、华盛顿每日新闻、雅虎金融等446家媒体转载，引发强烈反响；在海外社交媒体平台被外交部亚非司公使刘永凤、中国驻大阪总领事薛剑、中国驻圣保罗总领事馆总领事陈佩洁点赞转发，总浏览量近千万次。这是探索河北非遗走向国际、面向全球推广中华优秀传统文化的一个新路径。

三 河北非遗纪录片在实践创作中存在的问题

（一）非遗文化的创新性表达不足

历史文化类纪录片更注重纪实美学，追求记录不加修饰的原生态影像和对客观文化与艺术最为真实的记录。从观众的角度来讲，有些纪录片的视觉

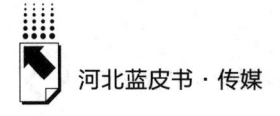

冲击力不够，故事的叙述方式也不够吸引人，不足以引起观众的情感共鸣；有些纪录片的视听语言表达未体现非遗文化的个性，配乐类型和节奏变化单一，缺乏一定的设计感；有些纪录片的整体内容呈现老套单一，过于严肃，说教性强，对年轻观众群体的吸引力不够。

（二）情感交流和艺术接受的互动性不强

从艺术接受的角度来分析，观众和纪录片之间的关系并不是相对单纯的理性存在，而是从一系列形象影像的记忆到情绪的记忆，再到情感的表达与互动最后进行交流的一个过程。这个过程需要通过知识信息和文化传承的文本类表层信息来引起观众的情感共鸣和为观众提供心灵体验，最终产生文化认同和陶冶情操的效果。目前，可以实现这一效果的河北非遗纪录片相对较少。非遗纪录片艺术接受的核心是观众对作品的认同，最终实现观众和艺术作品的同化与"视野融合"。非遗纪录片在叙事上有其自身的特殊性，需表现传统文化和非遗传承人与技艺的文化知识和信心，这与剧情片相比必然缺乏趣味性和吸引力。在数智传播背景下，纪录片创作者还未结合非遗纪录片的形态找到适应新媒体时代强活动性的创作实践路径。

（三）传播渠道有限

当前，河北非遗纪录片的传播主要依赖于传统的电视和电影渠道，对于新媒体平台和媒体矩阵的利用相对较少。这使得纪录片的传播范围和受众群体受到一定程度的限制。因此，拓展新的传播渠道，如网络视频平台、社交媒体等，是推动河北非遗纪录片发展的重要路径。

（四）新技术应用滞后

河北非遗纪录片发展的重要推动力是创新应用数字媒体技术。然而，除了河北广播电视台制作的纪录片引入了新技术手段、创新了影像的表现形式，为观众带来更多身临其境的观赏体验，增强了纪录片的吸引力和竞争力，其他河北非遗纪录片的制作目前相对较少应用新技术。

（五）多领域合作欠缺

多领域合作可以给河北非遗纪录片带来更丰富的创作资源和跨界视角。然而，当前河北非遗纪录片相对较少与其他领域进行合作和资源整合。要加强河北非遗纪录片与文化、教育等相关领域的合作和交流，拓展创作资源和发展空间，推动非遗纪录片在河北的创新发展，从而推动跨界合作的良性循环。

（六）国际影响力不足

在国际非遗文化交流中，河北非遗纪录片的知名度和影响力有待提高。要加强国际合作与交流，积极参与国际电影节、电视节等活动。同时，通过国际市场营销和推广手段，拓展国际市场，提升河北非遗纪录片在国际舞台上的地位。

（七）数智传播思维欠缺

随着数字化和智能化技术的蓬勃发展，数智传播已成为纪录片传播的主要趋势。然而，河北非遗纪录片在数智传播方面存在明显不足，缺乏对数字化传播平台和智能化技术的运用。要加强数智传播思维的培养和推动技术应用能力的提升，积极探索数字化传播渠道和智能化技术手段在河北非遗纪录片中的应用，以适应数字化时代的传播需求。

四 数智传播背景下河北非遗纪录片实践创作发展的对策

随着数字化技术和智能传播的快速发展，信息传播的方式和手段正在发生深刻变化。数智传播已经成为当今社会信息传播的主流方式，它通过数字化、智能化的手段，实现了快速、高效、精准地信息传播。河北作为中国非遗的重要保存地，拥有众多的非遗项目和丰富的文化资源。然而，随着现代化进程的加速和全球化的冲击，许多非遗技艺正面临失传的危险。因此，如

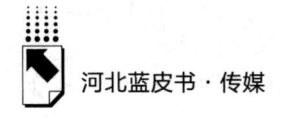

何利用数智传播手段创新非遗纪录片的实践创作,集中展示河北人民群众蓬勃向上的精神面貌、展示河北悠久灿烂的历史文化,用非遗作品讲好党的故事、河北故事、中国故事成为亟待解决的问题。

(一)坚持以人民为中心的创作导向

习近平总书记在文艺座谈会上指出,"要把满足人民精神文化需求作为文艺和文艺工作的出发点和落脚点,把人民作为文艺表现的主体,把人民作为文艺审美的鉴赏家和评判者,把为人民服务作为文艺工作者的天职"①。这已成艺术创作者的创作指南。

非遗纪录片主要记录各族人民世代相承的、与人民群众生活密切相关的各种传统文化表现形式和文化空间,是一个民族古老的生命记忆和活态文化基因。② 这些非遗大多融入了几代人的口传心授与创作过程中。创作者应将创作重点集中在对人民群众的日常生活和传统习俗的记录上,着重挖掘与非遗相关的人物,从中提取创作素材。让人民群众成为创作的主体,最大限度保留影像记录素材、口述内容和创作过程,使观众身临其境地感受非遗的魅力。非遗纪录片主要向观众呈现非遗最原生态的样貌和真实事件,在情节处理上尽量减少戏剧化的设计,在作品情感表现中减少创作者的主观情感表达,通过叙事体现传承人的情感。

在非遗纪录片的创作实践中应着力满足观众的需求。观众需求的满足与非遗信息的接收是非遗纪录片助力非遗传播的关键。非遗纪录片创作者通过调研和实践了解观众的需求,不断调整叙事方式,向"叫好又卖座"的方向努力。只有当观众的需求得到了满足,非遗纪录片才能实现传播效果的最大化。

(二)优化叙事策略,实现传播效果的最大化

纪录片的叙事核心是展现过程,避免说教,用形象直观地表达,在叙事

---

① 《习近平在文艺工作座谈会上讲话(全文)》,2014年10月15日,人民网,http://culture.people.com.cn/n/2014/1015/c22219-25842812.html。
② 金震茅:《"非遗"纪录片的内容构成、价值及其意义》,《北方传媒研究》2013年第6期。

过程中展现人性和文化精神。创作者在创作过程中聚焦河北非遗传承人的故事,将非遗传承人的人生经历和传统技艺融合在一起,讲述非遗传承人的故事,使观众对燕赵非遗文化产生浓厚的兴趣。在拍摄和剪辑时注重细节的捕捉与情感的表达,有时细节的运用会增强纪录片的故事性。通过视觉化呈现非遗文化的细节与非遗传承人工作的过程,展现非遗传承人对非遗文化的执着坚守和深厚情感,最终使观众感受到非遗传承的魅力和意义。

非遗纪录片在叙事过程中,为增强作品的艺术性和吸引力要注重叙事技巧的合理安排与灵活运用。对传承人生平经历进行展示时,应采用自叙和他叙相结合的方式。对事件的展开进行叙述时:采用顺叙叙事时,应注重素材的精心拍摄和合理剪辑,处理好素材的疏密与详略;采用倒叙叙事时,应找到合适的切入点,恰到好处地设置悬念,将事件的经过进行自然而精巧的衔接。要想全面地展示事件和人物的不同角度,可采用仰叙叙事,其通常以自嘲或疑惑的方式叙述事件,为让观众更快速地进入故事、接近人物、加快节奏、缩短过程,可选择俯叙叙事,以全知全能的角度来叙述事件。若选择多线索叙事时,作品应注重明叙与暗叙相结合。不同线索之间有明有暗、有隐有现,以此达到既能增强主旨又能增强作品趣味性的目的。当遇到叙述纷繁复杂的事件时,可利用分叙和合叙相结合的方式将事件条理化、逻辑化,尽力理清事件的脉络。在叙事结构的选择上,非遗纪录片的叙事结构要结合素材与故事情节的实际情况进行选择,无论是中心串联式结构还是板块式结构,抑或是阶梯递进式结构,都应与作品主题、风格和内容相适应。在央视非遗纪录片《传承》(第三季)中,创作者在挖掘非遗背后的故事时,不断探寻与同类非遗纪录片的差异化叙事实践,立足非遗故事,转化叙述视角,探寻能够引起观众情感共鸣的契合点,利用呼应化叙事方式形成师徒对话,师傅和徒弟的视角自然而然形成两条叙事线索,在影像呈现上相互穿插、相互呼应,摒弃说教式叙事,给观众带来巨大的情感触动。

(三)利用数字化技术增强非遗纪录片的可视性和互动性

数字化技术为非遗纪录片的可视性和互动性提供了广阔的空间与无限的

可能性。通过综合运用多种技术手段，不仅可以提高纪录片的观赏性和吸引力，还能让观众更加深入地认识和感受非遗文化。这对传承和发展燕赵非遗文化无疑是有巨大的推动作用。在创作实践中，以下技术值得利用参考。

1. 虚拟现实（VR）和增强现实（AR）技术

在非遗纪录片的实际创作中，这两种技术可以模拟或增强非遗文化的真实场景，让观众仿佛置身于历史现场，或仿佛置身于制作或表演非遗的现场。利用 VR 技术，观众能够亲身感受传统工艺品的制作过程，感受非遗技艺的精湛和历史底蕴的深厚。国内首部聚焦于粤港澳大湾区非遗文化的 VR 纪录片《来自大湾区》，由中国移动咪咕公司出品，4K 园林承制，结合空间音频、AIGC、动画捕捉等技术，运用 VR 技术将龙虎醒狮的非遗表演活灵活现地呈现在观众面前。观众可进入移动云通过 VR 头显终端进入 App 来操作观看（见图2），观众可以以第一视角来接收舞龙舞狮队在表演吐露吉祥话的好运头彩。

图 2　用 VR 头显终端观看《来自大湾区》所显示的画面

2. 3D 建模和动画

对于一些难以实地拍摄或展示的非遗技艺，如古代舞蹈、特殊戏曲等，可以使用 3D 建模和动画来制作完成，这样才能更加生动逼真地展现非遗的独特魅力。

3. 动态图形和交互界面设计

通过精心设计的动态图形和交互界面，可以将非遗纪录片的元素动态地呈现在屏幕上，与观众进行互动。2020年，为庆祝故宫六百岁生日，故宫博物院专门策划了八集非遗微视频纪录片《八大作》，以展现这八项非遗的工艺之精、技艺之美、传承之序，呈现故宫六百年的营缮之道。① 该微视频纪录片就使用了3D建模帮助观众理解施工技艺的过程，使观众更直观形象地感受到古人的智慧和匠人技艺的高超。

4. 实景渲染和动态追踪技术

这种技术能够使纪录片的画面更为生动、真实，从而提供更加沉浸式的观看体验。比如，真实的非遗场景可以通过实景渲染技术呈现出来，非遗技艺的细节可以通过动态追踪技术得到清晰地展现。

5. 利用数据分析优化内容

非遗纪录片的创作者可通过分析观众的观看数据，来了解观众的观看习惯和兴趣，从而优化非遗纪录片的制作内容与方式。

（四）多领域跨学科合作实现创新突破

非遗纪录片的实践创作和传播涉及社会学、传播学、历史、文化、艺术等多个学科领域，因此，跨学科合作至关重要。河北非遗纪录片要想在创作上取得突破，需要打破学科界限，汇聚各领域专家的智慧和力量。

创作团队可与高校和科研机构建立长期合作关系，共同开展关于河北非遗纪录片的深入研究与实践生产。高校及科研机构拥有丰富的研究资源和人才优势，可以为纪录片的创作提供理论支撑和学术指导。通过合作，能够进一步发掘河北非遗文化的内涵与价值，探索其传承与发展的新路径。

此外，还可以与艺术学院、传媒学院等相关学院进行合作，充分利用其

---

① 《故宫八大作〈彩画作——木衣锦绣〉》，非遗人之家网站，https://www.fyrhome.cn/digitalExperience/show/detail/686937616901210112.html。

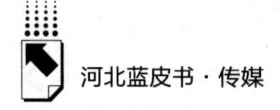

专业优势，共同进行河北非遗纪录片的实践生产。这些学院拥有专业的制造团队和设备资源，能够为纪录片的制作提供技术支持与保障。合作可以发挥各自优势，使纪录片的制作水平和艺术质量得到提升。

另外，跨学科的合作还包括和其他相关学科的专家合作、交流等。例如，可以邀请历史学家、民俗学家、人类学家等参与纪录片的策划和实践，共同探讨非遗文化的保护与传承问题。这些专家可以从各自的角度为纪录片的创作提供有益的建议和启示，有助于制作团队更好地呈现非遗文化的独特魅力与价值。

多学科交叉合作，是非遗纪录片创作和传播的一条重要路径。通过与高校、科研机构、相关学院等的合作，可以汇聚各方力量共同推动河北非遗纪录片的发展与创新。这种合作不仅可以提高纪录片的学术价值和艺术品质，还可以促进不同领域之间的交流与合作，推动跨学科的发展和创新。同时，对于加深观众对河北非遗文化的理解和认识、做好非遗文化的传承和保护工作都具有巨大的推动作用。

（五）拓展传播渠道，增强互动性、参与性

非遗纪录片可通过社交媒体等多种途径进行传播。因此，需要研究如何根据不同受众的特点制定合理的传播策略，提升非遗纪录片的传播效果。观众对非遗纪录片的互动性、参与性等方面的要求日益提高。因此，如何通过创新的叙事方式、互动设计等，提高非遗纪录片受众的黏性，让观众对非遗文化的传播有更深刻地认知和参与。

1. 社交媒体平台

将河北非遗纪录片上传至各大社交媒体平台，如微博、微信、抖音、B站等，并通过这些平台进行推广和互动。可以举办话题讨论、线上活动等，以吸引更多用户参与。

2. 与线下活动相结合

组织与河北非遗纪录片相关的线下活动，如展览、讲座、文化交流等，吸引观众参与，提高知名度。

3. 合作推广

与其他媒体平台、文化机构或企业合作，共同推广河北非遗纪录片，扩大其传播范围。

4. 制作衍生品

根据河北非遗纪录片的内容和主题，设计并制作相关衍生品，如书籍、明信片、纪念品等，在增加创作团队的收入来源的同时，能对纪录片起到宣传的作用。还可以与旅游景点合作，把非遗纪录片视为景区文化的一部分，吸引更多旅游者前往参观。

（六）提高国际影响力的跨文化传播

河北非遗纪录片具有浓郁的地域文化特色和历史人文内涵，这为其在国际传播中增添了独特的优势。同时，由于我国文化的国际影响力日益增强，河北非遗纪录片在国际市场上获得了越来越多的关注。但是，在跨文化传播过程中，河北非遗纪录片也面临一些挑战，如文化差异、语言障碍和传播渠道有限等。

继续深入挖掘非遗文化内涵，确保深入、全面地了解河北非遗的独特价值和深层含义，提高制作技术与作品艺术性，领先的摄像和制作技术保证了纪录片的高质量，使其能够在国际舞台上与其他国家和地区的非遗纪录片竞争，这是有效传播的基础。河北非遗纪录片要尝试用更生动、有趣的方式去叙述非遗背后的故事，讲述河北故事，以此打破国际观众对于传统纪录片的刻板印象。

利用新媒体平台，通过互联网和社交媒体等新媒体平台进行广泛传播，扩大国际观众的覆盖面。积极寻求与其他国家和地区的协作，采取联合制作的方式，共同推广河北非遗文化。与此同时，创作团队要不断吸收、培养跨文化传播人才，确保人才队伍具备足够的跨文化传播知识和能力，保证创作团队能够应对国际传播中的各种挑战。

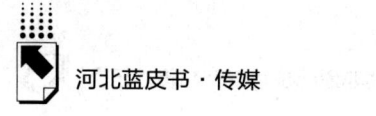

参考文献

朱荣清、钟欣颖:《非遗纪录片创作中的叙事策略研究》,《电影文学》2022 年第 13 期。

陈小娟:《非遗微纪录片的叙事问题与表达创新》,《当代电视》2021 年第 10 期。

B.15
网络舆情生态新特征与主流价值观引导策略

窦玉英 曹瑞宁 段闪*

摘　要： 2023年河北网络舆情总体平稳，舆情治理能力有所提升。河北全年网络舆情生态呈现网络舆论场主体结构悄然改变、短视频传播能力增强、情绪传播成为重要变量、智能技术升级导致网络谣言和虚假信息治理难度增加等新特征。为有效引导网络舆情，凝聚社会共识，共筑线上线下同心圆，河北主流媒体主要从关注民生需求、挖掘动人故事、玩转新媒体技术、注重文化创意四个方面展现责任担当，新媒体则发挥"压舱石"的作用，进行主流价值观引导。

关键词： 网络舆情生态　舆情治理　主流价值观

2023年是全面贯彻落实党的二十大精神的开局之年。2023年，在全球政治经济环境失序、国内网民情绪反复的严峻形势下，河北省取得了网络治理指数全国排名第一的好成绩。根据河北新闻网舆情中心对全年敏感舆情事件和涉冀热榜信息等的汇总，本报告从热点网络舆情类型、网络舆情生态特征和主流媒体价值观引导策略三个层面，对年度网络舆情进行分析。

---

* 窦玉英，河北传媒学院新闻传播学院院长助理、副教授、主任编辑，硕士研究生导师，主要研究方向为党报党刊、网络舆情；曹瑞宁，河北日报舆情中心主任，主要研究方向为网络舆情；段闪，河北日报舆情中心副主任，主要研究方向为网络舆情。

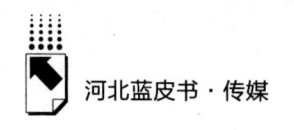

一 河北省年度热点网络舆情事件的主要类型

2023年,河北省网络舆情总体呈现平稳态势,未发生影响重大的负面网络舆情,主要是阶段性常规舆情与突发舆情交织发酵。

(一)自然灾害和突发事故类事件

河北省全年自然灾害和突发事故类事件1114件,较2021年、2022年的500件左右翻了1倍多。2023年7月29日,受台风杜苏芮残余环流影响,华北地区陆续开始强降雨,时间超过72小时。受到连续强降雨和上游洪水过境影响,河北涿州受灾严重。涿州汛情成为河北省本年度影响力最大的事件。河北邢台发生3.3级地震,以及廊坊、卢龙、任丘、石家庄等地发生2.3级到3.3级地震等自然灾害类事件不时冲上热搜榜。另有一些突发事故不断刺激着人们敏感的神经,如2023年5月26日,廊坊市大城县臧屯派出所民警在对涉嫌非法买卖的烟花爆竹进行取样鉴定时发生爆炸,造成4人死亡。沧州一废弃冷库发生火灾致11人死亡、企业爆炸、交通事故等灾害时有发生,引发人们关注和传播。但也可以看到,面对自然灾害和突发事故,"中国式救援"的速度和力度使公众感动,应急响应和处置工作的能力在不断提高。

(二)教育、民生、治安等社会热点事件

每年高考前夕,教育公平的话题就会被频繁提起,冲上热搜。2023年,网友虚构的985大学"山河大学"成为网络热梗。网友戏谑"山河大学"由山东、山西、河南、河北四个省共同创办,位于四省交界处,供这四个省的高考生就近入学。2023年,涉学生安全、校园霸凌、校园管理、校园食品卫生等教育领域的热点事件密集,对舆论形成较大冲击。一是学生自杀、约死等非正常死亡事件时有曝光,学生心理教育引发公众思考。二是校园霸凌事件密集曝光,从未成年人到大学生,涉及群体广泛,且霸凌程度恶劣,多起事件甚至出现学生死亡的情况,引发舆论愤慨和深思。三是"脆皮大

学生""课间圈养""儿童精神科爆满"等话题接连登上热搜，折射公众对学生身心健康及素质的严重担忧。四是"预制菜进校园"话题在舆论场持续交锋，折射出公众对食品安全健康、监管标准、知情权保障的更高诉求。五是《校外培训行政处罚暂行办法》施行以来，舆论场对"双减"话题的讨论存在一定争议，需谨防不当关联炒作，误导公众认知等。"华北理工大学食堂吃出鼠头""张雪峰衡水中学专场讲座视频""衡水中学校长称已注意到网红要打衡中""衡水中学为什么这么卷"等涉及教育类的话题也一度冲上热搜。除此之外，农田浇地受困、张家口万全吃水困难、小区旁设停尸房、公交停运、爱心驿站水被偷等民生类和治安类事件也引发人们关注与广泛讨论。

（三）生态环保类、市场监管类、金融等经济类事件

2023年10月，媒体曝光了河北省任丘市长丰镇耕地被挖成了大坑，总面积1021亩的61个大坑分布在12个行政村的农田里；河北一沙坑回填8年，坑越填反而越大；唐山丰南区岔河镇蒲庄子村大坑被严重污染，污水处理厂黑臭污泥随意卸；游客投诉景区服务态度恶劣、乱收费、管理差；地产商违规收费、一房多卖；沧州银行排长队取钱；等等事件被网友诟病，引发围观。"你认为饭店餐具收费合理吗"占据微博话题榜近300天，热度总数为123亿。

（四）公共卫生类话题持续高热

一方面，随着疫情态势平稳向好，公众心态趋于放松。但随着形势波动及全国范围内传染类疾病叠加出现，新冠"二阳""三阳"等话题持续受到公众关注，"医疗资源分配""药品保障供应""WHO将新冠病毒变异株EG.5列为'需要留意的'变异株""夏季炎热易引发血栓，'猝死杀手'接二连三出现"等话题频频登上平台热搜榜，再次让公众视线聚焦公共卫生领域，公众健康焦虑情绪显著加重。另一方面，医疗反腐工作深度推进，广大群众拍手称赞，同时"号称'亚洲最大肿瘤医院分院'的河北一医院突然申请注销，其总投资达94.6亿元""巨额国资购买的医疗设备放到民

办医院，数千万元项目收入会给谁？""石家庄市第五医院因使用无合格证明文件、过期等不合格的药品被警告！"等案例集中在网络曝光后，使百姓对部分医院的不法行为表示不满，舆论情绪出现"泛化"，"医院无人性，老百姓倾家荡产看病""医药费这么贵，还用过期药""这算是少的了"等一些以偏概全的言论频繁出现在相关文章、短视频评论当中，舆论场出现对整个医疗行业群体进行污名化、借机抹黑我国医疗体制等不良言论，滋生了社会不满和焦虑情绪。主流媒体聚焦医疗反腐目的和成效主动设置议题，发布了一大批引导文章，平缓了舆论情绪，遏制了舆情外溢和失焦风险。

二 河北省网络舆情生态新特征

随着网络空间治理能力的提升，以及数字化传播和技术应用的深入发展，网络舆情生态也在进行深度调整，呈现网络舆论场主体结构悄然改变、舆情传播内容与形式不同以往、虚假信息处置难度加大等新特征、新变化。

（一）网络舆论场主体结构悄然改变

网络平台的迅猛发展推动了"流量为王"的商业模式快速流行，一批网络大V迅速崛起，对网络舆论生态产生巨大影响，曾在很多时候控制舆论走向。一些"自媒体"的网络大V为吸引粉丝、赚取流量，发布不实信息，扰乱了网络舆论生态，社会影响恶劣。2022年8月1日实施的《互联网用户账号信息管理规定》，开始对网络空间进行治理，要求大V实名。2023年7月，中央网信办秘书局发布《关于加强"自媒体"管理的通知》，这一通知落实到平台层面就是对特定专业领域的头部"自媒体"账号推行前台实名，是从关键管理环节入手，压实了网站平台信息内容管理的主体责任。一系列重要举措推出之后，2023年网络舆论场主体结构悄然改变，网络大V在舆论场的影响日渐式微，年轻网民对舆论场的掌控力凸显，主流媒体的权威性、公信力优势逐渐回归，主要表现在热搜榜话题内容上。

2023年，我国演出市场快速恢复发展，演唱会、音乐节等大型营业性演出活动遍地开花，为社会营造了浓厚的文化氛围，也为相关城市"破圈"发展带来较多利好。例如，山东淄博烧烤引发舆论"狂欢"，"村超""村排"等民间赛事陆续走热，引发公众广泛参与；演唱会、音乐节等大型活动在多个城市火爆举行，为举办地带来流量和经济双收益等。演出经济火爆，反映了青年活力的释放以及公众对美好生活的向往和积极的心态，也对城市服务提出了更高要求。河北省围绕石家庄全面打造中国"摇滚之城"的城市形象设计，开展了一系列演出活动，相关话题被推上热搜榜。张家口举办音乐节、薛之谦石家庄演唱会受到年轻人的追捧等话题，数次登上热搜榜。

为吸引京津客源到河北周末游，河北省文化和旅游厅围绕"这么近，那么美，周末到河北"文旅品牌，推出名人推介、短视频、Vlog、歌曲、图文等系列主题宣传活动。如董宇辉到正定、王宝强获聘河北文旅宣传大使、电影《深海》发布《北戴河之歌》、河北旅行 Vlog、摄影师拍下金山岭绝美中秋、从北京坐高铁 1 小时都能到哪儿玩、石家庄官方整活我姓石等，持续占领全年热点话题。

（二）短视频传播能力增强

2023 年河北网络舆情事件的传播平台，主要有新浪微博、App、短视频平台，虽然三者传播量平分秋色，均在 2500 条左右，但新浪微博依然占据首位。与 2022 年相比，新浪微博传播量下降了 1000 多条，短视频平台传播量增加了 1 倍多，App 传播量持平。

（三）情绪传播成为重要变量

在当前媒体和舆论环境下，网络群体的情绪已成为影响舆情走向的重要变量。一方面，负面情绪影响累积叠加，可能会逐步使公众失去信心，滋生不良价值观导向，冲击社会主流价值观；另一方面，群体负面情绪过剩还可能突破自身边界、激化社会矛盾，滋生网络暴力等违法犯罪行为。如果被营销号等煽动利用，群体负面情绪还有可能滑向群体极化，对社会稳定造成影响。例如,"唐山一男子殴打哺乳期女性"事件中,网民同情情绪被快速调动,发表声讨家暴者的观点,但在评论中也发出男性受侵害而不被关注的声音,影响舆论走向,如"拒绝和女性共情,同样男性是受害者,女性是施暴者的新闻毫无热度""女性受侵害话题下骑士们的义愤填膺总是能和男性受侵害话题下的冷冷清清形成鲜明对比"。"邯郸一初中向家长收6万多元'捐赠费',还只能交现金"事件,触动了人们对教育腐败的痛恨之心,形成了"一边倒"的共情情绪。在应对情绪型舆情时,应对负面情绪的社会传播保持足够警惕,通过强化舆情监测、及时回应舆论关切等方式畅通情绪释放渠道,避免舆论场负面情绪因得不到回应而蓄积发酵,滋生舆情危机。

(四)智能技术升级导致网络谣言和虚假信息治理难度增加

网络谣言和网络暴力叠加,受事件定性难、主体确定难、证据取证难等客观因素制约,应对处置难度较大,恶化了舆论传播生态。如针对2022年唐山烧烤店打人事件中女孩被打后的网络谣言,律师发视频辟谣,自己却遭遇网暴;张家口明湖音乐节期间,刘某某为涨粉丝,在今日头条App发布虚假消息,称音乐会现场发生煤气爆炸死伤众多;保定一男子为博眼球,造谣化粪池爆炸致1死5重伤等虚假信息。这些网络谣言和虚假信息引起舆论强烈愤慨,使加大打击网络谣言和治理虚假信息的力度的呼声更加高涨。在微博话题榜中,话题"你经常受网络谣言困扰吗"也持续被网民讨论,在榜时长800多天。中央网信办部署"清朗·从严整治'自媒体'乱象"专项行动,主要针对"自媒体"造谣传谣、假冒仿冒、违规营利等突出问题,坚决打击,从严处置。各部门需依法依规开展工作,警惕"网暴"现象借短视频加剧观点撕裂、态度分野,破坏网络空间传播秩序。

三 河北省主流价值观引导策略

技术赋能、赋权下的网民拥有了发声的权利,在众声喧哗中,情绪先行、理性缺位、共识难得,曾一度让网络舆情失控、失序。历经10余年发展，公众触网能力日益提升，特别是深度媒介化时代的到来，媒体在凝聚社会共识、共筑线上线下同心圆中，开始发生转向，从式微走向强势。2023年河北主流媒体主要从关注民生需求、挖掘动人故事、玩转新媒体技术、注重文化创意四个方面展现责任担当，新媒体则发挥"压舱石"的作用，进行主流价值观引导，做好网络舆情治理。

（一）主流媒体展现责任担当

与自媒体相比，主流媒体具有权威性优势，具有追求社会效益的属性要求和内在动力。面对社会热点、民生关切，主流媒体多措并举，充分展现责任担当。

2023年7月底至8月初，河北多地遭遇强降雨天气，引发洪涝灾害。省内主流媒体闻"汛"而动，不畏艰险、深入一线，全力以赴展开防汛抢险救灾宣传引导，为坚决打赢防汛抢险救灾硬仗营造了浓厚舆论氛围。

壮大宣传声势筑同心。省内主流媒体在重要版面、重点时段、首页首屏开设"坚决打赢防汛抢险救灾硬仗""应对强降雨 河北在行动"等专栏专题，制作推出消息、特写、现场报道、新闻专题等一大批重头报道，充分展现了河北省坚持人民至上生命至上、全力保障人民群众生命财产安全的举措成效。《河北日报》每天推出3~5个专版，通过图片、消息、一线专访等形式，及时报道最新防汛动态。河北广播电视台全时段推出新闻报道，卫视频道每天早中晚3期播出专题节目，打造全天新闻节目带。长城新媒体集团策划推出《长城直播｜河北防汛抢险救灾一线直击》，以最快的速度、最全的内容、最新的视角深入报道全省防汛抢险救灾动态信息。保定市县两级媒体开设"迎战强降雨"等专栏专题。廊坊广播电视台开设"防汛新闻特写"专题节目。邯郸广播电视台推出"风雨同心战汛情"等系列报道。

发布预警信息强信心。各媒体密切关注防汛、气象等部门的最新动态，及时发布预警提示、避难信息，持续做好防灾避险科普宣传。"河北日报"客户端开设"预警信息""雨情速报""气象科普"等专栏，及时发布预警信息，以图文直播形式普及应对举措。河北广播电视台高频次播发天气预

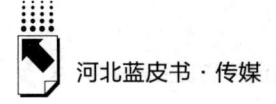

警,电视频道累计播发滚动字幕5050余次,广播直播节目累计播发3090余次。长城新媒体集团推出《百姓看联播丨暴雨过后,做到"五不"》《百姓看联播丨后备箱有"逃生开关"》等融媒作品。保定市成立防汛宣传小分队,持续播发防汛科普知识。沧州广播电视台开设"科普小知识"专栏。秦皇岛日报"小娜说天气"栏目,及时播发预警信息。

畅通求助通道聚民心。省内多家媒体开通线上求助通道,及时收集群众诉求,帮助群众解决问题。河北广播电视台"冀时"客户端开通"冀时帮汛期求助平台",帮助受灾群众。长城新媒体集团"冀云"客户端"问政河北"平台开通灾后重建互助留言通道。河北新闻网、"纵览"新闻客户端、燕赵都市报依托"阳光理政"平台,开通"2023汛期求助与建议通道",接收求助信息、意见建议,积极解决群众难题,有效引导了网络舆论,控制了网络舆情。

(二)新媒体发挥"压舱石"作用

媒体融合经过十年的发展日益走向纵深,新媒体的新技术应用、话语表达和创意思维正被主流媒体越来越多地使用。

2022年10月16日,在党的二十大开幕当天,长城新媒体集团首创"竖屏短视频+聚合应用程序"方式,推出一档"百姓看联播"栏目,每天通过4~5条短视频,对《河北新闻联播》中老百姓关心但又看不懂、不爱看的时政新闻进行通俗化解读,实现了"像刷抖音一样看新闻",为传统新闻报道找到了一个移动端传播的新入口。截至2023年12月,该栏目共推出430多期,播发短视频2000余条,累计浏览量超过10.3亿次,受到中宣部5次表扬,真正实现了正能量澎湃大流量、好声音成为最强音。开播一年多来,"百姓看联播"栏目成功"出圈",凭借选题"准"、内容"活"、语言"变"、传播"广"等因素,获得良好口碑,初步探索出一条时政新闻守正创新、融合传播新路径。

在涿州暴雨报道中,各媒体用文字和镜头生动记录抢险救灾一线的感人故事与温暖瞬间,推出了一批有温度、有力量的融媒精品。河北日报发布的

视频《哪里有危难，哪里就有人民子弟兵》《微视频 | 霸州女子被困家中　消防人员游泳救援》，12小时浏览量均突破100万次。河北广播电视台发布的《无人机为500村民飞出30米生命桥》视频被全国101家媒体转发，冲上全国热搜榜第五名，话题浏览量1亿次。长城新媒体集团推出"一线直击"等专栏专题，发布《洪水中的"生命接力"》《"请踩着我肩膀下来！"》等短视频，生动展现了感人瞬间。石家庄广播电视台交通频率《雨中情》直播，累计观看量超百万次。"新邢台"客户端视频直播也取得良好的传播效果。

2023年6月8日晚，"定州环卫工母亲与走出考场的儿子相拥落泪"短视频走红网络。省内主流媒体及时跟进，深入挖掘感人故事，推出了一批鲜活生动、富有人情味的新媒体产品，推动舆论热度持续攀升。在此基础上，长城新媒体集团、河北广播电视台提前谋划，抓住高考成绩发布重要节点，创新推出竖屏新闻MV《那一抹红》，唯美感人的画面、情感充沛的音乐，瞬间火爆全网，累计影响受众超4亿人，是河北省主流媒体运用新媒体引导舆论的成功案例。这次新闻事件刷屏"破圈"的背后，是媒体把握新媒体平台传播规律，及时捕捉舆论热点、社会焦点，运用新闻MV这一新颖鲜活的形式，把宏大主题微观化、具体化、人格化，用普通人的小故事折射时代大主题，润物无声地传递正能量，让报道更加贴近人心，引发共鸣共情。

（三）新表达赋能文化传播

2023年全国两会召开期间，河北广播电视台推出《大河之北》第三季六集纪录片《大河之北·生生不息》，梳理了河北在中华文明进程中的发展脉络及贡献，在古往今来中寻找河北人拼搏进取、生生不息的不朽精神，从而呈现一个立体、真实、现代的河北。

《大河之北·生生不息》不同于第一季、第二季使用大量的航拍镜头，这一季镜头通过多种拍摄视角展现辛勤劳作的人们，反映他们努力工作、乐观生活、昂扬向上的姿态和身影。在视觉呈现上，第三季做出了一些新的尝试与探索。通过微距拍摄等镜头语言，让细节的张力与宏大的场面同样具有冲击力，令人过目难忘。片名以"生生不息"为题，将蚂蚁的生长作为意

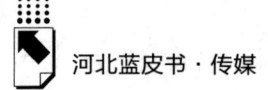

象表达，起到串联和解题的作用，体现了创作者的匠心之思。同时，翔实的史料结合沙盘拍摄、情景模拟、三维建模、动画设计等多种影像手段，以科技助力艺术表达。"大河之北"生生不息、物阜民丰的形象，让人们在潜移默化中树立起强大的文化自信。

"大河之北，是我故乡"，走过三季的《大河之北》以内容创新为追求、以视觉表达为基础、以时代视角为特色，用极简的文字和精致的画面，努力解读了纵横古今、立体真实的河北，将燕赵大地的厚重历史及人文精神一一道来。

河北日报报业集团围绕第十九届中国吴桥国际杂技艺术节精心谋划，将传统文化、杂技表演与新媒体技术相融合，推出创意独特、形式新颖、趣味十足的融合报道，展现了杂技艺术的传承与发展，擦亮了河北文旅名片，取得了很好的传播效果。

轻量化表达，科普生动有趣。海报《古风动海报丨看这里！壁画"杂"在动？》创新性地将壁画与杂技相结合，通过数字技术将仙人摘豆、走钢丝、抖空竹等杂技艺术动态化呈现给公众，并辅之以精简的文字介绍，直观地科普了传统杂技艺术，便于网友通过社交媒体平台转发传播。

"文化+数字"，擦出艺术火花。创意视频《杂技节来了！国宝要出战》以动画形式让长信宫灯、银首人俑铜灯、熊雀形铜器足等河北具有代表性的文物从"沉睡"中"醒来"，在沧州铁狮子的"盛邀"下，组团"出战"杂技节。同时，短视频使用数字化技术赋予文物语言、动作、情绪等人格特征，培养将银首人俑铜灯、透雕双龙白玉璧等文物与杂技演员同台竞技的高度契合感，创新性地让杂技与文物来了一场跨界融合，创意巧妙，想象力十足，让古老文物与现代科技擦出了独具张力的艺术火花。

转换视角，感受杂技魅力。短视频《微穿越丨杂技节回家了，这才是吴桥！》用穿越机通过特技飞行拍摄，伴随跃动的节拍、密集的鼓点，以第一视角镜头穿行在舞中幡、转碟、手彩戏法"三仙归洞"等惊险刺激的杂技绝活儿表演之间，带着网友超近距离沉浸式体验杂技魅力，展现了代代相传的吴桥杂技迸发的蓬勃创造力和生命力。

以上三篇融媒体作品内容有料、形式有趣,在报道杂技艺术节的同时,很好地宣传了河北文化元素,以文塑旅、以旅彰文,是推进河北省文化和旅游深度融合发展的有益尝试。

2023年中秋、国庆期间,长城新媒体集团推出《游遍京津冀 我的锦绣山河新画卷》,让用户化身京津冀文化旅游推广员,在线生成一张张水墨风格的文旅推介画卷,通过趣味互动宣介京津冀文旅资源;研发"十一"出行掌中宝交通大数据平台,结合直播节目《"十一"返程"冀"录》实现"数据+直播+互动"的一站式服务,近1400万名网友在平台上查阅路况信息。廊坊日报推出的《创意互动长图 | 中秋寻"味"记》,在互动长图的情景对话中穿插介绍了中秋、月饼相关的趣味小视频。

(四)"外引内培"增强国际传播能力

河北各媒体面对国际传播新需求、国际传播人才不足等问题,通过"外部引进人才、内部培育人才"的方法,把"我想说的"与"他想听的"相结合,积极做好国际传播。

北京携手张家口成功举办冬奥会一周年之际,长城新媒体集团紧扣"后奥运时代"主题,推出《在崇礼遇见"冰雪奇缘"》(*Visit Freezing Wonderland in Chongli*)系列英文融媒体作品,围绕冬奥遗产传承、冰雪运动发展以及张家口三个方面打造文旅产业新高地,有效助力京张体育文化旅游带建设,打响"雪国崇礼 户外天堂"品牌。

这些作品邀请来自英国的安德瑞·杨(Adrian Young)担任海外传播官,打卡冬奥场馆、玩转国际现代冰雪小镇、体验冰雪运动、制作冬奥美食等,向世界展示了"后奥运时代"张家口发展的澎湃活力以及河北省"开门迎客"的热情。创作团队使用电影的拍摄剪辑手法,通过交叉运用丰富的视听语言,航拍、全景、特写等景别,匹配高超的剪辑技巧,在保证短片流畅度的同时,让观众心情在一快一慢、一紧一松的节奏中随着音乐跌宕起伏,特别是作品开场恢宏大气,抓人眼球,第一时间引爆境内外主流传播平台。在海外,节目短视频相继被美联社、雅虎、福克斯电视台等380余家媒

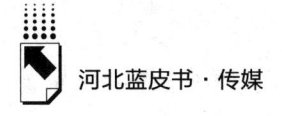

体转发，触达近千万人；在国内，节目短视频被"新华社"客户端、"人民日报"客户端、"中国日报"客户端、中国外文局文化传播中心等转载转发，全网总点击量超过3500万次。

2023年10月17日，第三届"一带一路"国际合作高峰论坛举办之际，长城新媒体集团推出中英双语新闻微纪录片《小院大成》（From Small Backyard to Great Accomplishment），通过讲述中非科技小院发生的感人故事，展现共建"一带一路"、"小而美"民生项目带来的获得感、幸福感、安全感。

长城新媒体集团在2023年5月开始策划这一选题，多次派记者前往邯郸曲周县深入田间地头对非洲留学生进行实地调研采访，选取来自赞比亚和马拉维的两名非洲留学生作为"追梦人"，选取中非科技小院负责人焦小强作为"助梦人"，双线并行、双向奔赴。视频通过微电影式流畅自然的镜头语言，以"现场同期+英文配音+跟拍采访"的表现形式，融汇非洲留学生的"心灵独白"，既展现"追梦人"为了梦想坚守初心、不懈奋斗的故事，也通过新颖的方式展现新时代的中国农业人在"逐梦"征程上取得的成就。纪录片从小切口入笔，以人叙事、以事析理，通过生动鲜活的小故事反映国际合作大主题。

《小院大成》在中国日报、中国新闻网等多家媒体同步播发，全网浏览量500万+，被200余家海外媒体转载，触达近千万人，在Facebook上被中国驻巴基斯坦大使馆文化参赞兼巴基斯坦中国文化中心主任张和清点赞转发。中非科技小院故事的创新国际化表达，有效增强了国际传播能力、促进了文明交流互鉴。

参考文献

王悦路、李建、曲微微：《主流媒体如何引导正能量内容"破圈"变"大流量"——以长城新媒体集团"定州母子相拥感动全网"宣传报道为例》，《采写编》2023年第12期。

B.16 智媒技术赋能河北省地市级媒体深化民生服务路径研究[*]

李丽 顾燚 裴雪娇[**]

摘　要： 随着人工智能技术的发展，智媒技术更多应用于新闻业务，同时积极向服务领域渗透，助力媒体构建民生服务体系。本研究通过对河北省地市级媒体运营的微信公众号、App、客户端等平台运用智媒技术提供民生服务的现状进行考察，指出河北省地市级媒体在构建民生服务体系中，在顶层设计、整体规划、技术支撑等方面存在问题，要从理念层面到实践层面提出对策，推动河北省地市级媒体借助智媒技术履行社会责任，顺应时代发展变化，探索多样化的发展渠道和服务模式，满足民众的多元需求，保持竞争力和创新力。

关键词： 人工智能　民生服务　地市级媒体

智媒技术指运用到媒体产业、内容传播与互动反馈中的人工智能技术，主要包括5G、大数据分析、云计算、虚拟现实技术、写作机器人等。智媒技术的发展和应用体现了传统媒体顺应时代变迁、以用户为本、自主变革的决心与创造力。河北省地市级媒体通过技术融入推进民生服务体系的构建已

---

[*] 本报告为2021年河北省社会科学基金项目"'十四五'时期河北加快构建主流舆论格局和全媒体传播体系对策研究"（编号：HB21XW011）阶段性成果。

[**] 李丽，博士，河北经贸大学新闻与文化传播学院讲师，主要研究方向为广播电视与新媒体；顾燚，河北经贸大学新闻与文化传播学院硕士研究生，主要研究方向为视听新媒体；裴雪娇，河北经贸大学新闻与文化传播学院硕士研究生，主要研究方向为视听新媒体。

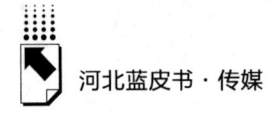

有明显成效，依靠直播、大数据等技术已初步构建了民生服务体系，涵盖社会公共服务与城市治理的多个方面，并在此基础上进行商业探索，在信息服务、健康科普、问政等方面亮点突出。

一 民生服务+技术融入：河北省地市级媒体初步构建民生服务体系

河北省各地市级媒体主要利用自有资源及微信公众号、客户端、App 等平台，结合直播、无人机、大数据等技术，提供社会公共服务、辅助政府部门参与社会治理，并以此为基础探索商业盈利模式，初步构建民生服务体系，增强媒体与民众之间的互动，为媒体可持续发展奠定基础。

（一）集中发力：打造微信公众号、客户端、App 服务集合平台

河北各地市级媒体所提供的民生服务主要集中在微信公众号、客户端和 App 这三个核心平台。微信公众号一般以提供基础信息服务为主，同时为客户端、App 的下载引流；客户端和 App 则将重点集中于提供便民服务、打造服务品牌等方面，在民生服务方面表现更为亮眼。各市在各平台的分配使用上存在显著差异，如石家庄市、邢台市、邯郸市、衡水市、唐山市的民生服务主要集中在微信公众号上。以石家庄广播电视台为例，石家庄广播电视台拥有的 5 个广播频率和 4 个电视频道，除都市频道外，其他频道均利用微信公众号提供商城采买、电视问政、气象信息查询等服务（见表1）。

表1 石家庄市媒体部分微信公众号及提供的服务内容

微信公众号名称	服务内容
石家庄新闻广播	交通综合服务、气象实况、疫苗预约、河北各地限号、高速实况
石家庄经济广播1009	淘商城
石家庄音乐广播	惠商城
石家庄交通广播	直播互动、优选活动、946代驾
石家庄广播电视台915绿色之声	就医资讯、法律咨询、智能手机大讲堂

续表

微信公众号名称	服务内容
民生关注	电视问政、社区服务、感动省城
石家庄生活频道	直播、生活优选
石家庄日报	电子报、网信普法

与以上各市不同，廊坊市、秦皇岛市媒体则同时涉足微信公众号和客户端或App，其中廊坊日报多个微信公众号积极为"新廊坊"客户端下载引流，实现微信公众号和客户端的有效联动。而保定市媒体所提供的民生服务更集中于"掌握保定"客户端，沧州市以新沧州App为主（见表2）。

表2 部分市级媒体服务平台及服务内容

地区	媒体服务平台	服务内容
廊坊市	"新廊坊"客户端、微信公众号	问政爆料、信息查询、商城服务、暴雨救助
秦皇岛市	秦皇岛Plus App、微信公众号	问政、商城服务、信息查询、秦帮忙等
保定市	"掌握保定"客户端	消费维权、保定供水、保定公交等
沧州市	新沧州App	公交路线查询、网信普法、健康科普、便民服务

（二）多元服务覆盖：社会公共服务、城市治理、商业服务多管齐下

河北省各地市级媒体在技术赋能下提供的民生服务主要分为三大部分，即社会公共服务、城市治理和商业服务。基础性的社会公共服务是其主要服务类型，城市治理更多体现在问政及促进城市形象传播方面，商业服务则是其在技术条件下对盈利进行的新探索。

1. 社会公共服务

在社会公共服务体系建设中，河北省各地市级媒体精准发力，积极推进，主要在信息查询、医疗健康、法律科普方面提供丰富的服务内容。

（1）基础扎实、实时补充的信息服务

河北省各地市级媒体积极构建信息服务网络，已形成以信息查询服务为

基础、以交通服务为特色、以应急实时服务为补充的信息服务体系，助力民众与社会资源实时互动、开放共享。"保定日报"微信公众号通过大数据技术聚合信息，凭借全面细致的信息服务吸引受众眼球，其中的"查查"服务包含休闲娱乐、医疗卫生、综合商场等多地电话、路线信息，涵盖市民方方面面的生活信息。邯郸市、唐山市交通广播微信公众号提供交通信息及应急知识科普。"石家庄交通广播"微信公众号提供的限行措施、高速路况查询、失物招领、代驾查询等服务充分展示了交通平台特色。新冠疫情期间，"石家庄新闻广播"微信公众号和"秦皇岛新闻891"微信公众号提供疫苗预约及相关政策查询服务；2023年汛期，"全景廊坊"微信公众号提供暴雨互助链接。媒体提供的诸多服务不仅可以及时传递信息、增强公众的应急意识，还提升了公众对媒体的信任度和满意度，有助于保障与增进公众的安全和福祉。

（2）依托既有媒体资源进行健康科普、探索延伸相关服务

河北省各地市级媒体提供的健康服务主要集中在健康科普、医疗挂号等方面。媒体通过新媒体平台为群众提供切实可用的医疗健康服务，可以培养民众的健康意识，营造"大健康"的舆论氛围，切实可用的医疗信息也让民众更有获得感和幸福感。河北省各地市级媒体所提供的健康科普服务分为两种形式。一是媒体将自身节目资源在新媒体平台进行延伸、拓展，进行线上直播。如"新沧州微平台"微信公众号提供"仁医在线"直播内容，"张家口广播电视全媒体"微信公众号进行《好医生在线》直播。《好医生在线》自2023年2月16日起每周开播五次（周四、周日除外），每次30分钟左右，最多吸引近万名用户在线观看。二是利用微信公众号、网站或App开设健康专题提供相关资讯，如无线石家庄App、廊坊新闻网、秦皇岛Plus App、掌上邯郸App均设有健康专题，发布医疗机构惠民活动信息、养生常识、日常解惑等内容。另外，沧州市、石家庄市媒体分别通过新沧州App、"石家庄日报"客户端提供医疗挂号服务，操作页面简洁，为民众增加了就医问诊的渠道。

（3）普遍开设形式创新的普法宣传专题

河北省各地市级媒体积极进行普法宣传，普遍在自有官方新闻网站、微

信公众号开设专题，通过分析法律案件、上传普法视频、解读法律政策等形式进行普法宣传，同时积极利用新媒体技术进行形式上的创新，加强普法实效。如"石家庄日报"微信公众号独立的"网信普法"板块中包含"网信时讯""法规解读""就案说法""动漫视频""安全课堂""线索征集"等内容，形式多样。其中，动漫视频的形式更迎合了新媒体时代受众的视听习惯，通过生动形象的动漫、简单易懂的语言和有趣的表现方式进行法律科普，让民众更容易理解和记忆相关法律常识。在2023年5月第三个"民法典宣传月"期间，石家庄市广播电视台充分利用"石家庄普法"头条号、微信公众号推送"以案释法"2262条，①"石家庄普法"头条号被评为优秀资讯类账号，②普法效果显著。普法工作不仅填补了民众法律知识空白，也引导了广大民众遵法、学法、守法、用法，维护自身利益，培养法治意识。

2. 城市治理

媒体具备先天资源优势，并且作为政府发布信息的窗口，可以与政府部门保持密切联系，参与城市治理服务在媒体所提供的众多服务中具有独特的优势。媒体参与城市治理可以实现多重目标，包括提升政府工作透明度、促进民主参与、改善城市生活质量，以此来推动建立更开放、包容和可持续发展的美丽城市。河北省各地市级媒体在加强城市治理方面取得了卓越成效，突出表现在网络问政新形式与城市形象传播两个领域。

（1）网络问政新形式：提升问政效率与信息透明度

河北省各地市级媒体均提供了问政服务。媒体通过开通网络问政渠道，建立了政府与民众有效的沟通桥梁，一方面强化了民众对政府的有效监督，极大便利了民众的政治参与，另一方面也进一步提升了各类民生问题的解决效率，辅助相关部门进行政策调整和优化。

---

① 《【普法工作集锦】"民法典进网络"河北各地活动》，"河北普法"微信公众号，2023年6月15日，https://mp.weixin.qq.com/s/JkhMgXhnCleJ580Hsbq2Qw。
② 《"石家庄普法"头条号蝉联中央政法委"四个一百"优秀政法新媒体表彰》，"石家庄普法园地"微信公众号，2022年11月29日，https://mp.weixin.qq.com/s/jNOJ7NR6PBwRiX1B6AnlKA。

部分地市级媒体问政服务亮点突出，利用直播技术、线上信息采集技术创新网络问政形式，切实提升了问政效率和信息透明度。如"唐山+"App实时更新问政内容，附有相关部门答复，让民众看得见、更安心；"张家口广播电视全媒体"微信公众号利用直播形式推进政务服务透明化，2023年7月7日起，每周三上午10：00~11：00推出网络直播问政，不同部门在直播间与观众实时连线互动，并将用户的问政内容公开透明处理，让用户快速了解问题的处理进度；张家口市文化广电和旅游局、张家口市生态环境综合执法支队、张家口市住房和城乡建设局房产交易中心等部门均曾在现场参与直播，与观众实时互动交流，解答民众问题。民众对网络直播问政反响热烈，截至2023年10月底，直播观看量平均每期4000余次，点赞量单次最高达7000余次。"邢台日报"微信公众号推出"问政邢台"板块，民众绑定手机号后可进行在线诉求填报、资讯、建言、问政，并且在提交诉求后可在线上看到办理进度，从诉求提出到后续追踪全流程清晰明了。

（2）城市形象传播：历史与现实相融合，打造城市新名片

河北省各地市级媒体积极借助智媒技术采用多种形式进行城市形象传播。媒体利用智媒技术参与城市形象传播可以使城市形象更为立体化、更有吸引力，丰富城市故事的叙事方式，同时加快城市形象传播速度。通过智媒技术实现城市记忆再现，梳理并长久留存其丰富多彩的历史故事，将过去与现在相结合、虚拟与现实相结合，为城市赋予更深层次、更立体化的意涵，有利于积极传播城市形象、弘扬历史文化、体现现代化特色。助力城市形象传播是河北省地市级媒体在参与城市治理中的积极探索，为媒体利用智媒技术拓展民生服务路径做出了重要贡献。

邢台市通过人工智能技术修复老照片，展示城市丰富的历史故事和文化遗产，增强人们对城市的历史认知，积极传播城市形象。邢台新闻综合频道抖音账号在2023年推出"邢台记忆"特色板块，发布20世纪八九十年代邢台的地标建筑、古建筑火神庙等历史老照片。修复后的照片借助短视频的形式得以重焕生机，点赞量过千次，播放量破400万次。智媒技术在城市形象传播中的应用使城市历史形象能够以更为灵活的方式进行呈现。新的传播

技术、传播手段也对消费者和当地民众产生了更大的吸引力，进一步推动了文化交流，提升了城市知名度和吸引力，极大促进了城市的可持续发展。

3. 商业服务中的盈利探索：在线商城与活动推广

河北省各地市级媒体除本职的媒体宣传工作外，还承担盈利任务。作为深化民生服务路径探索的重要一环，在线商城服务在一定程度上带来了盈收，也为各地市级媒体可持续发展提供了支撑与动力。一方面，河北省各地市级媒体积极转变思维，拥抱线上电商，与商业品牌展开持续合作，为公众提供了线上购物的便捷体验和低廉价格；另一方面，部分地市级媒体利用智媒技术与文旅活动相结合，线上线下的结合方式有效拓展了媒体的服务范围，以特色活动为契机进一步提升了媒体的影响力。河北省各地市级媒体提供的商城服务如表3所示。

表3 河北省各地市级媒体提供的商城服务

地区	商城服务
石家庄市	淘商城、惠商城、优选活动、生活优选、华兔商城
保定市	教育商城
邯郸市	964商城、1028商城
廊坊市	951商城、1003商城
衡水市	乐商城、925主播严选
秦皇岛市	爱购商城、积分商城、帮扶商城
唐山市	唐山优选在线商城
沧州市	1036商城、938商城
张家口市	1043商城、快乐购、启民精选
承德市	976商城
邢台市	许昌926乐商城

石家庄市媒体所提供的商城服务数量在河北省各地市中是最多的，多个频道在线上都提供自己的商城服务，产品种类从知名美妆品牌、鞋包服饰到家居生活用品和热卖美食一应俱全，为用户提供了更为便利的购买渠道。其他地市级媒体也是如此，通过大数据分析和人工智能技术，商城小程序可以

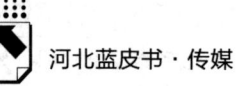

根据用户的购买历史、兴趣爱好等信息，为用户个性化推荐商品和服务，增加盈利渠道。

张家口市媒体将在线商城与文旅活动相结合，推出"我在草原有牛羊"板块，是张家口市媒体对张家口市政府举办的京张体育文化旅游带大型农旅活动的宣传；在商城小程序中开启专栏售卖牛羊肉，不仅推动了当地牛羊肉的销售，还吸引了大批游客前往京张体育文化旅游带一睹草原风采，利用智媒技术很好地推动了当地的文旅产业发展。

（三）技术应用：直播、大数据等技术赋能民生服务

河北省地市级媒体积极利用智媒技术拓展民生服务路径、利用直播技术展开健康知识传播与网络问政、借助直播形式进行服务优化，成为媒体深化民生服务的一大亮点。同时，利用大数据技术对综合信息进行整合与处理，使民众的信息查询更加高效和全面。

1. 直播技术：健康传播、网络问政与直播带岗

河北省地市级媒体积极利用直播技术深化民生服务，除了将节目同步在微信公众号中直播，还在其他民生服务领域深化了直播技术的应用。其中，石家庄市、沧州市、张家口市、邯郸市的媒体利用直播开展民生服务的效果明显。直播通过信息的实时传递和有效互动，不仅拓宽了信息传播渠道，还加强了民众与媒体间的互动，极大地提高了民众的社会参与度。

媒体利用直播技术大力开展健康知识传播，如"新沧州微平台"微信公众号提供的服务中，依据沧州广播电视台栏目内容，提供"仁医在线"直播内容，结合医院的真实就诊案例每周开展一次健康科普直播；"张家口广播电视全媒体"微信公众号开展《好医生在线》视频直播服务，并生成直播回放，赢得了民众好评。

另外，媒体将直播形式深度渗透进网络问政中。如"张家口广播电视全媒体"微信公众号延伸了其电视问政节目的多项内容，通过直播形式带动民众参与网络问政，这既提升了民众的政治参与度，也帮助政府相关部门深入了解了困扰民众生活的难题，推进问题的处理，提升民众生活的幸福感。

有部分地市级媒体积极利用直播技术开展直播带岗活动。如"观邯郸"微信公众号不定期承办邯郸市政府直播带岗活动，积极开展线上直播带岗活动。在直播过程中，主持人和企业负责人对企业文化、用工需求、职位要求、福利待遇、晋升前景、工作环境等方面的情况进行介绍，通过线上平台及时解答求职者提出的问题，使求职者更直观地了解企业的情况。90分钟的直播活动吸引了20.47万名网友观看，27925人次在线互动。[1] 直播技术为广大求职者提供了就业机会，进一步实现了稳就业、保就业的目标。

2. 大数据技术：聚合信息，便于民众信息搜索

媒体利用大数据技术聚合多方信息，为民众提供了更便捷、更多样化的信息查询途径。这一形式在河北省各地市级媒体中都得到了普遍体现。以保定市、唐山市为例，两市的媒体纷纷推出了多元化的信息查询服务，从而使用户的新闻和信息获取变得更加便利。

"保定日报"微信公众号的"查查"板块不仅包含了众多信息数据，还提供了丰富的查询服务，用户可以轻松查找生活中所需要的交通、快递业务等民生服务信息。这种精准的信息查询，帮助民众快速聚合日常生活所需的服务内容，使民众不必多方切换平台。"唐山新闻"微信公众号则采用了更直观的方式，将各类信息以标题的形式陈列出来，点击链接即可跳转到具体新闻内容或相关视频。这种形式不仅展现了信息的多样性，还便于用户快速选择自己感兴趣的内容。

二 河北省地市级媒体提供民生服务背后的隐忧

河北省地市级媒体积极推进民生服务建设，构建"媒体+服务"格局，在顺应服务大局发展的同时，注重满足民众的需求。但在推进实践过程中受到多种因素的影响，尚存在顶层设计缺陷、整体规划欠缺、技术支撑不足等

---

[1] 《2023年邯郸市"我的家在邯郸"新春大型系列招聘会暨邱县重点企业人才引进专场》，"观邯郸"微信公众号，2023年2月19日，https：//mp.weixin.qq.com/s/-y7Y1wFx-QRXdeY7-zlskA。

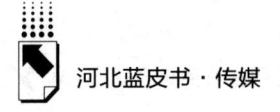

问题。媒体顶层设计缺陷导致其在民生服务领域缺乏深度和广度，难以深度满足公众需求；整体规划欠缺则导致资源浪费和效率低下；技术支撑不足限制了媒体在民生服务领域的创新和发展。

（一）顶层设计缺陷：认识不足、缺乏市场思维

1. 对民生服务认识不足

民生服务是社会基础设施建设的重要组成部分，涉及教育、医疗、交通、环境等方方面面。只有保障好民生服务，才能更好地促进社会的发展和进步，提高社会稳定性和凝聚力。积极构建"媒体+服务"格局是媒体自身义不容辞的责任，但部分媒体在实际工作中存在服务内容匮乏的问题，究其原因在于媒体自身对民生服务的认识不足。对于媒体而言，媒体自身的主要职能为新闻传播与宣传，服务只是其附加职能，媒体在做好自身工作的同时做好服务固然是好事，但如果本职工作做得不到位，既无法满足上级要求，也会失去自有受众。这样的经营理念导致媒体忽视了自身在推进民生服务体系建设中的重要作用，尚未意识到积极构建民生服务体系的重要性。

与此同时，相关管理部门尚未制定专门针对地市级媒体搭建民生服务体系的规范要求，导致媒体对如何运用智媒技术深化民生服务的认识也较为模糊。就目前来看，国家在推进地市级媒体融合层面出台了一系列的规范要求，包括《推进地市级媒体加快深度融合发展实施方案》《市级融媒体中心总体技术规范》《市级融媒体中心数据规范》《市级融媒体中心接口规范》《市级融媒体中心网络安全防护基本要求》《市级融媒体中心技术系统合规性评估方法》等，但是针对地市级媒体的民生服务体系建设缺少详细规定，也尚未出台相关的考核细则，这使得地市级媒体对技术的应用仅仅停留在简单的相加层面，而且在民生服务领域应用较少。媒体积极拓展优化服务功能很难在短期内带来丰厚的社会效益或经济回报，做得好没有直接可见的嘉奖，做得差也并没有任何约束，由此导致地市级媒体在实际建设过程中更容易忽视服务功能的开发和完善。

2. 缺乏市场思维

部分河北省地市级媒体缺乏商业化的运营思维，在拓展商业服务功能方面步伐缓慢。部分地市级媒体没有积极探索自己的品牌建设，缺乏对受众的吸引力，如"文化衡水"微信公众号仅仅作为转载政府文化信息的窗口，完成上级部门布置的信息发布任务，而没有利用智媒技术去探索特色服务与技术运用上的亮点，寻找突破口乃至打造特色民生服务品牌。

另外，部分河北省地市级媒体在利用智媒技术深化民生服务的同时没有充分考虑到受众的内在需求，如"唐山交通文艺广播"微信公众号在"服务"板块开通了"应急手册"小程序，点击进去仅仅是防盗知识、驾驶知识、景区防火知识、防溺水知识等的科普，而没有利用大数据技术建立应急救助信息上报系统，没有真正把民众需求考虑到位。服务意识直接决定服务功能的细化，缺乏有针对性地设计，其实也反映了河北省各地市级媒体用户意识较弱、市场化思维匮乏。

（二）整体规划欠缺：服务重复，资源内耗

根据前文所展示的媒体提供的商城服务可以发现，同一媒体内部多个频道或栏目的相关微信公众号均提供了相同的商城服务，不同商城之间商品品牌、品类相近，但在价格方面存在些许差异，导致同一媒体内部所提供的商城服务之间构成了竞争关系。商城尽管为受众提供了更多元的选择，但由于缺少算法推荐技术的支撑、缺少对用户的精准推送、媒体内部商城的重复建设，在实质上出现了资源内耗的问题。不同频道的受众群体不尽相同，只有经常接触某一频道的受众才有更大可能选择该频道的商城服务。对于其他频道的用户来说，他们可能需要广泛浏览并进行对比才能找到自己心仪的商品，这会让用户感到疲惫和不满，而这种服务的重叠本身就可能会给用户带来不便和困扰。

出现服务堆叠的情况可能是媒体希望通过多个入口获取经济收益，因此通过设置多个商城的渠道实现商业盈利，也可能是不同的频道或栏目背后由不同的品牌赞助、支持，从而出现了各自独立运营的商城。但更为重要的原

因在于，媒体自身缺少整体的规划和布局，出现服务重复、内部竞争。从表面来看，商业服务种类多样、商品丰富，但实际上不利于媒体形成一致对外的合力，更不利于媒体打造自身的服务品牌，进一步扩大相应的服务影响力。此外，提供多元化、完善的服务需要资金、技术和人才支持，涉及资金的投入和专业人员的运营与维护。对于媒体而言，这种投入成本过高，尽管在长期的运营中可以为媒体带来良好的社会声誉等隐性收益，但是难以在短时间内让媒体看到直接的、可观的商业盈利，导致媒体陷入为难的境地。

此外，部分媒体在设计新媒体矩阵时缺乏整体层面的规划设计，大量开设微信公众号，但在实际运营的过程中却由于各种情况频繁出现断更、停更的状况。比如在石家庄日报所涉及的微信公众号中，"燕赵晚报燕赵行""燕赵晚报冀生活""燕赵晚报健康七日"均已在很早之前就停止更新。停止运营微信公众号对于媒体自身而言容易失去原有用户，降低用户黏性和忠诚度，从媒体整体的运营来看也会影响媒体的品牌竞争力和品牌形象。

（三）技术支撑不足

在智媒发展进程中，河北省地市级媒体智媒技术赋能民生服务明显支撑力度不足。首先，地市级媒体所提供的服务内容多集中于新媒体平台，而新媒体平台往往只是对传统媒体资源的简单迁移，如邯郸市媒体的电视问政节目，微信公众号只是作为其电视节目内容简单的转载平台，在传播形式、与用户的联系等方面没有任何创新，无法体现智媒技术的优势。此外，部分媒体由于自身原有的医疗健康、法律科普、问政栏目带有服务性质，本身具有一些服务功能，媒体在新媒体平台拓展相关服务时也往往直接对其进行搬运，而没有利用新技术手段对自身的优势资源进行更进一步地开发，导致智媒技术的融入非常有限，传播形式大为受限、缺少创新。

其次，受平台搭建技术限制，媒体所提供的民生服务大多链接至其他政府或商业平台，自身只是作为服务的中转站，如"掌握保定"客户端所提供的服务多链接国家政务服务平台、全国12315平台、保定市市场监督管理局等平台，客户端自有的服务内容较少。

最后，技术是媒体发展变革的第一生产力。在河北省地市级媒体发展中，媒体智能化设备的接入非常有限。目前，智媒技术赋能的民生服务仅仅体现在直播技术和大数据分发与采集、无人机领域，而新兴的场景化、沉浸式的人工智能可穿戴设备等全新的技术手段尚未运用到媒体当中。

三 从理念到实践推进河北省地市级媒体民生服务体系建设

作为地市级媒体，不仅要为公众提供高质量、及时、准确的新闻报道，满足公众对信息的需求，还要意识到完善民生服务体系对赢得用户信赖、增强用户黏性的重要意义。在此过程中，媒体需要深度思考如何转变传统"做媒体"的逻辑，深化服务思维、市场思维，并借助智媒技术打造服务品牌，通过深耕民生需求提高服务核心竞争力。同时，民生功能的完善离不开相关政府部门的大力支持。相关政府部门可通过加大财政补贴、推进技术融合、加快人才培养等方式实现系统的整体优化。只有关注民众需求、公众利益，增进民生福祉，才能真正增强媒体的公信力和影响力，增强社会稳定性，推动社会的持续进步。

（一）转变思维逻辑：深化服务思维、市场思维

有效推动智媒技术赋能河北省地市级媒体，推动民生服务体系建设，要转变思维逻辑，在传统"做媒体"思维的基础上强化服务思维，重视民生服务内容、服务平台的建设和完善，并积极学习商业化经营思维，从市场出发探索发展路径。

首先，河北省地市级媒体需要增强民生服务意识。媒体可利用自身优势加强对民生问题的关注，提高服务内容的实用性和针对性，为民众提供更多更有用的信息和帮助，并且要在民生服务体系搭建中主动向民生方面倾斜，增加服务数量并注重提升服务质量。更重要的是，各地相关管理部门要尽快针对地市级媒体民生服务体系建设制定健全的评估机制，引导各地市级媒体

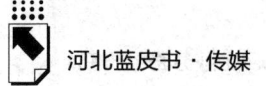

能够快速建设、规范建设"媒体+民生"服务体系。

其次，河北省地市级媒体市场化运营思路有待完善。面对高度商业化运营的媒体的冲击，身处复杂环境的地市级媒体需要快速适应市场的变化，在强化内容输出的同时优化营销模式，借助大数据技术、算法技术等精准获取受众信息，实现精准化、个性化的服务。同时加强合作推广和品牌赞助，积极进入商业运营范围。充分发挥自身官方主流媒体的优势，凭借良好的社会影响力和公信力在市场竞争中占据一定位置。

最后，河北省地市级媒体在构建民生服务体系过程中要具备竞争意识，要了解自身在建设中的优势和不足，同时积极学习其他省（市）媒体的先进经验，主动在服务内容、服务形式等方面寻求差异化，构建自身独特的民生服务体系。

（二）打造服务品牌：深耕民生需求，提高服务核心竞争力

智媒技术的应用为媒体内容拓展、服务创新带来了更多的可能。媒体需紧跟时代步伐，在打造品牌过程中深耕民生需求，提高服务核心竞争力。

首先，河北省地市级媒体可利用自身优势加强信息服务，同时结合自有资源进行延伸探索，在现有信息服务的基础上结合大数据分析技术，深入了解用户兴趣爱好、使用需求，进而提供更加个性化、丰富多彩的信息服务，增加用户黏性，提升媒体的竞争力和影响力。

其次，技术的融入为形式的创新提供了更多的便利。利用微信公众号、客户端、App等移动终端平台可以为民众提供较为便捷的线上服务。与此同时，在服务中可增强与用户的互动，借助VR、AR等技术创新服务形式，营造线上线下一体化、沉浸式的服务环境，带给用户更舒适的服务体验。

最后，通过精准营销的方式达到推广效果，提高用户转化率和媒体品牌的影响力。在做好服务内容和创新服务形式的基础上优化营销模式。另外，媒体可积极推动与电商、旅游业等的跨界合作，获得商业赞助或品牌合作的机会，不断提高自身的市场竞争力。只有提高服务质量、创新服务模式、优化服务流程，并在此基础上做好营销推广，才能广泛获得用户青睐，在激烈地市场竞争中占据优势地位。

（三）多元支持：财政补贴、技术融合、人才培养

媒体积极提供民生服务需要多方的共同参与和支持，其中主要涉及经济、技术和人才三个方面，通过系统支持才能为媒体提供良好的发展环境和条件，促进媒体行业的健康发展，为社会和公众提供更加优质的服务。

首先，对于地市级媒体而言，设备的改造、技术的迭代投入巨大，平台民生服务体系的搭建动辄耗资千万元，如此多的投入带给了媒体较大的财政压力，而平台建设效果如何也是未知。因此，媒体在平台建设、技术优化、民生服务体系搭建中需要相关部门专项资金的有力支持。在有效资金的支持下，媒体只有进一步做好顶层设计，合理分配资金投放，才能更好地进行设备更新和技术优化。

其次，媒体在提供服务过程中可以利用智媒技术来提升服务的效率和质量。媒体可以采用大数据分析、人工智能等技术手段，深入挖掘用户需求和痛点，利用移动终端提供更加个性化和精准、便捷的服务。同时通过优化算法和人工智能技术，帮助用户线上解决服务问题。借助实时互动和直播技术与用户进行即时的交流与互动，为用户提供及时、生动的服务内容。利用 VR 和 AR 技术，媒体可以创造出更加沉浸式和互动性强的用户体验，进一步提高服务的水准。

最后，技术的优化更新、平台建设和民生服务体系的建设运营离不开人才的支持，因此媒体需要关注人才的培养，包括自有人才的培训提升和外来人才的引进。在保障技术完备的前提下加强对工作人员的内部培训、外部培训、实践锻炼，提高员工的专业技能和综合素质，增强员工的竞争力和创新能力。此外，媒体可以通过各种招聘途径引进高素质的人才，尤其是具备开阔视野、创新思维和综合能力的优秀人才，以满足自身发展的需要，推动媒体的创新发展和转型升级。

（四）场景化、拟人化的人工智能技术的应用

习近平总书记曾提出要把创新摆在国家发展全局的核心位置，高度重视

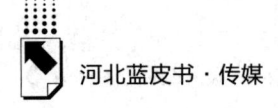

人工智能发展，多次谈及人工智能重要性，为人工智能如何赋能新时代指明了方向。党的二十大报告中也提出，要加强全媒体传播体系建设。数字智能化时代，媒体应紧跟时代步伐，积极利用场景化、拟人化的人工智能技术赋能民生服务。

通过人工智能技术优化平台服务，积极开发智能服务助手，参考"小爱同学"等人工智能语音助手，为用户提供更便捷、快速、个性化的服务。在不断地服务互动中，深化技术算法、完善数据，为用户提供更具人性化的服务，帮助用户解决问题。

此外，智媒技术也可与智能家居、智慧医疗、智慧教育相联系，利用媒体资源提供服务的信息基础，结合场景化、拟人化技术设备为用户提供家庭生活服务、医疗服务和教育服务等内容，将媒体服务渗透在用户生活的方方面面，提升媒体的服务水平和用户体验。

结　语

习近平总书记指出："正能量是总要求，管得住是硬道理，现在还要加一条，用得好是真本事。"所谓"用得好"，就是要适应移动互联网时代的传播环境，以用户习惯的方式方法来适应需求，提升媒体影响力。积极搭建"新闻+服务"的复合型媒体平台、构建"媒体+服务"格局，有利于媒体提升社会责任感和公信力，增强民众参与感和幸福感，改善人民生活，推动社会发展。

参考文献

习近平：《加快推动媒体融合发展　构建全媒体传播格局》，《求是》2019年第6期。

B.17 县级融媒体打造智慧媒体的实践探索与发展路径

王全领 杨婧柔*

摘 要： 从融媒体到智慧媒体是主流媒体面临的新一轮机遇与挑战。河北县级融媒体中心立足本地对转型智慧媒体进行了持续的探索，但思维、资本实力、技术门槛、人才资源和经济社会发展环境等因素制约了媒体智能化的推进。县级融媒体必须进一步整合资源，形成政策、技术、人才三方合力，以做强智慧媒体平台为基础、以现代智能技术为支撑，打造精品内容，拓展市场边界，努力将县级融媒体打造成智慧媒体。

关键词： 县级融媒体 智慧媒体 新闻+

从融媒体到智慧媒体是现代媒体契合时代发展的逻辑必然。党和政府对县级融媒体的赋能，叠加技术进步和经济社会发展的需求，极大地促进了县级融媒体的繁荣与进步。从融媒体到智慧媒体是主流媒体面临的新一轮机遇与挑战，领先者脱颖而出，大放异彩，落后者苦苦追赶，前路漫漫。河北作为县级融媒体数量众多的省份之一，各县级融媒体中心都立足本地对转型智慧媒体进行了持续的探索。

---

* 王全领，河北省社会科学院新闻与传播研究所副研究员，主要研究方向为新闻理论；杨婧柔，河北传媒学院新闻传播学院硕士研究生。

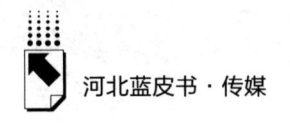

一 县级融媒体进阶为智慧媒体的实践探索

(一)对接智能平台,开展广泛合作,提升智能化水平

在技术实力和资本实力有限的基础上,充分利用上级媒体和先进媒体的技术优势进行广泛的合作,成为省内各县级融媒体进阶为智慧媒体的现实选择。河北省60余家县级融媒体中心与冀云·融媒体平台签订《冀云数智县融计划合作协议》,达成战略合作伙伴关系。冀云·融媒体平台作为支持河北省市、县两级融媒体中心建设的省级技术平台,为加快推进媒体深度融合,建强用好县级融媒体中心,启动了"冀云数智县融计划",通过打造"超级编辑部"、推进"百名长城记者驻县融、百名县融记者进长城"行动、组建"包县服务专班"、开展常态化冀云培训交流等形式,与全省县级融媒体中心共同构建新闻采编联动、先进技术赋能、产业项目协同的冀云数智生态系统,更好地引导群众、服务群众。冀云·融媒体平台充分发挥建设运营及技术研发优势,为各地县级融媒体中心的技术迭代升级、人员培训、运营和发展提供支撑。以"新闻+政务服务商务"为指导,拓展服务功能,助力推进当地社会治理体系和治理能力现代化。同时,双方共同谋划、打造、申报智慧城市、数字商务、乡村振兴等相关项目,持续有效为县级融媒体中心赋能。

在与省外先进媒体对接方面也进行了有益的尝试。例如枣强融媒体中心联合湖南广电增上"5G智慧电台",以"技术+系统+内容"的运行结构、以AI智能技术为原点、以湖南广电的内容生产和原创IP为支撑,将智能化的广播播出系统与高品质的音频内容产品带给枣强县人民。进一步满足用户多样化的需求,实现"5G智慧电台"、枣强融媒App、应急广播互联互通,通过增强智能化来提升节目内容质量和传播效率。

(二)创新内容形态,夯实内容之本

以独特的新闻产品内容提高传播力和影响力,是县级融媒体发展始终如

一的方向。在媒体智能化发展的趋势下,智能技术为县级融媒体内容生产提供走在创新前沿的强力支持。一方面,通过将自身平台打造成优质内容聚合地,集合优势资源,针对分众化用户进行差异化竞争,打造品牌栏目,在某些领域深耕吸引稳固的受众群体。另一方面,以现代智能技术打造与支撑优秀内容品牌,以品牌效应增强对受众的吸引力,通过品牌栏目的稳定、持久的输出增强受众黏性。如邢台市内丘县融媒体中心建立冀云内丘App"百姓问政"品牌专栏,全县各级党政部门全部入驻问政平台,各部门在线收集、研究群众提出的问题,及时进行答复,同时在全县村(社区)中招募460名声望较高、热心公益的"百姓代言人"志愿者,通过百姓代言人微信群,广泛征集群众意见,第一时间向各职能部门交办,并及时跟进问题办理情况,向群众反馈办理结果。

利用智能技术增强受众新闻生产参与感,以沉浸式、场景化优化用户感官体验。县级融媒体智能化发展过程中,坚持以新闻业务为本位,探索利用AR/VR和人工智能(AI)主播等新技术、新形式,将智能体验作为最高目标的同时,偏向打造更有视觉冲击力的形象,强调优化用户的感官体验。转换单向输出的灌输模式,将价值引导以双向互动参与的形式呈现,开辟拓展传播力、引导力的新路径、新形式。各县级融媒体中心陆续尝试推出拥有独家定制的外形特征和根据融媒体特点命名的AI主播。AI主播根据真人主播的外貌、声音、口型、神态、动作等特征,运用深度学习等技术联合建模而成。通过AI驱动、AI语音以及多种情绪模式的切换控制,AI主播可以逼真地展现开心、生气、伤心等表情,为观众提供了更真实的交流感,可以留下宛如真人播报的视觉印象。各县级融媒体中心只需要通过输入文本便可以让AI主播自行播报新闻,提高了内容制作与传播的效率,推动了优质内容的升级。当这些数字人以越来越"智慧"的方式投入工作时,这一新路径便颠覆了传统内容生产与传播模式。

(三)依托智能媒体参与当地基层治理现代化建设

在智慧治理、智慧城市建设的大背景下,各县级融媒体中心聚合自身平台优势和智能技术优势发力大数据和智慧城市平台运营，拓展政务服务新场景。当好党的政策传播者，提升基层党组织和党员干部的凝聚力、影响力和作用力；当好人民群众的服务者，通过县级融媒体中心的政务平台，积极参与农村基层服务、社会治安防控、联系与服务群众等体系规范化、标准化建设，把政务服务事项、部门信息系统、社会服务管理等大数据一口径汇集，逐步形成完善的乡村治理便民服务体系，助力培育服务性、公益性、互助性农村社会组织，夯实乡村治理和发展基础。夯实基层基础是固本之策，在着力构建好党委领导、政府负责、社会协同、公众参与、法治保障的现代乡村社会治理体制工作中，县级融媒体中心具有不可替代的作用。例如定州市依托融媒体中心主流新闻宣传优势，打破各中心机构壁垒，畅通民心通道，完善机制，建设了"定州市为民服务港"，把市融媒体中心、新时代文明实践中心、政务服务中心、市乡村三级便民信息指挥中心、网上信访受理暨民意调查中心全部集中到一起办公，为"五中心"融合发展奠定了基础。基层治理因县级融媒体中心的参与提升了智能化、便利化，意味着县级融媒体中心超越了传统上作为宣传单位的定位，在生存空间上得到了巨大的拓展。

智慧广电、应急广播下沉到村，打通基层治理的"最后一公里"。2022年，国家广电总局印发《关于推进智慧广电乡村工程建设的指导意见》（广电发〔2022〕1号），积极推进智慧广电全面融入乡村振兴战略，更好服务文化强国、数字中国和网络强国建设。应急广播、智慧广电的建设被纳入各县级融媒体中心的重要业务范围。《广播电视和网络视听"十四五"发展规划》明确了智慧广电乡村（城镇）工程以"智慧广电+公共服务+社会服务+城市管理+乡村治理"为重点。中国广电河北网络股份有限公司实施智慧广电赋能县级融媒体中心工程建设示范项目，由中国广电河北网络股份有限公司向所有县级融媒体中心提供智慧广电本地化定制界面，各县级融媒体中心发挥基层节点的功能，提供本地化宣传和综合信息服务，合力打通县乡村三级服务体系。各县级融媒体中心具备了基层党建、宣传资讯、智慧村务、乡村治理、乡村服务、智慧农业等多项功能，既扩大了新时代文明实践中心的覆盖面和影响力，壮大了主流宣传文化主阵地，也提升了基层治理水平。"智慧广电+"和应急广播可以助力智慧治理有效下沉，是打通和基层群众沟通的"最后一公里"行之有效的渠道。"智慧广电+"实现由一个大脑指挥，多个平台兼容并行，融合成一张网，这张网通过融合各部门数据信息，形成联防联控的合力机制，更好地实现高效协作。应急广播是最贴近人民群众的高效组织传播媒介，除灾害预警之外，它还是党委、政府宣传党的创新理论、方针政策的"扩音器"，同时是各部门、单位信息共享交流的"传声筒"。

（四）强化"综合型"服务平台定位

涵盖产业振兴、便民服务等应用场景，完善综合服务链条。向公共服务领域拓展广度和深度，已经成为县级融媒体普遍探索的方向，各县级融媒体客户端的用户黏性与活跃度常常与其搭载的服务功能的便捷性息息相关。县级融媒体搭载的服务功能涉及的广度不容小觑，包括便民服务、娱乐休闲、政务服务、云看房、助农惠农、教育就业等，呈各显神通之状。各县级融媒体把"助农"服务作为媒体发展的重要内容，将数字技术作为支撑，发挥自身媒体资源优势，依靠双轮驱动为本地产品推广打开新路径。河北的县级行政区大多由乡镇，以及乡镇下的村委组成，这种与乡村天然的贴近性使得各县级融媒体传播融入乡村振兴，围绕产业、生态、乡风、治理等各方面，形成乡村振兴的要素驱动。这一要素驱动，体现在推动产业转型升级、量质并重上，通过全媒体宣传推介政策环境、生态优势、产业基础等要素，培育和发展了一批带动强、产品优、质量好的三次产业融合发展的现代化农业产业集团，进一步推动农旅产业形成由分散转向集中、由低端转向高端的产业格局。在培育提升农旅品牌上，通过县级融媒体中心的优势，推进区域农产品公共品牌建设，以全媒体宣传矩阵综合运用多种传播形式，把各县域高质量农业产品、生态旅游等多元化体验宣传推介出去，擦亮老品牌、塑强新品牌。

技术支撑媒体产业转型升级，多元外延产业自我造血。县级融媒体自身处于盈利方式转型升级的关口，对自我造血功能的渴求使得县级融媒体逐渐打破"媒体本位"的视野局限，主动与多元社会主体寻求深度合作，并打造数字化建设的相关产业作为技术储备力量。县级融媒体中心积极拓展数字产业作为新闻主业务之外的衍生产业，拓展自身的发展空间。县级融媒体成为区域经济发展的重要推动者和参与者，不仅打破了县级融媒体自身的发展瓶颈，也促成了县级融媒体事业转型升级与区域产业经济协同发展的形式。

二 县级融媒体打造智慧媒体的制约因素

（一）思维局限，对媒体智能化前景认识不足

许多县级融媒体没有认识到深度融合急需其进一步探索如何实现服务升级，这仍然满足于基本融合的现状。绝大多数县级融媒体中心仍然只是把自身定位为媒体，而没有跳出媒体看媒体，也没有充分利用体制性优势来获取其他稀缺资源，更没有致力于成为当地治理能力体系和治理能力现代化的核心抓手。而在互联网主导传媒生态的情况下，局限于传统意义上的媒体已经难以具备足够的自我造血能力，不能实现良性的自我运转，需要借助其他优势资源来拓展产业边界，通过其他收入来源来反哺。AI等前沿技术正深度融入县级融媒体的平台建设之中，持续赋能内容生产、传播分发、媒体服务等融媒体业务全链条、全流程。创新观念不强，难以适应媒体智能化时代的发展，而这是大多数脱胎于传统媒体的县级融媒体中心的一个"通病"。人员积极性不高、参与性不强，"发工资就行"是一部分人的心理常态；创新观念不强，节目没人看、广告没人做、新闻没活力，道路越走越窄；不创新，人员没朝气、自身没定位、前景很迷茫，形成一潭死水；不创新，影响力下降，群众不满意、领导不满意，走入一条死胡同。

（二）资金缺口导致运营与创新投入不足

缺乏资金是许多县级融媒体即使想站在风口也只能无可奈何、望洋兴叹的现实因素。许多县级融媒体智能化进阶的启动资金都是来自地方经济。其资金支持与当地政府的经济状况息息相关，地域经济条件好、宣传工作活力

强,拨给县级融媒体中心的资金就更加充足。县级融媒体中心多为公益一类、二类事业单位,财政兜底保证了其基本运营需要和日常运转,使其不用卷入激烈的市场竞争中,也使其缺乏大刀阔斧转型进取的动力和体制机制,容易停留在安全区。公益二类融媒体中心即使按规定可以经营创收,有时候也难和商业媒体竞争,大多面临创收压力。这种靠地方财政直接补贴、间接投入和自筹(广告经营)的投入方式,自我造血能力较弱,易造成资金投入乏力、设备陈旧,难以满足如今媒体发展的需求。

(三)技术门槛高,难以跨越

智能平台的打造指向内容共享、平台协作、资源互通。打破数据壁垒,形成平台合力,是实现"新闻+政务服务商务"的基础条件。随着媒体深度融合需求的不断增多,媒体行业时代发展的要求逐渐向数字化、智能化靠拢,大多数县级融媒体拥有的技术系统水平已无法满足最新的发展需求。县级融媒体中心大多由原来的广播电视台转型而来,人员结构相对老化,以新闻采编的人员为主,精通平台运营、技术研发的高层次人才短缺,技术能力薄弱,对于前沿的用户理念、平台理念、产品理念等概念性知识的理解较差,难以达到参与智慧媒体建设的人才条件。当"中央厨房"模式风靡全国媒体之时,部分县级融媒体也引入了配套的基础设备,然而运营人才缺乏和该模式与县级融媒体业务模式不适配等因素,导致价值高昂的设备被束之高阁。

(四)高精尖技术人才难以引进

县级融媒体的人才引进难是老生常谈的痛点。很多县级融媒体中心的人员存在三类现象:财政供养,不用干活;财政供养一部分,干活没积极性;财政不供养,干脆不干活。如此更陷入恶性循环,特别是近几年外出培训的机会较少,技术学习主要在线上,人员素质和素养跟不上县级融媒体中心的需求。此外,选材、取景、拍摄、制作、播出,以及宣传推介,一直延续"老广播"的程序,与受众的需求、上级媒体所需的题材、领导的要求存在一定差距。智能化的建设恰恰需要受过高等教育的高精尖人才，如果县级融媒体中心不能提供有吸引力的身份、薪酬、工作环境等条件，很难招到理想的人才；即使培养出合适的人才，碍于很多县级融媒体中心的绩效体系没有打破"平均主义"，无法真正发挥激励作用，也很难留住人才。对于县级融媒体来说，产业转型升级已经迫在眉睫，县级融媒体若要实现智能化进阶，必须解决运营人才问题，才能避免重蹈覆辙。如果没有稳定的人才储备，则很难通过智能化建设渠道实现"造血"。

（五）资源禀赋和经济社会发展环境的制约

区域资源禀赋差异较大，发展空间受到本地经济社会发展环境的制约。各地的县级融媒体建设存在发展不平衡不充分的问题，经济发展相对迟缓的地区和经济较发达的地区的县级融媒体相比仍存在较大差距。因为业务范围的局限性，县级融媒体的创收资源高度依赖当地政府与国有企事业单位的各类宣传工作，如制作宣传片、活动保障、网站运维、专题报道等，但县级融媒体获取党政部门资源并非十拿九稳，如果当地对县级融媒体没有一定的资源扶持意识，在残酷的市场竞争中，这些资源被上级媒体、自媒体、商业传媒公司等瓜分也是在所难免的。除去政府资源，对于县域来说，自由市场的新闻业务（广告）资源普遍不够充足。县级融媒体在花费不菲引入智能技术之后，没有足够的业务资源来物尽其用，那么别说"造血"了，可能连"回血"都成问题。

市场化机制不成熟，经营能力弱。随着媒体深度融合发展，体制机制改革持续推进，部分县级融媒体中心启动体制机制改革，并取得一定成果。同时，在事业单位企业化运营的政策指引下，一部分县级融媒体中心积极培育市场主体，进一步推进"融媒体中心+国有公司"的运行体制改革，实施项目市场化管理、公司化运营，为产业发展提供基础运行机制。但在产业化经营方面，县级融媒体中心多处于起步阶段，整体呈现步调不一、层次不一、结构松散等特征。一方面，出现对区域特色资源挖掘不够、技术支撑不足、融合程度不深的问题；另一方面，在产业链布局上，不少实现产业化运营的县级融媒体中心存在产业布局松散、产业项目孵化不成熟、新闻事业与产业发展脱钩等突出问题。由于成功实现产业升级的县级融媒体中心并不算多，如今尚未积淀为广为流传的可复制模板。此外，部分县级融媒体中心缺乏产业化经营、布局的实践经验，可能存在相关知识或商业思维的局限。

三 县级融媒体打造智慧媒体的发展路径

在媒体社会生态不断变化和现代智能技术不断进步的背景下，县级融媒体不仅作为信息传播者，还扮演基层社会重要组织单元的角色，成为区域经济社会发展中的重要参与者和推动者。县级融媒体必须嵌入党委、政府工作的大局中，拓展功能边界，主动拥抱新一轮媒介技术革命，促进媒体智能化，从内容到形式走上进阶之路。坚持"新闻+政务服务商务"的运营模式，建立健全以内容建设为根本、以数智技术为支撑、以完善体制机制为保障、以数智产业为造血机能的升级版县域智慧媒体体系。在这个过程中，通过意识观念率先增强、人才队伍招揽策略机变、体制机制改革释能等环节全面配合，逐步摆脱县级融媒体发展的困局，实现良性发展。

（一）整合资源，形成政策、技术、人才三方合力

一是将政策资源作为自身建设的重要保障。依托党和政府的执政优势及国家出台的利好政策，获取财政支持、体制性资源，并将其作为自身发展建设的重要保障。相关政策有县级应急广播体系建设，包括应急广播服务平台建设及设备购置等；县级融媒体中心建设，包括全媒体传播所需设备的购置等；公共数字文化服务补助，搭建公共数字文化服务平台，推进国家文化大数据体系、全国智慧图书馆体系、公共文化云建设等。当此类政策红利出现时，县级融媒体应当抓住机会，主动加入数字产业建设大局，实现县级融媒体职能和自身智能化进阶的双赢。依靠国家投入和政策的力量，推动基础设施日臻成熟，并在此基础上培育越来越多的新兴应用。增强对受众的服务力和引导力，从而吸引供应商、服务商、客户进

入，做强县级融媒体的事业和产业。

二是找准技术支撑，联合技术研发公司进行战略合作。联通中央级、省级、市级媒体云平台，借鉴同级融媒体平台，用好第三方商业平台，推动区县融媒体数字智能化升级。依托省级媒体平台的技术支持，县级融媒体成为新型主流媒体平台的用户入口和综合服务端口，实现渠道下沉、资源整合和数据积累。除上级媒体对下级媒体的扶持，地区之间融媒体联动、与技术实力强的同级融媒体达成战略合作协议，也是双方互利的措施。智慧媒体立足县域，其发展没有上限，县级融媒体不应将自己的经营固定在县域之内。在市场中寻找实力强劲的科技公司进行合作，也是寻找技术外援的普遍途径。种种技术引入方式可以进一步消除技术壁垒，促进全媒体传播智能化转型，有效提升各区县融媒体的传播力和影响力。

三是创新人才政策，对内培养与对外引进相结合。以推动事业发展为标准，采用灵活的用人机制。高端人才往往会更倾向于在大城市寻求大平台的工作机会，并且大城市往往能够提供更丰富的学习资源、更大的成长空间、更有包容性的生活理念。总的来说，小城市，尤其是县城的客观条件在吸引人才留驻方面并不具备优势。长期以来，县级融媒体的人才队伍打造因此受限。面对现实的制约，县级融媒体要想进行人才储备，必须转换传统的人才引入思维，采取符合实际需求的人才政策。对高端人才不求所有，但求所用，通过共享、借助"外脑"等方式最大限度挖掘人才资源。只要打开人才引进的思路，可利用人才的范围就可以扩大化。连国内媒体领域的专家都可以成为县级融媒体"人才智库"的一员。改变传统的"引入"理念，加强用人单位的"适他性"，不追求"人"到，而追求实际的"才"到。如此一来，既可打破空间的障碍、克服地理距离的遥远，又可实现人才参与建设的效果。挖掘内部人才潜力，深化内部人事制度改革，创新薪酬分配与奖惩机制，实现同工同酬，向业务一线、重点岗位和有突出贡献的人员倾斜。建立员工培训体系，通过有针对性的"点对点"的业务培训，努力使媒体从业人员成为一专多能的"多面手"。给予员工到上级媒体、先进媒体继续深造和获得名师指导的机会，拓宽员工的成长空间。加强和高校的紧密联系，以联合建立教学实习基地的方法，加大人才培养力度，同时增加潜在的人才储备。

（二）做强智慧媒体平台，参与智慧城市建设，助力基层治理与服务体系现代化

县级融媒体必须把做强"新闻+政务服务商务"运营模式作为发展的基础，筑牢基础才能进一步拓展生存与发展的空间。面对现代媒体智能化技术迭代不断加快、商业媒体"跑马圈地"、上级媒体市场下沉、科技公司逐步向媒体领域扩张的情况，县级融媒体只有利用自身的有利条件，尽快做强智能化平台，才能在现代媒体竞争、数字竞争中拥有一席之地。

一是相融并举，提升基层政府数智化治理水平。县级融媒体中心应当着力发挥技术优势，拓展数字化应用场景和服务场景，联动地方政府、职能部门、企事业单位以合作研发、联合共建、平台入驻等方式开发便民数字平台、应用系统。立足区域数字化转型的大方向、大格局，推动融媒体中心建设与区域数字化建设相融并举，积极对接数字乡村、智慧政府、智慧党建、智慧农业等重点项目，以承接、共建等模式加快区域数字化步伐。协助当地政府搭建县、乡、村多级覆盖的服务体系，全面提升基层治理数字化、智能化、便捷化水平，推动政府决策、便民服务实现一网统管、一网通办，打造共建共治共享的基层数字治理新格局。

二是立足基层，贯彻落实服务群众理念。县级融媒体中心作为最接近基层的媒体单位，与广大群众有着密切联系，这是其生命力的根本所在。县级融媒体长期覆盖县域内所有乡镇，拥有参与县域所有政务新闻报道的经验，县级融媒体在设计政务智慧平台上拥有得天独厚的信息库。在基层中，与基层政府干部、村委会、村民代表、村民打交道的经历是县级融媒体参与社会治理智慧化的重要财富，这种经历可以在政务智能化中凝结为切实为人民服务的各类功能。如果单从开发政务智慧服务的技术实力而论，县级融媒体远不如市场上的许多专门的科技公司。但县级融媒体的优势在于，它们是最贴近基层的主流媒体，是打通舆论引导"最后一公里"的排头兵。作为扎根

最基层的县级融媒体中心，最了解基层需求，在挖掘百姓需求和产品设计上更接地气。要发挥融媒体平台的数据优势、技术优势和贴近性优势，构建智能化、一体化、人性化的服务平台和应用场景，推动政务服务、社会服务、商务服务"走向云端"。

三是数字经济与实体经济相融合，推进本地产业商务服务智能化建设。县级融媒体在进行产品设计时，应该考虑到需求的多样化，通过设计智能媒体的不同场景来提高商务服务的智慧化，面向市场需求，搭建便利的商业服务平台。充分整合县域内商业资源，以县级融媒体可信度、权威性的举措在商务合作中赢得商业伙伴的认可，共同为民众提供各项便利服务，涵盖家政服务、安心维修、特色服务、社区服务、云上家园等，一键解决社区居民物业缴费、各类维修等各项社区问题。顺应智能化的趋势，挖掘县域产业智能化空间，以提高自身区域影响力，从而实现与区域经济协同发展，这是县级融媒体造血机能做大做强的引擎。让立足与本地产业的智能化合作，成为县级融媒体智能化产业化的有力抓手。

（三）以现代智能技术为支撑打造精品内容

坚持内容为王，新闻媒体与智能平台运营双向赋能。始终要将新闻主业作为融媒体所有业务聚焦的重点。媒体智能化是进阶发展，这种进阶只有在新闻主业做得足够到位的情况下，二者相加才能实现成功进阶的效果，形成新闻媒体与智能化双向赋能的良性循环。

一是运用生成式 AI+等媒体技术，提高新闻生产效率。ChatGPT 的发布在全球范围内引起爆炸式热议，成为 AI 技术标志性的成果。ChatGPT 通过对海量数据库的学习，利用大型语言模型技术，根据用户输入的关键词等需求，在短时间内生成行文流畅通顺的文本内容、极具创意的图片和音频。经过了更加复杂的技术更新迭代之后，它的逻辑性更强，智能程度再创新高。与此同时，国内外大型科技公司相继推出多种类似的语言模型。百度的"文心一言"，基于飞桨深度学习平台和文心知识增强大模型，实现了与人对话、互动、对答等多种功能。从媒体机构对文心一言的积极接纳可以看出，生成式 AI 符合未来新媒体发展的要求。生成式 AI+媒体技术作为高效的智能工具为新闻采编人员提供了更好的数据和资讯服务，通过抓取、分析网络热点及时发现新闻线索，对以往数据进行综合梳理，并可以自动完成很多的内容编辑工作，能够极大程度提高内容生产效率。

二是利用智能媒体创新内容形态引导舆论。对于县级融媒体来说，运用多种手段开展新闻宣传，推动文化繁荣发展，同时要依托党和政府的执政优势，聚合本土的各类社会资源、文化资源，打通数据壁垒，打造自主可控的新型传播平台，用新技术赋能智慧媒体。在媒体智能化的趋势下，县级融媒体要利用好智能技术这个武器，以新技术应用提升基层传播力。探索利用 AR/VR 等新形式、新技术，不断创新产品传播样态，将社会主义核心价值观和舆论引导融入样态多元化的内容中。以智能媒体打破时空限制，以沉浸式的感官体验拉近与目标受众的距离，第一时间把党和政府的声音传到千家万户、工厂学校、田间地头，将智慧媒体作为党和政府的"传声筒"。

三是以智能技术挖掘和呈现历史文化资源。中国县级行政区有悠久的历史，虽然县域面积相对较小，但县域内不缺乏历史文化资源。每个县都有自己的特色文化、风土人情、历史渊源等有利于塑造区域品牌形象的因素，区域品牌形象则可以直接影响本地相关产业链的壮大，拉动区域旅游经济，一旦地方品牌形象稳固将形成长效连锁反应。对地方特色历史文化进行挖掘和呈现，一直都是县级媒体的重点课题。智媒时代，内容创意与技术形态深度融合成为现有传播环境的新特点。在智能技术的加持下，历史资源作为地方形象塑造的优势不仅可以被放大，还能让区域品牌传播范围更广、传播速度更快、记忆印象更深。在智能技术的加持之下，用户足不出户就能感受到县域的地方历史文化，并通过感官刺激的方式加深记忆。在新技术的支撑下，深耕内容创新，在打造爆款的同时，一步步形成优质内容量产，这将成为县级融媒体助力地方品牌形象塑造的核心优势。

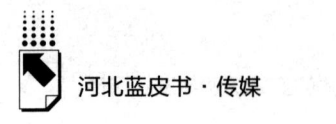

参考文献

钟瑛、朱雪:《县级融媒体平台化对提升基层治理现代化的作用和路径》,《东岳论丛》2022年第4期。

宋建武:《县级融媒体中心应当成为基层智慧治理平台》,《现代视听》2022年第12期。

调 研 篇

B.18 智能传播时代河北省新媒体用户算法素养现状调查研究

陈默 黄晨峰 池宸锐[*]

摘　要： 智能传播时代，算法技术在新闻内容采集、生产、分发和反馈等环节扮演重要的角色，甚至正在变革信息生产，使信息产生对算法的迎合性生产等现象。这些都深刻影响用户对信息的获取和运用方式、对算法的感知和认知特征。本报告以河北省网络用户为研究对象，将相关专家、新媒体行业从业人员、省内大学生等不同群体作为用户代表，构建算法素养评价指标体系，理清当前算法推荐机制下用户的算法素养现状，探索行之有效的应对策略，推动用户算法素养与算法推荐机制引导同频共振、同向而行。

关键词： 智能传播　算法素养　算法推荐机制

---

[*] 陈默，河北大学博士研究生，华北科技学院副教授，主要研究方向为智能传播；黄晨峰、池宸锐，华北科技学院新闻学专业学生。

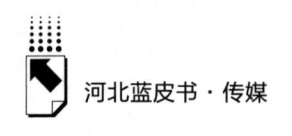

一　研究缘起

人工智能时代迅速发展，媒体信息获取与生产门槛降低，人类已经从信息匮乏时代走向信息过载时代。在利益驱动下，算法推送的新闻为追求点击率而过分迎合用户喜好，用户被困在各类符合自我认知观点的空间里，沉浸在媒体的个性化"过滤气泡"中，公共性和有价值的内容被边缘化。如何规避算法推送中的各种媒介伦理风险，让算法技术更好地服务于人类，成为学界与业界共同关注的问题。

（一）研究背景

在用户与算法的互动过程中，算法推荐机制并非单方面决定用户接触的内容。用户的算法素养、对算法的感知和理解会影响他们的实际行为。然而，算法与用户之间的影响并不一定对等。算法推荐机制的广泛应用对用户的信息素养提出了挑战，主要表现在以下两个方面：算法技术使用户将一部分个人数据保护和使用的权力转移至自身，用户的个人数据通常会在他们不知情的情况下被利用，而用户对于自己的隐私保护常常无能为力；用户在信息世界中被虚拟化，"你不再是你，我不再是我"，成为存在于数据中的虚拟化的"代码"。算法技术在智能化发展的过程中，体现出一定的主体特征。

以上这些因素对算法推荐时代的用户具备新型的、全面的算法素养提出了更高的要求。理解算法推荐的传播偏向对理解媒介本质、思考算法推荐时代用户的信息素养问题具有重要意义，努力使用户明确其所处的信息环境、对可能存在的伦理风险具备足够的感知和警惕，从而对与时俱进地提升其在算法推荐时代的信息素养，具有现实意义。

（二）研究意义

用户算法素养的提高可以促进信息的流通，避免信息的封闭和过滤，帮助媒体平台和用户更好地理解彼此，减少误解和对立。基于河北省智能媒体用户的研究调查，可以了解河北省算法接触者目前的算法素养水平，构建算法素养评价指标体系，提升河北用户的综合算法素养。

（三）研究方法

融合新媒体理论学、新闻传播学、社会学、统计学等领域的研究方法与技术，运用文献计量法进行文献研究；利用问卷研究当前算法推荐视域下媒体平台产生的媒介偏向与用户算法素养现状，研究对象涉及河北省主要人群，运用抽样问卷调查法观察河北省新媒体用户算法素养现状，根据前期算法素养评价指标体系构建预测问卷，并进行小规模发放，共收集问卷217份，问卷信效度良好，经过二次修改问卷后，正式问卷有46道题目，并开始正式发放。通过问卷网数据收集平台发布了问卷，并运用结构化访谈等质性研究方法了解河北省不同领域人士对算法素养的理解与算法素养的实际水平。

（四）研究工具

数据收集采用问卷调查法。所有问卷采用Likert5级量表进行评定，分别为1＝"完全不符"、2＝"不符合"、3＝"比较符合"、4＝"符合"、5＝"完全符合"（所有问题均为正向问题）。

本研究主要利用SPSS（Statistical Package for the Social Sciences）数据分析软件，采用数理统计分析中克隆巴赫系数（Cronbach's alpha）法、KMO（Kaiser-Meyer-Olkin）值、巴特利特（Bartlett）球形检验、主成分因子分析法来对量表的信度、效度和因子结构进行检验，以保证问卷设置的合理及有效。

（五）研究对象

根据研究目的，本报告将研究对象设定为河北省主要人群。研究设计根据河北省主要人群结构划分，按照媒体使用频率选取河北省在互联网上最活跃的人群，将目标人群结构分为三大类：大学生群体、中年群体、老年群体。

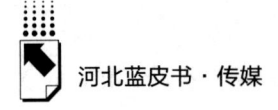

大学生群体是河北省互联网使用的主力军之一，这一群体是互联网的原住民，他们的接受能力较强，对网络的使用比较多元化，对社交媒体的使用比较广泛，并利用互联网进行在线学习和研究，通过在线课程、学术数据库和电子图书馆来获取信息。相较于其他群体，大学生群体更愿意通过互联网获取各种信息，包括新闻、娱乐、科技等方面。同时，他们喜欢自我表达和创作，通过社交媒体分享自己的见解和发现。

中年群体（45~59岁）① 具有多样性和复杂性的特点，因此其对网络的使用涵盖了工作、家庭、健康、社交等多个方面。这类群体的上网特点受到社会变迁、科技发展和个体需求的综合影响。总体来看，中年群体对社交媒体的使用频率提高，且更注重在社交媒体上分享家庭生活、旅行经历和个人见解。

老年群体（65岁以上）。随着数字化教育和智能设备的推广，越来越多的培训和支持服务为老年人提供了更多上网的机会。老年人的上网行为呈现多样性，越来越多的老年人开始使用互联网。老年人上网的特点随着科技的进步和数字化社会的发展而发生变化。总体来看，老年群体更多地使用互联网来维系社交关系，在互联网上寻找信息，特别是关于健康和医疗方面的信息。

除以上三类主要群体之外，部分新媒体用户也较为活跃，如中学生对网络、新媒体的使用率逐步提高，对新型媒介有较强的接受能力，但由于该群体大多处于未成年阶段，价值判断、媒介素养水平受外界客观因素影响较大，故不作为主要群体参与调研。

二 研究设计

调研分为线上大数据样本收集、线下面对面结构化访谈两部分，利用前期文献整理、网络调研报告数据、问卷数据反馈在河北省各地区内开展调研，将专家意见、河北省内各类群体意见作为数据分析的基本理论依据。

---

① 世界卫生组织对于年龄的划分测定。

（一）调研社区基本概况

根据河北省互联网发展报告了解河北省网络发展现状，并据此设定采访地区、采访群体。

1. 调研形式

此次调研采取集中与分散相结合的形式，线上收集河北大数据有效样本1009份。调研团队在河北省各地区进行调研，并以廊坊市为主要线下样本收集区进行了深入的调研和访谈。

2. 河北省网络媒介使用概况

河北省通信管理局对外发布的《2022年度河北省互联网发展报告》显示，到2022年底，全省固定、移动互联网接入用户规模不断扩大。2022年全省固定互联网接入用户数达到2992.6万户，全年新增195.7万户，同比增长7.0%；移动互联网接入用户数达7578.8万户，全年新增66.3万户，同比增长0.9%。由此可知，手机网民的数量越来越多，使用手机上网的普及程度越来越高。

全省网民分布年轻化、城镇化、高学历化明显。2022年全省网民年龄主要集中在19~24岁，占比达到27.5%，25~30岁的网民占比为14.7%，这表明年轻人依然是全省互联网的主要使用群体。网民中城市居民占59.5%，乡村居民占40.5%，城市居民比乡村居民多19.0个百分点。

3. 访谈对象基本信息

算法专家王喆，毕业于清华大学计算机科学与技术专业，是科技作者，代表作为《深度学习推荐系统》，也是知乎大V，关注量有13万人，有Hulu·engineering director 的职业经历。

知乎大V石塔西，清华大学工学博士，是《互联网大厂推荐算法实战》的作者、CDA持证人、快手算法专家。

结构化访谈受访者。本报告分别对河北省使用网络等新媒体占比较高的群体进行抽样，以河北省大学生群体、中年群体为样本做深度访谈。调研内，受访者群体分别用E（专家群体）、C（大学生群体）、M（中年群体）代表。

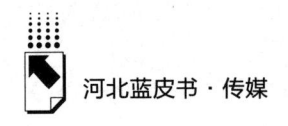

（二）问卷设计与发放

问卷前期内容设计环节基于联合国教科文组织认定的媒介与信息素养指标体系，根据目前大学生算法素养评价体系研究框架[①]、社交媒体用户算法素养评价指标体系[②]、用户算法素养未来发展目标与方向[③]等算法框架及理论研究，并结合25篇算法素养相关研究核心文献归纳总结了适合我国媒体发展现状的指标体系，根据该算法素养评价指标体系，分为"获取""评估""创建"三个维度制作问卷，线上收集河北大数据有效样本1009份，并通过SPSS检验问卷的合理性。

1. 问卷设计

本研究采用问卷调查法获得当前智能传播时代媒体用户算法素养评价指标体系的基本情况，并从性别、学历、教育背景、职业、能够明确对算法推送信息或媒体内容的需求、确定需要何种类型的信息和媒体资源、能够通过多种渠道获取算法资源等方面进行分类分析、比较分析，探究当前智能媒体用户对算法素养获取、评估和创建维度的认识。

本研究于2023年9月在河北省范围内进行随机抽样调查，主要面向社会主要人群。问卷主体以社会主要人群的基本信息为第一部分，以三个维度调查算法推荐视域下用户算法素养——关于用户算法素养的获取维度、评估维度和创建维度为第二部分。

2. 问卷信度、效度分析

调研正式问卷发放前，本研究初步试发放问卷217份，共收回问卷217份，剔除无效问卷0份，有效问卷217份，有效问卷回收率为100%。

通过克隆巴赫系数法对问卷的总体信度和三个维度的信度进行检验可得，问卷的总体信度系数为0.936，大于0.9（见表1），这说明意见表达问

[①] 邓胜利、许家辉、夏苏迪：《数字环境下大学生算法素养评价体系及实证研究》，《图书情报工作》2023年第2期，第23~32页。
[②] 张涛等：《数智环境下社交媒体用户算法素养评价指标体系构建研究》，《情报理论与实践》2024年第2期，第29~35页。
[③] 彭兰：《智能素养：智能传播时代媒介素养的升级方向》，《山西大学学报》（哲学社会科学版）2023年第5期，第101~109页。

卷的信度较好，具有良好的稳定性和一致性。

通过因子分析适应性检验 KMO 值进行效度分析，问卷 KMO 值为 0.937，大于 0.7，显著性值为 0.000（见表2），这说明问卷的总体效度非常高。

表1 问卷的可靠性统计

克隆巴赫系数	基于标准化项的克隆巴赫系数	项数
0.936	0.936	26

表2 问卷的 KMO 值和巴特利特球形检验

KMO 值	巴特利特球形检验	
	近似卡方	3304.991
0.937	自由度(df)	325
	显著性(p)	0.000

正式问卷基于试发放问卷进行修改，数据结果分析如后文所示。

(1) 信度分析

根据表3可知，获取维度的研究数据信度系数为 0.847，大于 0.8，因而说明研究数据信度高。

针对"CITC 值"，分析项的 CITC 值均大于 0.4，说明分析项之间具有良好的相关关系，同时说明信度水平良好。综上所述，获取维度的研究数据信度系数高于 0.8，说明数据信度高，可用于进一步分析。

表3 获取维度的克隆巴赫信度分析

	校正项总计相关性(CITC)	项已删除的克隆巴赫系数	克隆巴赫系数
7. 我平时有关注河北省的媒体平台	0.774	0.767	
9. 我知道自己需要何种类型的信息和媒体资源	0.643	0.824	
11. 作为河北省市民，我能够根据自己的需求来选择不同内容的河北省的社交媒体（如"河北日报"微信公众号、河北新闻网等）	0.669	0.813	0.847
12. 我能够根据自己想要获取信息的内容从河北省媒体平台确定获取方法（如模糊搜索、关键词搜索等）	0.667	0.815	

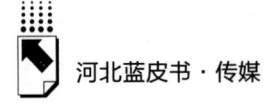

根据表 4 可知,评估维度的研究数据信度系数为 0.953,大于 0.9,因而说明研究数据信度很高。针对"项已删除的克隆巴赫系数",任意题项被删除后,信度系数并不会有明显的上升,因此说明题项不应该被删除。

针对"CITC 值",分析项的 CITC 值均大于 0.4,说明分析项之间具有良好的相关关系,同时说明信度水平良好。综上所述,评估维度的研究数据信度系数高于 0.9,说明数据信度高,可用于进一步分析。

表 4 评估维度的克隆巴赫信度分析

	校正项总计相关性(CITC)	项已删除的克隆巴赫系数	克隆巴赫系数
14. 我认为平台的推送有助于我了解河北省新闻事件、每日头条、政策变动等	0.835	0.949	0.953
15. 我能够应用媒体平台不同算法的推送方法和策略,确定获取的信息和媒体内容对我产生最高的价值和有信息帮助,为我减少各方面成本,最终获得个人收益	0.733	0.950	
16. 我能够主动吸收、提升与追踪新一代"智能+"跨媒体技术(如云直播、算法推荐、虚拟现实、人工智能等载体形式)和数字化媒介(如 Vlog、裸眼 3D、人工智能主播、元宇宙、数字艺术、云直播等)的应用	0.690	0.951	
17. 我认为当前我使用的媒体平台的算法推荐在一定程度上限制了我获取信息的范围(例如,获取河北省政策相关信息)	0.715	0.951	
18. 我在浏览河北省相关推送信息前,会通过标题、内容等方面对信息发布者及信息内容的可信度、权威性做出基本判断	0.690	0.951	
19. 我曾注意到,如果在河北省媒体平台对同一内容多次点击"点赞/喜欢"后,平台会推送大量与之相似的内容	0.714	0.951	
20. 我认为媒体的算法推荐在一定程度上窃取了我的个人数据和隐私	0.676	0.951	
21. 我能够对数媒时代已经出现或可能出现的问题(比如会产生"信息茧房"或单向度的人等效应)进行预判和思考,并对数字产品的负面性保持高度警惕	0.714	0.951	
22. 我能够识别河北省同一类别社会事件通过不同算法呈现的不同信息	0.709	0.951	

续表

	校正项总计相关性(CITC)	项已删除的克隆巴赫系数	克隆巴赫系数
23. 我能够理解算法可能涉及的风险和伦理问题	0.699	0.951	
24. 我能够识别并积极举报和反馈河北省内各类媒体平台在算法机制上的违规事件,遵守相关法规纪律,运用法律维护自我权益	0.700	0.951	
25. 我能够简单理解算法的运行规律,知道河北省各类媒体平台的推送方式是如何生效的	0.694	0.951	
26. 我对新媒体算法带来的信息"过滤气泡"("信息茧房")有多大的理解	0.703	0.951	
27. 我能够通过调整新媒体平台的算法设置,有效避免信息"过滤气泡"("信息茧房")	0.707	0.951	0.953
28. 我认为新媒体平台的算法推荐在提供信息方面的效率较高	0.707	0.951	
29. 我能够评估自我算法知识储备、技能,对媒体传达的信息有独立的看法和理解	0.693	0.951	
31. 我认为算法机制的运行必须符合法律和道德的要求	0.710	0.951	
32. 我认为软件开发者有必要向公众通俗地解释算法的运行规则	0.703	0.951	

根据表5可知,创建维度的研究数据信度系数为0.923,大于0.9,因而说明研究数据信度很高。

针对"CITC值",分析项的CITC值均大于0.4,说明分析项之间具有良好的相关关系,同时说明信度水平良好。综上所述,创建维度的研究数据信度系数高于0.9,说明数据信度高,可用于进一步分析。

表5 创建维度的克隆巴赫信度分析

	校正项总计相关性(CITC)	项已删除的克隆巴赫系数	克隆巴赫系数
33. 我了解智能传播时代的社会主体需求,愿意、积极、主动地善用数字资源与媒体工具,助推河北省媒体运营模式创新	0.828	0.908	0.923

续表

	校正项总计相关性（CITC）	项已删除的克隆巴赫系数	克隆巴赫系数
34. 我能够感知河北媒体平台算法推送信息的获取限制情况、可信度、权威性、同质化	0.697	0.916	
36. 我曾主动对社交媒体算法推送信息的部分内容进行自主操作，如点击"不感兴趣"，对部分内容进行"举报"，使用"隐身""无痕"功能	0.687	0.916	
37. 为了更好地获取信息，我在媒体平台上主动转变表达方式，添加热门、个性的话题	0.686	0.916	
38. 我具备（协同）借助适合的数字技术（工具/平台/应用），构建（设计/制作/开发/修改/提炼/整合）满足最低要求社会显示度的数字内容的认知或能力	0.697	0.916	0.923
39. 我能够评估和批判算法偏见的产生，理解和批判算法偏见在新闻发布过程中影响信息的传播和接收	0.707	0.915	
40. 我能够在信息交互、发表观点中识别或避免、减少偏见的产生，公平对待每个个体	0.695	0.916	
41. 我能够在当前的社交媒体平台内积极参与公共事件的讨论，认识到个人生产数据对社会生态的影响	0.686	0.916	
42. 在公共事件中，我在社交媒体上进行意见表达时，能理解和利用算法推送功能，在网络圈群（如qq群、微信群、兴趣类App）中大胆地表达自己的观点	0.691	0.916	
43. 在使用不同社交媒体时，我会理解并利用其背后的算法，为自己建立不同的人设，例如我会在微信（家长、老师、朋友可见的社交媒体）上分享正能量或学习生活的信息	0.693	0.916	

（2）效度分析

使用因子分析进行信息浓缩研究，首先分析研究数据是否适合进行因子分析。从表6可以看出，KMO值为0.975，大于0.6，满足因子分析的前提要求，意味着研究数据可进行因子分析；通过巴特利特球形检验可得$p<0.05$，说明研究数据适合进行因子分析。

表6 KMO值和巴特利特球形检验

KMO值	巴特利特球形检验		
0.975	近似卡方		18983.992
	自由度(df)		496
	显著性(p)		0.000

表7对因子提取情况,以及因子提取信息量情况进行分析,由此可知,因子分析一共提取出3个因子,特征根值均大于1,这3个因子旋转后的方差解释率分别是30.687%、19.180%、8.878%,旋转后累积方差解释率分别为30.687%、49.866%、58.744%。

表7 3个提取因子的方差解释率情况

因子编号	旋转前			旋转后		
	特征根	方差解释率(%)	累积方差解释率(%)	特征根	方差解释率(%)	累积方差解释率(%)
1	12.811	40.036	40.036	9.820	30.687	30.687
2	3.976	12.424	52.460	6.137	19.180	49.866
3	2.011	6.284	58.744	2.841	8.878	58.744

本研究数据使用最大方差旋转方法(Varimax)进行旋转,以便找出因子和研究项的对应关系。表8展示了因子对于研究项的信息提取情况,以及因子和研究项的对应关系,由此可知,所有研究项对应的共同度值均高于0.4,意味着研究项和因子之间有较强的关联性,因子可以有效地提取出信息。

表8 旋转后因子载荷系数(部分)

	因子载荷系数			共同度(公因子方差)
	因子1	因子2	因子3	
34.我能够感知河北媒体平台算法推送信息的获取限制情况、可信度、权威性、同质化	0.187	0.719	0.159	0.577

续表

	因子载荷系数			共同度(公因子方差)
	因子1	因子2	因子3	
36. 我曾主动对社交媒体算法推送信息的部分内容进行自主操作,如点击"不感兴趣",对部分内容进行"举报",使用"隐身""无痕"功能	0.178	0.721	0.119	0.565
37. 为了更好地获取信息,我在媒体平台上主动转变表达方式,添加热门、个性的话题	0.172	0.712	0.163	0.563
38. 我具备(协同)借助适合的数字技术(工具/平台/应用),构建(设计/制作/开发/修改/提炼/整合)满足最低要求社会显示度的数字内容的认知或能力	0.226	0.704	0.172	0.577
39. 我能够评估和批判算法偏见的产生,理解和批判算法偏见在新闻发布过程中影响信息的传播和接收	0.194	0.733	0.126	0.591
40. 我能够在信息交互、发表观点中识别或避免、减少偏见的产生,公平对待每个个体	0.188	0.727	0.107	0.575
41. 我能够在当前的社交媒体平台内积极参与公共事件的讨论,认识到个人生产数据对社会生态的影响	0.190	0.712	0.141	0.563
42. 在公共事件中,我在社交媒体上进行意见表达时,能理解并利用算法推送功能,在网络圈群(如qq群、微信群、兴趣类App)中大胆地表达自己的观点	0.187	0.733	0.060	0.575
43. 在使用不同社交媒体时,我会理解并利用其背后的算法,为自己建立不同的人设,例如我会在微信(家长、老师、朋友可见的社交媒体)上分享正能量或学习生活的信息	0.197	0.727	0.083	0.574

注:旋转方法为最大方差旋转法。

(3) 相关分析

本报告利用相关分析研究获取、评估、创建三个维度之间的相关关系,使用 Pearson 相关系数表示相关关系的强弱情况。

具体分析可知,获取和评估维度之间的相关系数为 0.387,并且呈现 0.01 水平的显著性,因而说明获取和评估维度之间有显著的正相关关系。

获取和创建维度之间的相关系数为 0.417，并且呈现 0.01 水平的显著性，说明获取和创建维度之间有显著的正相关关系（见表9）。

表9 Pearson 相关性分析

维度	平均值	标准差	获取	评估	创建
获取	3.295	0.989	1		
评估	3.287	0.838	0.387**	1	
创建	3.302	0.883	0.417**	0.463**	1

注：*p<0.05，**p<0.01。

基于试发放问卷进行改进的正式问卷，共收回1020份，剔除无效问卷11份，有效问卷1009份，有效问卷回收率为98.92%。

三 河北省新媒体用户现状及分析

根据正式问卷发放反馈结果，本研究通过问卷问题频数分析、响应率和普及率、描述分析等做出以下现状分析。

（一）智能传播时代大众获取信息的方式更多样

参与此次调查的1009名样本中，男性稍多，占51.73%，女性占48.27%；他们的学历主要集中在高中和大专及本科阶段，占比相差不大，分别为36.17%和44.50%，这说明参与者的学历整体偏向中等以上水平；在收入方面，大部分人的月收入处于3000~10000元；在年龄方面，集中在18~60岁，是社会的中坚力量（见表10）。

表10 样本基本信息的频数分析结果

单位：%

	选项	频数	占比	累计占比
1. 我的性别	男	522	51.73	51.73
	女	487	48.27	100.00

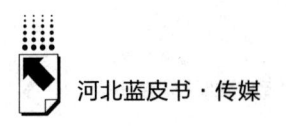

续表

选项		频数	占比	累计占比
2. 我的学历	初中及以下	121	11.99	11.99
	高中	365	36.17	48.17
	大专及本科	449	44.50	92.67
	硕士及以上	74	7.33	100.00
3. 你来自河北省哪个城市	石家庄市	89	8.82	8.82
	唐山市	92	9.12	17.94
	秦皇岛市	93	9.22	27.16
	邯郸市	94	9.32	36.47
	邢台市	84	8.33	44.80
	保定市	96	9.51	54.31
	张家口市	107	10.60	64.92
	承德市	95	9.42	74.33
	沧州市	95	9.42	83.75
	廊坊市	76	7.53	91.28
	衡水市	88	8.72	100.00
我的月收入	1000 元以下	51	5.05	5.05
	1000~3000 元	42	4.16	9.22
	3000~5000 元	354	35.08	44.30
	5000~10000 元	379	37.56	81.86
	10000 元及以上	183	18.14	100.00
5. 我的年龄	18 岁以下	38	3.77	3.77
	18~35 岁	483	47.87	51.64
	35~60 岁	455	45.09	96.73
	60 岁及以上	33	3.27	100.00
6. 我的职业	公务员	120	11.89	11.89
	事业单位工作人员	104	10.31	22.20
	企业工作人员	357	35.38	57.58
	科研教育工作者	147	14.57	72.15
	农林牧渔劳动者	55	5.45	77.60
	个体劳动者	133	13.18	90.78
	待业人员	22	2.18	92.96
	退休人员	33	3.27	96.23
	学生	38	3.77	100.00
合计		1009	100.0	100.0

对于算法知识储备和算法技能的评价,大多数人表示具备良好的理论基础和对常见算法的理解(21.31%)、能够运用现有算法解决实际问题(20.52%)或精通并能够设计和实现复杂算法(21.01%)。有一部分人认为自己对算法有一定了解,但还需要进一步学习和提升(17.94%),或对算法仅有模糊的媒介推送认知(19.23%)(见表11)。这表明虽然数字技能在现代社会变得越来越重要,但公众对于算法的掌握程度仍有待提高,许多用户知晓算法的基本机制,但并不能较为清楚地解释算法推荐原理及算法素养相关内容。

在专业从业者看来,用户明显对算法有一定感知,获取的信息也在一定程度上被左右。

E1:"用户获取信息的方式当然会被算法左右。比如其实你在短视频应用上看到的都是算法给你推荐的。算法会放大你的兴趣,让你掉到一个'信息茧房'里。用户也会明显感觉到算法的存在,但总的来说,用户涉略较广。"

表11 问卷相关问题的频数分析结果

单位:%

问题	选项	频数	占比	累计占比
8. 您目前主要通过什么媒体平台了解河北省内当日的新闻时事内容	手机新闻客户端	387	38.35	38.35
	电视定点新闻联播	70	6.94	45.29
	抖音、微博等新媒体软件	403	39.94	85.23
	每日纸质新闻报纸	74	7.33	92.57
	新闻广播	75	7.43	100.00
10. 您如何确定需要何种类型的信息和媒体资源	根据当前的学习或工作需求来确定所需信息和媒体资源	254	25.17	25.17
	依据个人兴趣和爱好来选择获取的信息和媒体资源	251	24.88	50.05
	根据社会热点和时事新闻来决定需要的信息和媒体资源	270	26.76	76.81
	借助专业或同行的建议来确定所需信息和媒体资源	234	23.19	100.00

续表

问题	选项	频数	占比	累计占比
30. 您如何评价自己的算法知识储备和算法技能	精通并能够设计和实现复杂算法	212	21.01	21.01
	具备良好的理论基础和对常见算法的理解	215	21.31	42.32
	能够运用现有算法解决实际问题	207	20.52	62.83
	对算法有一定了解，但还需要进一步学习和提升	181	17.94	80.77
	对算法仅有模糊的媒介推送认知	194	19.23	100.00
合计		1009	100.00	100.00

目前，信息可以通过社交媒体、播客、搜索引擎等多种方式获取，更加便利、高效，信息传播范围更广；用户可以通过社交媒体获取新闻、参与讨论、关注领域专家……实现信息的实时传播和交流。总体而言，大众获取信息方式的多样性体现了数字化时代信息传播的开放性和多元性。

（二）算法推荐机制使搜索引擎呈现个性化搜索结果

研究选项响应率显示，在信息获取过程中，人们更倾向于利用各类平台来获取多元、全面的信息（见表12）。

中年群体获取信息的渠道比较广泛，对于算法推荐及信息获取更为敏感。

M1："明显能感觉到和很多年前的网络获取信息不一样了，那时候虽然搜索手段单一但是内容很杂、很多，现在就已经为你分好类了，几乎不用再额外搜索，这应该是算法的一部分功能吧。"

表12 样本对河北省媒体平台获取信息的各种方式的响应率和普及率

单位：名，%

选项	响应		普及率 ($N=1009$)
	n	响应率	
通过搜索引擎查询相关内容并阅读搜索结果	706	16.65	69.97
关注社交媒体平台上的相关账号或页面	697	16.43	69.08
订阅电子邮件或推送通知以获取定期更新	722	17.02	71.56

续表

选项	响应		普及率 ($N=1009$)
	n	响应率	
使用新闻聚合应用程序或网站获取多个来源的信息	695	16.39	68.88
参与在线社区或论坛以获取他人分享的信息	715	16.86	70.86
其他	706	16.65	69.97
汇总	4241	100.00	—

随着互联网的高速发展，信息量变得愈加庞大，多样性的数据和各类流量应用的兴起已成为当今社会的显著特征。调查数据显示，约 70% 的样本认为广告过滤算法导致部分信息被屏蔽或隐藏。短视频社交媒体等新媒体作为主要 App，通过算法为用户进行个性化推送，呈现有针对性的使用体验。

（三）个人偏好对算法推荐下的信息获取影响较大

根据表 13 可知，选择社交媒体平台的算法过滤或推荐特定类型的内容的人数最多。这表明，在社交媒体平台上，用户可能会因算法而获取有限的信息类型，这可能限制了用户接触多样化的信息。

河北省部分大学生认为算法会根据用户爱好强制推荐一些广告、无效信息以获取利益。

C1："我认为它就是一种通过你常看的东西获取一些标签、定位，然后通过大数据运算进行类似于将广告推荐在一个标签、类别里面，从而不停地吸引用户的关注，获取更多的经济利益。"

目前，基于河北省调研数据分析，信息被算法分类的现象比较突出，一些需要的信息受版权保护，要付费获取。

E2："算法推荐系统几乎决定了用户在互联网上能看到什么内容，即算法推送什么，用户就看到什么。用户主动搜索的次数会在算法推送下越来越少，即使这次用户搜索了，我们也争取下次他就不用主动搜索了。"

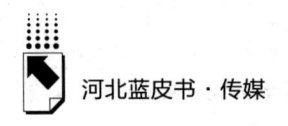

表13 样本对不同算法限制获取信息情况的响应率和普及率

单位：名，%

选项	响应		普及率 ($N=1009$)
	n	响应率	
广告过滤算法导致部分信息被屏蔽或隐藏	699	24.87	69.28
搜索引擎算法根据个人偏好呈现个性化搜索结果	697	24.80	69.08
社交媒体平台的算法过滤或推荐特定类型的内容	725	25.79	71.85
版权保护算法限制了特定信息或媒体资源的访问	690	24.55	68.38
汇总	2811	100.00	—

基于本次研究调查可知，累计50.05%的样本依据个人兴趣和爱好来获取信息和媒体资源。用户与推荐算法之间存在一个反馈循环，用户的点击和反馈会影响下一轮的推荐，这可能加强原有的偏好，导致信息获取的偏向性。但整体来说，大众对获取何种信息都是以娱乐或者明确需求为目的。样本对不同算法推荐信息的权威性与可靠性的响应率和普及率如表14所示。

表14 样本对不同算法推荐信息的权威性与可靠性的响应率和普及率

单位：名，%

选项	响应		普及率 ($N=1009$)
	n	响应率	
由专业学术机构或研究团队发布的经过同行评审的报告	681	19.65	67.49
来自知名新闻机构或媒体发布的经过事实核实的新闻报道	711	20.52	70.47
基于大规模数据分析和统计模型的预测结果	688	19.86	68.19
个人博客或社交媒体上的匿名用户的观点和评论	686	19.80	67.99
其他	699	20.17	69.28
汇总	3465	100.00	—

（四）算法具有两面性

基于不同选项结果分析，用户在获取信息便利的同时，受到算法机制弊端的困扰,并能清晰地感受到其对目前生活所产生的负面影响。

大多数普通用户更在意算法带来的直观效果。

M2:"科技不断进步,算法让用户体验感更强了,但是同时让信息壁垒更严重了。它肯定能推动一些高新产业的发展,但不应该牺牲它原本最初的使用价值。"

根据表15可知,大多数人认为算法具有两面性。在工作学习和日常生活中,算法既能够提高效率,产生正面影响,也存在个人隐私泄露和信息过滤风险等负面影响。

E3:"国内的互联网推荐算法已经发展到了一个相当高的水平,行业内费尽心思就为提升几个百分点,提升只在统计意义上显著,却未必能给产品带来收益。影响互联网产品逻辑的不是算法,算法只起到了锦上添花的作用。"

参与者认为算法在提高效率、推动创新、优化运营和提供个性化服务等方面发挥了积极作用,同时注意到了隐私泄露、信息过滤风险、社会分化、垄断、算法偏见、信息过载和沉迷依赖等潜在问题。这表明大众对于算法的理解已经比较全面,能够看到它的利弊并存。

表15 样本对算法在社会中产生的正面与负面影响的响应率和普及率

单位:名,%

选项	响应		普及率 ($N=1009$)
	n	响应率	
正面影响:提高工作效率和生活便利性 负面影响:个人隐私泄露和信息过滤风险	701	24.79	69.47
正面影响:推动科学研究和技术创新 负面影响:加剧信息不平等和社会分化	718	25.39	71.16

续表

选项	响应		普及率 ($N=1009$)
	n	响应率	
正面影响:优化商业运营和市场推广 负面影响:垄断和算法偏见	712	25.18	70.56
正面影响:个性化服务和定制化体验 负面影响:信息过载和沉迷依赖	697	24.65	69.08
汇总	2828	100.00	—

（五）公平且负责任的算法推荐机制在社会中具有重要性

表16显示，70.76%的样本认为一个公平且负责任的算法推荐机制应基于透明、可解释和无歧视的算法模型，一个公平且负责任的算法推荐机制能够对社会产生积极影响，并具有重要性。

与其他群体相比，中青年群体对于信息需求量更大，浏览信息的平台也更广泛。

M3："我们一般情况下在多平台获取的信息同质化比较严重，比如一篇新闻在几家媒体上的内容几乎没有变化，尤其是在点击了河北省某地的新闻后，推送内容还会有地缘性。"

表16 样本对一个公平且负责任的算法推荐机制的响应率和普及率

单位:名,%

选项	响应		普及率 ($N=1009$)
	n	响应率	
基于透明、可解释和无歧视的算法模型	714	24.98	70.76
考虑多样性和包容性,避免对特定群体的偏见	716	25.05	70.96
有机制监测和修正算法的不当行为与错误决策	709	24.81	70.27
尊重用户隐私和数据保护的原则	719	25.16	71.26
汇总	2858	100.00	—

一个公平且负责任的算法推荐机制应基于透明、可解释和无歧视的算法模型。另外，还应有机制监测和修正算法的不当行为与错误决策的能力，以确保推送的内容和结果准确无误。

从目前统计数据来看，主要用户群体更加关注算法推荐带来的舆论偏向。

C2："一些媒体为了利益、热度，原本就把公平的信息阐述打造成有偏向的舆论，然后利用算法推荐引起讨论，从而扩大它的传播范围，这就使算法'沾染'了一定的偏向性。"

总的来说，参与者希望一个公平且负责任的算法推荐机制应该具备透明性、可解释、无歧视、尊重隐私、考虑多样性、修正机制等特性，这反映了公众对于算法公平性、透明性的期待和需求。

（六）用户对自身算法知识水平较为认可

在河北省用户对于媒体平台使用、算法认知和数字技术理解等多方面的问题中，用户回答的平均值都在 3.2~3.4（见表 17），这意味着大多数人对这些问题的回答倾向于同意或者比较同意。

相关从业者肯定了公众对于算法的认知逐渐加深，但他们认为算法向公众期待的方向发展还是一个难题。

E4："我认为算法可能对多样性的破坏更大。它对用户体验的关注已经到了极致，大家都愿意通过稍微损害一下用户体验来增强公平性。但这也是业内研究的热点和难点，不容易解决。一是数据问题，二是公司业务指标的评价导向问题。"

表 17 样本对自身算法知识水平的描述分析（部分）

	平均值	标准差
16. 我能够主动吸收、提升与追踪新一代"智能+"跨媒体技术（如云直播、算法推荐、虚拟现实、人工智能等载体形式）和数字化媒介（如Vlog、裸眼3D、人工智能主播、元宇宙、数字艺术、云直播等）的应用	3.316	1.115
34. 我能够感知河北媒体平台算法推送信息的获取限制情况、可信度、权威性、同质化	3.257	1.134
36. 我曾主动对社交媒体算法推送信息的部分内容进行自主操作，如点击"不感兴趣"，对部分内容进行"举报"，使用"隐身""无痕"功能	3.249	1.132
37. 为了更好地获取信息，我在媒体平台上主动转变表达方式，添加热门、个性的话题	3.286	1.110
38. 我具备（协同）借助适合的数字技术（工具/平台/应用），构建（设计/制作/开发/修改/提炼/整合）满足最低要求社会显示度的数字内容的认知或能力	3.285	1.141
39. 我能够评估和批判算法偏见的产生，理解和批判算法偏见在新闻发布过程中影响信息的传播和接收	3.259	1.165
40. 我能够在信息交互、发表观点中识别或避免、减少偏见的产生，公平对待每个个体	3.304	1.129
41. 我能够在当前的社交媒体平台内积极参与公共事件的讨论，认识到个人生产数据对社会生态的影响	3.253	1.106
42. 在公共事件中，我在社交媒体上进行意见表达时，能理解并利用算法推送功能，在网络圈群（如qq群、微信群、兴趣类App）中大胆地表达自己的观点	3.279	1.096
43. 在使用不同社交媒体时，我会理解并利用其背后的算法，为自己建立不同的人设，例如我会在微信（家长、老师、朋友可见的社交媒体）上分享正能量或学习生活的信息	3.274	1.106

用户在算法的理解和应用方面具有一定的能力，这在一定程度上反映了他们对算法运行方式的理解。

M4："如果能改革现有的算法推荐机制，改善那些媒体的运营模式，我们都会支持，这对我们接受新科技、新技术也是好事，也能从根本上提升我们的算法素养。"

河北省用户对自身算法知识水平较为认可，大多数用户能较为清晰地判断算法机制及其对大众的影响，看待算法机制较为全面。用户根据使用媒介进行反馈，提倡利用更加公开、透明的算法机制改变现状。

综上，据调研数据统计分析，目前河北省用户算法素养及其对算法的认识主要呈现六大特征。智能传播时代大众获取信息的方式更多样，层出不穷的新媒介及飞速发展的算法运营机制拓宽了用户可获取的信源。新兴媒体引入算法推荐机制，各类信息媒体平台根据受众的日常习惯，将搜索内容分类推送至不同用户。个人偏好内容在算法推荐下基本决定了用户所能获取信息的范围，信息壁垒更加严重，用户易造成判断失误，这对用户的算法素养和新媒体运用能力、信息辨识度都提出较高要求。

四 河北省新媒体用户算法素养提升的建议

基于以上调研结果及算法素养评价指标体系对应分析，本研究针对河北省新媒体用户现状，按照个人层面、社会层面、国家层面提出可行性建议。

（一）算法用户主体多元提升自身算法能力，增强算法意识

算法用户主体并不能对算法推荐机制的发展方向起到很好的引领作用，应着重提高自身算法素养水平，增强对不同算法的识别能力，尽量减少媒介偏向对自身的影响。

1.增强对偏好标签的洞察力

提高用户对平台算法推荐技术的理解尤为关键。这项技术的复杂性使一般用户难以理解其个性化推送和排序精选等背后的机制。通过提升用户的算法素养，可以有效避免算法的"茧房效应"，打破数字网络构建的"过滤气泡"。用户在偏好设置中可能陷入信息传播窄化的陷阱，而平台则通过顺从友好的方式隐藏其目的，通过推送信息服务来增强用户的黏性和提高用户的忠诚度。算法虽然在运行中表现为客观中立，但在设计阶段可能嵌入了隐形的价值观，后期的数据采集可能导致用户偏好标签整体偏差。显然，用户对

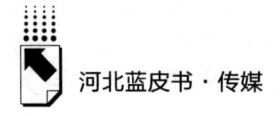

偏好标签持有警醒而审慎的态度，适时适度调整自己的偏好设置，增加更多的动态选择，将有利于对算法模型进行纠偏，实现工具理性和价值理性的统一。①

2. 增强对信息环境的批判力

在当前信息爆炸的时代，对信息环境的批判力是用户需要具备的一项重要能力。用户缺乏对于信息接收的批判思维，可能会导致对某些群体或事件产生偏见。增强对信息环境的批判力的作用体现在用户信息接收的方方面面，考验用户在多元化信息的环境中筛选信息的能力，降低信息偏见的可能性，以获取更加客观、全面的信息。

3. 增强对个人隐私的保护力

数字化时代，对个人隐私的保护成为重点，公民个人需加强隐私保护的意识和能力。数字化时代，平台忽视用户隐私安全的行为频频出现，除了平台自身存在问题之外，用户也缺乏对个人隐私的保护力，甚至无意识地在媒体平台暴露个人隐私。对于用户来说，个人隐私保护的意识在这个时代是亟待增强的，用户应当谨慎使用社交媒体，避免在公共设置下分享个人信息，对于平台提供的多重功能要予以重视，不断提高个人隐私保护水平。

（二）实现媒体算法与用户透明循环

社会各类媒体机构首先要保证自我监督，依据用户诉求建立更加公开、透明的算法推荐机制，各类新媒体行业应提供多元化信息推荐渠道。

1. 保证媒体平台的透明度和解释性

媒体机构和科技公司应该积极提高算法决策的透明度，向公众公开算法的工作原理和数据处理过程。对于重要的算法决策结果，应提供相应的解释，以帮助公众了解为什么得出这样的结论。对于媒体平台的算法推荐机制，应鼓励媒体机构提供多样化的内容来源，并避免过度依赖特定算法或平台。通过接触不同的观点和意见，公众可以更全面地了解事实，避免信息的

---

① 洪馨仪：《平台经济下劳工算法素养不容忽视》，《青年记者》2022年第14期，第4~5页。

偏颇。对于大众重点关注或流量较大的媒体平台，要引入自我审核机制，对媒体报道中所使用的算法进行审查和评估，发现并纠正可能存在的偏向或错误，提高报道的公正性和准确性，尽可能减少媒体偏向。

2. 媒体平台应提供算法教育项目、优质学习资源与算法课程

媒体平台可以聘请知名学者或行业专家进行课程开发和教学，为用户提供高质量的学习体验；积极提供实际应用案例，为用户提供算法在不同领域的实际应用案例和数据集，帮助用户理解算法在实际场景中的应用和效果；可以通过开设竞赛、提供开源数据集等方式实现。

3. 媒体平台应主动建立开放的算法社区和论坛

媒体平台可以为用户提供有关算法的最新资讯、研究进展和前沿技术，算法评估和优化工具，基于云计算的算法评估和优化服务。用户可以在该平台上提交自己的算法，使用平台提供的评估指标和分析工具，评估算法性能和优化效果。

4. 媒体平台应提供多元信息分析平台

多元信息分析平台通过提供多样化的数据来源，进行深入的分析和研究，可以让用户了解到更全面、客观和准确的内容，并帮助他们拓宽视野、提升认知水平。各媒体平台应该积极推出一系列跨领域的交流活动，通过设置奖励来动员人们积极参与。通过跨界交流，可以让用户了解其他领域的新思想、新技术、新方法等，从而拓宽自己的知识面和丰富自己的思维方式。

（三）加强三方合作，建立有效的监管机制，强化算法用户主流价值导向

加强合作与监管，政府、媒体机构和科技公司之间需要加强合作，共同制定和执行相关政策和规范，建立有效的监管机制，以确保媒体报道和算法应用的公平性、透明度和道德性；制定相关法律法规，明确媒体机构和科技公司在算法使用与信息传播方面的责任和义务。加强对算法决策的监管，确保公正、透明和道德的算法应用；注重媒体多元化和公共利益导向，鼓励媒体多元化，提供平衡、客观的新闻报道和内容。相关部门要积极配合、合理

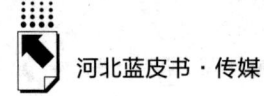

设置和规范智媒应用软件内容，不能只是为了满足用户的需求而设置，而是要让用户接收多元化的信息，通过数据分析和网络舆情监测系统实现对网络舆情的快速反应和应对。高校的思政教育要积极利用好算法优势来进行思想价值引领。学校可以积极进驻大学生热衷使用的各个网络平台，主动运用算法推荐机制，把积极正向的主流话语信息全方位地推荐给学生。此外，学校要开展普及算法教育，提升高校师生的算法素养。

参考文献

彭兰：《智能素养：智能传播时代媒介素养的升级方向》，《山西大学学报》（哲学社会科学版）2023年第5期。

B.19 河北省大学生 AI 工具使用行为和态度调查

——以河北大学为例

张雅明 付云婷 曹凯霞*

摘　要： 随着 AI 技术的迅速发展，AI 工具已广泛应用于各个领域，如教育、医疗、金融等。大学生是 AI 工具的重要使用者之一，他们的使用行为和态度对 AI 工具的发展与应用有着重要影响。为了对河北省大学生的 AI 工具使用行为、使用态度等方面获得较为清晰的认识，本报告对河北大学 360 名在校大学生进行了问卷调查，并对其中 30 名学生进行了深度访谈。研究发现，大学生对 AI 工具的接受度较高，使用频率存在差异。AI 工具中以聊天对话工具使用最为广泛，满足工作和学习需求是大学生使用 AI 工具的主要动因。总体来看，大学生对 AI 工具的满意度较高，然而 AI 工具各项功能有待完善，大学生使用 AI 工具的素养还需进一步提升。

关键词： AI 工具　大学生　河北省

一　研究缘起

人工智能（Artificial Intelligence，AI）这一概念起源于 1956 年，麦卡

---

* 张雅明，河北大学新闻传播学院教授，硕士研究生导师，主要研究方向为传播心理和传播效果；付云婷、曹凯霞，河北大学新闻传播学院硕士研究生。感谢河北大学新闻传播学院苗珂埔、吴文静、李晓甜等同学参与研究和调查工作。

锡、明斯基等科学家在一场会议中讨论了"如何用机器人模拟人的智能"这一问题，从而开启了人工智能领域的研究与发展。经过60余年的发展，当前人工智能迎来了爆发式增长的新高潮①，新的科技革命浪潮将人们推向了人工智能时代，人工智能得到了更加广泛的关注和研究。据统计，2022年，我国人工智能产业的规模已达到1958亿元，年增长率为7.8%。② 人工智能作为一项战略性新兴技术，日益成为推动科技创新、产业升级和生产力提升的重要驱动力量。③ 人工智能技术发展带来的机器学习应用产品在日常生活中为人们展现了人工智能技术的巨大潜力。在教育领域，AI助手可以协助教师进行个性化教学，提供智能化的学习建议，从而提高学生的学习效率。在金融领域，AI分析师可以通过大数据分析提供精准的投资建议，帮助用户做出更明智的投资决策。在医疗领域，AI医生可以辅助医生进行诊断，提供个性化的治疗方案，提高医疗服务的质量和效率。2022年，我国机器学习应用产品与服务规模为237亿元，并以20%以上的年均增速发展，2027年有望达到672亿元。④ 人工智能技术的快速发展，不仅改变了人们的生活方式，也为人们提供了更多的就业机会。人工智能应用通过人力资本提升效应、服务业需求效应和岗位创造效应促进城市产业结构升级。⑤ 然而，人工智能也带来了一些挑战，如对传统行业的冲击、对劳动力市场的改变等。因此，需要对人工智能技术进行合理的管理和利用，以最大化其正面影响，最小化其负面影响。

作为新技术和新工具的积极使用者，大学生往往具备较强的学习能力和创新精神，能够迅速适应并有效利用这些新技术和新工具。大学生对AI工

---

① 谭铁牛：《人工智能的历史、现状和未来》，《智慧中国》2019年第Z1期，第87~91页。
② 《2022年中国人工智能产业研究报告》，艾瑞网，2023年5月22日，https：//report.iresearch.cn/report_pdf.aspx?id=4147。
③ 《加快实现高水平科技自立自强——科技部有关负责人谈新举措新进展》，中国政府网，2023年2月24日，https：//www.gov.cn/xinwen/2023-02/24/content_5743216.htm。
④ 《2022年中国人工智能产业研究报告》，艾瑞网，2023年5月22日，https：//report.iresearch.cn/report_pdf.aspx?id=4147。
⑤ 杜文强：《工业机器人应用促进了产业结构升级吗？——对2006—2016年中国284个地级市的实证检验》，《西部论坛》2022年第1期，第97~110页。

具的合理使用可以帮助他们提高学习效率、拓展知识面，但其对 AI 工具的不合理使用则可能导致学术不端、求职欺诈、隐私泄露、创造力缺失等问题，损害自身和他人的利益。河北省大学生在 AI 工具使用方面可能存在以上各种情况。河北大学作为河北省的重点综合性高校，其在校大学生是河北省大学生的一个缩影，他们的 AI 工具使用行为和态度具有一定的代表性。因此，本次调查以河北大学本科在校大学生为调查对象，通过问卷调查以及深度访谈，以 AI 工具使用频率、类型、感知有用性、感知易用性、使用缺陷等方面的客观数据呈现，来反映以河北大学为代表的河北省大学生对 AI 工具使用行为和态度的真实情况，以大学生人工智能使用需求为导向，提高 AI 工具使用能力，提升大学生的人工智能素养，进而为大学生更好地认识和使用 AI 工具提供数据参考与策略支持。

关于人工智能与大学生的相关研究主要集中于人工智能在高等教育中的应用与开发、人工智能在具体学科教育教学两个方面。李运福等对"人工智能+高等教育"进行了三位一体的系统性思考，提出要充分发挥人工智能优势，在人才培养、高质量就业、产业结构变革三个方面进行系统性升级。[1] 王健崭从智能化教学场景打造、个性化学习资源供给、智慧化学生测评体系建设三个维度探讨了人工智能对高校思政课教学的赋能，指出了其中可能存在的场景滥用、大学生数据隐私权被侵犯、数据依赖等问题，并提出了相应的对策。[2] 周叶重点关注了人工智能背景下思想政治教育方法创新的内涵、现实意义、现实境遇以及发展策略。[3] 徐中林等从宏观与微观两个方面探讨了人工智能发展对沧州市大学生就业的影响，并提出对理论学习型人才和实践型人才分别进行有针对性的指导。[4] 张淼提出了人工智能时代为大

---

[1] 李运福等：《对"人工智能+高等教育"三位一体的系统性思考》，《中国电化教育》2021 年第 9 期，第 88~96 页。
[2] 王健崭：《人工智能赋能高校思政课教学的生成、风险及对策》，《江苏高教》2023 年第 9 期，第 114~120 页。
[3] 周叶：《人工智能背景下思想政治教育方法创新研究》，硕士学位论文，西南大学，2022。
[4] 徐中林等：《人工智能发展对沧州市大学生就业影响及对策研究》，《沧州师范学院学报》2022 年第 3 期，第 119~123 页。

学生劳动教育的范式转换提供了可能，对大学生劳动教育的施教主体、接受途径、接受内容都提供了助力。[①] 李娅研究了人工智能支持下大学生英语学习适应性影响因素，提出应从个体、教师及资源三个层面对人工智能的辅助学习进行多方面的优化。[②]

整体上看，国内当前关于人工智能与大学生的相关研究比较丰富，但多聚焦于高等教育或学科教育，对大学生的AI工具使用行为和态度缺少整体性的分析与探究。对于河北省而言，对河北省大学生AI工具使用的研究数量较少，在当前人工智能技术飞速发展以及AI工具逐渐普及的情况下，探究河北省大学生对AI工具的使用行为和态度十分必要。

二 调查过程与方法

（一）调查对象

调查对象为河北大学本科在校大学生，学生年级分布在大一至大五（医学生），专业领域涵盖了河北大学三个校区的所有学科门类。与此同时，设计了相关的访谈提纲对其中30名本科在校大学生进行深度访谈。

（二）调查过程

本次调查分为三个阶段，问卷设计与访谈提纲于2023年11月1日定稿，问卷发放、回收、数据录入与深度访谈工作于2023年11月15日完成。之后为数据分析与报告撰写阶段。本调查采用问卷星设计线上调查问卷，在河北大学三个校区的所有本科在校大学生范围内进行发放，最终回收样本404份，经过问卷星算法筛选及人工筛选最终确定有效答卷为360份。深度访谈采取线下访谈形式，共访谈30人。

[①] 张淼：《人工智能时代大学生劳动教育的范式转换与实践理路》，《当代青年研究》2021年第6期，第108~114页。

[②] 李娅：《人工智能支持下大学生英语学习适应性影响因素研究》，硕士学位论文，贵州师范大学，2021。

（三）调查工具与内容

调查工具为自编《大学生 AI 工具使用行为和态度调查》问卷，问卷采用匿名自填式，由学生独立完成，信息严格保密。问卷内容包含个人基础信息、AI 工具使用行为、AI 工具使用态度。对 AI 工具使用行为的考察通过对 AI 工具的了解情况、使用类型、App 下载情况、使用设备、使用频率、学习使用的途径、需求满足、付费意愿 8 个方面实现。对 AI 工具使用态度从感知有用性、感知易用性、感知娱乐性、内容质量、使用缺陷、使用意愿 6 个方面进行测量。

部分指标得分计算方法如下：使用李克特 5 级量表（很不符合、不符合、一般、符合、很符合）对相应指标进行测量，5 种选项分别记 1 分、2 分、3 分、4 分、5 分，将计算指标全样本得分的平均数作为该指标的得分。

三　调查结果与分析

（一）样本构成

被调查的大学生共计 360 人，其中女生 224 人，占 62.22%；男生 136 人，占 37.78%。此外，使用 AI 工具的被调查者 287 人，占 79.72%。

被调查的大学生年级分布为：大一 48 人，占 13.33%；大二 130 人，占 36.11%；大三 84 人，占 23.33%；大四 73 人，占 20.28%；大五 25 人，占 6.94%。

被调查的大学生专业分布为：文史类 97 人、社会科学类 53 人、自然科学类 24 人、工程技术类 72 人、艺术类 31 人、医学类 41 人、其他（包括未填写）42 人。

参与深度访谈的大学生共 30 人，其中女生 16 人，男生 14 人；大一 5 人、大二 5 人、大三 10 人、大四 8 人、大五 2 人；社会科学类 6 人、自然科学类 7 人、工程技术类 6 人、文史类 6 人、医学类 3 人、艺术类 2 人。

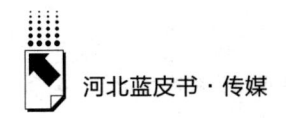

（二）大学生AI工具使用基本情况

1. AI工具种类与接入设备选择

如图1所示，AI对话聊天工具（如ChatGPT和文心一言等）使用率最高，表明大学生在日常生活中广泛使用这些工具进行交流和获取信息，也从侧面反映出这些工具在提供便捷和实用的对话体验方面的成功。AI语言翻译工具的使用率较高，显示出AI工具可以帮助学生跨越语言障碍，满足学生处理多语言任务的需求。AI写作工具和AI图像工具使用率分别排名第三和第四，表明学生在学术写作、创意设计和多媒体制作中借助AI工具获得了一定的便利。访谈显示，这些工具的受欢迎程度与学科专业和创造性需求有关。其他类别的AI工具，如AI编程工具和AI音频工具，使用率相对较低，分别为10.10%和10.80%。这可能与学生对这些工具的了解程度较低，或者它们在学习和日常生活中的应用相对有限有关。

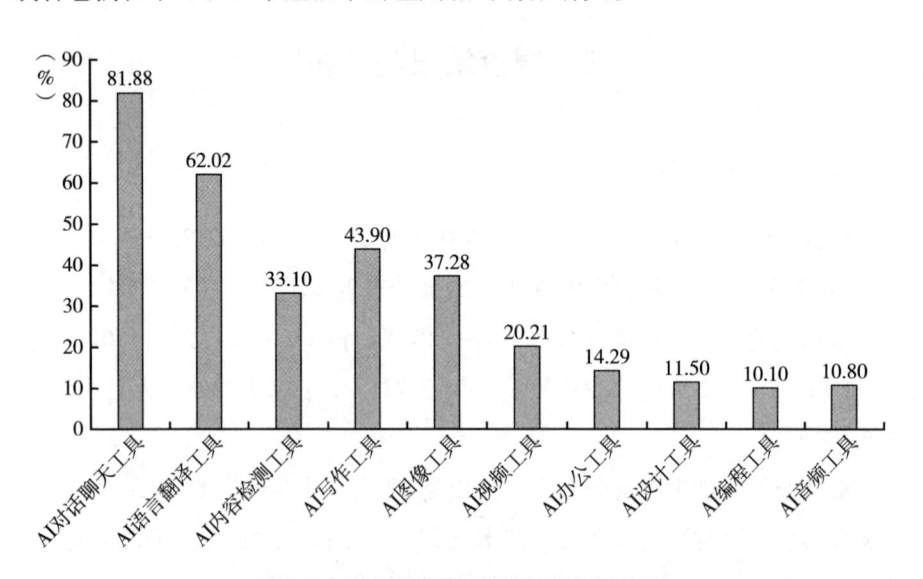

图1　大学生对各类AI工具的使用情况

AI工具类别	使用率（%）
AI对话聊天工具	81.88
AI语言翻译工具	62.02
AI内容检测工具	33.10
AI写作工具	43.90
AI图像工具	37.28
AI视频工具	20.21
AI办公工具	14.29
AI设计工具	11.50
AI编程工具	10.10
AI音频工具	10.80

如图2所示，大多数大学生更倾向于使用手机来接入AI工具。手机具有随时随地使用AI工具的便利性，非常符合学生快节奏生活方式的需求。高比

重地使用手机接入 AI 工具反映了移动技术在现代教育和生活中的重要性。相比之下，使用平板接入 AI 工具的比重较低，平板在娱乐和轻度办公方面具有吸引力，但似乎不是大学生接入 AI 工具的首选设备。此外，58.54% 的大学生选择使用电脑来接入 AI 工具。电脑在处理复杂任务，如编程、设计和学术研究时，提供了更大的屏幕空间和更强的计算能力。访谈结果表明，在计算机、数学、物理等学术和专业领域，电脑仍然是主要的 AI 工具接入设备。综合来看，这些数据凸显了大学生在设备选择方面的多样性，设备选择也取决于任务需求。

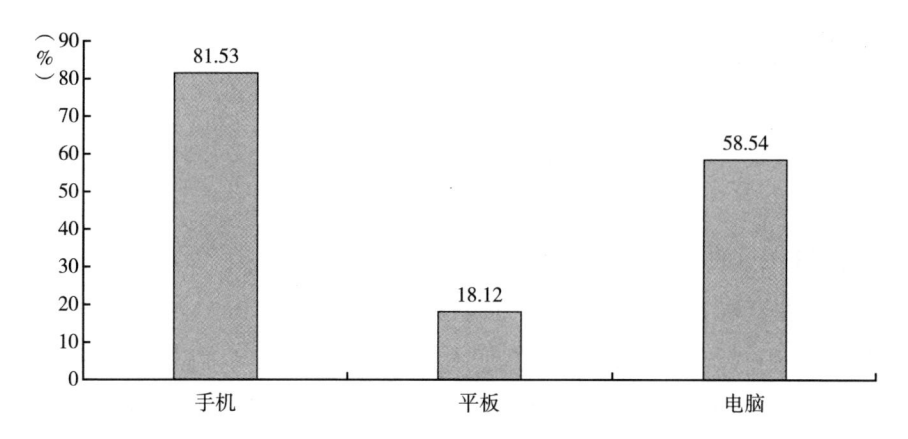

图 2 大学生接入 AI 工具的设备选择情况

2. AI 工具使用频率

如图 3 所示，大多数大学生（45.64%）以每月 2~3 次的频率偶尔使用 AI 工具；经常使用 AI 工具的大学生占 27.53%，这部分大学生对 AI 工具的使用已经形成了一定的习惯；每年仅 2~3 次使用 AI 工具的大学生占比为 16.72%，这部分大学生可能对 AI 工具的使用需求不强，或者未找到合适的 AI 工具。例如在访谈中，一位大三音乐学专业的女生提到："我们平常唱歌练习发声用不到 AI 工具。"还有 10.10% 的大学生几乎每天都使用 AI 工具，是深度用户，对 AI 工具的依赖程度较高。综合来看，大学生对 AI 工具的使用频率呈现较为分散的状态，AI 工具的使用在大学校园中仍有一定的推广空间。

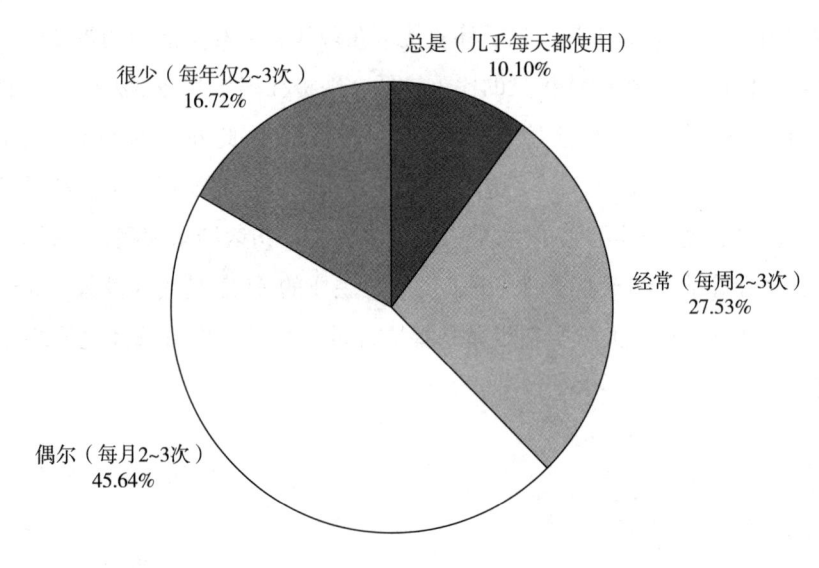

图3 大学生使用AI工具的频率

- 总是（几乎每天都使用）10.10%
- 经常（每周2~3次）27.53%
- 偶尔（每月2~3次）45.64%
- 很少（每年仅2~3次）16.72%

3. AI工具的了解渠道

大学生获取AI工具相关信息的主要渠道包括新闻报道、社交媒体、课堂教学、书和影音作品以及家人或朋友，为大学生提供了多样化的途径来了解AI技术。如图4所示，近八成的大学生通过社交媒体了解AI工具，越来越多的大学生通过朋友圈、微博等社交媒体了解AI工具的应用和相关资讯。62.78%的大学生通过新闻报道获取有关AI工具的信息，这表明新闻媒体在传播科技和创新方面的作用不可忽视。通过阅读新闻，大学生可以了解AI技术在各个领域的最新进展和应用案例，对AI工具产生兴趣并加以了解。46.67%的大学生通过课堂教学获取AI工具的相关知识，课堂教学为大学生提供了系统了解AI工具与AI知识的机会。例如，在访谈中，一位大四新闻学专业的女生提到："老师在课上也会鼓励我们多使用AI工具，让我们参考它生成的思路，并进行延展。"32.22%的大学生通过家人或朋友获取AI工具的相关信息，通过与家人或朋友的相互交流，了解AI工具的相关信息和使用经验。还有28.89%的大学生通过书和影音作品获取AI工具的相关信息，相较于社交媒体、新闻报道以及家人或朋友等渠道，书和影音作品在内容形式和更新速度方面具有一定局限性，影响力较小。总体来看，大学生获取 AI 工具相关信息的渠道多样，但不同的渠道在传播效果和影响力上存在一定的差异。

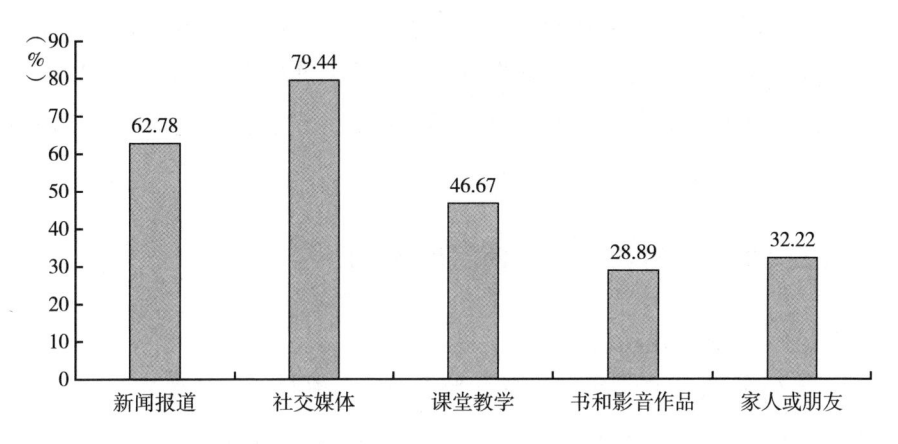

图 4　大学生了解 AI 工具的渠道

4. AI 工具的学习使用途径

如图 5 所示，60.98% 的大学生选择通过 AI 工具自身引导来学习，这意味着他们善于自主学习，通过探索和试验来掌握 AI 工具的使用方法。这种学习方式使他们能够根据个人节奏和兴趣深入了解不同的 AI 工具，培养了

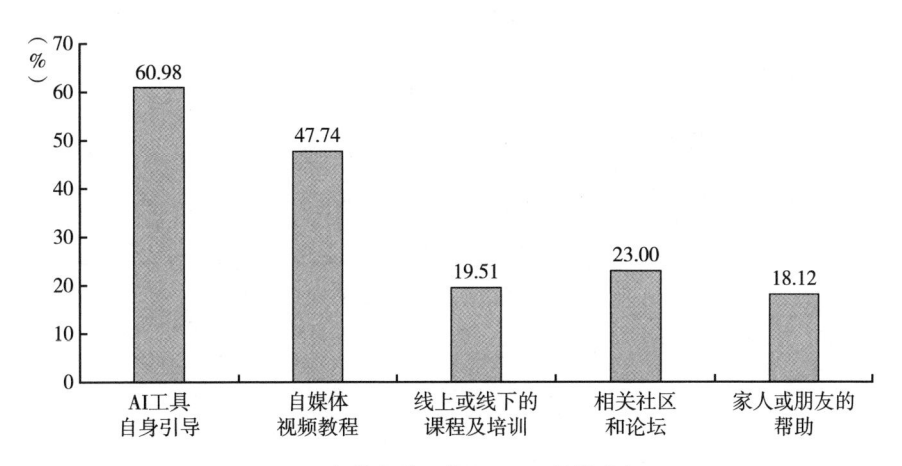

图 5　大学生学习使用 AI 工具的途径

自主学习的能力。此外，47.74%的大学生倾向于通过自媒体视频教程来学习。这些教程通常由 AI 领域的专家或爱好者制作，易于理解和跟随，为大学生提供了宝贵的学习资源。有少部分大学生选择通过线上或线下的课程及培训（19.51%）、相关社区和论坛（23.00%）、家人或朋友的帮助（18.12%）来学习。这些传统的学习方式提供了更系统和全面的学习体验，线上或线下的课程及培训尤其适合初学者或有一定基础想更加深入学习 AI 工具的使用方法的大学生。

（三）大学生对 AI 工具的使用态度分析

1. AI 工具的使用动机

人们使用 AI 工具是为了满足日常生活、学习和工作的需求，其中大学生使用 AI 工具的主要动机包括：协助完成学习和工作任务（79.79%）、高效检索信息（64.11%）、满足好奇心（60.98%）（见图6）。大学生广泛地认为使用 AI 工具能够帮助他们在学习或工作中提高效率，更快更好地完成任务，这体现了 AI 工具的实用价值。同时，AI 工具可以满足大学生对未知

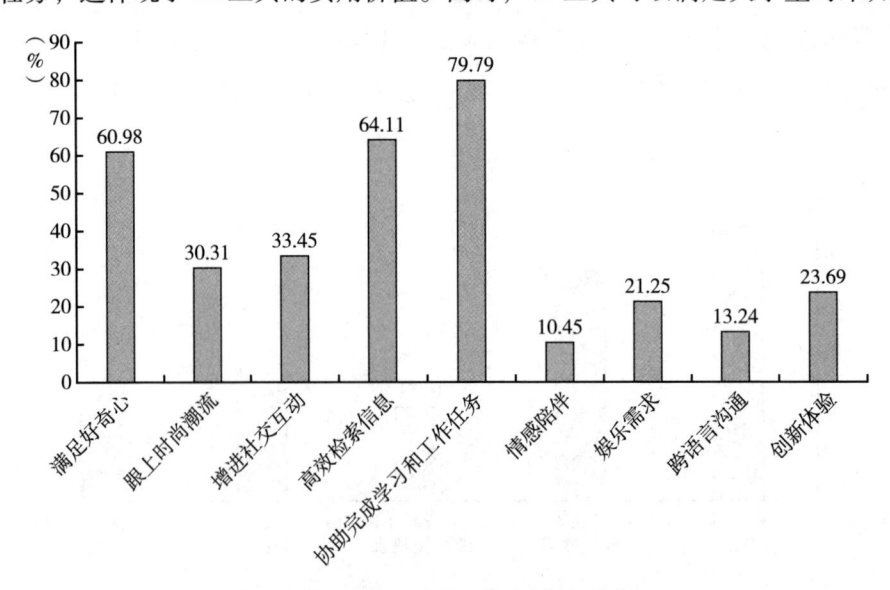

图6 大学生使用 AI 工具满足需求的情况

事物的好奇心，激发他们的探索欲望。此外，AI 工具还满足了大学生增进社交互动（33.45%）、跟上时尚潮流（30.31%）的需求，说明 AI 工具在大学生社交互动中是一个时兴话题，可以满足他们对于人工智能相关技术话题的讨论与交流需求。还有部分大学生认为 AI 工具的使用满足了他们创新体验（23.69%）、娱乐需求（21.25%）、跨语言沟通（13.24%）、情感陪伴（10.45%）的需求，丰富了他们的学习与生活。总体来看，AI 工具在大学生学习与工作需求方面扮演了重要角色，在情感陪伴与娱乐需求方面所占比重较小。

2. AI 工具的媒介认知

媒介认知指的是用户对媒介的"有用性""易用性""娱乐性"的认识，分为"感知有用性"、"感知易用性"和"感知娱乐性"三个维度。

从"感知有用性"维度来看，这一维度测量的平均分为 3.83 分，多数大学生认为 AI 工具是"有用的"，能够帮助他们获取有用信息、为他们提供解决问题的有效办法、为他们的学习提供帮助、提高他们的工作效率（见表1）。

表1 大学生对 AI 工具的"感知有用性"

选项	很不符合	不符合	一般	符合	很符合
AI 工具帮助我获取有用信息	2 人（0.70%）	2 人（0.70%）	45 人（15.68%）	156 人（54.36%）	82 人（28.57%）
AI 工具为我提供解决问题的有效办法	2 人（0.70%）	4 人（1.39%）	54 人（18.82%）	154 人（53.66%）	73 人（25.44%）
AI 工具对我的学习帮助很小	23 人（8.01%）	105 人（36.59%）	94 人（32.75%）	41 人（14.29%）	24 人（8.36%）
AI 工具提高我的工作效率	1 人（0.35%）	7 人（2.44%）	60 人（20.91%）	145 人（50.52%）	74 人（25.78%）

"感知易用性"维度测量的平均分为 3.42 分，大学生普遍认为 AI 工具的使用与操作过程较为简单，与 AI 工具交流较为便捷（见表2）。

表 2　大学生对 AI 工具的"感知易用性"

选项	很不符合	不符合	一般	符合	很符合
使用 AI 工具对我来说很简单	1 人 (0.35%)	12 人 (4.18%)	103 人 (35.89%)	119 人 (41.46%)	52 人 (18.12%)
每个人都能轻松使用 AI 工具	10 人 (0.70%)	51 人 (1.39%)	102 人 (18.82%)	91 人 (53.66%)	33 人 (25.44%)
AI 工具的使用过程复杂烦琐	10 人 (3.48%)	70 人 (17.77%)	131 人 (35.54%)	51 人 (31.71%)	25 人 (11.50%)
与 AI 工具交流十分便捷	0 人 (0.00%)	11 人 (3.83%)	110 人 (38.33%)	124 人 (43.21%)	42 人 (14.63%)

从"感知娱乐性"维度来看，该测量维度的平均分为 3.53 分，可见多数大学生认为 AI 工具具有一定的趣味性和娱乐价值，使用 AI 工具可以使他们感到愉悦，娱乐需求得到满足（见表 3）。

表 3　大学生对 AI 工具的"感知娱乐性"

选项	很不符合	不符合	一般	符合	很符合
使用 AI 工具使我感到愉悦	2 人 (0.70%)	8 人 (2.79%)	115 人 (40.07%)	112 人 (39.02%)	50 人 (17.42%)
AI 工具具有趣味性	3 人 (1.05%)	10 人 (3.48%)	119 人 (41.46%)	111 人 (38.68%)	44 人 (15.33%)
AI 工具没有娱乐价值	31 人 (10.80%)	96 人 (33.45%)	92 人 (32.06%)	49 人 (17.07%)	19 人 (6.62%)

由表 4 可知，感知有用性、感知易用性、感知娱乐性三个维度间均存在显著的正相关关系。感知有用性与感知易用性之间存在显著的正相关关系，相关系数为 0.366（** 表示在 0.01 水平上显著），说明大学生对 AI 工具使用的感知有用性越高就和感知易用性存在越高的关联性。感知有用性与感知娱乐性之间也存在显著的正相关关系，相关系数为 0.517（** 表示在 0.01 水平上显著），说明大学生对 AI 工具使用的感知有用性和感知娱乐性有较高的关联性。感知易用性与感知娱乐性的相关系数为 0.290（** 表示在

0.01 水平上显著),相较于前两个维度的相关关系,感知易用性与感知娱乐性的正相关系数绝对值较小,说明大学生对 AI 工具使用的感知易用性与感知娱乐性之间关联性较低。

表 4 感知有用性、感知易用性、感知娱乐性的相关关系

维度	感知有用性	感知易用性	感知娱乐性
感知有用性			
感知易用性	0.366**		
感知娱乐性	0.517**	0.290**	

注:** 表示在 0.01 水平上显著。

3. AI 工具的使用缺陷

AI 工具正处于不断发展更新的阶段,许多功能与设计都还不够完善。例如在访谈中,一位大四档案学专业的女生提到:"我只在去年 ChatGPT 比较火的时候用过,但后来就没用了。因为它回答得有问题,会犯一些低级错误,就比如它会说《故乡》的作者是老舍。"大学生对 AI 工具生成内容的质量整体满意程度不高,少数大学生认同 AI 工具生成的内容准确无误(3.00 分)、AI 工具生成的内容清晰易懂(3.37 分)、AI 工具的理解能力比较强(3.30 分)。同时,大多数大学生不认同 AI 工具的互动性差(2.88 分),但同意使用 AI 工具时总是遇到闪退、卡顿、无法加载等问题(3.08 分)(见图 7)。由此可见,多数大学生在认可 AI 工具互动性的同时,认为 AI 工具生成的内容质量参差不齐,在使用过程中常常会遇到一些 AI 工具自身设计上的问题。

如图 8 所示,AI 工具的使用目前还存在很多的问题。AI 工具有时回答不准确以及 AI 工具生产的内容过于模板化占比较高,分别为 80.49%、81.88%,表明 AI 工具生成内容的质量不高;对 AI 工具产生依赖,影响自己的创造力(55.05%)、AI 工具可能生成虚假信息(44.25%)、使用 AI 工具会造成学术不端(36.93%)排名紧随其后,表明大学生对使用 AI 工具影响自身创造性有一定担忧,并对其生成内容持怀疑态度。认为使用 AI 工具

会泄露个人隐私的占 25.78%，表明大学生对于 AI 工具是否会侵犯隐私并无太大担心，隐私保护意识较差。AI 工具使用门槛高的占比最低，为 17.07%，表明大学生认为 AI 工具的使用门槛较低，人人都可以使用 AI 工具。

项目	分值
使用AI工具时总是遇到闪退、卡顿、无法加载等问题	3.08
AI工具的互动性差	2.88
AI工具的理解能力比较强	3.30
AI工具生成的内容清晰易懂	3.37
AI工具生成的内容准确无误	3.00

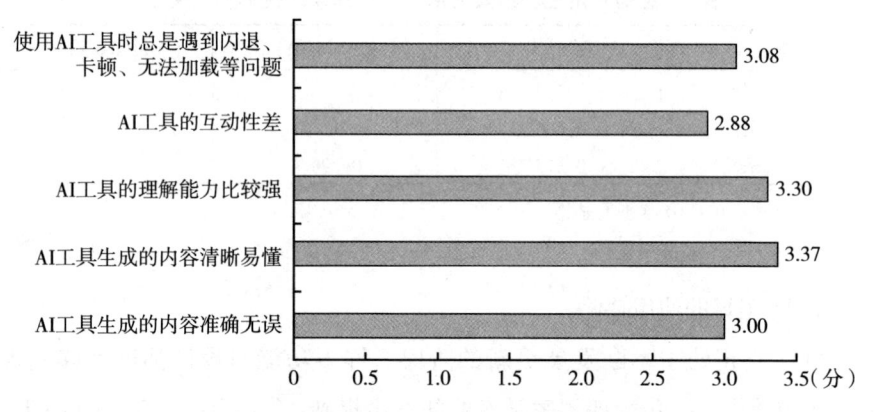

图 7　大学生对 AI 工具生成内容的质量判断

项目	占比（%）
AI工具有时回答不准确	80.49
AI工具生产的内容过于模板化	81.88
AI工具可能生成虚假信息	44.25
AI工具使用门槛高	17.07
使用AI工具会泄露个人隐私	25.78
使用AI工具会造成学术不端	36.93
对AI工具产生依赖，影响自己的创造力	55.05

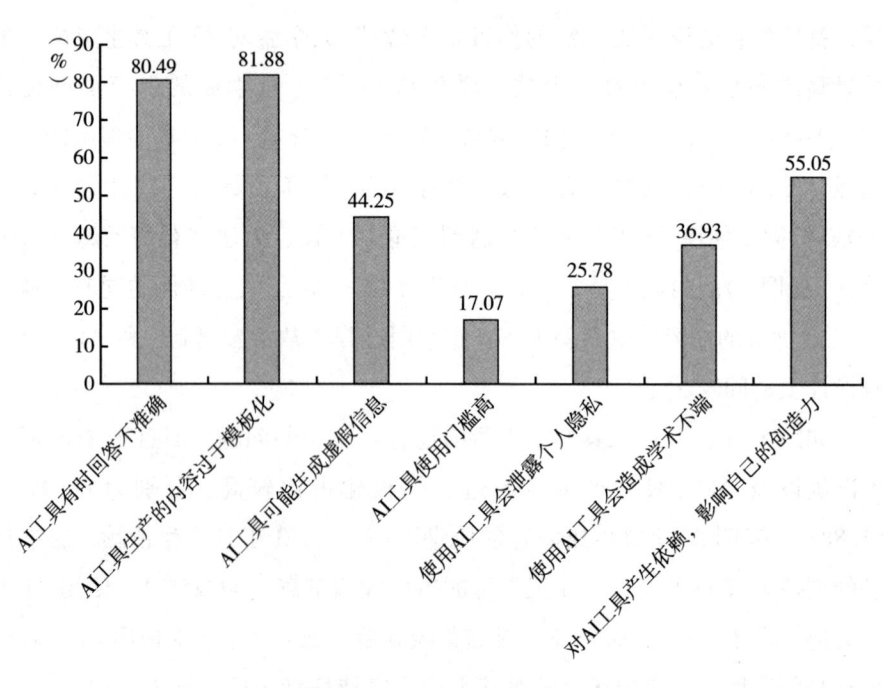

图 8　大学生认为 AI 工具的使用缺陷

(四)河北省大学生对使用 AI 工具的行为意向分析

大学生对 AI 工具的使用动机和媒介认知会对其使用态度有促进作用，同时 AI 工具的缺陷会对其使用态度有抑制作用，而使用态度会对使用行为产生影响。如图 9 所示，大多数大学生表明"我认为 AI 工具在我的专业领域中应用前景广阔"（3.81 分）、"我愿意使用 AI 工具"（3.76 分）、"我对 AI 工具整体上非常满意"（3.68 分）、"我愿意推荐家人或朋友使用 AI 工具"（3.64 分）。由此可以看出，大学生对于 AI 工具整体比较满意，并且愿意继续使用和推荐他人使用。

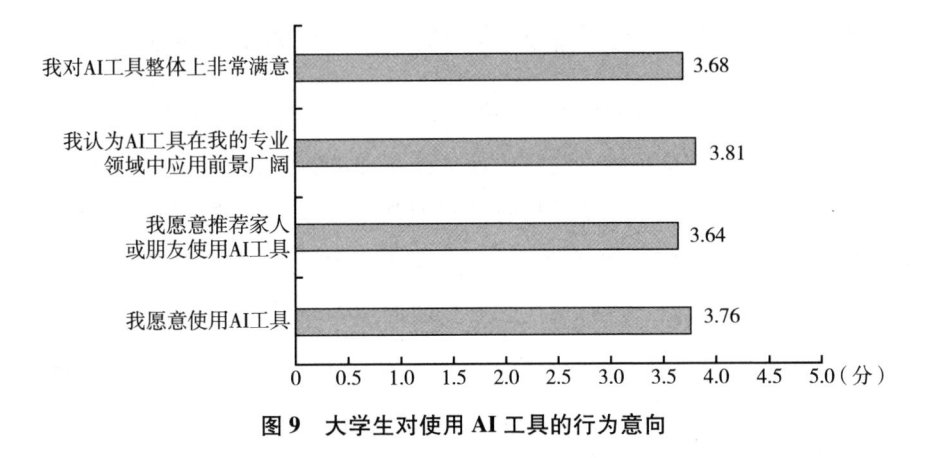

图 9 大学生对使用 AI 工具的行为意向

四 河北省大学生 AI 工具使用行为和态度的总结与建议

（一）AI 工具在大学生中使用普及率较高，AI 对话聊天工具使用最为广泛

科技的迅速发展，让人类进入了一个前所未有的人工智能时代。ChatGPT 自 2022 年底上线以来，以其卓越的语言理解、生成、知识推理能力迅速成为一款"现象级"人工智能应用产品，几乎引发全领域的热议、

探索和思考。① 通过此次调查发现，大学生对于时下热点 AI 的接受度较高。AI 工具作为新兴事物，在较短时间内就在大学生中获得了较为广泛的认知，渗透速率确实惊人。其中，社交媒体和新闻报道对 AI 工具在大学生中的推广起了主要作用，社交媒体的普及性、交互性特征，以及 ChatGPT 在爆火时各大新闻媒体的集中关注和报道推动了大学生对 AI 工具的了解和使用。此外，大学生最常用的是 AI 对话聊天工具，以 ChatGPT、文心一言等工具为主，这类对话聊天工具拥有综合类性能，功能比较强大，可被用于数据搜索、写作、计算和图形设计等各种方面，能够通过对话完成撰写脚本、文案、翻译等任务，更符合大学生的学习工作需求。

（二）大学生对 AI 工具的使用频率不一，或将持续提高

调查显示，相当一部分大学生频繁使用 AI 工具。在访谈中得知，一些大学生会使用 AI 工具完成一些阶段性的课程作业、汇报等任务，有些大学生也会在业余时间使用 AI 工具探索和学习新的知识、寻求娱乐。此外，高效的检索工具和数据分析也为大学生的学术研究提供了帮助，成为一些专业领域使用的重要工具。大学生对 AI 工具的使用频率并不是很集中，不同专业人群使用的频率也有所不同。ChatGPT 作为一种变革的力量介入，可能推动和催生新一轮教育理念与实践的深度革新。② 相信未来随着 AI 技术的普及和发展，越来越多的大学生会选择使用 AI 工具，AI 工具的使用频率或将持续提高。同时，调查结果显示，超六成大学生表示根据 AI 工具自身引导即可掌握 AI 工具。AI 工具使用的低门槛性、便捷性同样促使了更多的大学生广泛选择和利用这一工具。但 AI 技术属于一个相对较新的领域，发展速度也非常快，大学生只有不断更新和学习知识，才能跟上技术发展的趋势，因此也有相当一部分人通过自媒体视频教程等其他途径学习使用 AI 工具。

---

① 姜华、王春秀、杨暑东：《生成式 AI 在教育领域的应用潜能、风险挑战及应对策略》，《现代教育管理》2023 年第 7 期，第 66~74 页。
② 韩林玲：《社交媒体倦怠的影响因素及后果研究》，硕士学位论文，兰州财经大学，2022。

（三）满足工作和学习需求是大学生使用 AI 工具的主要动因，AI 工具在大学生的学习和生活中潜力巨大

用户是基于特定的需求来主动接触媒介的，从而使需求得到满足。通过数据分析可知，大学生使用 AI 工具的主要需求有协助完成学习和工作任务、高效检索信息。可见，大学生对 AI 工具的使用需求较多，通过使用 AI 工具，可以高效率地完成学习和工作任务、提高检索信息的效率、提供有效解决问题的办法。此外，大学生对 AI 工具抱有较大的好奇心和新鲜感，AI 工具本身就是一个新颖的事物，使用 AI 工具符合大学生对新技术的好奇心和探索欲。另外，通过调查得知，满足娱乐需求也在大学生中占一小部分。随着 AI 技术的发展，AI 对话聊天工具可以提供娱乐和消遣，例如可以与 AI 进行有趣的对话、玩游戏。一些自媒体也热衷于开发 AI 插件，吸引用户进行娱乐体验、满足用户的情感陪伴需求。AI 工具帮助大学生更轻松地应对学习和生活中的各种挑战，这不仅反映了其实用性，还预示着其在学习和生活领域的巨大潜力。

（四）AI 工具的使用门槛较低，大学生能够很快接受和适应

总体来看，超四成大学生认为使用 AI 工具很简单，与 AI 交流十分便捷。以 ChatGPT 为代表的生成式人工智能，是通过数据库的"喂养"、模拟训练来实现精准的搜索，以满足使用者需求。具体的实践方面，其同用户的交互方式恰恰是基于日常生活场景、面向特定问题、指引实践行动的提问与对话过程，因此它更适合被理解为一种知识新媒介，而非简单的信息新媒介。[1] 作为一种新型媒介，在使用规则和基本操作上，AI 工具和搜索引擎类 App 并无太大区别。大学生作为未来的新生代，广泛接触新鲜事物，移动设备的普及和社交媒体的应用为大学生更快地使用和适应 AI 工具提供了可能。

---

[1] 周葆华：《或然率资料库：作为知识新媒介的生成智能 ChatGPT》，《现代出版》2023 年第 2 期，第 21~32 页。

对于大学生来说，不论是依靠 AI 工具自身引导还是依靠自媒体视频教程，都能够很快地理解 AI 工具的运行方式，并发出指令和提出问题，进行便捷化的操作，因此 AI 工具使用难度不高。访谈中发现，大学生并不认为每个人都能轻松使用 AI 工具，AI 工具在使用操作方面还有一定的改进空间。

（五）以 ChatGPT 为代表的 AI 工具能够有效帮助学生解决问题，大学生对其满意度较高

AI 工具在提供写作思路、提高效率方面效果显著。不论是日常学习还是工作，它都极大地解放了人力，在处理复杂任务方面有着超越人类的能力。例如，在学术研究中，AI 工具可以自动生成摘要、总结文章、整理数据等，使个体能够专注于更具创造性和价值的工作，提高了知识生产效率。① 从整体上看，大部分大学生是在 ChatGPT-4 推出以后才开始了解并接触到 AI 工具，该群体对 AI 工具的使用以学习辅助为主，包括自动生成 PPT、编写程序和解答问题、完成部分课时作业。例如，访谈中一位大四建筑学专业的男生把 ChatGPT 当作一个写代码和模拟建筑绘图的帮手。一位大三劳动与社会保障专业的男生表示："ChatGPT 在信息搜索上的能力还是很强的。我主要是给关键词让它提供思路，生成方案大纲，然后借鉴它的创新点。用 AI 做思维导图也非常让人满意。"作为一个大型语言模型，用户问题问得越具体，AI 工具提供内容的准确性也就越高，这种高效地互动赋予了新型沟通更多可能。问卷显示，超四成大学生愿意为 AI 工具付费，大学生对使用 AI 工具的态度普遍乐观。

（六）AI 工具某些功能有待完善，大学生人工智能素养问题需认真对待

在教育学习领域，由于 AI 工具仍然处于初步发展阶段，AI 工具存在一

---

① 喻国明、苏芳、蒋宇楼：《解析生成式 AI 下的"涌现"现象——"新常人"传播格局下的知识生产逻辑》，《新闻界》2023 年第 10 期，第 4~11+63 页。

定的局限性，主要可以从两个维度展开。一是 AI 工具在生成内容的准确性和使用的流畅度上仍有不足，二是大学生广泛使用 AI 工具产生的负面影响，包括学术不端、加剧思维惰性、侵犯隐私和版权。大语言模型学习的是概率统计关系，统计语言模型生成的是或然率[1]，因此常常会出现答非所问和模板化的情况。总体来说，大学生对 AI 侵犯隐私的防范意识较弱。大学生虽然意识到会有此类风险，但在使用 AI 工具时普遍不会考虑太多。"因为身边的人都在用，也没有出现什么问题，自己也就不在乎了"，访谈中一位大一英语口译专业的女生这样说。一位大二汉语言文学专业的女生提到："我关注的一些游戏和绘画圈子很反对把真人的画'喂'给 AI，并且使用 AI 提供的内容可能涉嫌抄袭他人的成果。"当下，人工智能已成为科技和学术研究方向的重点关注领域，由其引发的数字革命将影响社会生活的方方面面。联合国教科文组织 2021 年出版的《人工智能与教育：政策制定者指南》指出，"未来的学习和培训系统必须让所有人具备核心人工智能素养"[2]。大学生养成正确使用 AI 工具的认识和习惯，关系到自身创造能力的培养、提升，也涉及更高层面的隐私安全和版权问题。因此，大学生使用 AI 工具的素养问题值得重视和深入研究。

参考文献

张池：《大学生对于生成式人工智能工具的使用意愿研究——基于技术接受模型》，《科技传播》2023 年第 23 期。

---

[1] 周葆华：《或然率资料库：作为知识新媒介的生成智能 ChatGPT》，《现代出版》2023 年第 2 期，第 21~32 页。
[2] 《联合国教科文组织制定人工智能与教育决策指南》，联合国教科文组织教师教育中心网站，2021 年 4 月 9 日，https://untec.shnu.edu.cn/47/55/c26039a739157/page.htm。

B.20
智慧养老视角下互联网应用适老化改造调研*

陈丽芳 周田瑞 张钰灵**

摘　要： 随着我国老龄人口总数不断增加，老龄网民的数量也在逐步增加。国家把云计算、物联网、大数据、移动互联网等技术创新作为积极应对老龄化的第一动力和战略支撑，面向老龄服务的智慧养老应运而生，智慧养老视角下互联网应用适老化设计和改造正成为多个学科关注的热点话题。本报告通过对当下应用市场上已有的适老化App进行宏观把握和典型案例分析，对河北省老年人使用各类互联网应用的情况进行调查，研究互联网应用适老化改造的进程、现状、现存问题与不足，科学、全面地展望未来适老化App的发展前景，助力营造全社会共同推进互联网应用适老化的良好环境。

关键词： 积极老龄化　智慧养老　数字技术　适老化改造

一　研究缘起

（一）研究背景

根据国家统计局《中华人民共和国2022年国民经济和社会发展统计公

---

* 本报告为2023年省级创新创业课程建设项目"专创融合课程：新闻采访与写作（1）"阶段性研究成果；2022年河北省廊坊市科技局科技计划项目"数字鸿沟视域下廊坊市农村老年人数字增能研究"成果。
** 陈丽芳，华北科技学院新闻系主任、教授，河北大学新闻传播学院博士研究生，主要研究方向为网络舆情、传播社会学、新闻传播实务；周田瑞、张钰灵，华北科技学院新闻学专业学生。华北科技学院新闻学专业学生李懿洋、杨瀚淳、王乙对本研究亦有贡献。

报》，我国60岁及以上老年人口为2.80亿人，占全国总人口的19.8%，其中65岁及以上老年人口突破2.10亿人，占全国总人口的14.9%，中国社会已迈入中度老龄化阶段。我国的人口年龄结构正面临前所未有的新挑战，呈现人口又多又老的发展态势，老龄社会新形态的格局已经形成且不可逆转，且"老"这一结构引发的深层次问题更加值得关注。

随着数字媒介的不断推广与普及，老年人口对移动互联网的接触和使用不断增多。据CNNIC数据，截至2023年6月，我国网民规模达10.79亿人，互联网普及率达76.4%，网民中使用手机上网的比重高达99.8%。其中，60岁及以上老年网民为1.4亿人，占13%，一直被视为互联网"数字难民"的老年群体同样渴望融入互联网生活。随着老年人触网速度的加快，互联网进一步向老年群体渗透。

社会数字化遭遇人口老龄化将产生哪些影响和问题？"老人独自冒雨交医保被拒收现金""94岁老人被抱起做人脸识别""老人乘公交没有手机无法扫健康码，被司机拒载"……最突出的是老年人在使用互联网产品过程中不断面临"不能用""不想用""不敢用""不会用"的问题。很多老年人虽然正在互联网上进行学习、生活、社交等方面的积极尝试，但是在网络谣言、不明链接诈骗、变相强迫消费、网络传销骗局这些方面遭遇的风险却比年轻人高很多。

党的二十大报告明确提出实施积极应对人口老龄化国家战略，对整个社会而言，"积极老龄化"不仅是一个老年人比重相较于年轻人比重逐渐提高的过程，也是一个老年群体生存发展权益逐步得到保障的过程。2019年，中共中央、国务院印发了《国家积极应对人口老龄化中长期规划》，把技术创新作为积极应对人口老龄化的第一动力和战略支撑。政府、涉老企业和家庭在应对快速老龄化时自然而然地转向了寻求现代信息技术的帮助。因此，由云计算、物联网、大数据、移动互联网等技术支撑，面向老龄服务业务的智慧养老应运而生，智慧养老视角下信息技术和产品的适老化设计与改造正成为多个学科关注的热点话题。2020年，《国务院办公厅印发关于切实解决老年人运用智能技术困难实施方案的通知》明确提出推进移动互联网应用

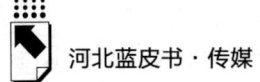

（App）适老化改造。随后，工信部印发《互联网应用适老化及无障碍改造专项行动方案》，提出优先推动115家网站、43个App进行适老化改造。2021年以来，我国移动互联网及智能手机适老化改造的成效显著，在工信部指导下，截至2023年7月，共组织1735家网站和App完成适老化及无障碍改造。

家住张家口市张北县的独居老人王某在某日遛弯时不小心摔了一跤，倒在地上不能动弹，她赶忙按下智能手环的紧急呼叫按钮，平台接收到信号后，工作人员马上与老人进行了电话沟通，并拨打120急救电话，及时将老人送到医院进行救治。河北省邯郸市丛台区的王大妈在"邯郸养老服务"小程序上点击"一键服务"，很快下单了家庭保洁服务，家政人员准时来到王大妈家中，帮老人洗衣服、打扫卫生，屋子很快变得整洁、透亮……"老有所养、老有所依、老有所乐"，在2023年河北省两会上，"养老"成为热议的话题之一。河北省政府工作报告中指出，实施养老服务提质增效工程。加快新技术在居家养老领域的应用，发挥智慧服务作用，推进全省智慧养老公共服务平台建设，充分利用信息手段和"互联网+"技术，打造智慧养老新模式。

以智能媒体为代表的数字技术创新对老年人发挥显著的"赋权增能"功能，能够保障老年人的生存权、健康权和发展权等基本权益，为老年人实现自我价值提供支持，对于提高老年人的技术效能感和生命质量具有积极作用。

（二）研究意义

老年人在数字化时代的生存问题一直都是国内外学者研究的重点，目前对于老年群体的研究，大多集中在考察老年人数字鸿沟、老年人媒介素养、老年人媒介使用等方面，对于互联网应用的适老化改造，乃至数字技术适老化改造的研究还远远不够。本研究试图通过对部分互联网应用适老化改造的评测以及老年人对于互联网应用适老化改造的具体需求，洞察互联网应用如何进行适老化改造，以及当下进行的适老化改造是否满足了老年人的使用需求。这为河北省老年群体相关研究提供了更多的理论基础，同时为河北省老年群体更好地融入数字生活提供了理论支持。

河北省老龄化程度高于全国平均水平。《河北省2022年国民经济和社会发展统计公报》数据显示，截至2022年底，河北省60周岁及以上老年人口1559万人，占常住总人口的比重为21.01%，已进入中度老龄化社会。本研究能够帮助老年人解决数字技术带来的诸多问题，通过互联网适老化改造满足老年人的需求，促进其社会参与，提高其生活质量和幸福感，是积极应对老龄化的题中之义，能为河北省政府部门解决老年人数字鸿沟问题提供新的思路，促进互联网应用适老化的发展和创新，促进河北省数字技术适老化服务质量的提升，为老年群体智慧养老服务提供选择和决策依据，还能为国家正在实施的积极老龄化、无障碍环境建设等政策的落地提供扶持助力、投入资源总量的实践依据。

（三）研究方法

质化和量化相结合，以新闻传播学为核心，整合人口学、老年学、社会学、心理学的相关理论与研究方法。运用知识图谱、共词分析等文献计量学方法进行文献研究，对老年人数字鸿沟、互联网应用适老化改造、老年媒介素养等相关文献进行查阅与梳理，为本研究的框架建构、实证研究和思考讨论奠定理论基础；运用问卷调查等定量研究方法展现老年人对于互联网应用实际需求的整体状况；运用深度访谈等质性研究方法了解国家相关政策方案实施后的效果及存在的问题，了解老年人数字技术实践现状与特征。

二 研究设计

（一）互联网应用适老化情况的评测

为验证互联网应用适老化改造效果，课题组成员对工信部《互联网应用适老化及无障碍改造专项行动方案》中首批通过适老化及无障碍水平评测的App进行了为期1天的实际使用体验，包括界面模式是否简单、操作

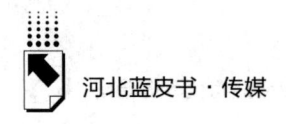

是否方便、多种无障碍功能是否能满足老年人基本使用需求。在体验的同时，根据"首批适老化及无障碍改造App名单"中的六大类，选出具有代表性的App进行详细评测，并撰写评测报告。

（二）互联网应用适老化情况的调查

1. 研究对象

研究对象主要为居住在河北省域内的老年人。不同国家存在文化背景的差异，因此，国际组织和各国对于老年人的年龄界定有所不同。世界卫生组织在衡量人口老龄化和老年人健康状况时通常使用60岁及以上的标准；联合国人口司在2009年《世界人口前景》报告中，按照少儿人口、老年人口与劳动年龄的划分，老年人口是指65岁及以上的人群；美国、英国、日本等一些国家基于社会保障和医疗保险等方面的政策制定，对于老年人的年龄划分通常是指65岁及以上；在我国，根据《中华人民共和国老年人权益保障法》规定，60岁及以上的人群享受老年人的特殊权益和福利待遇。

学界对于老年人的定义也没有统一的定论。全国人口普查、中国综合社会调查（CGSS）、CNNIC《中国互联网络发展状况统计报告》中把60岁及以上作为调查对象的一个年龄梯队；既有研究中，有学者认为年龄在65岁及以上的为老年人，也有学者将60岁及以上的称为老年人，还有学者将我国的法定退休年龄（男性60岁、女性55岁）作为划分老年人的标准。

综合以上分析，考虑到居住在农村的老年人实际上没有退休这一说法，很多六七十岁的老人还在下田劳作，且以60岁为老年人的年龄划分较为普遍。因此，本研究的研究对象是居住在河北省域内、年龄为60岁及以上的、具有一定听读能力的老年人。

2. 问卷设计

调查问卷分为三大部分：第一部分是老年人的基本情况，包括性别、年龄、文化程度、居住地及居住方式等；第二部分是对老年人智能手机使用基本情况进行的调查，包括是否使用智能手机、是否能够熟练使用各种手机App等；第三部分是关于老年人对互联网应用（手机App）适老化改造的相关情况调查，如是否使用过适老化改造后的手机 App、希望手机 App 进行哪些方面的适老化调整、使用适老化改造后的手机 App 的过程中遇到过哪些不便等。为了避免问卷调查的误差和偏差，本研究首先进行了小范围（30人）的预调查，结果显示问卷具有良好的信度、效度水平，能够保证调查的准确性和信息完整性。

3. 样本情况

本研究通过线上问卷与线下问卷相结合的方式进行，线上问卷依托网络平台"问卷星"进行问卷的发放与回收，先后于 2022 年 7 月 20 日至 8 月 1 日、2023 年 7 月 30 日至 8 月 15 日发放问卷共 319 份。为保证样本数据的科学性，剔除了存在前后矛盾的问卷、连续 10 题选同一答案的问卷，共有 57 份归为无效问卷，实际有效问卷 262 份。

三 研究结果与分析：适老化 App 评测

（一）49 个适老化 App 的评测指标与结果

1. 评测指标

在评测之前，课题组成员均体验了两个及以上的适老化 App，经过研讨以及相关文献的查阅，制定了 10 条指标作为评测标准（见表 1）。

表 1 适老化 App 评测指标

序号	指标
1	是否有单独的适老版 App
2	单独的适老版 App 的内存是否比原 App 小
2	切换适老版界面是否方便
3	适老版界面、单独的适老版 App 界面是否简洁（是否屏蔽广告内容及各种插件、弹窗）
4	是否对字体大小和行间距进行调整
5	是否有针对老年人的引导式服务（如单独的语音助手、电话客服、文字播报）
6	有无特殊/正对老年人的新增功能/板块（如防诈小课堂）

续表

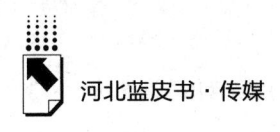

序号	指标
7	是否设置额外下载、付款等诱导式按键
8	基本功能是否被阉割/简化
9	阉割/简化后是否影响基本/主要功能使用
10	是否过度获取个人信息

2. 评测结果分析

本次评测的手机App有51个，有效评测手机App 49个。关于适老化改造，首先关注是否方便开启的问题。数据显示，首批通过适老化及无障碍水平评测的App中，仅有8%（4个）的手机App"有单独的适老版App"。

在"有单独的适老版App"的手机App中，其内存均比原App小。适老版App比原App的所占内存小可以降低老年人在下载、使用手机App时对其手机内存配置的要求，做到一定程度上的"硬件适老化"。所以，适老版App减少了一些不常用功能，使界面更加的简单整洁。

在92%（45个）"无单独的适老版App"的手机App中，80%（36个）"切换适老版界面方便"，在一级到二级界面之间即可切换适老版界面。其他App适老版界面多存在"位于三级界面不方便寻找""对适老版界面称呼的名称不统一""所属功能键不统一"等问题。

除关注手机App的适老版/适老界面的切换是否方便外，还对适老化改造后的App在界面设计和辅助功能的适老化成果非常重视。有效评测的49个手机App中均做到了"适老版界面、单独的适老版App界面简洁（屏蔽广告内容及各种插件、弹窗）"和"对字体大小和行间距进行调整"。

数据显示，61%（30个）的手机App在适老化改造后"有针对老年人的引导式服务（如单独的语音助手、电话客服、文字播报）"，特别是"美团"App表现突出，美团外卖设有"语音点外卖"、美团打车设有"一键叫车"、美团优选设有"孝心单"专区和"线下门票预约"。39%（19个）的手机App在适老化改造后没有设置上述服务。

在评测的过程中，37%（18个）的手机App在适老化改造后"有特殊/正对老年人的新增功能/板块（如防诈小课堂）"，其中"淘宝"App针对老年人新增了"按住说话搜一搜"功能，设置"守护健康""户外锻炼"等老年人专用分区，在搜索栏左侧列出老年人偏好的商品分类；"抖音"App设置了"休息提醒""时间管理"等功能，增设了"老年关爱倡导"、"老年网络素养教育"和"老年防骗教育"三大主题的短视频，对老年用户进行宣传引导和关爱；"铁路12306"App添加了重点旅客信息登记，可以通过登记选择服务需求，为老年用户另设"购票教程"、"常见问题"及"解决方案"、"防疫出行"和"遗失物品"的功能。以上三个典型App的适老化改造都在其App原有的功能和使用场景下，为老年等重点关怀群体提供实际性帮助，实现了较为成功的手机App适老化改造。

对于基本功能的简化问题，一直都是手机App适老化改造的重点之一。课题组在积极关注此问题的同时，在评测指标中添加了"基本功能是否被阉割/简化"和"阉割/简化后是否影响基本/主要功能使用"两条指标，对此问题进行进一步的研究。

评测结果显示，73%（36个）的手机App在适老化改造后存在"基本功能被阉割/简化"的问题，其中50%（18个）的手机App存在"阉割/简化后影响基本/主要功能使用"，较为典型的是"QQ音乐""全民K歌""唱吧"等，其均存在"曲库少""由于歌曲的版权问题而引导消费"的情况。"链家""贝壳找房"等涉及住房类的手机App存在"只能打电话看房，不能自主选择"的情况，可能是基于保护老年群体财产安全，避免老年群体上当受骗的考量。

较为典型的"阉割/简化后未影响基本/主要功能使用"的是"好大夫在线""微医"等寻医问诊类的手机App，均存在"可选择性小""减少了科普类的功能"的情况，但不影响基本功能的使用。

在手机高速普及的时代，不法分子以手机App为媒介，利用技术手段

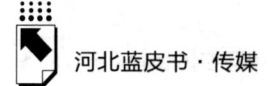

对老年群体的个人信息进行窃取，以此增强老年人被诈骗的可能性，造成老年群体财产损失，甚至精神损失。因此，将"是否设置额外下载、付款等诱导式按键""是否过度获取个人信息"作为重点的评测指标，关注适老化改造后的手机App对保护老年群体的使用安全所做出的的努力。

评测结果显示，100%（49个）的手机App"没有设置额外下载、付款等诱导式按键"，但存在"在付费界面推荐等相关的产品""涉及付费内容时会出现支付引导""支付界面的字体大小未调整""自动续费的按钮默认被勾选/设置的不明显"的情况。

14%（7个）的手机App"过度获取个人信息"，其中"上海静安""上海黄浦"等App存在"未通过弹窗方式提醒用户阅读隐私政策"的情况，"平安口袋银行"App存在"跟踪与其他公司的App和网站上的活动"以及"未通过弹窗方式提醒用户阅读隐私政策"的情况。

（二）六大类典型适老化App的评测分析

根据《互联网应用适老化及无障碍改造专项行动方案》中的附件2"首批适老化及无障碍改造App名单"中手机App分的六大类，选出具有代表性的App做出详尽的评测报告，在后续的访谈中引导受访老年人体验该App的适老化改造。

表2 首批适老化及无障碍改造App名单

类　型	App名称
新闻资讯	腾讯新闻、新浪微博、今日头条
社交通信	（1）社交类：微信、QQ
	（2）电信类：电信、移动、联通网上营业厅
生活购物	（1）购物类：淘宝、京东、拼多多、闲鱼
	（2）美食外卖类：饿了么、美团
	（3）住房类：链家、贝壳找房
	（4）娱乐类：抖音、火山小视频、喜马拉雅听书、爱奇艺、优酷、全民K歌、唱吧
	（5）工具类：百度、搜狗

续表

类　型	App 名称
金融服务	(1) 支付类：支付宝、微信支付
	(2) 银行类：中国工商银行、中国农业银行、中国建设银行、中国银行、中国交通银行
旅游出行	(1) 地图类：百度地图、高德地图、腾讯地图
	(2) 网约车类：滴滴出行
	(3) 票务类：铁路 12306、携程旅行
医疗健康	(1) 寻医问诊类：114 健康、好大夫在线、微医
	(2) 医药类：京东到家、叮当快药

1. 新闻资讯类：评测对比腾讯新闻和腾讯新闻关怀版 App

对比"腾讯新闻"和"腾讯新闻关怀版"两款 App 的使用情况（见表3），腾讯新闻关怀版 App 比腾讯新闻 App 的内存小，降低老年人在下载、使用手机 App 时对其手机内存配置的要求，减少不常用功能，做到一定程度上的"硬件适老化"。

在外观方面，腾讯新闻关怀版 App 比腾讯新闻 App 字体大，近几年大部分手机都自带护眼模式，更适合老年群体的使用。在使用情况方面，腾讯新闻关怀版 App 比腾讯新闻 App 少了"关注"功能和"发布"功能，也减少了除"新闻"功能以外的海量信息呈现，如"广告""推广""福利中心""平台互通服务""推荐"功能，方便老年用户使用。

表3　腾讯新闻关怀版 App 的评测情况

评测指标	腾讯新闻关怀版 App
App 类别	新闻资讯
是否有单独的适老版 App	是
单独的适老版 App 的内存是否比原 App 小	是
切换适老版界面是否方便	—
适老版界面、单独的适老版 App 界面是否简洁（是否屏蔽广告内容及各种插件、弹窗）	是
是否对字体大小和行间距进行调整	是

续表

评测指标	腾讯新闻关怀版App
是否有针对老年人的引导式服务（如单独的语音助手、电话客服、文字播报）	否
有无特殊/正对老年人的新增功能/板块（如防诈小课堂）	否
是否设置额外下载、付款等诱导式按键	否
基本功能是否被阉割/简化	是
阉割/简化后是否影响基本/主要功能使用	否
是否过度获取个人信息	否

访谈时，请老年人分别试用了腾讯新闻App和腾讯新闻关怀版App。

P1："（关怀版）可以看清楚字，不过我年纪大了，更愿意听新闻，（了解新闻的方式）还是更愿意看电视，（希望）可以增加文字播报。"

P2：喜欢通过阅读获取新闻信息，"关怀版"（外观设计和功能设置）可以帮助我看更多的新闻，但是时间长了眼睛受不了，我还是喜欢看报纸，如果一定要使用手机软件看新闻，我肯定愿意用大屏幕的手机，希望在护眼方面的设计越做越好。

2. 社交通信类：评测微信App"关怀模式"

本次对比评测的手机软件为微信App（见表4），微信App是日常生活中非常常见的一款软件，对于这种日常生活中使用较频繁的App，就要更加重视老年群体的使用体验。

调研过程中发现，微信App在设置界面显示有关怀模式，使用过程中只需下载微信App，并且在设置里面找到"关怀模式"即可一键操作进行模式之间的切换，切换起来非常方便。"关怀模式"里面新增的辅助功能有"听文字消息"，老年用户在不方便阅读文字的情况下，可以直接点击输入的文字，等待语音助手将点击的内容逐字朗读出来。

微信App的"关怀模式"除了"听文字消息"功能外，没有其他新增功能。在评测过程中，课题组成员发现了其中潜在的使用隐患。

近几年,诈骗犯罪频发,受害者大多是上了年纪的老人,作为使用互联网的新群体,其在辨别能力方面可能较差,让一些不法分子有机可乘实施诈骗,例如电信诈骗中不法分子可能会诱导受害者进行微信转账。微信 App 虽然推出了"关怀模式",但是并没有在维护老年群体利益方面有所改进。

虽然微信作为社交通信软件几乎是老年人入门手机软件的必需品,但是访谈中的老年人大多没有特意设置或使用"关怀模式",只有一位老人会自主设置"关怀模式"。由于两种模式之间的差距不大,大部分老年人依然会选择使用正常版本,并且有一部分受访老年人表示根本不了解或者没兴趣了解该软件的"关怀模式"。

表4 微信 App "关怀模式"的评测情况

评测指标	微信 App "关怀模式"
App 类别	社交通信(1)社交类
是否有单独的适老版 App	否
单独的适老版 App 的内存是否比原 App 小	—
切换适老界面是否方便	是
适老版界面、单独的适老版 App 界面是否简洁(是否屏蔽广告内容及各种插件、弹窗)	是
是否对字体大小和行间距进行调整	是
是否有针对老年人的引导式服务(如单独的语音助手、电话客服、文字播报)	文字播报
有无特殊/正对老年人的新增功能/板块(如防诈小课堂)	否
是否设置额外下载、付款等诱导式按键	否
基本功能是否被阉割/简化	否
阉割/简化后是否影响基本/主要功能使用	否
是否过度获取个人信息	否

3. 生活购物类:评测美团和抖音两款 App 的适老化改造

(1) 评测美团 App "长辈版模式"

美团没有设置单独的适老版 App,而是在 App 中设置了"长辈版模式",但对于老年人来说,切换模式的位置仍然不够明显,需要年轻人帮助才能开启。

美团App"长辈版模式"的界面设计较为简洁，无广告弹窗等内容，字体与行间距明显变大。"长辈版模式"没有针对老年人的引导式服务，没有新增针对老年人的功能，在使用中，也没有过度获取个人信息。虽然没有设置额外下载、付款等诱导式按键，但删减了大量原有App的功能，只保留了基本的外卖功能，不支持"酒店预订""打车""骑车""美团优选""猫眼电影"等其他功能。某些优惠活动在"长辈版模式"的点餐页不展示，虽然在最后结算时会计算优惠价格，但部分老年人可能会因为价格因素放弃购买。相较于点外卖，老年人更喜欢自己买菜做饭，使用美团App的目的主要是通过美团优选购买便宜、新鲜的蔬果产品，而"长辈版模式"将这一功能取消了，对于有这方面需求的老年人来说没有实质性的意义。具体测评情况如表5所示。

表5　美团App"长辈版模式"的评测情况

评测指标	美团App"长辈版模式"
App类别	生活购物(1)购物类
是否有单独的适老版App	否
单独的适老版App的内存是否比原App小	—
切换适老版界面是否方便	是
适老版界面、单独的适老版App界面是否简洁(是否屏蔽广告内容及各种插件、弹窗)	是
是否对字体大小和行间距进行调整	是
是否有针对老年人的引导式服务(如单独的语音助手、电话客服、文字播报)	否
有无特殊/正对老年人的新增功能/板块(如防诈小课堂)	否
是否设置额外下载、付款等诱导式按键	否
基本功能是否被阉割/简化	优惠活动在点餐页不展示
阉割/简化后是否影响基本/主要功能使用	是
是否过度获取个人信息	否

(2) 评测抖音App"长辈模式"

抖音没有单独的适老版App，仅设有"长辈模式"，从观感上只是字体明显变大、行间距更加合适、图标设计更简明了,更适合老年群体阅读。用户可以通过抖音搜索"大字简明模式""长辈模式""大字版"等关键词一键开启(见表6)。

抖音App"长辈模式"没有针对老年人设置引导式服务,没有设置额外下载、付款等诱导式按键,同时基本功能保留完整。基于老年人容易疲惫的问题,其优化了"休息提醒""时间管理"功能,帮助老年用户健康使用短视频平台。同时推出助力老年人跨越数字鸿沟系列短视频,内容围绕"老年关爱倡导""老年网络素养教育""老年防骗教育"等主题。

在使用过程中,抖音App"长辈模式"并没有过度获取个人信息,与普通模式的使用体验基本一致。

表6 抖音App"长辈模式"的评测情况

评测指标	抖音App"长辈模式"
App类别	生活购物(4)娱乐类
是否有单独的适老版App	否
单独的适老版App的内存是否比原App小	—
切换适老版界面是否方便	是
适老版界面、单独的适老版App界面是否简洁(是否屏蔽广告内容及各种插件、弹窗)	是
是否对字体大小和行间距进行调整	是
是否有针对老年人的引导式服务(如单独的语音助手、电话客服、文字播报)	否
有无特殊/正对老年人的新增功能/板块(如防诈小课堂)	否
是否设置额外下载、付款等诱导式按键	否
基本功能是否被阉割/简化	是
阉割/简化后是否影响基本/主要功能使用	否
是否过度获取个人信息	否

P3:抖音的"长辈模式"很容易找到,在搜索框语音输入"长辈版"就可以打开了。我在刚接触智能手机时,常常看手机看到半夜,"长辈模式"可以限制老人刷视频的时间,对于老年人的眼睛和精神都有好处。抖音"长辈模式"中,经常可以看到关于老年人怎么防止上

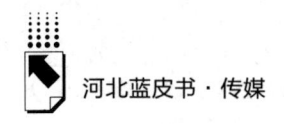

当受骗的视频，我觉得这样的视频很有用，通过观看这些视频就知道很多网络诈骗是怎么进行的，让我们提高警惕，保护的财产安全。

4. 金融服务类：评测对比"微信支付"和中国银行App

金融服务类App是软件适老化改造的重点，老年人跨越数字鸿沟的主要方法之一就是学会如何网上支付，以适应数字经济，享受时代红利。

（1）"微信支付"的"亲属卡"功能

"微信支付"是老年人最主要使用的金融服务类软件（功能），"微信支付"依附于微信App，没有自主的适老化应用，需要在微信内开启"关怀模式"后使用，"微信支付"的适老化改造主要表现为图标、字体变大，功能没有删减，但也造成了使用页面不简洁的困扰，不利于老人选择相应功能。

在访谈中，一些老年人反映自己不会绑定银行卡，需要子女协助，或者由子女发红包，自己再存入微信零钱中（需要实名认证才可以收发红包以及转账）。还有一部分老年人比较抗拒绑定银行卡，因此，微信于2018年推出了"亲属卡"功能。以赠送给父亲为例，在"将亲属卡赠予"界面点击【父亲】后，可以在微信通讯录里找到父亲的微信号，勾选好之后，可设置每月消费上限，待对方"领取"后即绑定成功。在"亲属卡"赠予绑定成功后，被选择的人在没有绑定银行卡的情况下，也可以用被赠送的金额进行消费。在访谈中，课题组成员向老年人介绍了"亲属卡"的使用方法，大家觉得这个功能很方便，也不用再担心银行卡的信息被泄露。

（2）中国银行App"岁月长情版"

针对银行类App适老化改造，中国银行App内有比较醒目的切换版本按键，选择"岁月长情版"即可。该模式除大图标、字体外，还保留和置顶了很多基础服务，如医保卡、养老金等，略去了一些额外功能，适合老年群体使用，底栏突出显示"智能语音"，面向不会打字的老年人，语音操作同样方便。

此外，中国银行App对于适老化改造也做出了延伸设计，设置"品质生活"专栏，覆盖老年人的衣、食、住、行、娱、情、学方面，满足银发群体的网上生活需求，对于缩小数字鸿沟有很大的帮助，为老年群体带来更多温暖。

调研中，很多老年人对使用手机银行服务的态度并不积极，也较少使用。

P4：涉及钱财交易的行为会去线下的营业厅亲自办理或让子女代办，或者将银行卡交由儿女保管。

一方面，当代老年群体防骗和自我保护意识有了相当大的增强；另一方面，这说明老年人对互联网仍处于观望状态，他们愿意接触网络，跨越数字鸿沟，可也怕自己的权益受到损失，不敢随意使用。

"微信支付"和中国银行App适老化改造的评测情况如表7所示。

表7 "微信支付"和中国银行App适老化改造的评测情况

评测指标	"微信支付"的"亲属卡"	中国银行App"岁月长情版"
App类别	金融服务（1）支付类	金融服务（2）银行类
是否有单独的适老版App	否	否
单独的适老版App的内存是否比原App小	—	—
切换适老版界面是否方便	是	是
适老版界面、单独的适老版App界面是否简洁（是否屏蔽广告内容及各种插件、弹窗）	是	是
是否对字体大小和行间距进行调整	是	是
是否有针对老年人的引导式服务（如单独的语音助手、电话客服、文字播报）	无引导，有客服、帮助中心	有语音助手、客服
有无特殊/正对老年人的新增功能/板块（如防诈小课堂）	安全学堂	有"悦享人生""老年人健步活动""品质生活"银发专区
是否设置额外下载、付款等诱导式按键	有正常付款	无
基本功能是否被阉割/简化	否	是
阉割/简化后是否影响基本/主要功能使用	否	不影响

续表

评测指标	"微信支付"的"亲属卡"	中国银行App"岁月长情版"
是否过度获取个人信息	无过度获取个人信息,通过访问位置信息进行定位	从媒体收藏中读取位置信息、读取通话状态、获取额外的位置信息、提供程序命令

5. 旅游出行类：评测铁路12306 App"爱心版"

铁路12306 App没有单独推出适老版App，在原App内可以切换为"爱心版"，界面简洁，字体和图标更大；有增加针对老年人的引导式服务，添加了"一键拨打电话订票"功能；"常见问题"被放在界面较为显眼的位置，"常见问题"中，有"爱心版"的关于"如何购买单程票"和"如何候补车票"图文使用教程；有为老年人新增的功能，添加了重点旅客信息登记，老年人可以通过登记选择服务需求；没有设置额外下载、付款等诱导式按键。在基本功能方面，"爱心版"不能进行约车、查看列车状态、预约订票，但并不影响App基本功能的使用，没有过度获取个人信息（见表8）。

表8 铁路12306 App"爱心版"的评测情况

评测指标	铁路12306 App"爱心版"
App类别	旅游出行（3）票务类
是否有单独的适老版App	否
单独的适老版App的内存是否比原App小	—
切换适老版界面是否方便	是
适老版界面、单独的适老版App界面是否简洁（是否屏蔽广告内容及各种插件、弹窗）	是,屏蔽了广告、VIP充值界面
是否对字体大小和行间距进行调整	是
是否有针对老年人的引导式服务（如单独的语音助手、电话客服、文字播报）	电话购票

续表

评测指标	铁路12306 App"爱心版"
有无特殊/正对老年人的新增功能/板块(如防诈小课堂)	添加了重点旅客信息登记,老年人可以通过登记选择服务需求,另设"购票教程"、"常见问题"及"解决方案"、"防疫出行"和"遗失物品"的功能
是否设置额外下载、付款等诱导式按键	否
基本功能是否被阉割/简化	是
阉割/简化后是否影响基本/主要功能使用	不能进行约车、查看列车状态、预约订票,但并不影响App基本功能的使用
是否过度获取个人信息	否
补充说明	虽然有客服电话,但是设置不显眼,建议增加语音输入、语音朗读、添加紧急联系人等功能,适当放大"常见问题"的字体大小

6. 医疗健康类:评测微医App"长辈模式"

对比微医App的"标准模式"和"长辈模式"两个模式,切换到"标准模式"较为方便,切换按钮容易找到,但要切换成"长辈模式"需要登录后才被允许操作。

外观方面,"标准模式"和"长辈模式"之间最明显的区别就是简化了界面、放大了字体,更适合老年群体使用。内容方面,"长辈模式"新增了为老年人提供电话问诊和电话客服的引导式服务,以及健康科普和老年人常见疾病的科普按键(如糖尿病、高血压、白内障),更加符合老年人对此类App的需求,同时删除了"健康记录""用药提醒""报告分析"等功能。虽然减少了软件使用时的功能,但不影响App的正常使用(见表9)。

表9 微医App"长辈模式"的评测情况

评测指标	微医App"长辈模式"
App类别	医疗健康(1)寻医问诊类
是否有单独的适老版App	否
单独的适老版App的内存是否比原App小	—
切换适老版界面是否方便	是

续表

评测指标	微医App"长辈模式"
适老版界面、单独的适老版App界面是否简洁（是否屏蔽广告内容及各种插件、弹窗）	是
是否对字体大小和行间距进行调整	是
是否有针对老年人的引导式服务（如单独的语音助手、电话客服、文字播报）	否
有无特殊/正对老年人的新增功能/板块（如防诈小课堂）	是
是否设置额外下载、付款等诱导式按键	否
基本功能是否被阉割/简化	是
阉割/简化后是否影响基本/主要功能使用	否
是否过度获取个人信息	否

调研中，课题组成员指导部分老年人试用了微医App"长辈模式"。

P5：虽然"长辈模式"可以让老年人更方便地进行预约问诊，但是只能进行电话预约，不能够自己选择医院和医生，有些不放心，是不是可以在预约的时候看到有哪些医院，让自己选择合适的医生。

P6：我没有在网上进行过预约问诊，我比较喜欢在网上看一些关于健康养生的新闻或者视频。试用了微医App"长辈模式"之后，我通过看里面很多专门为老年人提供的健康介绍（科普）和老年人常见疾病的介绍，了解了更多相关知识。但是内容太多了，自己不能准确搜索，查找到自己想看的内容。建议在健康科普中增加搜索功能。

P7：我没有用过这样的软件，看病还是要去医院，面对面跟医生交流。但是在体验过后，觉得"标准模式"里的"用药提醒"功能很好，因为老年人的记性普遍不好，"用药提醒"功能就跟定了一个闹钟一样，提醒老年人按时吃药。

四 研究结果与分析：访谈与调查问卷的结果分析

（一）访谈情况

小组成员对就近社区内的老年人进行手机 App 适老化改造采访，引导受访老年人体验热门手机 App 的适老化模式，聆听其对于适老化改造 App 的真实想法。

1. 老年群体关于手机 App 的使用现状和困难

在智能手机的普及、线上支付的推广大背景下，越来越多的老年人在使用智能手机，努力跟上新时代。

大多数的受访老年人常用微信等社交通信类 App，抖音、快手、拼多多、淘宝等生活购物类 App。一位受访老年人的手机使用情况较有代表性：平时多看"视频号"，用微信聊天、扫健康码，在拼多多上买日用品（简单），用"朋友圈"和抖音记录生活日常；平时买菜购物多用现金支付，怕线上支付不安全，在淘宝、快手等平台网购；大多数的手机 App 需要提前让子女安装、设置；输入法选择手写。

大多数的受访老年人表示自己需要较长时间学习手机 App 的使用，需要子女帮助。许多老年人表示纯文字类的手机 App 不太会用，需要"语音播报""语音助手""视频教程"等辅助功能；在文化产品方面更喜欢"图片""语音""视频"形式的产品。受身体情况影响，大多数老年人对手机 App 适老化需求还是基本的"放大字体""放大图标"。根据不同手机 App 对应的不同现实生活中的使用场景，老年群体更需要的服务是线上和线下相结合的、能够解决实际问题的。

2. 关于老年群体对经过适老化改造的手机 App 推广的接受意愿

采访发现，大多老年人对手机 App 的适老化改造工程并不了解，仅局限在"知道字体放大，图标变大等基础功能"，在介绍和体验引导后均表示支持。

一方面，许多受访老年人表达了自己学习使用手机 App、跟上新时代数

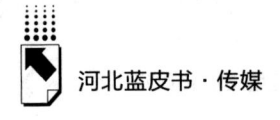

字生活的意愿。如一位老人表示：老年人也有自己的"朋友圈"，赶上了好时代，希望能够积极学习使用手机App与朋友方便交流；人老心不老，想尝试新鲜事物，想与时俱进，融入社会。

另一方面，所有受访老年人都认为手机App适老化改造是一项为老年群体着想并且为老年群体跟上新时代、享受新时代做出努力的工程，表示对相关工作持支持态度。如一位老年人说："当然支持（手机App适老化改造工程）啊！这是专门为我们这样的老年人设计的！把我们能用的功能都变简单了，非常好！"

3. 老年群体对手机App适老化改造的建议

受访老年人表示在使用手机App时经常遇到"不信任手机软件的安全性""操作步骤复杂""切换按钮难找"等问题。本报告建议"建立统一平台""多设一键式操作""减少广告投放""设置更多的老年人引导功能，开启人工客服服务窗口""一键启动适老模式"。

（二）调查问卷及结果

1. 老年群体使用适老化App的体验感受

关于"在使用适老化App的过程中遇到过哪些不便"，57.14%的被调查者认为"适老版和正常版切换不便"，55.36%的被调查者认为"切换入口隐蔽难找、各不相同"，51.79%的被调查者认为"App基本功能减少"，46.43%的被调查者认为"适老版名称不统一（如有关怀模式、长辈模式、大字版）"（见图1）。关于"使用适老化App的亲身感受"，被调查者认为其"界面简化""智能""实用"，但也存在"切换麻烦""功能减少""操作有点复杂"等问题；大多被调查者在"关于适老化App的提升调整的建议"中提到了"简化功能""提供语音控制服务""增加体感控制"。

由此可见，统一名称和图标、加大宣传力度、简化App基本功能等都是适老化改造进一步需要优化的方面。

2. 老年群体使用手机的场景以及提出的建议

在问卷调查中，关于"老年人使用手机的重要场景"，75.00%的被调

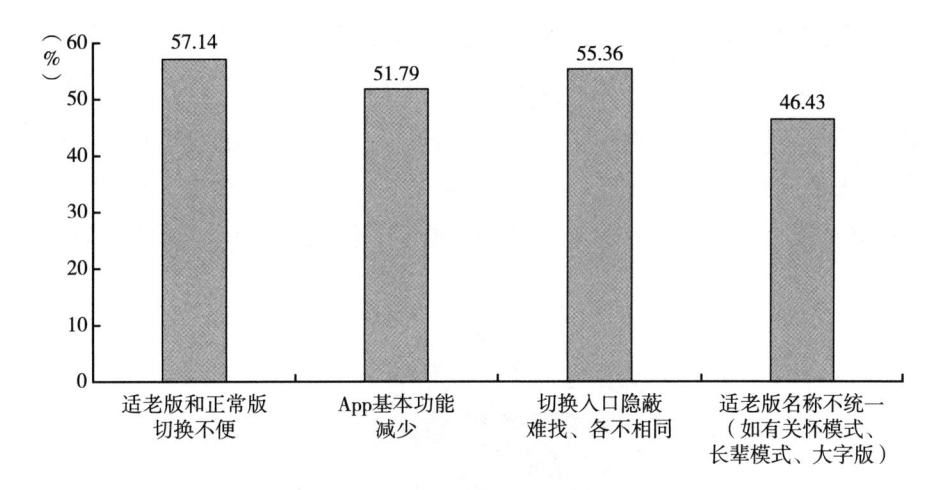

图 1 在使用适老化 App 的过程中遇到的不便

查者认为主要是"防疫需要（如健康码、行程码）"和"医院挂号"（见图2）。95%的被调查者认为"在手机的日常使用场景中需要他人的指导和帮助"，"简化""一键式""人工客服"是被调查者更倾向的手机 App 适老化改造方向。

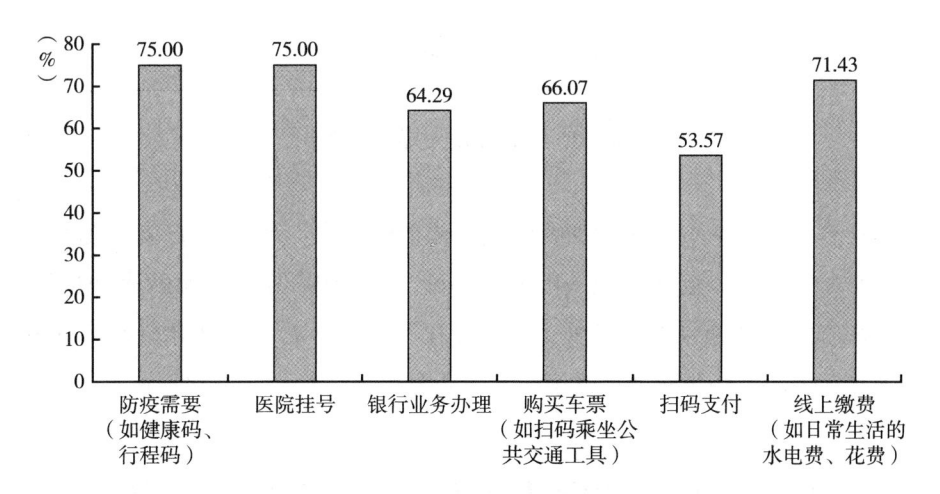

图 2 老年人使用手机的重要场景

3.老年群体对手机App适老化改造的支持意愿以及建议

问卷显示,96.43%的被调查者表示"愿意了解相关适老化App并推荐给身边需要的老年人",98.12%的被调查者"支持手机App做适老化的调整"。大部分被调查者对推广手机App的适老化改造表示支持。66.07%的被调查者认为"手机App适老化改造的重点"是"简化操作"(见图3)。

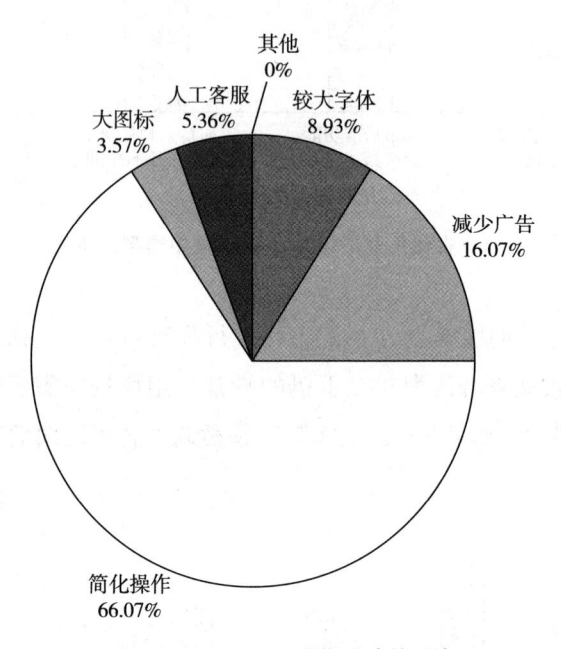

图3 手机App适老化改造的重点

在"适老化App还需增加哪些智能化指标"中,75.00%的被调查者表示需增加"方言识别",69.64%的被调查者认为需增加"无障碍功能",78.57%的被调查者认为需增加"界面简化"(见图4)。这些建议都为App适老化改造的进一步开展提供了一定的方向。

五 互联网应用适老化改造过程中存在的问题

互联网应用适老化改造过程中,不少应用场景尚未被覆盖,服务功能与

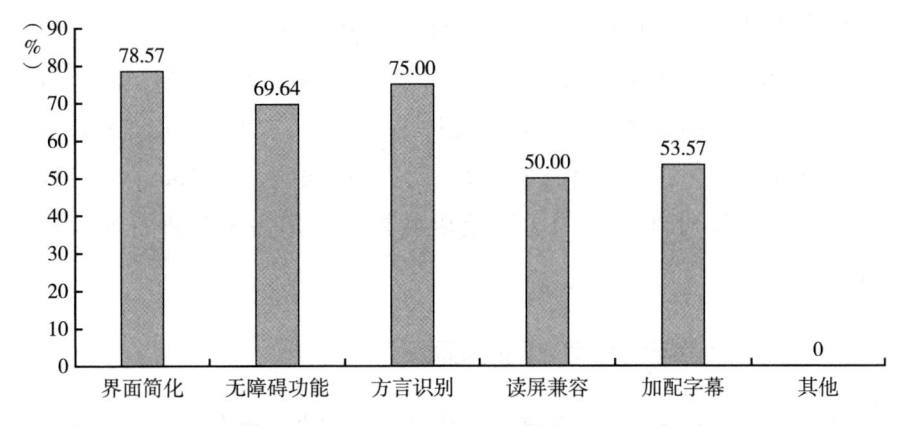

图 4　适老化 App 还需增加的智能化指标

老年人实际需求存在较大距离；部分 App 为获取收益，包含了较多广告推销内容……我国 App 适老化改造虽然取得了一定成效，但仍面临不少亟待解决的问题。

（一）改造标准不统一

各家 App 运营商基于自身 App 的特性以及对适老化改造的理解各不相同，对 App 适老版的命名格式大有不同，有"老年模式""关怀模式""长辈模式""爱心版""岁月长情版"等，在一定程度上增加了老年人切换模式的难度。部分 App "关怀模式"的切换入口隐藏太深，设置于二级乃至三级界面，比如，有些 App 的"关怀模式"要通过"设置"选项切换，还有些 App 要在"设置"的"通用"选项内进行切换。

（二）形式化倾向较重，改造内容不彻底、不完善

工信部发布的《移动互联网应用（App）适老化通用设计规范》中明确提到，禁止适老化改造的 App 出现广告弹窗。但是，部分 App 在新闻资讯等栏目中还是会出现广告。部分 App 的高级功能界面，或是 App 链接的小程序、链接仍是未经过适老化改造的通用模式。

部分 App 的功能设计、功能词汇、术语、图标等还是更加符合年轻人

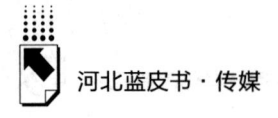

的使用习惯和审美习性，老年群体在理解上存在困难。

功能的缺失同样是适老化改造不完善的一种体现。一些App（特别是独立发布的关怀版App）在适老化改造之后存在功能缺失现象，可用性有所下降。针对适老化App最终应保留哪些功能，各App的运营商应当按照老年群体对其App的实际使用场景和使用需求等进行深入调研优化。

（三）设计者与使用者之间的信息不对称

适老化App的设计者是年轻的程序员，使用者是老年群体，因此设计者很难切实理解使用者的实际需求。具体来说，研发人员对手机App的适老化改造应该以人为本，从老年群体的实际使用需求出发。

（四）App适老化改造的监管和保障体系尚未形成

老年群体与年轻群体在互联网信息的理解和甄别能力方面存在差异，老年人缺乏个人信息保护意识，信息辨别能力较弱，极易陷入"标题党"和"养生保健党"等虚假信息构建的网络信息场，进而被诱导充值或购买理财产品、保健产品，最终导致网络维权困难。因此，适老化App应该在广告投放与控制、信息和财产安全保障、防诈骗方面多做文章，建立起围绕老年群体的信息监管和保障体系。"科技适老"在为老年人带来便利的同时，存在易被忽视的安全隐患。

（五）企业的进一步改造意愿难以增强

目前，行业内只有少数头部企业愿意投入较高的研发成本对App进行持续性适老化改造。对很多企业来说，适老化界面的改造优化（如去除广告、减少诱导式消费按钮），是让企业难获得收益的优化方案。企业是以盈利为目的的组织，手机App的适老化改造显然在企业的利益面前更显公益性。

六 互联网应用适老化改造的改进对策与建议

（一）强化改进手机 App 外观

1. 统一 App 适老版界面的称呼、选项图标

对于适老版模式难切换的问题，一方面，建议参考直播、视频平台的"青少年模式"在 App 首页提醒可选择，缩短寻找开启适老版模式所需要的时间，加大对适老版模式的宣传力度；另一方面，建议对适老版模式进行称呼上以及选项图标上的统一设计，如"爱心版""关怀版"等，内容为"爱心携手"图标。

2. 优化 App 适老版界面实际的质量

根据目前的综合评测结果来看，许多 App 的适老版流于形式，整体性不足。建议在适老化界面内保证 App 全局的字体大小合适、行距清晰可辨识，所有界面均需保证字体行距的整体性调整，如有的 App 适老版的支付界面由于跳转链接后字体大小以及行距未有调整，同时要避免字号变大导致的文字信息遮挡等；减少组件和手势的图标化、动画化，添加文字提示以增强组件的可理解性。

满足视觉需求。老年群体对颜色的敏感度有所降低，应该适当提高颜色的对比度，尽量避免使用蓝色。老年群体的视野范围相对较窄，对字体的大小有一定要求，对比度至少为 4.5∶1（当字号大于 18 dp/pt 时，文本及文本图像对比度至少为 3∶1），同时尽量使用无衬线字体。

满足触觉需求。老年群体精细操作的能力有所下降，进行精准滑动、点击等操作有一定的难度，这需要 App 做到：适老版界面中的主要组件可点击焦点区域尺寸不小于 60×60 dp/pt，其他页面下的主要组件可点击焦点区域尺寸不小于 44×44 dp/pt。

3. 提升常用功能模块的易用性，多设"一键式"服务

针对老年用户在使用 App 时常面临功能找寻和使用困难、操作难以复现等问题，建议可以根据各类 App 的具体使用场景、App 功能特色，通过降低各类常用功能的复杂程度，避免烦琐的操作，可以降低老年用户的学习成本和使用难度。若部分功能无法避免多步操作，App 服务提供者应提供易于老年用户使用和理解的指导方法，如分步指导、操作视频、客户服务等，以减少老年用户的不便。

（二）深度提高 App 内容质量

内容质量的提高是深层次提升 App 适老化改造效果的关键。现阶段 App 存在信息质量参差不齐、垃圾广告屡禁不止、适合老年人的信息内容有限等问题。

1. 线上使用和线下宣讲相结合，走进老年人生活

组织开展形式丰富的手机知识宣教活动。一方面，结合节日定期走进社区，线下举办公益手机课堂等活动进行宣传、教育；另一方面，结合 App 具体使用场景，培训线下服务人员，"手把手"教老年人使用智能手机、平板电脑等相关电子产品。

2. 从老年人用户角度出发，优化、保护使用环境

对于适老化软件优化改造的关键在于，保障老年用户的网络信息安全。例如，如何应对并且避免网络诈骗，减少或者消除老年用户的胆怯心理，提高他们的网络素养和网络辨别能力等。互联网平台充分认识并且了解到老年群体对于互联网未来发展的重要性，发掘其在互联网之中隐藏的巨大价值，深入研究老年群体特征，真正从老年人的需求出发不断优化适老化产品、服务。

3. 设置适老化改造奖励机制，鼓励企业创新落实适老化改造

建议网信等相关部门出台有效政策及办法管控适老化 App 中的恶意广告和隐藏推销，在互联网平台实践的基础上，研究推出强制性、统一性的适老化改造标准；对积极、主动参与适老化改造的平台，通过补贴等形式予以奖励；对部分平台在适老化改造中存在的违规违法行为及时加以惩戒，并设置"黑名单"。App 服务提供者一方面要强化信息审核机制，优化算法，减少未经核实、低质量信息的推荐，以更优质、更符合老年用户需求的信息为推送的重心；另一方面要提供适老化信息内容，如优质的医疗健康信息等，真正从老年用户出发，切身了解并展开活动。

（三）优化提升 App 关联配置

关联配置的优化虽然是 App 适老化改造的盲区，但是对老年用户来说同样重要。考虑到随着 App 服务内容的扩展，App 的体量和性能需求在不断增多，老年用户终端设备可能存在陈旧性及落后性的状况，App 服务提供者在适老化改造中应加入软硬件配置的优化。

1. 制定并发布智能终端适老化标准

围绕手机、电视等智能终端产品的屏幕显示、音频控制、远程辅助等适老化功能，明确具体技术要求，为终端企业设计和生产提供了规范指引。持续扩大适老化产品供给。引导企业开发简便易用的智慧健康养老产品，包括老年智能手环、智能监护腕表等可穿戴设备，可实现一键紧急呼叫、跌倒预警、健康监测等相关功能，帮助老年人轻松享受信息化时代带来的红利。

2. 充分优化硬件配置

针对老年用户的硬件设备落后问题，App 服务提供者不仅要尽可能降低 App 版本更新的频繁性和强制性，使其覆盖更多老旧手机硬件系统，还需为老年用户提供可持续运行核心功能的旧版本，避免出现硬件无法支持软件的情况。

3. 适当调整软件体量

老年用户的手机出现卡顿、死机等问题，除硬件设备落后的原因外，还存在 App 的软件数据量不断增加的缘故。各类 App 开发设计人员在适老化改造中需调整不断增加的缓存数据量，通过停用附加功能、自动清理垃圾文件、开发适老专用版本 App 等多种方式，降低软件的数据占用和减少硬件需求，为老年用户提供简约流畅的用户体验。

4. 创新研发适老技术

现阶段各类 App 适老化改造仍停留在形式改造阶段，缺乏创新技术的深度研发。未来，App 服务提供商可与终端设备厂商合作，共同开发如远程亲情关怀、智能调整文字显示、用户需求预测提示、硬件智能助手与软件融合互通等创新性适老技术，助力老年用户更好地享受数字时代的便捷与智能。

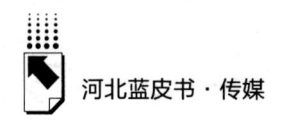

结　语

2023年9月1日，《中华人民共和国无障碍环境建设法》正式施行。该法明确规定，无障碍环境建设应当与适老化改造相结合，重在保障残疾人、老年人平等融入社会生活，并惠及全体社会成员。这也是我国应对人口老龄化的重要举措。

2023年12月19日，工信部印发《促进数字技术适老化高质量发展工作方案》。该工作方案强调，着力推动工业和信息化领域数字技术适老化由"从无到有"向"从有到优"迈进。这旨在进一步降低老年人上网门槛，不仅要有相应的技术和服务来满足老年人的基本需求，还要不断提升这些技术和服务的质量，使之更加高效、便捷、安全，更贴合老年人的特殊需求，推进工业和信息化领域数字技术适老化高质量发展。

随着数字技术不断进步和人口老龄化加剧，智慧养老顺应时代需求，符合行业发展趋势，必将成为未来解决养老问题和开拓养老市场的重点方向。移动互联时代的适老化改造刚刚启程，是这个时代的必答题。只有政府、企业、社会、家庭都走心，适老化改造才能真正贴心，老年人才能在这个飞速发展的智能时代里安心、开心。如今的老年人，他们曾经也是推动时代发展、引领时代潮流的年轻人。推动App适老化改造，绝不是单纯地放大字体、一味地功能简化，而是要让科技发展既有速度，又有温度，希望未来能够看到适老化产品用更友好的方式帮助银发一族，让每一个人、每一代人都能享受智能时代的美好生活。

参考文献

朱庆华、赵宇翔：《智慧养老视角下互联网应用的适老化改造》，《情报资料工作》2023年第2期。

案例篇

B.21
突出用户思维 创新传播方式 锤炼全能记者
——"百姓看日报"探索党报融合传播新范式

赵丽肖 郭伟 王戬芬 高原雪*

摘 要： 河北日报报业集团推出"竖视频+创意条漫"复合形态创意融合栏目"百姓看日报"，以通俗易懂的视频讲解和妙趣横生的创意漫画，把党报报道解构为具备"网络原生态"特质的移动端产品。该栏目立足百姓视角，产品"有梗""有料"，实现传播"有效"，为党报打破"传播屏障"创制出新范式。

关键词： "百姓看日报" 条漫 竖视频 百姓视角 党报

---

* 赵丽肖，河北日报新媒体中心编辑；郭伟，河北日报新媒体中心总编辑；王戬芬，河北日报新媒体中心编辑；高原雪，河北日报视觉新闻部副主任。

习近平总书记指出："对新闻媒体来说，内容创新、形式创新、手段创新都重要，但内容创新是根本的。"① 坚守主流阵地、创新生产机制、激发内生动力是主流媒体的责任。在河北省委宣传部的指导下，河北日报报业集团坚持以内容创新提升自身竞争力，持续推进媒体融合向纵深发展，于2023年底推出创意融合栏目"百姓看日报"。这档"竖视频+创意条漫"复合形态新媒体栏目，以通俗易懂的视频讲解和妙趣横生的创意漫画，把党报报道解构为具备"网络原生态"特质的移动端产品。该栏目立足百姓视角，产品"有梗""有料"，实现传播"有效"，为党报打破"传播屏障"创制出新范式。截至2024年3月11日，该栏目已推出25期，全网浏览量超3000万次。

一 立足用户思维，把话语权交给百姓，打破党报与普通读者之间的"次元壁"

习近平总书记指出，"宣传思想工作一定要把围绕中心、服务大局作为基本职责""要旗帜鲜明坚持党性原则""要把实现好、维护好、发展好最广大人民根本利益作为出发点和落脚点，坚持以民为本、以人为本"。② 让主流价值深入群众，让党报声音"飞入千家万户"，是主流媒体努力的方向。"百姓看日报"以百姓视角"破题"，创制出"百姓想看、百姓能懂、百姓有感、百姓爱看"的融媒报道。

（一）瞄准百姓需求，提供多元价值

"百姓看日报"把话语权交给百姓，每一期的议题设置，都来自读者对《河北日报》有关报道的提问和关切。在此基础上，进一步锁定报道中事关百姓切身利益的关键点，全力为百姓提供服务价值、知识价值、情绪价值乃至谈资话题。

---

① 《习近平在视察解放军报社时强调　坚持军报姓党坚持强军为本坚持创新为要　为实现中国梦强军梦提供思想舆论支持》，《人民日报》2015年12月27日。
② 《论党的宣传思想工作》，中央文献出版社，2020，第14~16页。

比如，栏目首期聚焦的"职工医保个人账户家庭共济"，来自《河北日报》稿件《全省职工个人账户家庭共济全面实现》，报道本身的专业性相对较强，很多读者对这个政策不熟悉、不会用。"百姓看日报"视频出镜记者来到公园大爷大妈身边，以"呼喊式"播报快速吸睛，并配上精致幽默的条漫，"手把手"教读者如何绑定全家人医保，实现共济账户支付。类似的还有《河北中考有变化，体育分咱这么拿》，报纸稿件对2024年河北中考的变化进行了详尽的说明，但对大部分普通读者来说，依然存在无法快速抓住重点的问题。"百姓看日报"将其内容进行"提纯"，由记者出镜直接将最关键的部分面对面说给读者听，再由一个个漫画场景举一反三，使读者对新变化一听就懂、一看就会。

此外，针对《河北日报》报道的河北首部城市更新地方性法规《石家庄市城市更新条例》即将施行的消息，有读者表示"城市更新"常有耳闻，却不知其所以然。该栏目通过"竖视频+创意条漫"的解读，让读者知晓了小区楼下的绿地、公园旁边的球场，都是"城市更新"的一部分，自己生活中每一个"小确幸"，都和城市框架大规划紧密相关，明白了自己是获益方，面对市政建设带来的短暂不便，也就更加包容了。该栏目选取这类出现频率高、引发求知欲的新政策"知识点"进行解读，既紧扣党委和政府中心工作，也让读者以最有效率的方式获取新知识、掌握新技能。

（二）活用百姓语言，让内容"接地气"

报道要想获得百姓关注、点赞，就必须用百姓的话说百姓的事。"百姓看日报，这咱得知道"，这句接地气的"标准台词"给产品"调性"打了底。主流媒体一改"端着"说新闻的姿态，记者出镜风格力求弱化"主播范儿"，消解了与百姓的距离感。

"保定的刘大哥最近想买车""新一年咋赚钱？亲戚问我有啥'内部消息'"……记者在视频中"唠嗑式"的表达，好似亲朋好友间的聊天；"你听听你自己说的啥""这姑娘是天生不爱笑吗"……活用网络流行语、精致有"梗"的漫画则大幅提升了产品的好感度、亲和力。在"百姓看日报"的产品中，董氏中华猛龙直接"复活"当导游，讲解保定自然博物馆怎么"玩儿大了"；古画中的唐代仕女亲自"下场"，在"中国历代绘画大系"河北特展中找表情包、"玩儿网络梗"；"河北省防汛避险人员转移条例"化身大侠从天而降，为暴雨洪水中还在犹豫不决的群众消除顾虑……充满想象力的条漫带领读者在脑洞大开的场景中，开启一段紧扣主题的奇妙旅程。

给百姓看的栏目，就要用百姓能接受的语言风格，让"硬"新闻"软"下来、"活"起来，从冷冰冰的专业术语中解读出充满温度的关切，用活泼的文风拉近与百姓的心理距离，增强新闻报道的可读性和感染力。

二 创新传播方式，着力"官方二创"，打通权威声音抵达群众的"最后一公里"

习近平总书记强调，"着力提升新闻舆论传播力引导力影响力公信力"①。权威性是主流媒体的优势，在网络时代如何将该优势赋能，打通传播链条，成为一项重要课题。"百姓看日报"通过构建群众喜爱的话语体系、传播方式，以互联网思维指导内容生产，以真实贴近百姓生活的视角呈现新闻，达到提升传播效果的目的。

（一）权威性"二创"，增强网络舆论引导力

"百姓看日报"从信息量庞大的报纸稿件中，选取与百姓相关度较高的核心议题进行解构。议题内容不求面面俱到，但着眼于实用有效。读者在产品中被勾起了好奇心，进而回到报纸稿件中去寻求更多的信息，让沉淀在报纸、网站上的稿件再次"泛起水花"，引发二次传播。

"二创"是自媒体的主要策略，但受制于信源等因素，其权威性往往得

---

① 《习近平对宣传思想文化工作作出重要指示强调　坚定文化自信秉持开放包容坚持守正创新　为全面建设社会主义现代化国家　全面推进中华民族伟大复兴提供坚强思想保证强大精神力量有利文化条件》，《人民日报》2023年10月9日。

不到保障，为博取流量经常造成"标题党"、误读等问题。"百姓看日报"作为主流媒体的"二创"栏目，用一系列专业能力、专业技术确保"声音"的权威性。每期产品的制作都严格遵循三审三校制度，很多产品还要经过权威部门再次把关，一些产品可以说是与党委和政府相关部门共同完成的"官方二创"。栏目聚焦哪个领域，就会在哪个领域产生影响，澄清事实、正本清源，发挥了主流媒体引领导向的作用。

代表委员如何履职？全国两会的召开与百姓有什么关系？《你的心声，这样成为"国家意志"》选择了全国两会召开前百姓最关心的问题进行解答。该产品以全国人大代表齐秀敏的履职经历为例，通过条漫、竖视频和文字稿件讲述百姓心声如何成为全国两会上的"好声音"，直至上升成为国家法律法规的过程。短短500字的报纸稿件、不到2分钟的视频讲解以及由若干场景组成的条漫产品，虽然在形式上迎合了目前碎片化的阅读习惯，但在内容上依然做到了精准表达、力透纸背，以微观视角对全过程人民民主进行了生动具体的全媒体表达。

（二）故事化解构，让时政报道也能"热辣滚烫"

"快餐阅读"时代，迅速抓住读者的注意力，是考验媒体传播力的一项内容。该栏目将时政报道故事化、通俗化，矛盾点、关键点前置，开篇提出具有普遍性的问题，解答过程中利用具体情节、场景，降低阅读门槛，提升报道鲜活度。

2024年全国两会期间，该栏目推出特别版，从全国两会报道的专业术语、抽象概念中，选取讨论度较高的话题，找到与百姓生活的连接点，把"高大上"的时政、经济内容转化为易读好懂的漫画、视频，将复杂的政策和概念进行通俗化、故事化解构，使全国两会报道更易于被百姓理解和接受，让"热词"背后的含义和未来如何影响生产生活为读者所知悉。

"新质生产力"是在全国两会期间"热到发烫"的话题。新在哪儿？包含哪些内容？为什么要发展新质生产力？一个又一个疑问等待解答。《新质生产力 这样@你》通过全国人大代表田纯刚的讲述，让网友"永远18的

80后"明白,新质生产力和每个百姓的生活都有着紧密的联系,很多人已经在生活中享受到了新质生产力所带来的便捷。《换车吗?来看看"智能网联新能源汽车"》则瞄准《政府工作报告》中出现的"智能网联新能源汽车"概念,从想买车的保定刘大哥讲起,逐步展开解释自动驾驶的分级以及未来发展方向。《当你老了》针对的是《政府工作报告》中的高频词"养老",站在百姓的角度提出"当你老了,如何安度晚年"这一问题,随后通过聚焦社区养老服务模式给老年人带来的便利,解释"银发经济"的出发点和必要性。《"人工智能+",都能加出啥?》瞄准首次在《政府工作报告》中出现的"人工智能+"概念,通过三四个生活化场景展现"人工智能+"带来的巨大变化,让读者切实将全国两会热点与自己的生活密切联系起来。《一起国货,一起潮!》切中时下年轻人爱买国货的消费特点,以马面裙、国产手机、酱香拿铁等具有代表性的国货"潮品"为引子,深挖国货成为"潮品"背后的文化、经济原因,引发年轻人的强烈共鸣。

(三)网络化表达,实现传播"有效"

"百姓看日报"集合了竖屏短视频和条漫这两种受百姓欢迎的传播形式,竖屏短视频和条漫文案力求"说大白话",将"网感"进一步增强,极具"网络原生态"特质,将"网络原住民"阅读门槛降至最低。

条漫从画风到文字、从场景设置到人物设定,都经过了细致打磨,每一幅都以精品为目标,力求完美。这对生产效率提出了更高的要求,也因此牺牲了一些时效性。正因如此,产品的"易碎"性反而不那么明显了,其比较强的实用性和功能性,让新闻的"易碎"性逐渐模糊,传播的长尾效应愈加明显,"保鲜期"更长。

比如,《"盐碱地"咋回事,为啥能"逆天改命"?》中,将盐碱地做了拟人化处理,由"他"讲述自己从瘦弱贫瘠到身强体壮的前世今生、前因后果,将专业知识转化为有趣场景。网友在评论区点赞留言:"有漫画、有幽默的语言,对专业内容的解读不零散,让读者看得进去、看得明白。"今日头条自媒体作者以《为河北日报让百姓爱看而叫好!》为题,在文章中将河北日报比作"可爱可亲"的"小姑娘",称赞"直来直去,且都是老百姓关心的问题",并"祝愿更多的百姓爱上她"。

该栏目还格外注重与评论区的网友互动,及时回应新需求、解答新问题,将"回应、服务、互动"贯穿产品传播链条始终。比如《职工医保个人账户家庭共济是个啥?》发布后,许多网友留言提问:"报销比例怎么弄""父母是山东的可以用吗"……除了在评论区回复,编辑还梳理共性问题进行解答,发布在下一期的"书接上回"板块,做到"题题有着落,事事有回应"。

三 锤炼全能记者,以全员出镜带动集团全面转型

习近平总书记强调,"要提高业务能力,勤学习、多锻炼,努力成为全媒型、专家型人才"①。作为以文字图片为传统优势的党报,在融合发展中亟待拓展语言能力边界,强化媒体信息表达效果。"百姓看日报"是河北日报融合发展迈进深水区后的标志性栏目之一,栏目设定"谁写稿谁出镜"的基本模式,帮助文字记者克服"镜头恐惧",挖掘文字记者的"上镜天赋",从而带动全集团一线记者全媒体转型。

(一)全链条融合,打破内部壁垒

媒体融合"棋到中盘",需要按照组织重设、构架重组、机制重建原则,在内容、技术、设计、管理等方面"破圈"深融,有效激发内生动力,持续输出高质量产品。

"百姓看日报"栏目在工作室生产模式基础上实现了"跨部门、跨单位、跨地区、跨工种"的全链条融合,报纸的文字记者、客户端的美术编辑、视频部门的编导摄像,组成项目制的小团队,参与从议题设置到封装发布全过程的策、采、编、发流程。在产品生产过程中,以往只拿纸笔的文字

---

① 《习近平在党的新闻舆论工作座谈会上强调 坚持正确方向创新方法手段 提高新闻舆论传播力引导力》,《人民日报》2016年2月20日。

记者成为棚拍或外景的出镜记者,撰写分镜脚本、使用肢体语言成为他们熟练掌握的新技能;以往只管调页面、做长图、画海报的美术编辑,开始深度介入内容创意,场景设计、画面故事成为与文字报道相得益彰的重要表现形式。

(二)全员"触屏",打造"能出镜、会唠嗑"的"网红记者"

该栏目创办以来,出镜记者半数以上为"镜头首秀","镜头恐惧"是他们面临的最大障碍。视频脚本内容来源于报纸稿件,对最熟悉相关议题内容的记者来说,"谁写稿谁出镜"可以消解一大部分紧张感。该栏目将视频风格确定为"家长里短式",将语言表达方式确定为"唠嗑式",从某种意义上来说,降低了上镜门槛,而对于大部分记者来说,只要消除了紧张感,在镜头前"聊家常"不是难事。另外,记者还作为漫画形象出现在条漫中,上一次镜即可获得美术编辑手绘头像一枚,这也在一定程度上激发了记者上镜的热情。

该栏目运行3个月以来,已经有20多位记者出镜。每位记者都在镜头前展示出新闻工作者特有的风格和节奏,使内容更有辨识度、更有说服力。根据该栏目年度生产规划,2024年,河北日报几乎所有一线记者都将在"百姓看日报"栏目中出镜,逐步成长为"能出镜、会唠嗑"的"网红记者",全员"触屏",真正占领主阵地,扩大影响力。

河北日报报业集团推出的"百姓看日报"栏目,坚持百姓视角、移动优先,以受众需求为准则,颠覆传统党报话语体系、传播方式,对报纸内容进行网络化、通俗化解构,让党报报道具备"网络原生态"特质,推动党报声音"飞入寻常百姓家",为党报内容模式创新、媒体深度融合发展提供了新样本、新路径。

B.22
慢赏美丽河北　看见美好生活
——《美丽河北》慢直播打造主流媒体融合传播典型案例

乔晓曦　张甜　孙荣欣[*]

摘　要： 河北广播电视台《美丽河北》慢直播搭载全媒体、多平台，应用多媒体技术，广置摄像点、大时段播发，带领观众"云游"河北自然风貌、感受人文胜景、见证城乡变迁。同时，对接多类型资源，联动央媒，实现海内外多平台广泛传播。该节目已成为传播地域之美、展示河北形象、助力文旅产业发展的媒体新品牌，在加快建设经济强省、美丽河北的新征程中发挥独特的媒体作用。

关键词：《美丽河北》慢直播　媒体融合　文旅融合

《美丽河北》慢直播节目是河北省委主要领导点题谋划，河北省委宣传部指导，由河北广播电视台（集团）全力打造的大型全媒体直播节目。自2022年9月30日开播以来，节目以"全景式多点位+沉浸式慢节奏"的呈现模式，用"真"且"美"的直播画面，不仅展现了河北自然之美、生态之美、人文之美，成为"这么近，那么美，周末到河北"这一新时尚的有力推手，而且从独特的角度展现了河北生态文明建设和经济社会发展成果，

---

[*] 乔晓曦，河北广播电视台新媒体中心主任，主任编辑；张甜，河北广播电视台新媒体中心《美丽河北》编播组组长，主任编辑；孙荣欣，河北省社会科学院新闻与传播学研究所副研究员，广播电视与网络传播研究室主任，主要研究方向为广播电视、新媒体传播。

让人犹如身临其境，心向往之。节目以文塑旅、以旅彰文，生动展示加快建设经济强省、美丽河北的"第一现场"，成为媒体融合向纵深发展的典型案例。截至2023年10月，全网传播量超50亿次。

一 亮点特色：全媒体、多平台传播燕赵之美

（一）搭载全媒体平台，使河北之美入目入心

1.广置摄像点、大时段播发，优质旅游资源"一网打尽"

截至2023年10月，《美丽河北》慢直播已在全省11个地级市和雄安新区、定州、辛集三地布设直播摄像头近400路，覆盖旅游景区、生态地标和城市地标共280余个，实现省内5A级旅游景区全覆盖、滹沱河流域全覆盖，实现白石山、大青山、白草洼等国家级森林公园，康巴诺尔、大潮坪、海留图、小滦河、永年洼等国家湿地公园，塞罕坝、雾灵山等国家级自然保护区，白洋淀、衡水湖、大运河、滦河、滏阳河等秀美河湖的景致实时呈现，将遗鸥、青头潜鸭、猕猴等珍稀保护动物生活繁衍的画面纳入直播。山海关、金山岭长城、避暑山庄、清东陵、清西陵等世界文化遗产，泥河湾国家考古遗址公园以及广府古城、正定古城、直隶总督署、大境门等几十处国家重点文物保护单位的景观实时在线，打开网站或手机客户端，随时可实现"云旅游"。

《美丽河北》慢直播节目在河北卫视、河北公共频道每天早、中、晚三个时段，分别呈现"曙光""正午""暮色"下的美丽河北，并在"冀时"客户端进行全天候直播。近一年共计播出800余期节目，安全播出超1000小时。河北IPTV登录页面开辟《美丽河北》专区，触达全省1700万名用户，并推出"正在直播""直播回看""精彩集锦"等功能。

作为全国首档大时段慢直播节目，《美丽河北》以逻辑化编排创新慢直播呈现样态，挖掘河北省丰富的文旅资源和深厚的文化底蕴，将燕赵好风景作为抒写新时代中国故事的写意表达，并注意捕捉人与自然和谐共处的真实场景，传播燕赵人文之美、生态之美。节目围绕河北建设文旅融合、全

域全季的旅游强省，着力构建以京张体育文化旅游带、长城文化旅游带、大运河文化旅游带、太行山旅游带、渤海滨海旅游带"五带"建设为重点的"一体两翼五带"旅游发展新格局，谋篇布局做文章。创作团队从城市地域范围、文旅业态类型、景点地貌特征等不同维度，应时应季对直播内容展开主题性编排、序列化呈现。比如，春季推出"赏花行""踏青游"系列节目，夏日推出"亲水游""清凉游"系列节目，秋季推出"赏叶游"系列节目，秋冬候鸟迁徙季推出"燕赵观鸟季"系列节目，冬季推出"冰雪游""年节民俗文化游"等系列节目。每逢重大节日或重要时间节点，节目聚焦相应点位，以故事化编排思路串联慢直播画面，讲述前进中的中国故事。例如，"国际博物馆日"，飞越燕赵长城及运河沿线，直观探访陈列在河北大地上的"活的"文物及博物馆；"世界文化和自然遗产日"，随镜头慢赏河北省世界文化遗产、国家重点文物保护单位和青山绿水之间的自然遗产；"国际奥林匹克日"，以慢直播画面引领受众"云游"京张体育文化旅游带，再忆五环盛事；"中国农民丰收节"，聚焦德胜村、大贵口、骆驼湾、顾家台等美丽乡村，喜看丰收景象，"云观"山乡巨变。

《美丽河北》慢直播采用"减法"思维，删繁就简，仅用舒缓的背景音乐和水流、鸟鸣等纯净的现场声给予受众纯粹的"沉浸式"现场体验。节目以文配图，在游走字幕的运用上也有巧思，借助对画面背后故事的讲述、燕赵文化渊源的阐释等，满足大众文化需求，展示"看不见"的风景，让内容简约而不简单。同时，文字中不断更新各大景区出行导航和优惠信息，并添加酒店、停车等配套服务的引导信息，拓展各类文化节、音乐节、美食节等推介信息，切实体现主流媒体的公共服务属性。

《美丽河北》慢直播作为媒体融合发展的典型案例，将新媒体样态的互动模式引入大屏版节目，网友通过网端和客户端收看节目，实时评论以"弹幕"样式在电视画面上滚动播出，来自全国各地的网友即时互动，发表热评。

2. 搭建网络专题、网络专栏，实现多样化新媒体传播

一是节目在"冀时"客户端搭建网络专题"慢直播丨美丽河北"，集纳发布的相关内容，实现300余路信号实时直播，同时设置"鹭鸟频道"、"遗鸥频道"和"5G频道"，并开设VR全景直播，依托《美丽河北》慢直播资源，通过24小时慢直播、高清图集、新媒体短视频等形式，生动呈现河北省自然生态与生物多样性之美。二是每日在微信朋友圈发布#早安河北#《美丽河北》慢直播日出延时动态海报，在河北网络广播电视台和"冀时"客户端策划推出"晚安·河北丨美丽河北"专栏，以景传神、以声动情，全方位、多角度展示河北之美。三是在学习强国、抖音、快手等第三方平台持续推送直播信号，发布精彩短视频。四是与人民日报、央视网共同策划推出"长城""海洋"等与河北文旅"五带"相关的主题线上直播。

2023年国庆节当日，《美丽河北》推出《"十一"去哪儿》大型融媒体直播，沿行文旅"五带"，聚焦人气景区，采用"慢直播+现场连线+嘉宾访谈"的模式，使受众饱览燕赵多彩秋色，呈现丰富的旅游业态，电视大屏、网端、客户端三屏联动，向广大观众和网友发出邀约——这么近，那么美，周末到河北。人民日报、人民日报"视界"、北京时间、津云、闪电新闻、大象新闻、荔枝新闻、极光新闻、起点新闻、N视频、内蒙古奔腾融媒、新黄河等多家中央和地方媒体平台以及新浪新闻、腾讯新闻等商业平台进行同步转播，全网观看量近千万次。

3. 联动央媒，实现海内外多平台传播

《美丽河北》慢直播凭借优质内容获得广泛传播。系列短视频被人民日报、视听中国、央视频、环球时报、工人日报、中国青年报、光明网等近百家中央、地方媒体转载；多条《美丽河北》慢直播宣传片在"学习强国"总平台的播放数据超千万量级。

2022年10月11日，《美丽河北》慢直播开播之初，河北广播电视台官方微博发布的原创短视频《美丽河北慢直播丨奇观！这逆流而上的彩虹也太励志了》，单日播放量达547万次，并被人民日报等近百家中央、地方媒体转载，人民日报和陕视新闻官方微博开设话题，人民日报官方微博阅读量突破1亿次。

2023年，《美丽河北》慢直播持续积极探索与央媒新媒体端的联合策划,将《美丽河北》慢直播信源融入中央媒体新媒体平台的系列直播活动中,展示河北生态美景。

2023年6月8日,《美丽河北》慢直播引入人民日报《你好,海洋!世界海洋日一起云游大海》大型全媒体联动直播,在"人民日报"客户端、"冀时"客户端及双方微博、视频号、抖音、B站等第三方平台同步直播。《美丽河北》慢直播中的唐山、秦皇岛等海滨点位画面贯穿整场直播,观看量超过千万次。7月8日,新华社、新华网"新华云直播"《大美中国丨河北:夏日清凉好去处》呈现来自《美丽河北》慢直播的雄安新区白洋淀、衡水湖、承德金山岭长城等多路摄像头实时画面。2023年6月21日、7月7日、7月23日,《美丽河北》慢直播再次与央视网"直播中国"合作,参与《过端午观龙舟　品香粽看美景》《小暑至　荷花香》《大暑戏水　享夏日清凉》系列专题直播,滹沱河正定段、雄安新区白洋淀、保定古莲花池、邢台云梦山等10余路《美丽河北》慢直播信号入选,三场直播观看量累计超千万次。

2023年8月15日是我国首个全国生态日,《美丽河北》慢直播配合人民日报《守护美丽中国丨全国生态日31省区市联动直播》,塞罕坝、金山岭长城、闪电河国家湿地公园、草原天路、大青山国家森林公园、京北第一草原、雾灵山、沕沕水生态风景区、阿那亚海滩等多个点位轮番出镜,作为我国生态建设成就突出的代表,直观反映党的十八大以来,在习近平生态文明思想指引下,生态环境保护发生历史性、转折性、全局性变化,生态文明建设取得举世瞩目成就。全天候直播涉及31个省(区、市),共计43个直播点位,来自《美丽河北》慢直播的点位数量共计9个,占比超过20%。本场直播被新华社、央视网、环球时报、半月谈等多家单位在新媒体端转载,当日各平台总观看量突破1100万次。

节目与中央广播电视总台《秘境之眼》节目组、中国国际电视台(CGTN)联动,在"央视频"客户端、CGTN及Facebook、YouTube等海外平台开展直播,将河北之美传播至世界各地。2023年5月22日为本年度的"国际生物多样性日",《美丽河北》慢直播两路直播信号同步上线"央视频"客户端《秘境之眼》专题。来自唐山曹妃甸湿地公园的"白鹭父母育娃记"呈现鹭鸟搭建爱巢、孵化雏鸟的场面，展示"鸟类天堂"生机勃发的生态画卷；来自张家口康保县康巴诺尔湿地的全景VR信号展示"鸟中大熊猫"遗鸥在全球最集中栖息地生活繁育的实时声画，观众可通过手机客户端自定义观赏视角，聆听遗鸥欢唱。直播一经推出，栏目组收到多条来自北京观众的咨询信息："请问这里离北京多远？""是否可以合作组织'云观鸟'游学活动？"中国野生动物保护协会副会长兼秘书长武明录对节目的创新做法非常赞赏，表示今后可联合开展倡导保护珍稀鸟类的视频大赛。2023年5月26日，节目再次与中央广播电视总台《秘境之眼》节目组、CGTN联动，在"央视频"客户端、CGTN及Facebook、YouTube等海外平台开展直播，展示河北珍稀鸟类栖息繁衍的生动场景。慢直播吸引了来自世界各国的网友围观，播出24小时已获得300余万次点击量，由英语、德语、法语、印度尼西亚语写成的评论称："太美了！""鸟妈妈很伟大。""一个温馨的故事。"

（二）应用多媒体技术，使河北之美多元呈现

1. 应用新技术，创新直播模式

研发上线《美丽河北》慢直播专属技术平台，前端视频采集系统使用4K超高清专用摄像头和50M互联网专线传输，确保视频采集质量及传输安全；后端制播平台"量身定制"的"全流程IP化"模式，通过减少物理连接、增加信号源，实现海量信源随时引流、动态扩充，并通过"一键多能"模式呈现一屏多画、收放自如、富于变化的视觉效果。

2. 加装新设备，增加动态呈现

在河北省各地多点位成组加装具备动态呈现能力的直播摄像头，突出慢直播镜头"动"与"静"的结合，实现节目形美神聚。目前已开通慢直播信号近400路，可实现"推拉摇"的摄像头近300路。

3. 探索新模式，实现多点直播

组建直播团队探索"沉浸式"实景拍摄，搭载TVU无线视频传输设备，

实时回传无人机航拍视频，配合地面设备移动拍摄及固定画面拍摄，实现多机位、多视角、多景别的画面切换，全面提升用户的视听体验。

4. 拓展新思维，体现全时视效

将"延时回放"等制播手段加入慢直播当中，选取当日大屏节目播出时段以外的日出、潮涌、云海、飘雪等极具视觉震撼力的场景进行展示，"不放过"每一场美好风景、"不错过"每一段动人时光，在有限的电视播出时间内尽最大可能展现多种场景中气象万千的河北之美。

（三）对接多类型资源，使河北之美随处可见

1. 加强政企合作，拓展产业路径

《美丽河北》慢直播运营团队积极推进与有关厅局、重点景区和优质企业的合作，不断梳理、规划节目经营创收路径，通过差异化的资源匹配打造定制化、个性化的营销方案，与政企合作伙伴一起联手探索慢直播产业运营新模式。截至2023年底，团队已经与省文旅厅、省体育局、省林草局、中国铁塔股份有限公司河北省分公司等单位开展战略合作。

2. 加强媒体合作，拓宽宣推渠道

一是积极推动慢直播精选短视频在各省份IPTV"看中国"专区上线。截至2023年10月，慢直播精选短视频已经在河北、贵州、湖南、湖北、云南、江西、天津、陕西、海南、黑龙江、广东、福建、北京、广西、吉林、辽宁、新疆、安徽、四川19个省（区、市）的专区上线，宁夏、河南、山东、重庆、山西、浙江等省（区、市）的专区正在进行上线筹备。各省份专区全部上线后，将覆盖全国IPTV平台超2亿户家庭约6亿人。二是《美丽河北》慢直播成为京津冀融媒宣传首批合作项目之一。2023年6月29日，第三届中国广电媒体融合发展大会期间，河北广播电视台与北京广播电视台、天津海河传媒中心就共同推介"美丽京津冀"签署合作协议，并在"北京时间"和"津云"客户端上线运营，开启了京津冀三地广电媒体融合发展的新篇章。其中，《美丽河北》慢直播节目作为重点项目进行推介。三是积极寻找新的传播资源，通过中国邮政网点显示屏、各大高速路口收费站

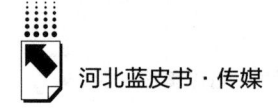

显示屏等渠道，宣传推广节目和河北省旅游生态资源，让"美丽河北"这一品牌更加深入人心。

3. 加强联盟合作，构建共享平台

2023年2月23日，"《美丽河北》慢直播融媒体联盟"发起成立，整合河北省各地级市广播电视台、县级融媒体中心资源，建立覆盖全省的直播供稿网络体系，构建统一策划指挥、资源共通共享的协作共同体。全省11个地级市以及雄安新区、定州、辛集的宣传部（宣传网信局）受邀担任该联盟的副理事长单位，11个地级市广播电视台和48个县级融媒体中心受邀作为该联盟的理事单位。河北广播电视台各地记者站组建《美丽河北》慢直播融媒体联盟工作微信群14个，汇集上千位兄弟单位同人，根据各地级市、县级合作单位的需求召开《美丽河北》推进培训会20场。

4. 加强商业合作，接入市场资源

一是主动对接省内多家文旅企业，引入景区优惠、自驾导航、马拉松、美食节、演唱会等大量"文旅+"活动以及文旅服务信息。二是与"视觉中国"开展版权合作，引入丰富的曲目及鸟鸣、水声等音效，优化听觉体验。

（四）联动多渠道活动，使河北之美共享共建

1. 打造文旅品牌，助力文旅发展

节目围绕河北省生态文明建设成就，聚焦全省景区景点、旅游路线、旅游产业发展大会等，策划"这么近，那么美，周末到河北"系列活动，以线上线下多元互动体验的形式展示河北省文旅资源，为旅游经济的发展注入活力。截至2023年10月，节目已联合承德市委宣传部、正定县文化广电体育和旅游局等部门策划北京小学生正定研学游、金山岭长城命题写生、"云观鸟"、"云赏花"、"湿地精灵迁徙冀"等系列活动。

2023年4月28日，"山水有冀录·约'绘'长城"写生活动在河北广播电视台"冀时"客户端上线。该活动以年轻态的视角，融合"慢直播+短视频+写生作品"多种艺术化的展现形式，吸引众多专业画家和高校学生参与其中。5月6日，线下写生活动在金山岭长城举行，《美丽河北》慢直播

记录了活动全过程。

2023年4~7月,《美丽河北》慢直播联合河北省林草局共同举办保护野生鸟类系列活动"湿地精灵迁徙冀",通过引导网友观看节目、参与答题获取徽章的方式,宣传爱鸟护鸟知识,增强公众野生动植物保护意识。《美丽河北》慢直播在3个月内共计组织6场活动,分别关注6种栖息在河北的国家一级保护鸟类。相关信息在河北广播电视台的客户端、微信公众号、微博、小红书等多个平台进行宣传,引发一轮又一轮关注热潮。有网友表示,这种互动鲜活有趣、很有参与感,能够感受到河北省推进生态文明建设取得的实实在在的积极成效。

2.打造政务品牌,展示发展篇章

聚焦相关省直厅局单位主责主业以及全省各地级市、县改革发展成就,与廊坊、唐山等地以《美丽河北》慢直播为核心项目开展战略合作。依托分布在各地的慢直播摄像头和全媒体平台资源,围绕第七届河北省旅游产业发展大会、河北省第十六届运动会等"大事件"开展系列主题编排,并将相关内容集纳于网站、客户端,动态呈现城市发展面貌,服务河北省各地文旅经济。

3.打造服务品牌,彰显媒体责任

《美丽河北》慢直播积极以自身优势资源满足社会需求,助力文旅等行业建设发展。2023年秋,河北省洪涝灾害后的重建工作稳步推进,各家文旅企业积极应对,有序恢复营业。《美丽河北》慢直播节目按照有关宣传精神,利用优势资源,在电视大屏及"冀时"客户端开设"美景重启,精彩继续"专栏,以"锦绣太行""秀美河湖""人文胜迹"等关键词串联相关点位,推荐精品线路,成序列播发、大篇幅推介,同时加密播发出行导航、旅游优惠等服务性信息,助力文旅企业复工复产,提振文旅行业市场消费信心,体现主流媒体的责任担当。

4.打造赛事品牌,吸引受众参与

面向社会开展"美丽河北·共同见证"2023春夏秋冬视频征集大赛,充分调动广大受众的参与热情,展示河北人民心目中的河北印象。通过举办

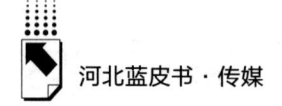

"非凡见证·美丽河北"短视频大赛引入来自社会的"美丽河北见证官"团体，截至2023年底，获得该荣誉称号的签约个人已达138位。

来自衡水的"美丽河北见证官"张学锋留意到节目中播发的投稿信息，定期"蹲点"守候湖城水鸟，记录河北生态美景，并将节目海外账号推荐给欧美多国的项目合作伙伴。"美丽河北见证官""鸟类摄影达人"王秀荣也是节目的爱好者和参与者。每一年，她都有一多半的时间行游全球，拍摄鸟类。她说："走遍全世界，最爱滹沱河。"她将滹沱河生态走廊中鸟儿俏皮的身影实时推送到《美丽河北》慢直播平台，并将视频播发链接分享给国内外的"拍友"，这已经成为她的生活日常。来自邯郸的"美丽河北见证官"左良忠，多次专程赶在雨后初晴的清晨登上高山之巅，只为将稍纵即逝的云海美景及时呈现在慢直播的平台。

二 节目反响：主流媒体融合传播典型案例

（一）守正创新，获得行业高度认可

《美丽河北》慢直播以全新的节目样态、良好的传播效果获得多位业内人士的高度评价。《求是》杂志社社长夏伟东带队对节目进行调研考察时指出："慢直播节目样态很有创新性，宣传了河北生态之美，助推了河北文旅产业，有力提升了河北形象。"国家广电总局宣传司司长李忠志表示："这是融媒生态下河北广电节目的一次全新探索，更是新形势下主流媒体创新宣传形式的一次有益尝试。"中国广播电视社会组织联合会副会长、广播电视产业发展委员会会长陶世明认为："节目在给观众带来美好感受和体验的同时，促进了当地旅游事业的发展，这种创新和探索值得肯定。"

守正创新，用"慢节奏"打造新样态，《美丽河北》节目被《人民日报》、《求是》、《光明日报》、国家广电总局"广电时评"微信公众号、"新华社"客户端等媒体发文给予好评。

2022年12月23日，《人民日报》发表文章《〈美丽河北〉慢直播展现

美丽山河》，其中指出："（节目）以原生态画面、代入式长镜头、悠扬的背景音乐、滚动字幕信息，带领观众浏览自然风物，观赏人文胜景，俯瞰城乡新貌。"当月，《光明日报》以《〈美丽河北〉慢直播：慢下来，看见美好生活》为题刊发新闻报道，"人民日报"客户端、国家广电总局"广电时评"微信公众号分别发布图文推文《河北广电推出沉浸式慢直播，一起遇见"美丽河北"》，"新华社"客户端发布图文推文《岁月山河日志　光影美丽河北——〈美丽河北〉慢直播节目打造主流媒体融合传播新样本》。

2023年4月16日、17日连续两天，央视新闻频道《新闻直播间》《朝闻天下》以《河北：多措施促进文旅市场快速升温》为题，报道了河北省利用《美丽河北》慢直播，带领观众"云游"全省美景，吸引观众从线上走到线下，立体化、全方位带动文旅市场快速升温的创新举措。

2023年5月31日，中央文史研究馆馆员、原中国文联副主席仲呈祥，中国传媒大学讲师林玉箫在《光明日报》发表署名文章《〈美丽河北〉慢直播："云赏"祖国大美风光》，点赞《美丽河北》将慢直播节目做出新意。文章评论："《美丽河北》将慢直播节目做出新意，为形成宣传城市形象的融媒体传播矩阵、拓展'线上+线下'的文旅业态奠定基础，向用户发出'这么近，那么美，周末到河北'的邀请。'慢直播+'的发展前景值得期待。"

（二）创新实践，体现媒体责任担当

《美丽河北》慢直播作为广电行业在媒体融合向纵深发展过程中的创意性实践，不仅致力于传播内容的生态融合和传播平台的系统构建，还着力融通聚合多方资源，探索合作共赢的产业化发展路径。创作团队在深入贯彻落实习近平生态文明思想和习近平文化思想的实践中，生动描摹了人与自然和谐共生的现实场景，积极推动中华优秀传统文化创造性转化和创新性发展，展示了负责任媒体的使命担当；在京津冀区域深度融合的进程中，树立了媒体融合加快向纵深发展的典型样本；在加快建设经济强省、美丽河北的进程中发挥独特的媒体作用，受到社会各界广泛好评。

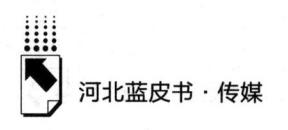

结　语

党的二十大报告指出，要加强全媒体传播体系建设，塑造主流舆论新格局，巩固壮大奋进新时代的主流思想舆论。媒体融合自2014年上升为国家战略后已经走过十年，媒体融合步入攻坚克难的"深水区"，全国各级各类媒体积极探索构建新型主流媒体长效发展机制。作为全国首档大时段、全媒体慢直播节目，河北广播电视台《美丽河北》慢直播以全新理念、多维视角、多方资源，深入探索构建广电媒体融合传播新生态，实现了对人与自然和谐共生的绿色发展理念的浸润传播、对河北生态文明建设和经济社会发展成果的集中展示、对中国式现代化河北场景的生动描绘，是媒体融合向纵深发展的典型案例。该节目正在成为河北的一张亮丽新名片，在加快建设经济强省、美丽河北的新征程中发挥独特的媒体作用。

B.23
立足百姓视角 善用百姓语言 强化网感表达

——"百姓看联播"打造时政新闻传播新样态

赵永刚 吴玉秒 张笑宇 张 旭*

摘 要： 长城新媒体集团"百姓看联播"栏目以受众需求为准则，突出"百姓视角、群众语言、网感表达"，重构新闻宣传的文字逻辑、镜头逻辑、声音逻辑、叙事方法逻辑，创新时政新闻传播语态和形态，凭借冀云·融媒体平台和《河北新闻联播》形成合力，拓展全平台传播推广方式，为移动社交语境下推动主流舆论引导创新提供新范式。

关键词： "百姓看联播" 主流舆论引导 百姓视角 百姓语言

为深入贯彻落实党的二十大精神，巩固壮大奋进新时代的主流思想舆论，2022年10月16日党的二十大开幕当天，在河北省委宣传部提前谋划和具体指导下，长城新媒体集团联合河北广播电视台策划推出新闻日播竖屏短视频栏目"百姓看联播"。"百姓看联播"坚持以人民为中心的工作导向，聚焦百姓愿望、找准百姓视角、树牢百姓态度，用"竖屏短视频+聚合应用程序"的方式，对《河北新闻联播》进行网络化、通俗化解构，于次日早8时推出4~5条2分钟左右的短视频节目，在"冀云"客户端、"学习强国"

---

* 赵永刚，长城新媒体集团"百姓看联播"编辑部主任，主要研究方向为新媒体与网络传播；吴玉秒，长城新媒体集团视听新媒体编辑；张笑宇，长城新媒体集团视听新媒体编辑；张旭，河北省社会科学院新闻与传播学研究所助理研究员，主要研究方向为新媒体、网络舆情。

平台、微信朋友圈及社交短视频平台等渠道传播。截至2023年11月22日，"百姓看联播"共推出节目403期，播发短视频1913条，全网累计浏览量超过10.5亿次，获转发、评论、点赞超485万条，多条短视频登上全国或本地热搜榜，省内市县两级主流媒体纷纷推出地方版，多家省级媒体借鉴推出本地"看联播"类栏目，重塑时政新闻舆论引导力。

一 坚持民心导向，从百姓愿望、百姓视角、百姓态度出发，找准网络舆论生态下的流量入口

习近平总书记强调："要树立以人民为中心的工作导向，把服务群众同教育引导群众结合起来，把满足需求同提高素养结合起来。"[1]

民心导向是"百姓看联播"选题策划和议题设置的出发点和落脚点，只有贴近实际、贴近生活、贴近群众，说群众听得懂的话、办群众急需办的事，真正与群众心贴心，才能更好地引导群众、服务群众。"百姓看联播"以"聚焦百姓愿望、找准百姓视角、树牢百姓态度"为核心理念，把百姓想看、爱看、看得懂作为重要标准，把"媒体想说的"和"百姓想听的"有效结合，获得百姓认可。站在"百姓视角"做节目，在节目中体现"百姓态度"，以"百姓愿望"为逻辑的基准点。

（一）从"看得进"找到突破口，实现"开门办媒"

针对如何触发广大老百姓的点击行为，让老百姓"看得进"，"百姓看联播"重点从选题的关联性、话题的关注度、内容的实用性等与老百姓的生活方式、信息需求、接受习惯、兴趣爱好等息息相关的方面入手，坚持"从群众中来，到群众中去"的工作方法，用好、用足媒体方便连接各方资源的优势。在选题策划方面，坚持相关性、服务性、实用性优先，基于内容

---

[1] 《习近平强调：努力把宣传思想工作做得更好》，中国政府网，2013年8月20日，https://www.gov.cn/ldhd/2013-08/20/content_2470599.htm。

生产和传播的采编全流程思考百姓关切，着力在"衣食住用行游购娱"、求学、就医、就业等方面传递更加接地气的实用信息，在契合基层百姓诉求意愿的前提下，传递党和政府对基层百姓的关切。在点题方面，从全省各行各业征集1000多名网友组建"千人点题点评团"，参与节目的策划和评价环节，在每晚《河北新闻联播》播出后15分钟内通过应用程序报送自己的兴趣点，由集团分管采编的副总编辑带领栏目组每晚参考网友点题，研讨统筹确定选题。在点评方面，"百姓看联播"播出后，"千人点题点评团"成员每天可对节目进行优劣点评，提出意见建议，实现选题策划与百姓愿望有效衔接，做到百姓愿望在哪里，新闻选题就策划到哪里。

（二）从"看得懂"寻求破局点，走进百姓生活世界

在当今信息社会、数字化环境中，时政类新闻与人们日常生活的关系越来越紧密。针对如何在专业术语、行业数据、生僻概念等较多的时政类新闻中挖掘高含金量的知识，向百姓传递更有价值的信息，"百姓看联播"在专业化上下功夫，引入学术指导机制，依托各行业领域的采访口线资源，组建"百人专家顾问团"，将时政类新闻嵌入日常生活。比如介绍河北省第一个"开放式"服务区的报道《高速服务区有了新玩法》，邀请专家解读了"开放式"服务区和老百姓有什么关系——收费站改建在服务区，周边群众不用上高速也可以享受服务区的休闲娱乐服务；随后，专家介绍了全国其他省份"开放式"服务区的情况，拓展知识，深度挖掘内容背景，加强多维解读，让百姓既知道"是什么"，还明白"为什么"，扩大信息量和丰富看点。借助专家将学术名词、抽象概念等转化为老百姓的身边人、身边事，"百姓看联播"有效发挥政策"翻译器"的作用，将惠企利民政策转化为百姓听得懂的话，让党的声音更有效地传入千家万户。同时挖掘知识点，提升百姓新闻背景认知能力，增强新闻内容可读性，极大满足人们的日常求知需求。

（三）从"喜欢看"挖掘兴趣点，获得百姓认同

针对如何改变一些传统时政类报道的固化表达、公文语态和有距离感的

视角,"百姓看联播"从报道视角破题,变俯视为平视,站稳百姓立场,以百姓需求为导向,获得百姓的认同,进而使百姓接受媒体传递的信息,特别是注意以平民化的视角解读主流时政类新闻,以鲜明的通俗性和大众化讲好党的创新理论故事,注重故事性和叙事能力,努力让宏大的主题实现"软着陆",让时政类新闻短视频有意义、有意思。比如全国两会期间,"百姓看联播"关注就业议题的报道《就业开启新赛道》,开篇点题"1200万人,这是今年我国城镇新增就业的预期目标,是历届政府工作报告中最高的",接着提问"社会上真有这么多的工作岗位吗",站在百姓的视角提出疑惑,随后解答河北新就业形态和灵活就业形式,让人们更加理解全国两会对自己、家人,乃至社会的意义。同时,将视角平移,把《河北新闻联播》中的河北改革发展好故事转化为老百姓可感可知的身边事,把话说到老百姓心里,增强报道的说服力和感召力,用正能量凝聚更多共情和共识。

二 走好群众路线,在深入基层中转作风、改文风,打通引导群众、服务群众的"最后一公里"

习近平总书记强调新闻舆论工作者"要转作风改文风,俯下身、沉下心,察实情、说实话、动真情,努力推出有思想、有温度、有品质的作品"[①]。面对全媒体时代的到来及媒体融合发展走向纵深,面对媒体格局、舆论生态、传播技术的深刻变化,"百姓看联播"常态化深入开展走基层、转作风、改文风活动,紧扣时代脉搏,积极探索适应时代需求和满足百姓愿望的新闻生产与传播方式,走好全媒体时代群众路线。

(一)强化"四力",全力转作风,转到群众身边、深入群众心里

新闻工作者的作风直接决定新闻宣传的效果和水平,无论是脚力、眼力

---

① 《习近平:坚持正确方向创新方法手段 提高新闻舆论传播力引导力》,中国政府网,2016年2月19日,https://www.gov.cn/xinwen/2016-02/19/content_5043970.htm。

还是脑力、笔力,都要靠作风来锤炼。"脚板底下出新闻",是新闻舆论工作队伍的优良传统,也是"百姓看联播"对编辑、记者的要求。"百姓看联播"的记者在实践中提炼出"撰稿九问"——有没有找到普通人关注的小切口?有没有聚焦到很具体的一件事或一个点?有没有讲好故事?有没有挖掘一个好细节或知识点?有没有以点带面介绍更深的背景?有没有把所有的书面语转为家常话?有没有把数字做了比较或说明?有没有把所有的专业术语都进行"翻译"?有没有在标题或文中嵌入"网梗"?——每一问都在反观、反思,在理念上、在行动中从"媒体本位"向"用户本位"转变。常参与节目制作的记者都感叹,再多的技巧也抵不过一次现场的抵达。细节不是随处可以获得的,也不是靠与采访对象的隔空对话就能得到的,只有到火热的实践中去,到人民群众中去,细察、体悟、捕捉,将脚力、眼力、脑力、笔力都充分调动起来,才能制作出有温度、有情绪牵引力的高质量新闻作品。

(二)用群众语言,全力改文风,让文字"软"下来、"新"起来

时政类报道具有较强的严肃性、权威性,因此,在内容解构方面容易出现通稿范式、千篇一面的问题。"百姓看联播"着眼于解决"正确的废话"、"漂亮的空话"、"严谨的套话"和"八股文"语言的问题,用平实、朴实、切实的标准改文风,用群众语言讲有温度的百姓故事,用活泼的文风拉近与百姓的心理距离,在"短、实、新"上下功夫,实现轻量化广泛传播。一是坚持"短"的特色。文案500字左右,标题简明扼要、直奔主题,"短"得醒目;节奏明快、紧凑,多用短句,"短"得有力。二是坚持"实"的标准。不说硬话、空话,多说有实际内容的话,群众语言深入浅出、解惑释疑,以聊天式、谈心式的语气娓娓道来、触及心灵。三是坚持"新"的方向。紧跟新闻传播发展方向,善于用"新"表达,学会讲故事,把宏大叙事落细落精,做好轻量化、快速化、可视化、互动式传播。

(三)坚持以民为本,全力贴近群众,打通服务群众的"最后一公里"

新闻报道作为满足人民群众精神文化需求的重要主体,应始终紧紧围绕

人民群众开展工作，真正地做到脚踏实地。因此，必须更加"接地气"，坚持"民有所需，我有所应"，不断增强服务功能。"百姓看联播"栏目扩容增量，设置多个板块，涵盖时政、工农业生产、生态建设、民生改善、创新创业、教育医疗等多个领域，满足不同分众人群对信息的需求。

为了拓展基层用户群体，"百姓看联播"在冀云·融媒体平台推出全省版之后，全省各设区市、县级融媒体中心试点先行，陆续跟进，依托本地电视新闻联播推出地方版，充分发挥新闻媒体深度融合、聚合共振两大效应，不断提高新闻的生产、传播、服务能力，让新闻服务群众生产生活。

三 遵循两个规律，一手抓导向、一手抓流量，全面推进主力军挺进主战场

习近平总书记强调，"人在哪儿，宣传思想工作的重点就在哪儿"[①]，"推动传统媒体和新兴媒体融合发展，要遵循新闻传播规律和新兴媒体发展规律"[②]。当前，短视频已经成为新闻传播的主流形态，"百姓看联播"着力培养"网红记者"、用好网络名人，探索"新闻联播体"相对较少触及的"细节"和"温度"，以优质内容撬动全网传播，让正能量澎湃大流量。

（一）加强理念创新，重构移动互联网时代新闻内容生产与传播的"四个逻辑"

传统媒体的叙事逻辑按照"开端—发展—高潮—结尾"的线性叙事展开，而短视频的叙事逻辑则是非线性的，在叙事节奏上减少铺垫、直奔主题，让用户在最快、最短的时间内捕捉事件的全貌，理解其本质。"百姓看

---

① 《习近平自述："我"的互联网思维》，国家互联网信息办公室网站，2021年2月24日，http://www.cac.gov.cn/2021-02/24/c_1615744061668915.htm。
② 《习近平：共同为改革想招一起为改革发力 群策群力把各项改革工作抓到位》，中国共产党新闻网，2014年8月19日，http://cpc.people.com.cn/n/2014/0819/c64094-25490968.html。

联播"重构新闻内容生产与传播的逻辑，改变传统新闻报道在镜头、声音、文稿、叙事手法上的常规做法，把握竖屏短视频传播特性：镜头变传统"推拉摇移"为直接呈现、声音变"四平八稳"为快节奏交代信息、文稿变"大而全"的陈述为"小而美"的故事、叙事手法变"中规中矩"为讲求"情感"和"悬念"。

一是化大为小，讲好故事。选取最核心的新闻事实、最直接的呈现方式，寻找小切口、挖掘小故事、延伸新落点，通过可视化表达、场景化再现缩短时政类报道与百姓生活的距离，是重构新闻内容生产与传播逻辑的关键。如《河北新闻联播》在报道全国劳动模范、河北柏乡粮库主任尚金锁时，较为宏观全面，而"百姓看联播"抓住他"大国粮仓的一把金锁"的特质，在一分多钟的时间里，只讲了他自己发明的保管粮食的"独门暗器"，让公众在饶有兴致地观看中感受到平凡的伟大、榜样的力量。再如，2023年汛期，"百姓看联播"推出了短视频《梁家庄的手绘"转移图"》，记者在现场发现了村党支部书记、村委会主任郝立杰用铅笔手绘的"转移路线图"①，上面清晰标注全村受灾户的具体位置、转移路线、转移地点，记者以路线图这一细节为切入点，用简练的语言生动讲述小山村战山洪的故事，展现了党组织发挥的坚不可摧的积极作用。

二是化硬为软，语言突破。多用口语，用大白话讲清大道理。比如2023年5月11日，习近平总书记在河北考察时在黄骅了解旱碱麦种植推广情况，"百姓看联播"解读旱碱麦的战略意义："在咱们国家，盐碱地约有15亿亩，其中可以利用的有约5亿亩，如果在这上面都能种上旱碱麦等特色农作物，那对于端牢咱们中国人的饭碗的意义，该有多么重要啊，所以啊，总书记为啥关注旱碱麦，大家伙就都知道了吧。"②

---

① 《百姓看联播丨梁家庄的手绘"转移图"》，冀云App，2023年8月8日，https：//jiyun.hebyun.com.cn/pages/2023/08/08/402220796124431b87e81abb3511751d.html？shareAppId＝d78cdde3a4b0442eb8e4298ca4bc6473。

② 《百姓看联播丨旱碱麦是种什么麦?》，冀云App，2023年5月13日，https：//jiyun.hebyun.com.cn/pages/2023/05/12/50412a220c4044429b56ba0fbb1fb359.html？shareAppId＝d78cdde3a4b0442eb8e4298ca4bc6473。

三是化抽象为具象，增强鲜活性。数字用不好是累赘，用好了就是难得的好素材，所有的数字不能枯燥、简单地呈现，只要有数字就要有说明、有对比。比如，将"71400多平方米的4个游园"换算成"占地相当于5个足球场"，将"35.83亿立方米的引水总量"比作"19个衡水湖的蓄水量"，用"三张玻璃盖片摞起来不足一张A4纸厚"来形容特种玻璃的厚度，借物比物，让受众对数字有了更加形象地理解。

（二）以"年轻态"表达实现主流价值"破圈"传播

短视频时代的到来，促使受众进入"流量生活"，网络用户呈现年轻化特点。"百姓看联播"强化用户思维，在栏目创作过程中充分激发年轻人的创造力，在撰稿和后期剪辑等方面让年轻人拥有更多的自主权。

为用好短视频特有的、强大的用户触达能力，让好看的新闻直达传播末端，"百姓看联播"针对网络受众年轻化的特点善用网言网梗，通过"造梗""融梗""玩梗"让叙述呈现更多活力。短视频《超燃！"雄安之眼"亮了》用网络热词"超燃"配以科技感强的封面海报，让受众想看、愿意看，将雄安城市计算中心比作"雄安之眼"，将它"看见未来"的计算能力形象地表述出来，生动展示了雄安新区在数字化城市建设领域的新成就，让人一听就懂。短视频《"天花板"级手术，家门口就能做！》讲述北京大学人民医院的专家来石家庄为张先生做胸腹主动脉瘤切除手术的故事，这类手术难度大，被称为血管外科手术的"天花板"，该短视频以这场手术为切入口，详细介绍了国家区域医疗中心项目的概况及服务百姓生活的具体成效，让百姓对京津冀协同发展这一重大国家战略产生"与己有关"的强烈认同。

同时，"百姓看联播"为适应年轻受众群体的浏览习惯，使用"大眼哥""大眼妹"虚拟主播或动漫等形式，增加可视化传播比重，尽可能多地使用"网言网语"，让传播更加精准高效。"百姓看联播"民生服务板块的主持人"大眼哥"在短视频《备春耕，有"宝典"！》中编写了这样一段顺口溜："增光补光促生长，保温控温需细心；浇水次数要适量，宁少勿多微干好；施肥管理要科学，控氮增钾比例巧；病虫多发季节到，综合防治有妙招。"① 这样的表达让乡亲们更快更好地掌握小麦防冻技巧，让一簇簇麦苗顺利度过"倒春寒"。

（三）打造"网红记者"，强化 IP 标识，塑造人格化媒体生态，实现分众传播

"在线"是互联网时代背景下当代人基本的生活方式，"网红"便应运而生。相较于自然生长的"草根网红"，"新闻网红"肩负巩固和壮大主流舆论、扩大主流舆论覆盖面的责任，打造"新闻网红"是各大主流媒体推进媒体融合发展的创新举措。

立足分众传播需求，强化用户黏性，扩大栏目影响，"百姓看联播"打造了一大批"90 后"年轻"网红记者"人设 IP，比如"守一词典""思宇讲故事""大鹏探探探""思影打卡""跟着晓寒走"等特色鲜明的子栏目，通过塑造人格化媒体生态，与受众建立持久的情感连接。以"守一词典"为例，记者王守一把自己当成普通人身边的一个"碎嘴子"，他的任务是把《河北新闻联播》里出现的专业词汇，用打比方、举例子的方式讲清楚，比如什么是"专精特新"、谁是企业里的"小巨人"、什么是"沉没成本"、"链主"企业能干吗等，在解释什么是"产业链韧性"时，王守一举例："我常吃的一家饭馆，厨子换了，菜单还是老几样，原料不如原来新鲜，居然还涨价，老板觉得委屈，厨子走了不好找，供货的肉菜商变了没找好新主儿，客人少了只能涨价，这说明这个企业'韧性'差，产业链从上游供货商到下游客户群都需要'强链'。"② "守一词典"的人格化特征体现在主播语态轻快、善打比方的个性化表达里，栏目内容决定了受众是受教育程度较

---

① 《百姓看联播 | 备春耕，有"宝典"!》，冀云 App，2023 年 2 月 12 日，https：//jiyun.hebyun.com.cn/pages/2023/02/12/d8369ea34171449cb6312df17c4d16d1.html? shareAppId = d78cdde3a4b0442eb8e4298ca4bc6473。

② 《百姓看联播 | 守一词典：产业链韧性》，冀云 App，2023 年 12 月 27 日，https：//jiyun.hebyun.com.cn/pages/2023/12/22/6ce96d66ee1f412e9e5c42585d87e1b4.html? shareAppId = d78cdde3a4b0442eb8e4298ca4bc64737。

高、对政策信息有需求的人,且更倾向于创业者,继而进一步明确"守一词典"的创作方向,能有针对性地寻找和发现选题,更精准地呈现风格,形成内容生产和分众传播的良性循环。"百姓看联播"另一名"网红记者"闫思宇,擅长抓住新闻细节,逻辑缜密、表达清楚且极具亲和力,"思宇讲故事"便以《河北新闻联播》中出现的典型人物为报道内容,在创作过程中,闫思宇一改传统媒体在录影棚里正襟危坐的录制方式,以简洁白墙为背景,用擅长的"强逻辑"一环扣一环讲好每个故事,让"知性干练女记者"的形象从新闻现场走到了台前。比如,短视频《"莎"疯了!"00后"首单冠军养成记》中,闫思宇讲述了中国乒乓球选手孙颖莎在南非德班夺得世乒赛女单冠军的新闻事件,她抓住了孙颖莎曾三次在世界大赛中获得亚军却不气馁的性格特点,讲述了这位世乒赛历史上首位"00后"单打冠军的不易,用轻量化、接地气地表达进一步引起受众共鸣。在视频开头,闫思宇激动地拍了一下手说,"咱河北石家庄的小姑娘孙颖莎,把她的球拍'狂飙飒'都抡出了'火星子'"①,这一下子拉进了她与受众的距离。网友"平凡人生"留言:"博主你说的我泪目了,莎宝继续加油,下个赛场见!""百姓看联播"虽然力求打造"网红记者",但他们作为媒体人的本质属性没有改变,其坚持正确舆论导向的职责使命也没有改变。人设 IP 更好地实现了分众传播,进一步提高了栏目的全网传播效能。

(四)坚持"移动优先",自主研发短视频聚合应用程序,持续扩大主流媒体影响力

技术的飞速迭代不断创新媒体的报道形式,加之受众结构逐渐年轻化,具备移动化、社交化特点的短视频平台更具竞争力。优质内容实现全网传播不能仅依托于抖音、微博、今日头条等第三方平台"借船出海",而应该以形成自主影响力为基准,打造稳定、可控的传播平台"造船出海"。

---

① 《百姓看联播 |"莎"疯了!"00后"首单冠军养成记》,冀云 App,2023 年 5 月 30 日,https://jiyun.hebyun.com.cn/pages/2023/05/29/0405b721b97b48d6ab84d9348e455071.html?shareAppId=d78cdde3a4b0442eb8e4298ca4bc6473。

基于"移动优先"理念，长城新媒体集团技术研发团队创新打造适合手机端传播的"百姓看联播"交互式短视频聚合应用程序，将短视频聚合在一个统一的平台上，既可以陈列式、互动式展现，实现3D沉浸式观看，也可以通过手指滑动迅速找到自己想看的内容，进行"飞卡阅读"体验，随时分享、评论、点赞，实现了便捷搜索、主播合集、专题合集、"小黄车"购物等互动功能，增强了用户黏性，逐步实现了由"借船出海"到"造船出海"，重构传播格局。

从一年多来的采编实践来看，"百姓看联播"坚持民心导向、走好群众路线、遵循新闻传播规律和新兴媒体发展规律，以清新的文风、创新的表达、可观的流量、日播的频率，实现理念突破、模式突破、技术突破难能可贵。同时，在内容生产方面，选题的切片化、叙事的故事化、主播的标识化、表达的网感化有待提升，需要更进一步强化百姓视角；在宣传推广方面，节目基层覆盖面、头部平台传播量、品牌综合影响力有待提升，需要更进一步强化整合运营；在互动服务方面，平台评论量、话题数、用户黏性有待提升，需要进一步提升用户参与感；在技术赋能方面，平台的服务功能、入口便易性、大数据分析有待提升，需要进一步提升用户体验感。总的来说，"百姓看联播"扎实推进转作风、改文风工作，着力让老百姓"看得进""看得懂""喜欢看"，用百姓愿望、百姓视角、百姓态度重构新闻宣传的文字逻辑、镜头逻辑、声音逻辑、叙事方法逻辑，这种推动时政类新闻创新性发展的路径可借鉴、可复制，成为新时代用新闻为人民服务的可贵探索。

参考文献

曾祥敏、李佳佳：《全媒体时代主流媒体舆论引导创新路径——以长城新媒体集团〈百姓看联播〉栏目为例》，《传媒》2023年第24期。

社会科学文献出版社

皮 书
智库成果出版与传播平台

❖ 皮书定义 ❖

皮书是对中国与世界发展状况和热点问题进行年度监测,以专业的角度、专家的视野和实证研究方法,针对某一领域或区域现状与发展态势展开分析和预测,具备前沿性、原创性、实证性、连续性、时效性等特点的公开出版物,由一系列权威研究报告组成。

❖ 皮书作者 ❖

皮书系列报告作者以国内外一流研究机构、知名高校等重点智库的研究人员为主,多为相关领域一流专家学者,他们的观点代表了当下学界对中国与世界的现实和未来最高水平的解读与分析。

❖ 皮书荣誉 ❖

皮书作为中国社会科学院基础理论研究与应用对策研究融合发展的代表性成果,不仅是哲学社会科学工作者服务中国特色社会主义现代化建设的重要成果,更是助力中国特色新型智库建设、构建中国特色哲学社会科学"三大体系"的重要平台。皮书系列先后被列入"十二五""十三五""十四五"时期国家重点出版物出版专项规划项目;自2013年起,重点皮书被列入中国社会科学院国家哲学社会科学创新工程项目。

权威报告·连续出版·独家资源

皮书数据库
ANNUAL REPORT(YEARBOOK) DATABASE

分析解读当下中国发展变迁的高端智库平台

所获荣誉

- 2022年,入选技术赋能"新闻+"推荐案例
- 2020年,入选全国新闻出版深度融合发展创新案例
- 2019年,入选国家新闻出版署数字出版精品遴选推荐计划
- 2016年,入选"十三五"国家重点电子出版物出版规划骨干工程
- 2013年,荣获"中国出版政府奖·网络出版物奖"提名奖

皮书数据库　　"社科数托邦"微信公众号

成为用户

登录网址www.pishu.com.cn访问皮书数据库网站或下载皮书数据库APP,通过手机号码验证或邮箱验证即可成为皮书数据库用户。

用户福利

- 已注册用户购书后可免费获赠100元皮书数据库充值卡。刮开充值卡涂层获取充值密码,登录并进入"会员中心"—"在线充值"—"充值卡充值",充值成功即可购买和查看数据库内容。
- 用户福利最终解释权归社会科学文献出版社所有。

数据库服务热线:010-59367265
数据库服务QQ:2475522410
数据库服务邮箱:database@ssap.cn
图书销售热线:010-59367070/7028
图书服务QQ:1265056568
图书服务邮箱:duzhe@ssap.cn

社会科学文献出版社 皮书系列
卡号:444316358211
密码:

S 基本子库
SUB DATABASE

中国社会发展数据库（下设 12 个专题子库）

紧扣人口、政治、外交、法律、教育、医疗卫生、资源环境等 12 个社会发展领域的前沿和热点，全面整合专业著作、智库报告、学术资讯、调研数据等类型资源，帮助用户追踪中国社会发展动态、研究社会发展战略与政策、了解社会热点问题、分析社会发展趋势。

中国经济发展数据库（下设 12 专题子库）

内容涵盖宏观经济、产业经济、工业经济、农业经济、财政金融、房地产经济、城市经济、商业贸易等 12 个重点经济领域，为把握经济运行态势、洞察经济发展规律、研判经济发展趋势、进行经济调控决策提供参考和依据。

中国行业发展数据库（下设 17 个专题子库）

以中国国民经济行业分类为依据，覆盖金融业、旅游业、交通运输业、能源矿产业、制造业等 100 多个行业，跟踪分析国民经济相关行业市场运行状况和政策导向，汇集行业发展前沿资讯，为投资、从业及各种经济决策提供理论支撑和实践指导。

中国区域发展数据库（下设 4 个专题子库）

对中国特定区域内的经济、社会、文化等领域现状与发展情况进行深度分析和预测，涉及省级行政区、城市群、城市、农村等不同维度，研究层级至县及县以下行政区，为学者研究地方经济社会宏观态势、经验模式、发展案例提供支撑，为地方政府决策提供参考。

中国文化传媒数据库（下设 18 个专题子库）

内容覆盖文化产业、新闻传播、电影娱乐、文学艺术、群众文化、图书情报等 18 个重点研究领域，聚焦文化传媒领域发展前沿、热点话题、行业实践，服务用户的教学科研、文化投资、企业规划等需要。

世界经济与国际关系数据库（下设 6 个专题子库）

整合世界经济、国际政治、世界文化与科技、全球性问题、国际组织与国际法、区域研究 6 大领域研究成果，对世界经济形势、国际形势进行连续性深度分析，对年度热点问题进行专题解读，为研判全球发展趋势提供事实和数据支持。

法律声明

"皮书系列"（含蓝皮书、绿皮书、黄皮书）之品牌由社会科学文献出版社最早使用并持续至今，现已被中国图书行业所熟知。"皮书系列"的相关商标已在国家商标管理部门商标局注册，包括但不限于LOGO（ ）、皮书、Pishu、经济蓝皮书、社会蓝皮书等。"皮书系列"图书的注册商标专用权及封面设计、版式设计的著作权均为社会科学文献出版社所有。未经社会科学文献出版社书面授权许可，任何使用与"皮书系列"图书注册商标、封面设计、版式设计相同或者近似的文字、图形或其组合的行为均系侵权行为。

经作者授权，本书的专有出版权及信息网络传播权等为社会科学文献出版社享有。未经社会科学文献出版社书面授权许可，任何就本书内容的复制、发行或以数字形式进行网络传播的行为均系侵权行为。

社会科学文献出版社将通过法律途径追究上述侵权行为的法律责任，维护自身合法权益。

欢迎社会各界人士对侵犯社会科学文献出版社上述权利的侵权行为进行举报。电话：010-59367121，电子邮箱：fawubu@ssap.cn。

社会科学文献出版社